JN243935

震災復興・原発震災
提言シリーズ 9
PROPOSAL SERIES

東日本大震災 100の教訓
地震・津波編

みやぎ震災復興研究センター
綱島 不二雄・塩崎 賢明
長谷川 公一・遠州 尋美 編

はしがき

二〇一一年三月一二日、三陸の海は、いつものように穏やかで、まるで何事もなかったかのように澄みわたっていた。

前日の三月一一日、大地震・津波が発生し、激しい揺れの後、少々時間を置いて波というよりは、海そのものが一気に上陸してきたかのようなすさまじさで、形あるもの全てをのみ込み、そのまま沖に去っていった。多くの人々が犠牲となり、町の中には、陸に押し上げられた漁船等が残され、浜はガレキの山と化していた。

被災した人々は、小雪まじりの風雨の中、眠れぬ一夜を過ごし救助を待った。八年が過ぎようとしている今でも、被災者の中には、未だに眠れぬ夜を過ごす人々も多い。

一方で、今回の大震災を経験していない子ども達は早くも小学一年生である。震災後、新たに創立された一貫校名取市立閖上小中学校では、二〇一八年一一月初め、はじめて海岸への遠足を実施した。生徒たちに配慮して、震災の件には、一切ふれないようにした遠足であった。大震災のメンタルへの影響は強く根深い。この子ども達が次世代に向けて力強く歩み出すことが、多くの犠牲者を出したこの地区の最大の復興といえよう。地区のくらしの中に子ども、高齢者の笑顔があるまちづくり、それが当たりまえの「くらし」であること、それが被災地の復旧と復興の計画、そして将来に向けての防災、減災計画の基礎に置かれるべきであるとあらためて実感させられた。

私達は、阪神・淡路大震災以後のわずか四半世紀ほどの間に、実に多くの災害を経験してきた。阪神・淡路の都市型巨大被災、中越地震の山村被災、そして東日本の沿岸地域巨大被災、さらに、熊本の直下型地震、常総、広島、岡山の豪雨による洪水や土砂災害、大阪北部地震、また、北海道胆振東部地震では、都市部の液状化に加えて、すさまじい規模の山地崩壊、そしてブラック・アウトである。

これらの災害は、いずれもハード事業による防災が自然の力には、対抗できないことを如実に示している。しかし、東日本大震災においてもハード面での復興が先行し、被災者の権利である日常のくらしの復興は、後手にまわっている。惨事便乗型の大土木工事復興といえる。もとより土木事業の重要性を否定するものではない。ハードで災害を未然に防ぐことを旨としてきた「防災」の限界を踏まえ、ハード・ソフト両面を視野に入れたいわゆる「減災」思考により、より早く生活と生業の再建を保証する質の高いソフト面での復興が意図されねばならないのである。ハードが整備され、そこに被災者がはりつけられるという構図は、被災地の真の復興を遅らせ、日常のくらしの復興、地域経済循環の実現等は、後景に押しやられてしまうからである。

例えば漁業・漁村の復興には、水産加工業の復興は不可欠である。そのためには、水産加工団地の一体的復興が先行されるべきであり、その上で、防潮堤の復旧に取り組んでもおそくはないのである。国の復興予算には、時間的制約があるとの理由から、スピードが要求されるからというのは、拙速な復興を招くのみである。予算執行のしくみを被災者救済の必要に沿って変えることも厭わずに復興の進め方をあらためて考えるべきであろう。

大震災などの災害時には、被災者の権利の視点から復興が講じられるべきである。また、被災者の権利が、大震災にあっては、住居の損壊程度によって機械的に保障の度合が決められることは、被災者の権利の分断を招き、結果として復興から取り残される人々を生んでいる点を見逃してはならない。日常的な生活レベルを回復するためには、どのような支援が不可欠なのか、コミュニティの中で議論され、それを行政が受けとめていることが重要である。

被災した各地の浜で、浜の文化の象徴とも言える〝まつり〟が徐々に復活している。先人達の苦労と努力の積み重ね、度重なる困難を克服してきたコミュニティの力が、伝統の〝まつり〟の復活を後押ししているのである。伝統・文化の担い手は住民である。地域の伝統、文化、生業への視線をより強めなければならない。

このような視点で被災経験から学び、来るべき災害に備える、これからの復興論議につなげることが重要である。本書はその一助になることを願って企画されている。被災の際にだれが、いつ、何を、どこで、どのように対応することが求められるのか、被災の経験から学ぶといった点で、広く活用できるものとなれば幸いである。

本書は、被災した多くの分野で被災者と共に、復興にたずさわった多くの方々の参加を得て構成されている。ご多忙の中、本書の企画に参与していただいた方々に、謝意を表するとともに、予想される大震災を前に、全国の各地で、防災・減災計画に取り組まれている方々に、東日本大震災の復興から得た教訓をお伝えできることを願うものである。

なお本書では、今なお〝コントロール〟されていない原発事故からの教訓についてはふれていない。「原発編」は目下思いを同じくする福島の方々を中心として、諸準備を進めていることをお伝えしておく。

本書を多くの方々が手元に置いていただければ幸いである。

二〇一九年一月一一日

編者を代表して　綱島不二雄

東日本大震災100の教訓――地震・津波編◎目次

4 応急対応

1 行政復興戦略

2 応急仮設住宅

3 災害医療・公衆衛生

5 復旧・生活再建

1 人口減少

2 コミュニティと住まいの再建

7 防災・減災

東日本大震災100の教訓

——地震・津波編

1 東日本大震災とその特徴

阪神・淡路大震災との比較による東日本大震災の特徴

1－1－1

直下型地震による都市型震災

一九九五年一月一七日に起きた阪神・淡路大震災は、犠牲者数・被害総額の両面において、東日本大震災が起きるまでは戦後最大の災害だった。

ハード中心の復興事業に陥りがちな点など、両震災には類似の面とともに、幾つか異なる面がある。東日本大震災とその復興過程の特徴は、阪神・淡路大震災との比較の中でこそ、よりよく理解できる（表1参照）。

阪神・淡路大震災を引き起こした一九九五年兵庫県南部地震は、①直下型地震で、②震源は六甲・淡路島断層帯だった。③典型的な都市型震災であり、複合災害という性格は希薄だった。④重大な被害を被った範域は、大阪府・京都府にも及んだが、主に神戸市・淡路市などであり、比較的限定的だった。

複合型災害の広域被害

これに対して東日本大震災を引き起こした二〇一一年東北地方太平洋沖地震は、①プレートの境界域で起きた海溝型地震であり、記録の残っている一九〇〇年以降では世界で四番目に大きな、M9・0という超巨大地震である。三つの地震が同時に発生する連動型地震でもあった。②震源域は岩手県沖から茨城県沖にかけて、南北約500km、東西約200kmに及んだ。③地震災害と津波災害に、福島原発事故が加わる複合災害だった。④重大な津波被害や液状化現象が起きた範域は、太平洋沿岸部を中心に、青森県三沢市から千葉県浦安市に至る広域に及んだ。宮城県栗原市、仙台市、福島県郡山市など内陸でも地震による建物被害が起こっている。

阪神・淡路大震災は、⑤神戸市を中心として、利便性が高く都市的な集積の大きな大都市圏での災害という性格が強かった。若者の犠牲者も多く、木造アパートの下敷きになるなどして一〇〇名以上の学生が亡くなっている。他方、東日本大震災では、⑥岩手・宮城・福島県の沿岸部など、交通が不便で、内陸部の中心都市から隔てられた、過疎化・高齢化の著しい周辺的な地域が集中的に被災した。死者の65・2％は六〇歳以上の高齢層である（内閣府データ）。

表1 東日本大震災と阪神・淡路大震災の比較

	東日本大震災	阪神・淡路大震災
地震の性格	①連動型の海溝型地震	①直下型地震
震源域の広さ	②広域的震源域	②狭い震源域
震災の特質	③複合型震災（原発・津波・原発事故）	③都市型震災
被害範域の広さ	④被害範域の広域性	④被害範域の相対的限定性
被害地域の特質	⑤過疎化・高齢化した周辺的な地域の被災	⑤大都市圏の被災

そのため、震災が、被災地域の人口減少、高齢化をさらに加速することが憂慮されている。

平成の広域合併の影響

阪神・淡路大震災との比較を念頭に置きながら、東日本大震災の復興過程に特徴的なことを指摘したい（表2参照）。

Ⅰ．過疎化し高齢化した地域だからこそ、東日本大震災からの復興では「創造的復興」が叫ばれ、全国の「地方創生のモデル」となるような復興を実現することを目指す」とされている。居住地の集約、学校の統廃合、医療施設の統廃合などは、全国的な集落再編事業のモデルという意味も持っている。

表2　東日本大震災の復興過程の特質と課題

表2　東日本大震災の復興過程の特質と課題
Ⅰ．「地方創生のモデル」＝集落再編成事業のモデル
Ⅱ．漁業および農業の再生
Ⅲ．「平成の広域合併」の弊害
Ⅳ．高台移転による復興の遅れ

Ⅱ．漁業および農業が主産業であり、漁業および農業の再建が大きな課題となっている。

Ⅲ．二〇〇五年前後の「平成の広域合併」がもたらした弊害も大きい。合併前の役場機能は総合支所に代わり、市役所職員が約二割程度減ったことの影響も深刻である。気仙沼市、南三陸町、石巻市、東松島市のように、その時期に広域合併した地域では、新市町としての新しい地域アイデンティティの形成途上での被災だった。広域合併によって「割を食った」という感覚がある側には、災害救援や支援が行き届きにくく、復興が後回しにされがちである、メディアの取材も少ないというような不満感が根強い。

高台移転による復興の遅れ

Ⅳ．津波災害の場合には自治体が、浸水域を建築基準法第三九条の「災害危険区域」に指定でき、原則として居住用の建物の新築や増改築が禁じられている。リアス式海岸で平地の少ない石巻市以北では、山林等を切り開き造成する高台移転を余儀なくされた場合も多い。高台の確保や移転への合意形成に時間がかかり、復興が遅れたケースが少なくない。

東日本大震災の教訓

阪神・淡路大震災から多くの教訓が引き出され、東日本大震災の救援体制や復興過程に活かされたものも少なくない。代表的なものは孤独死対策と災害ボランティアの組織化である。

A．阪神・淡路大震災では、仮設住宅や災害公営住宅などで多くの孤独死が発生した。兵庫県内の仮設住宅での孤独死は一九九五～九九年までで二三三人、災害公営住宅での孤独死の数は、二〇〇〇～一七年までで、一〇〇〇人を超えている（兵庫県県警調べ）。東日本大震災では、できるだけ集落ごとの移転を奨める、生活支援員を置くなどして、孤独死対策をよりきめ細かに進めている。

B．阪神・淡路大震災の被害地域には、全国各地から支援のボランティアが押し寄せた。その数は震災直後の一年間で一三八万人、通算で約一六七万人とされる（神戸新聞による）。阪神・淡路大震災を一つのきっかけとして、一九九八年には特定非営利活動促進法（NPO法）が法制化された。東日本大震災では、各市町村の社会福祉協議会に設置された災害ボランティアセンターが受け入れ窓口となり、より組織的なボランティア支援が実現している（災害ボランティアセンターで受け付けたボランティア数は、二〇一七年一月末までで約一五二万人に及ぶ）。

次の巨大災害に備えるために、東日本大震災の教訓を整理し、改善すべき課題の社会的共有化をはかることが不可欠である。

（長谷川公一）

1 発災前の地域構造

白河以北一山百文

2－1－1

屈辱と反骨と

白河の関は、長く東北地方の入り口とされてきた。芭蕉は『おくのほそ道』の冒頭で「春立る霞の空に白川の関こえんと、そゞろ神の物につきて心をくるはせ、道祖神のまねきにあひて、取もの手につかず」とみちのくの旅への憧れを記している。芭蕉にとっては、白河の関はプラスのシンボルだった。

白河の関が負のシンボルとなるのは明治維新を契機としてである。

一八六八（明治元年）年五月、戊辰戦争の際、仙台藩をはじめとする東北地方と新潟地方の諸藩は「奥羽越列藩同盟」を結成し、薩摩・長州などの新政府軍に対抗したが、いずれも同年九月までに敗走した。そのため東北地方出身者は維新政府の要職に就きにくく、初代山形県令だった三島通庸が薩摩藩士だったように、県令などの職も薩摩・長州・土佐・肥前藩などの出身者が占めていた。

「白河以北一山百文」の初出は一八七八年（明治一一年）八月二三日の『近時評論』の「白河以北一山百文」という記事である。「往来で日本地図を開き各地の土人形を並べて、「白河以北一山百文」と泣き叫ぶ売り子がいた。聞けば、西南地方の人形は飛ぶように売れるが、東北地方の土人形は一山百文でたたき売りでもしないと売れない。それが悲しくて泣いているという。そこで、筆者はこう論した。治乱盛衰は天の道、今は人気がある西南もいつ廃れるかわからない。やがて東北の人形が大いに売れる日も来るだろう。すると、売り子は納得した様子で、泣くのをやめ、大声で「白河以北一山百文」と叫んだ」というエピソードを記している。

東北地方の土地は、一山百文程度の価値しかないという意味の「白河以北一山百文」の解釈が広く流通するようになったのは、河北新報社の初代社主となった一力健治郎が一八九七年（明治三〇年）一月一七日に、経営難に陥っていた『東北日報』

『河北新報』創刊号、1897年1月17日。
（「河北ライブラリー」ホームページから）

を引継ぎ、新しい新聞を創刊するにあたって、題号を『河北新報』と名付けたことによる。

一力は、「白河以北」からあえて「河北」の字を取って題号とし、「東北振興」と「不羈独立（誰の援助も受けず独立の立場で言論の自由を守る）」を社是に河北新報を創刊した。同紙は現在も毎月一日と一六日の一面に、このような題号の説明を掲げている。

「白河以北一山百文」は、東北に対する他地域の侮蔑的な意識とそれに対する東北側の反発にもとづいた、東北復興の精神を示している。

盛岡藩士の子として生まれた原敬（一八五六～一九二一年）もまた、「一山百文」の意識を逆手にとって、東北人としてのプライドを込めて「一山」（いっさん）の号を用いていた。原敬は立憲政友会の実力者となり、一九一八年（大正七年）には首相に就任、「平民宰相」として人気を博した。一九二一年（大正一〇年）、右翼の青年の凶弾に倒れて亡くなったが、その折、地元盛岡の新聞は「明治維新以来、一山百文と称され屈辱を忍んできた東北が、原の政界雄飛によって名誉を挽回できた」と記し、原の逝去を悼んだ。

上：平民宰相・原敬（国立国会図書館）
下：原敬の生家（原敬記念館）

東北弁や口ベタを恥ずかしがることなどに見られる後進性や自己卑下の意識と、それをバネに努力しようという屈折した自意識は、宮沢賢治、太宰治、寺山修司など、東北の文学者に特徴的に見られる。東北弁や東北訛りにコンプレックスを持つ人は現在でも多い。

「白河の関」は近年でも東北地方のシンボルと見なされている。春夏の甲子園の高校野球大会で、東北六県の高校が一度も優勝していないことから決勝戦での敗退に関して、「またしても優勝旗は悲願の白河越えならず」などと形容されてきた。

東日本大震災と福島原発事故

東日本大震災によって岩手・宮城・福島の三県が集中的な被害を受け、とくに福島原発事故によって福島県が大きな影響を被ったことは、「白河以北一山百文」という言葉を再び思い起こさせることになった。

佐賀県出身の今村雅弘復興大臣は、二〇一七年四月、東日本大震災について「まだ東北で、あっちの方だったから良かった。首都圏に近かったりすると、莫大な、甚大な額になった」と述べ、安倍首相によって更迭された。この発言は、「白河以北一山百文」を思い起こさせる東北蔑視だと批判を浴びた。

首都圏のための原子力発電所がなぜ福島県に一〇基も立地していたのか。女川原発も東通原発も、地域の貧しさが原発立地を招いたと言える。青森県六ヶ所村への核燃料サイクル施設の集中立地も同様である。

福島原発事故後、「『一山百文』は今なお『東北から問う』ための視点であり続ける」と河北新報社の寺島英弥は原発問題に関する調査報道への決意を述べている。

（長谷川公一）

1 発災前の地域構造

津波に襲われた沿岸域と内陸地域

2－1－2

沿岸域の社会・経済

東日本大震災は、長期にわたり過疎化に直面する地域に集中的な被害をもたらした大災害であり、震災復興にも阪神・淡路大震災とは異なる深刻な影響を及ぼしている。そのような地域を「沿岸域」として位置づければ、この地域は発災以前にどのような特徴をもっていたのか。この点について内陸地域との比較を踏まえて鮮明にしてみたい。

最初に、岩手県と宮城県の沿岸市町村のうち、とくに被害の大きい市町村の社会・経済状況を概観する（表1）。人口は盛岡市や仙台市に比して圧倒的に少ない。また、人口減少率は岩手沿岸、宮城沿岸北部で非常に大きい。六五歳以上の人口比率は上昇し続け、岩手では全市町村で30％超に至る。市町村ごとの生産額をみると、いずれの時期でも盛岡市や仙台市との差は歴然とし、住民一人当たりの生産額を算出しても同様である。この点は産業構造から説明することができる。第一次産業従事者の比重が高いが、生産性が低い農業、漁業が多いことによる。リアス式という地形上の制約があり、かつては半農半漁が少なくなかった。

その他には、釜石市はかつて製鉄業で繁栄し人口九万人超に達したが、その衰退のなかで産業構造転換の困難に直面している。女川町では一九八四年に東北電力の女川原子力発電所が運転開始となり、原発のまちとして歩み始めたが、人口減少率は県内トップクラスである。

沿岸域の自治体財政

沿岸域のように民間経済が脆弱であれば、地域経済における自治体財政の役割は大きくなり、震災復興にあたって決定的な意義を持つ。したがって、沿岸自治体の財政状況を整理しておく（表2）。

歳入面では自主財源である地方税の比重が圧倒的に低く、経済状況に裏づけられる。逆に、地方税に準じた一般財源である地方交付税の比重は高く、かつ大きく増加しており、行政需要の増大が反映された結果をさす。次に、他の項目をみると、歳出も含めて互いに連動しており、盛岡市、仙台市等の内陸の都市自治体との共通点も少なくない。

第一に、公共事業の減少により普通建設事業費の比重が大きく低下し、その財源である国庫・県支出金や地方債も縮減している。第二に、その代わりに、地方債の償還にあたる公債費が後年度のつけとなって、高水準で推移している。第三に、高齢者福祉や生活保護などにかかる支出が増大の一途を辿り、これが扶助費の比重を高め、国庫支出金の増大の要因になっている。

二重の格差

沿岸域は歴史的にみて、差別され後進性を余儀なくされた東北地方のなかでも、より厳しい条件に置かれ、地域産業の衰退と人口流出に苛まれてきた。そして、津波被害を受けなかった内陸地域の方が地域産業の活力も、自治体の財政力も沿岸域を上回っていたために、震災は両者の格差を一層拡大することになった。したがって、復興にあたって、個人の住宅や企業の工場、社会的インフラだけでなく、個々の心のケアやコミュニティの再生など可視化しにくい生活の再建や地域の存続の条件整備を巡っても、被災者・被災地と非被災者・非被災地の意識や実践の温度差が危惧される。

こうした出発点から両者の対立ではなく、連携・協力といった原則が問われるべきかもしれない。沿岸地域・自治体にとっては、いわば「二重の格差」から復興を見据える場合、格差を受け入れるだけにとどまるのではなく、国の役割を問う一方で、主体性を発揮すべきであろう。

（桒田但馬）

表1　岩手県と宮城県の沿岸市町村（一部）の社会・経済状況

		人口(2010年国調/人)	人口増減率（1980年→2010年）	市町村内生産額（億円）		産業構造（2010年国調/%）		
				1980年	2010年	第1次	第2次	第3次
岩手県	田野畑村	3,843	-26.4	56	72	26.4	27.6	46.0
	宮古市	59,430	-24.2	1,000	1,187	10.0	25.4	64.7
	山田町	18,617	-26.5	263	293	18.6	28.5	52.9
	大槌町	15,276	-28.3	182	229	7.8	35.5	56.7
	釜石市	39,574	-39.4	1,126	996	7.1	29.5	63.4
	大船渡市	40,737	-18.7	786	913	10.6	29.2	60.1
	陸前高田市	23,300	-20.6	292	402	15.1	28.5	56.4
	盛岡市	298,348	9.4	4,259	7,568	3.7	13.5	82.8
宮城県	気仙沼市	73,489	-20.3	1,333	1,825	9.9	26.6	63.5
	南三陸町	17,429	-21.6	188	355	23.4	28.0	48.5
	石巻市	160,826	-13.6	2,507	4,178	8.9	29.7	61.4
	女川町	10,051	-37.6	214	666	15.2	32.5	52.3
	東松島市	42,903	16.4	278	755	9.1	25.4	65.4
	名取市	73,134	47.1	574	1,732	4.5	22.3	73.3
	山元町	16,704	-5.3	150	345	11.5	31.8	56.8
	仙台市	1,045,986	32.9	16,419	36,067	0.9	15.1	84.0

出所：国勢調査、岩手年鑑などより。

表2　岩手県と宮城県の沿岸市町村（一部）の財政状況

		歳入総額(億円)	地方税(%)	地方交付税(%)	国庫・県支出金(%)	地方債(%)	*扶助費(%)*	*公債費(%)*	*普通建設事業費(%)*
岩手県	田野畑村	24	4.9	38.8	36.0	12.9	*3.0*	*9.5*	*46.8*
		46	4.9	41.9	31.6	8.6	*2.9*	*13.9*	*32.8*
	宮古市	179	19.0	28.0	25.7	14.1	*10.6*	*8.8*	*39.3*
		328	16.8	36.3	21.8	12.5	*11.9*	*14.4*	*21.1*
	山田町	45	14.1	37.9	27.2	12.4	*9.6*	*11.6*	*34.3*
		76	15.8	42.7	25.2	6.5	*10.8*	*15.4*	*14.0*
	大槌町	34	16.9	37.4	20.8	13.9	*9.9*	*11.7*	*27.1*
		65	17.5	38.7	21.7	10.6	*10.6*	*12.3*	*17.2*
	釜石市	156	27.4	14.8	26.5	16.0	*10.2*	*6.0*	*35.5*
		181	23.9	27.6	18.7	8.5	*15.4*	*11.9*	*12.7*
	大船渡市	102	20.0	27.1	27.1	16.5	*10.6*	*8.2*	*35.9*
		187	20.9	33.5	23.1	8.6	*13.5*	*11.1*	*14.6*
	陸前高田市	77	10.8	29.7	32.2	14.8	*9.7*	*6.5*	*41.1*
		118	15.3	42.1	21.4	8.8	*11.8*	*16.1*	*21.2*
	盛岡市	447	37.0	13.7	25.9	10.3	*12.4*	*6.5*	*36.3*
		1,083	37.9	15.6	22.8	9.3	*18.2*	*14.5*	*16.1*
宮城県	気仙沼市	160	26.9	27.0	22.5	13.6	*7.4*	*6.3*	*36.9*
		309	22.2	32.9	19.2	10.7	*8.9*	*12.9*	*15.0*
	南三陸町	50	11.6	38.0	27.1	17.0	*4.3*	*5.6*	*47.3*
		86	15.5	43.1	18.9	7.6	*4.5*	*12.7*	*16.2*
	石巻市	379	25.8	23.1	23.6	12.0	*6.6*	*6.4*	*40.5*
		646	27.2	31.8	18.3	9.7	*12.2*	*13.9*	*10.8*
	女川町	48	13.7	22.7	26.6	5.3	*2.8*	*3.1*	*45.6*
		64	64.7	0.4	14.2	2.9	*5.0*	*4.6*	*12.2*
	東松島市	66	17.4	30.2	26.8	8.3	*3.8*	*6.6*	*37.8*
		168	20.9	32.3	21.8	11.8	*10.2*	*12.7*	*15.9*
	名取市	81	34.8	14.5	19.5	16.7	*7.9*	*7.6*	*44.9*
		233	44.7	12.7	18.6	7.6	*11.4*	*13.3*	*10.9*
	山元町	25	21.6	34.1	22.2	12.7	*4.8*	*8.9*	*32.3*
		58	23.5	40.5	17.7	3.2	*7.0*	*13.5*	*8.7*
	仙台市	1,416	46.2	4.7	18.3	15.1	*8.5*	*6.0*	*35.9*
		4,348	40.3	5.3	18.1	14.5	*14.1*	*15.2*	*12.8*

注：扶助費、公債費、普通建設事業費は歳出項目である。上段は1980年度、下段は2009年度の決算である。
出所：岩手年鑑、宮城県統計課提供資料などより。

2 過去に学ばなかった震災への備え

役立たなかった防潮堤と高台移転

2－2－1

破られた世界一の防潮堤

東日本大震災における最も重要な教訓の一つは、物理的な手段によって被災を免れることの限界が、誰の目にも明らかとなったということである。

岩手県宮古市田老地区は、海面からの高さ10m、全長2・4km、X字型に交差する世界一の規模と言われる防潮堤で守られていた。しかし、津波は無情にもこの防潮堤を越えて市街を飲み込み、市街地は壊滅した。人口四、四三四人のうちおよそ二○○名が死者行方不明という甚大な被害となった。

上：震災前の田老防潮堤
（国交省釜石港湾事務所）
下：被災後の田老市街
（『朝日新聞』2011年３月20日）

田老地区で巨大防潮堤が建設されたのは、明治三陸津波、昭和三陸津波と二度にわかって巨大津波に見舞われ、甚大な被害を被ったことによる。すなわち、一八九六年の明治三陸津波では二、二四八人中一、八六七人、一九三三年の昭和三陸津波では二、七七三人中九一一人が犠牲になった。いずれの地震ののちも内務省や県の示した復興策は両地震の浸水高を超える高所に全村移転を行うものであったが、住民の反対や敷地確保の困難性、漁業維持の必要などから実現しなかった。昭和三陸後に村当局が採用したのが巨大防潮堤の建設であった。一九三四年に開始された第一期工事は、戦争による中断を余儀なくされながらも二四年を経て一九五八年に完成したが、その後も増築が行われて最終的に完成したのは一九六六年のことである。

この間、田老の防潮堤の評価を高めたのは、一九六〇年のチリ地震津波である。三陸沿岸域自治体に大きな被害が出た中で、田老における被害が比較的軽微にとどまった。事実は田老における津波高は3・5mにすぎず堤防にまでは達していなかったが、新聞等が防潮堤の効果として過大に報道したことがそのまま定着したのである。しかし、津波高15mを超えた今回の津波を防ぐことはできなかった。

安全を保障しない高所移転

津波常襲地帯だった三陸沿岸被災地では、過去の津波被災を上回る被害を経験したことから、高所移転を基本とする復興計画に取り組むこととなった。過去には巨大防潮堤と避難路整備を軸に原地再建を選択した田老地区も例外ではない。しかし、高所移転が必ずしも安全を保障するわけではないことも、認識しておく必要がある。過去にも津波被災後に高所移転によって再建された集落は数多く、東日本大震災ではその三分の二が浸水被害を被ったのである。

震災後に国が設置した「東北地方太平洋沖地震を教訓とした地震・津波対策に関する専門調査会」は、過去に高所移転を行なった三〇地域、および移転を行わなかった五地域について津波被災状況を調査したところ、高所移転を行なった三〇地域中二一地域で今回浸水被害を受けていた。

明治三陸津波後の高所移転は、基本的に被災者の自己負担で行われ、被災宅地の建築制限も行われなかったために、その後原地に復帰した事例も多い。それが再度の被災につながった。

しかし問題は昭和三陸地震後の高所移転である。「過去の最高浸水以上の場所に移転」という指針が設けられ、多くは国庫補助や低利融資が行われた。宮城県では県令による罰則付きの建築禁止区域が設定されるなど、原地復帰も抑制されていた。それにもかかわらず今回被災した二一地域中一九地域は昭和三陸地震後に高所移転した地域だった。なお、過去に高所移転しなかった五地域では四地域が被災している。

高所移転にも拘らず再度被災したのは、リアス式という地形的制約で、標高15mないし20mを超えるような場所に移転敷地を求めることが困難だったことが大きな要因である。しかし、理由はどうあれ高所移転といえども絶対の安全を保障するわけでない。地形的な制約をのりこえて高所移転するには、地形を改変する大規模な造成工事が不可欠である。高所移転で津波被災のリスクが軽減されるのは間違いないが、莫大な財政負担が必要な上、土砂災害や環境破壊のリスクはむしろ増大することになる。

どのような対策でも100%の安全はない。津波対策で大事なのは避難することである。被害はあっても命を守りぬき、もとのくらしを取り戻すことができることこそ重要である。

（遠州尋美）

過去に高所移転をした30地域中21地域が今回津波被災

出所：「東北地方太平洋沖地震を教訓とした地震・津波対策に関する専門調査会報告参考図表集」（2011年9月）をもとに筆者作成

2 過去に学ばなかった震災への備え

東日本大震災 地震・津波は警告されていた

2－2－2

「この大震災を予見できたのか。皆さんにも伺いたい。我々には想定できなかった」（注1）。二〇一八年五月七日、津波被害の危険性を「十分予見可能だった」とした大川小津波訴訟の仙台高裁判決（四月二六日）に対し、亀山紘石巻市長はこう反論した。また、村井嘉浩宮城県知事も、「当時、震災は想定できなかった」「事前防災に不備はなかった」（宮城県議会全員協議会）と亀山市長同様の見解を述べている。

しかし、高裁判決は「大川小校長らが予見すべき対象は東日本大震災ではなく、04年に想定された『宮城県沖地震』（マグニチュード8・0）で生じる津波」としており、両氏の発言は明らかな錯誤である。これでは犠牲になった児童・教職員は浮かばれず、遺族に対してもあまりに礼を失する発言であった。

では、「04年に想定された宮城県沖地震」は、どのようなものであったのか？

第三次報告の内容

表は一九七八年に発生した宮城県沖地震の被害と判決文にある「宮城県第三次地震想定報告書」（二〇〇四年三月）の要旨と東日本大震災での宮城県被害を比較対照したものである（注2）。

第三次報告では「地震発生後の20分から60分後に宮城県沿岸部に津波が到達する。牡鹿半島より北部沿岸では4mを超える津波高となる場所もあり、かなりの浸水域が予想される（宮城県沖地震（連動））」、「仙台市では人口集積地のため、場所によっては兵庫県南部地震（注：阪神・淡路大震災）の甚大な被害地域と同じような被害となることが予想される（長町利府線断層帯地震）」と記載されている。いわばこれが「04年の未来への警告」だったのである。

表で明らかなように、第三次報告で想定された被害は、特に住宅被害が一九七八年の宮城県沖地震被害を大幅に上回る規模となると想定されていた。とりわけ避難者数は宮城県沖地震では考えられなかった規模で発生

第三次想定と現実の震災被害

	1978年宮城県沖地震	第三次報告		3.11被害
		宮城県沖地震（連動）	長町利府線断層帯地震	
予想マグニチュード	7.4	8.0	7.1	9.0
予想震度	震度5	震度6強	震度6強	震度7
全壊・大破棟数	1,377棟	7,595棟	15,251棟	83,003棟
半壊・中破棟数	6,123棟	50,869棟	40,537棟	155,130棟
死者	27人	164人	620人	10,564人
負傷者	10,962人	6,170人	11,003人	4,117人
短期避難者数	?	122,174人	173,239人	309,303人
長期避難者数	?	16.669人	41,066人	123,018人

することが想定されていた。第三次報告は今まで経験したことのない規模での被害が発生する可能性があることを示したものであった。

同時に一一年一月一日には宮城県沖地震の発生確率は「10年以内70％程度、20年以内90％程度以上、30年以内99％」と発表されていたのである（注3）。16年に発生した熊本地震の発生確率は「30年以内18～27％」とされていたから、それに比べて極めて高い確率での地震発生が想定されていたのであった。

こうした経過をみれば、第三次報告を受けて、宮城県が「ではどういう対策を打ってきたのか？」という疑問が生じる。しかし、知事は「このような災害を想定した訓練を行うなど、宮城県は万全の体制をとっていたつもりでした」（注4）と述べ、予想される災害に対する備えとして、「総合防災訓練の実施・訓練への参加」と「防災協定の締結」を挙げているが、第三次報告と過去の地震・津波災害からの教訓に学び、どんな防災の取り組みを進めてきたのかは何も語っていない。また、県議会でも知事はこのことについて発言はしていない。

つまり、東日本大震災前に想定されていた被害との関係でどういう対策をとってきたのかは、「想像を超える甚大な被害」「千年に一度の未曽有の被害」という言葉にすべてを収斂させて、「備え」の内容は語らずに「備えは万全であった」と抽象的に述べているだけなのである。

一八年七月に発生した「西日本豪雨」から二ヶ月後、湯崎英彦広島県知事は一四年に発生した豪雨禍後の四年間で、どんな防災に取り組んできたのかを問われ「めざしたのは『災害死ゼロ』です」とし、土砂災害防止策を中心とした対策を取ったことを述べながらも、「ハード整備だけでは自然の力をすべてはコントロールできないと身に染みた」と語っている（注5）。では、村井知事は何をめざし、どんな対策をとり、何が身に染みたのか？

防災に「もしも…」はある

行政は失敗を認めたがらない。しかし、失敗を認める率直さを持たなければ、同種の失敗が繰り返される。失敗を認めて制度・政策・組織を変革しようと努力しなければ、失敗による打撃を乗り越えて社会を再建することは不可能になる。

そもそも自然災害は万全を期したと思っていたことを、いとも簡単にそして残酷に乗り越えることを示したのが東日本大震災であった。だからこそ「もしも○○の対策を打っていれば」と考えるところから防災諸施策は構築されねばならないのではないだろうか。失敗したこと、できなかったことは率直に認め、そこから教訓を導き出せなければ、また同じことを繰り返すことになる。

知事は、震災からの復旧・復興を「創造的復興」などと呼号することから始めるのではなく、「失敗を認める」ところから始めるべきだったのである。そうでなければ、本当の復旧・復興は実現しない。（小川静治）

《注》

（1）『朝日新聞』二〇一八年五月八日宮城版
（2）同報告書には宮城県沖地震（単独）の想定もあるが除外した。また宮城県被害数値は一八年四月一日時点のもの
（3）「次の宮城県沖地震が発生する確率」仙台市ホームページ
（4）「宮城県の危機管理～東日本大震災を経験して～」『行政研修ジャーナル』No・442013
（5）『朝日新聞』二〇一八年九月一日

Column

津波被害を拡大した仙台港

仙台港は、一九六四年三月に指定された新産業都市「仙台湾地区」の拠点であり、同年八月に都市計画決定された堀込港湾である。一九六七年に工事着手、一九七一年七月に開港した。

堀込港湾のため、津波被害を港湾奥のエリアまで呼び込むことになり、明らかに津波被害の〝拡大要因〟となったが、このような指摘はほとんどみられない。同時に周辺エリアにおける津波犠牲者は三〇〇名を超えたとされているが、その詳細は明らかにされていない。（阿部重憲）

仙台国際貿易港整備計画
（宮城県地方港湾審議会 1986 年）

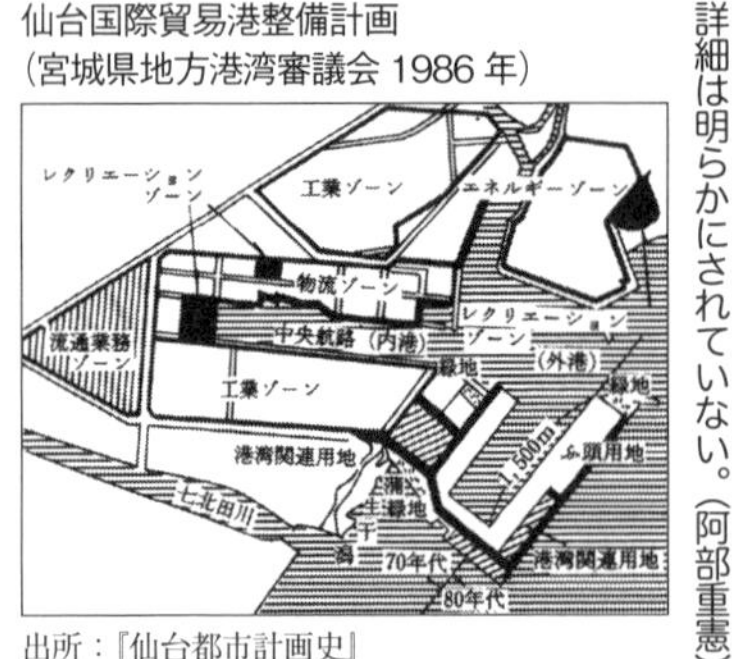

出所：『仙台都市計画史』

図1　仙台港港湾計画図（一部）

出所：国交省・国際拠点港湾仙台塩釜港仙台港区　2015 年 3 月作成

仙台市荒浜地区の津波被災（2011年５月８日。撮影・遠州尋美）

Column

L1津波、L2津波
——利権の温床となった津波防災指針

東日本大震災において「海岸保全施設に過度に依存した津波対策の限界」が露呈したとの認識から、

① 発生頻度は極めて低いが発生すれば甚大な被害をもたらす最大クラスの津波（L2：減災レベル）＝住民避難を柱とした総合的防災対策（「高台移転」もそのひとつ）

② 最大クラスより発生頻度は高く、津波高は低いが大きな被害をもたらす津波（L1：防災レベル）＝防波堤等で水際で阻止

の二段階津波対策を行うとする津波防災指針が示された（中央防災会議「東北地方太平洋沖地震を教訓とした地震・津波対策に関する専門調査会報告」）

この指針が一方では高台移転、他方では総延長400㎞もの防潮堤建設を根拠づけ、利権の温床となった。

なお、L1地震動、L2地震動という区別は従来からあった。東京湾横断道（一九八二年）の設計で導入されたという（東京工大・川島一彦の説）。L1津波、L2津波はその援用と考えられるが、インターネットで検索可能な文書で最初に登場するのは、『総合的な津波防災の考え方』（交通政策審議会港湾分科会防災部会第二回配付資料二〇一一年六月三日）である。

（遠州尋美）

最大クラスの津波（L2）
○ 最大クラスの津波に対して、ハード対策とまちづくりや警戒避難体制の確立などを組み合わせた「多重防御」により、人命への被害を極力生じさせないことを目指す。
比較的頻度の高い津波（L1）
○ 比較的発生頻度の高い津波（数十年から百数十年に一度程度）に対して、海岸保全施設の整備による対応を基本として、人命、資産、国土（海岸線）等を確実に守ることを目指す。
○ また、設計対象の津波高を超えた場合でも施設の効果が粘り強く発揮できるような構造物の技術開発・整備を実施。
最大クラスの津波（L2）
2011 年東北地方太平洋沖地震の津波の高さ
1986 年 明治三陸地震の津波の高さ
比較的頻度の高い津波（L1）

二段階津波対策（L1、L2）の考え方
出所：「東日本大震災を踏まえた津波対策の取組」（国土交通省水管理・国土保全局『津波防災のために』）

Column

国交省直轄調査
——津波被災地市街地復興手法検討調査（＊）とL1・L2対応

本調査は、被災自治体の復興計画支援を目的とする調査で、二〇一一年度第一次補正予算として約七一億円が措置された（対象は被災六県六二市町村）。調査の柱は、津波被災状況等の調査と、これを踏まえた市街地復興パターンの検討である。六県四三市町村で概略検討調査（三〇の調査単位）として実施、うち詳細検討調査に移行したのは二六市町村一八〇地区であった。

本調査の過程と成果が被災自治体の復興計画を左右し、自治体によっては市街地復興パターン調査の成果を自治体の復興計画・土地利用計画として扱うケースも多かった。実際の市街地復興パターンの検討は、最大クラスの津波L2の浸水想定作業（シミュレーション）と連動しながら行われた。

（阿部重憲）

（＊）市街地復興パターン検討調査を含む

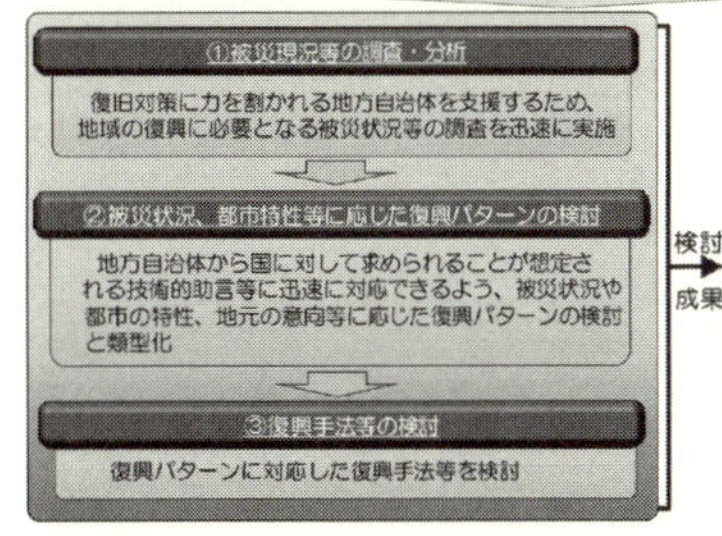

津波被災地市街地復興手法検討調査の目的と概要
出所：「津波被災市街地復興手法検討調査（取りまとめ）」国交省、2012年4月

1 生死を分けた避難

てんでんこと 釜石のできごと

3－1－1

子どもの命を守った 津波防災教育

人口四万人の小さな都市で一〇〇〇人を超える人々が巨大津波の犠牲となった釜石市。しかし、およそ三〇〇〇名の小中学生のほぼ全員が津波を逃れ、命を守り抜いた。残念なことに、五名の児童が犠牲になったが、いずれも学校に登校していなかった子どもたちで、学校管理下の児童の犠牲は皆無だった。

当初は「釜石の奇跡」と賞賛されたこの経験は、群馬大学大学院の片田敏孝教授の指導のもと全市をあげて取り組んできた津波防災教育の成果だった。モデル校での実験的取り組みを経て全ての小中学校で津波防災教育に取り組み始めたのは二〇〇八年度。二年余りで早くも試練に直面し、見事な成果を出したのだった。

率先避難の実践

印象的だったのは、大槌湾に面する鵜住居地区の子どもたち。地区防災センターに避難した約二〇〇名を含め市内の犠牲者のほぼ半数、五〇〇名が犠牲となり最も深刻な被害を受けた地区だ。しかし、同地区にある釜石東中学の子ども達は、校庭にいたサッカー部員を先頭に、隣接する鵜住居小の児童、途中で合流した保育園児の手をひき、周辺の大人達を巻き込んで高台の避難所まで1・6㎞を逃げ延びた。子ども達の避難行動が自分自身だけでなく大人の命も救ったのである。

災害伝承「てんでんこ」

釜石市が取り組んだ防災教育の目標は、誰かに頼るのではなく自らの判断で避難行動をとることのできる主体性を育み、常に津波に備えて生き抜くことのできる災害文化を定着することにあった。

過去の災害経験を語り継ぐ災害伝承を学ぶことも重視した。「津波てんでんこ」もその一つ。他人に煩わされずに主体的避難で自分の命を最優先する教えだが、釜石の経験はこの「てんでんこ」の実践と言えるだろう。

伝承を鵜呑みにする 落とし穴

ただし、伝承を鵜呑みにすることには思わぬ落とし穴もある。「津波てんでんこ」のもともとの言い伝えは「いのちてんでんこ」だ。親や子への思いを断ち切って自分が生き延びるために心を鬼にしろということは、飢饉や戦争など存亡の危機に共通する教えなのだ。それが釜石東中の生徒と鵜住居小の児童600人は沿道の住民を、巻き込んで1.6kmの道のりを避難し命を守り抜いた。
出所：『中日新聞』2012年3月12日

世代を超えて語り継がれたのは、封建時代、限られた資源・技術の制約と過酷な身分制支配に縛られ、心ならずも個人よりも家や一族の存続を優先せざるを得なかったことによる。「いのちてんでんこ」は封建イデオロギーの産物でもある。

基本的人権が尊重されるべき現在において、「親を見捨てろ、子を見捨てろ」ということが、津波に対応する最善の道であるがごとく喧伝されることがあってはならない。

「てんでんこ」の現代的意味

実際、家族愛を否定しても「ピックアップ行動」を止めるのは不可能だ。自動車のNAVIや携帯電話に組込まれたGPSのデータの追跡から、地震発生直後は、海岸部から内陸に向かう車が多いが、二〇分過ぎから海辺に向かう車が増え、結局、浸水域に侵入した車が、脱出した車の二倍を超えたことがわかっている。いわゆる「ピックアップ行動」だ。

親を思い子どもを思う行動が犠牲者を増したことは否定できない。しかし、それを愚かな行動だと非難しても止めることはでない（『NHKスペシャル「〝いのちの記録〟を未来へ～震災ビッグデータ～」』二〇一二年三月二日放送）。

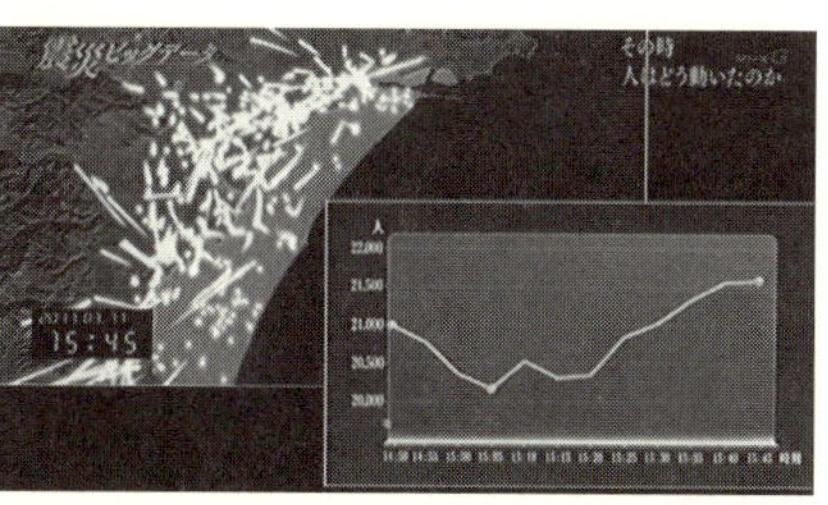

後の浸水域へ外部から侵入する車は出てゆく車の二倍を上回った。救助に向かうピックアップ行動だ。
出所：『NHKスペシャル』2012年3月2日放送。

ピックアップ行動を止めるには、「子どもたちもお年寄りも、自分の助け無しに確実に避難している。だから自分が助けに行く必要はない」という確信を育てる以外にない。

学校は、子どもが大人に頼らず自分の判断で逃げるように訓練する。家庭では家族で話し合い、それぞれどこに逃げるのか、学校にいたなら、家にいたなら、友達と遊んでいる時には、どうするのか決めておく。要支援者に対しては、地域で話し合って援護の仕組みを作る。話し合った通り確実に避難しているという確信があれば、誰もが自分の避難に専念できる。

釜石では、「君たちが自発的に逃げれば親や家族の命を救うことができる」と現代の「てんでんこ」の意味を正確に教えていた。それこそが釜石から学ぶべきことだと思う。（遠州尋美）

1 生死を分けた避難

命（ぬち）どぅ宝
――いのちを繋ぐ判断・繋げない判断

3－1－2

人にとって何よりも大切にされなければならないもの、それは『いのち』。そして人は、災害から逃れる術を持ち得ない。

また人は地球の芽吹きである春、四季の移りに、地球に生きる幸いを見出す。他方、地球の息吹かと思わせる地震や津波、洪水や土石流、雪崩や竜巻や噴火等々を前に、人はその非力・無力を思い知る。自然との対峙・対決、克服・制覇ではなく、自然と人間とがともに『いのち』を育むものとして共存しようとする姿勢こそが、人間の幸せに結びつくのではないか。

その想いを強くしたのが、最大被災地石巻（死者不明者三、七五〇人）に生きた私にとっての『東日本大震災』である。

二〇一一年三月一一日午後二時四六分、日本観測史上最大かつ一九〇〇年以降の地震では世界で四番目というマグニチュード九・〇の巨大地震は巨大津波を誘発し、多くの犠牲者が生れた。この時、そこにいた人間の数だけの判断があったが、それは二つに分けることができる。いのちを繋いだ判断と繋げなかった判断である。

この差異はどこから生じたのか、以下、津波という限られた災害ではあるが、私なりに到達した「いのちを繋ぐ判断」について、未来への懸け橋となれば幸いとの想いで記する。

津波てんでんこ

【エピソード・その一】

私は地震直後から自転車に飛び乗り、緊急避難を住民に大声で呼びかけた。そのとき、四人の中学生が声をかけてきた。

「庄司さん、どこに逃げればいいの！　中学校？　牧山？」

「高いところだ。山へ」

「わかった」

「急ぐんだよ」

「うん」

そこに一人のおばあさんが「この子はダメ、妹を待って車で逃げる」と割り込んできた。孫への愛情が言わせた言葉だ。しかし私は、即座に言った。

「ダメだ、そんなことをしたらこの子の命は守れない、妹は妹できっと避難している。逃げるにしても車はダメだ、渋滞に巻き込まれたら終わりだ」

【エピソード・その二】

三・一一の二日前に石巻を震度四の地震が襲った。その時ある家族がした約束が『津波てんでんこ』の本質を理解させる。

「こんど地震が起きて津波予報が出たら、遠いけど山の中学校に逃げよう。いつ起きるかわからないんだから、お父さんやお母さんを待たないで、そこで会うことを約束としよう」

そして、巨大地震が発生した。お母さんは約束通り、中学校に走った。三歳の子を背負い、五歳の男の子の手を引いて。

「中学校で、お父さんに会える」その思いで、男の子は走った。転びながら、何度も何度も転びながら走った。そして数日後、約束の地で父と会えた。

【防災観・家族観・生死観】

家族の絆を勇気を持って断ち切って、各人がてんでん（それぞれ）に自分の命を守る。そうして家族がてんでんに自身の命を守ってこそ、家族の絆は再生できる。家族のそれぞれが約束の地をめざしていることを信じて、今は己の命を守る。それは、「家族はかまわず、一人で逃げろ」ではなく「家族を信じて、一人で逃げろ」との教えである。これが、三陸に昔から伝わる『津波てんでんこ』の防災観であり家族観、生死観であろう。

避難は徒歩で

前述のおばあさんは後日、避難所運営責任者をしていた私に会いに来てくれた。嬉しかった。

「うわぁ～、生きていましたか」

「妹は小学校で、無事避難していて助かっていたの」

「車で逃げるな、と声をかけてくれたから今があるのよ」

私たちは、抱き合って喜んだ。

私は車での避難者にも『逃げろコール』を行った。しかし、その声はほとんど届かなかった。前方の誰かが危険を感じ放棄した車は、途端に後方車の障害物となる。放棄の判断は、己の命を守る意味では正しい。しかし無数の後続車に乗る者の命を奪いかねない意味で誤りである。

「避難は徒歩で」が、自然災害に対する基本的構えである。車で避難せざるを得ない障害者や高齢者のために、道路は確保されるべきである。その場合でもルールがある。ある程度の高さの内陸まで逃げても、その場に駐車するのは大きな誤りである。後続車の安全のために、もっと奥の高い所、広い所に車を進め後続車のためのスペースを確保しなければ、渋滞はすぐに始まり、犠牲者は増える。

車で避難し渋滞に巻き込まれ犠牲となった市民の顔は、恐怖や驚愕で歪んでいたと聞く。

一方、原発事故の場合、遠隔地への避難となるので当然『避難は車で』が大原則だ。石巻市は女川原発の立地自治体である。その女川原発は、五つの外部電源のうち四つまでもが送電不可に陥る、まさに危機的状態であった。原発の存在は避難方法の選択からも、混乱と取り返しのつかない惨状をつくりかねない現実を生んでいる。

原発事故と自然災害の複合災害を想定した時、幾重もの意味で原発再稼働は許されない。

正常化の偏見

「正常化の偏見」とは、己にとって都合の悪い情報を無視したり、過小評価しようとする人間の心理をさす。不安をなだめ心的均衡を保つ防衛反応だ。

だが、災害という非常時には、この心理が危険を招く。「私はこれまでの災害でひどい目にあったことはない。だから今度も大丈夫」しかし、そうではなかった。平常時に必要な『正常化の偏見』は、非常時、極めて危険な心理に転化する。

＊　＊

三・一一を経験しての根本的な恐怖は、あの巨大地震の後に住民を襲う災害が再びの巨大地震なのか、あるいは巨大津波なのか、全く不明であること。ゆえに避難場所は、地震であれば広い場所であるのに津波であれば高い場所、つまり真逆な避難場所が求められる恐怖である。その中で瞬時に求められる判断が、いのちを繋げたか否か。議論すべき要素は多々ある。

（庄司慈明）

1 生死を分けた避難

悲劇の大川小学校

3－1－3

東日本大震災において最も悲惨な出来事の一つとして記憶されることになったのが、石巻市立大川小学校（以下、大川小）の被災である。全校児童の七割、七四名の子どもたちが犠牲となり、教員も一〇名が命を落とした（大川小の位置・敷地条件を表1に示す。裏山、三角地帯等との位置関係に留意）。

表1 大川小学校の位置と敷地条件

- 大川小の位置：宮城県石巻市釜谷字山根1番地
- 北上川との関係：追波湾に注ぐ北上川河口から4.5㎞上流にかかる新北上大橋付近のやや下流側，右岸堤防から200m南。
- 敷地の状況：標高1～1.5m。
  - 北側：二棟の教室および管理棟。県道に接する。
  - 西側：通称ダルマツ山（裏山）の斜面に通じる市道に接する。北西端の正門は県道に面する。
  - 南側：大半は校庭。東に体育館とプール。市道を挟んで裏山の斜面。
  - 東側：住宅等
- 三角地帯：新北上大橋付近の北上川右岸にある国道398号線と県道の交差点。大川小敷地西側から交流会館とその駐車場を経て直線距離で150m。周囲の平地より小高い平坦地（標高6.7m）

大川小学校の被災経過

M9・0の地震が発生した二〇一一年三月一一日午後二時四六分（以後「午後」を省略）には、在籍児童一〇八名中一〇三名が在校し、休暇の校長と外出していた用務員を除く、教頭以下一一名の教職員が勤務していた。地震発生時は授業が終了した直後で、直前に児童が下校を始めた学年もあった。

揺れが収まった後、教職員が校舎内にいた児童全員を校庭に誘導し、下校を始めていた児童も校庭に戻って、三時前までには、児童一〇三名、教職員一一名が校庭に避難した。児童のうち二七名は保護者に引き取られ、三時三〇分頃までには教職員の管理下を離れた。

二時四九分に大津波警報が発令され、河北総合支所は、二時五二分、防災無線を通じ大津波警報の発令と海岸や河川堤防付近に近づく危険を知らせ、三時一〇分にも同様に呼びかけた。この知らせは、校庭に設置された屋外受信設備を通じ避難中の児童および教職員に伝わった。また、ラジオ放送も地震と津波の情報を継続的に伝えた。

生存者の証言によれば、教頭と教務主任は校庭避難後、早い段階から裏山を第一候補として校庭外への避難を検討していたが、土砂崩れの危険の指摘や、校庭に来ていた区長らの津波の心配はないとの発言から裏山への避難を断念し、校庭よりも高台と言える三角地帯への避難を決断した。校庭にとどまっていた七六名の児童は一一名の教職員に誘導されて三時三五分頃までには三角地帯方向へ徒歩で避難を開始した。しかし、学校敷地西側の交流会館の敷地を最後尾が通り抜けた頃、北上川を遡上して来た津波が新北上大橋付近右岸堤防を越流し、教職員と児童を呑み込んだ。かろうじて裏山の斜面を駆け上り生存できたのは児童四名と教務主任のみで、残りの児童七二名と教員一〇名が犠牲となった。

三時三七分頃に津波は大川小に到達し、二階建ての同校管理・教室棟の屋根まで達した。校舎二階天井の標高約8・7mの位置に津波の痕跡が残された。

校庭外の高台への避難を躊躇して校庭に長時間とどまったのは、裏山が急傾斜地崩壊危険区域に指定されているなど地区内に避難にふさわしい高台が存在しなかったこと、津波ハザードマップの想定浸水域に大川小の立地する釜谷地区が含まれていなかったこと、地区住民が過去の経験から津波の危険を軽視していたことが影響したものと思われる。

大川小学校児童らの被災と周辺状況
出所：朝日新聞デジタル／法と経済ジャーナル 2018年6月8日。

損害賠償訴訟における控訴審判決

二〇一八年四月二六日、被災児童二七名の父母を原告とし、大川小の教職員と学校の設置者である石巻市、教職員らの給与を負担する宮城県を被告とする損害賠償裁判の控訴審判決が、仙台高等裁判所で言い渡された。裁判所の判断の要点を表2に記す。

判決は、津波に備えて校外における適切な避難場所の選定、避難ルートの設定、保護者への児童の引き渡しの方法・手順等の設定・周知を行わなかったことは、被告らが児童・保護者らに負っていた学校安全管理義務に違反し、その違反と被災との因果関係を認め、被告らに損害賠償の支払いを命じている。石巻市、宮城県は判決を不服として上告した。

判決が、校長・教頭・教務主任ら指導的立場の学校教職員にとどまらず、学校を監督する教育委員会が、各学校から提出される教育計画と「危険等発生時対処要領（危機管理マニュアル）」を精査し、不備があれば改善指導を行なって事前の備えを徹底すべき義務のあることを明確に指摘したことは極めて重要である。（遠州尋美）

表2 大川小訴訟控訴審判決における裁判所判断の要点

1　安全確保義務
【判断】学校保健安全法上の義務は児童・保護者に対する職務上の義務を構成し，その履行を懈怠した時は国賠法上違法 〈学校保健安全法上の義務〉 • 校長・教頭・教務主任（校長等）：安全計画策定，実施（同計画による施設・設備・体制の点検・改善・改善困難の申出），危機管理マニュアルの作成・周知・徹底の義務 • 教育委員会（市教委）：安全教育・安全管理両面で，教員の研修，教員・児童生徒の保健・安全・厚生・福利を管理し執行する職務権限　＝　危機管理マニュアルの作成指導・点検・改善の指導・指示を含む（関与が制限されるのは児童生徒に対する直接的な教育作用に関わる部分に限定） • 学校設置者は児童生徒の危険防止・対処のため施設・設備・体制の整備充実等の義務
2　安全確保義務懈怠の有無
【判断】 • 校長等は津波による危険が予見可能であったにも関わらず，津波に対する避難場所，避難の手順・ルート，保護者への児童の引渡しとその手順を危機管理マニュアルに定めず，また周知・徹底も怠った • 市教委は，安全確保に関わる教育計画（危機管理マニュアル）の点検・改善指導を怠った 〈津波の予見可能性〉 「宮城県沖地震（連動型）」（本件想定地震）に関する想定において，津波の発生と北上川の遡上が予測されており，同想定，津波ハザードマップにおいて大川小付近が浸水想定区域に含まれていなくとも，地震による河川堤防の損壊があれば浸水する危険は，他の公表資料等を勘案して予見できた。校長等は高度な知識を学ぶべき職責があり学ぶ機会もあった。 〈危機管理マニュアル作成・周知・徹底等の必要性の認識〉 文科省の通知，県教委・市教委等の通知，研修，教頭会議，指導主事の訪問等を通じ，必要性は周知されてきた。 〈市教委の義務〉 市教委は，各種通知等を通じ大川小の実情に応じて危機管理マニュアルの改定を義務付け，また大川小の教育計画の提出を得ており，その点検と是正を指示・指導する義務があった。
3　安全確保義務懈怠と被災との因果関係
【判断】震災当日校庭避難中に防災無線等による得られた情報，教頭等が行った避難場所に関する協議から，教頭らは遅くとも2時52分以降には津波の危険を認識しており，危機管理マニュアルに，避難場所をバットの森として，避難の手順・ルート等があらかじめ定められていれば，早期に避難を開始し被災を回避できた。

出所：控訴審判決をもとに筆者作成。

Column

命を削る車中避難

被災後、避難所にも入らず、自宅にも戻らず、乗用車で生活する人々がいた。

車中での生活は過酷である。震災が起きた三月一一日、被災地の多くでは小雪が舞っていた。例えば気仙沼市の二〇一一年三月中旬の日平均最高気温と最低気温はそれぞれ6・4℃とマイナス3・2℃。避難所の中ですら、寝具や暖房が不十分で寒さに震える中、車中の寒さは尋常ではなかった。優しい春は短く、梅雨には蒸し暑さが襲う。そして、六月下旬から八月にかけての猛暑は厳しかった。エコノミー症候群や熱中症による命の危険に苛まれながら、半年以上も車中避難を続けた人々が生まれたのである。

避難所に入らず車中避難を続けた理由の第一は、ペットとともに入所することを拒まれたからである。当時ペットとの同伴が可能な避難所はほぼ皆無で、ペットを飼育していた人々の多くが車中避難をするか損壊した住宅に止まらざるを得なかった。

第二に、認知症を患う高齢者や障害者を伴う人々が、周囲の人々への遠慮から、車中避難に追い込まれた。福祉避難所は開設数が不十分で、行政の連携も弱く救助は後手に回った。

さらに問題だったのは、PTSDに伴う車中避難である。住宅被害は軽微で居住可能であっても、経験した激しい揺れの恐怖で自宅で過ごすことが困難な人が生じた。災害救助法における「現に救助を必要」との判断根拠を住家と身体の損傷にのみ置いているために、そうした人々は避難所や仮設住宅の提供を受けられず、車中避難を強いられることになったのである。

車中避難者のうち、ペットや認知症、あるいは障害者を伴うことに起因する場合には、避難所から仮設住宅へ移行する中で、徐々に解消に向かったが、PTSDに伴う「震災精神疾患自宅生活困難者」（仙台弁護士会）の救助は最後まで困難を極めた。

「震災精神疾患自宅生活困難者」は、本人に資力があれば自力で代替住宅を確保できるが、そうでなければ車中避難や路上生活を強いられる。被災者の実態に即した災害救助法の運用が求められる。（遠州尋美）

＊本稿は、阿部泰幸さん（ライフサポート響）への聞き取りに基づいている。

▶駐車場に駐めた乗用車で生活する人々。

▶人里離れたペット可の仮設住宅。写真はいずれも気仙沼市。

（写真提供：ライフワークサポート　響・阿部泰幸さん）

焦点　3.11大震災

仙台

心の障害足りぬ支援

PTSD、自宅出て車中泊5カ月

法の枠外、仮設住めず

東日本大震災後、心的外傷後ストレス障害（PTSD）や統合失調症、うつなど、心に障害がある人への支援不足が課題として浮上している。心の病などを抱えて避難所や仮設住宅に入れない被災者や、自宅にとどまり続けた人にきめ細かな対応が行き届かない。関係者は制度や態勢の整備を求めている。（若林雅人、高橋鉄男）

転居できず自殺

怖くて戻れない

毛布が敷かれた男性の乗用車。4月以降、ここで寝泊まりする日々が続いている＝仙台市

PTSDで自宅に戻ることができない被災者が、避難所や仮設住宅に入居できず、車中避難を続けていることを報じた新聞記事。『河北新報』2011年9月5日。

Column

こども津波ひなんの家

地震はいつ襲ってくるのか、事前に知ることはできない。学校にいるとき、家にいるときなら頼れる大人が近くにいる。でも登下校中や外で遊んでいる時に地震がきたらどうするのか。三、〇〇〇人の児童生徒が津波から命を守り抜いた釜石市には、そんな時、子どもたちが駆けこめる家がある。「こども津波ひなんの家」だ。道からよく見えるところにステッカーが貼ってある。

津波注意報や警報時に、子どもが駆け込んできたらその家にいる大人は子どもを指定された避難場所まで連れて行く義務がある。この制度を受け入れるかどうか、討論した自治会は大荒れだった。「たかが注意報で本当に逃げるのか」怒号が飛ぶ中、「学校が子ども達の命を守るのに一所懸命なのだから、協力しようよ」最後はしぶしぶでも受け入れを決めた。大震災が発生したとき、鵜住居地区では八三世帯が名乗り出ていた。

みなさん、胸に手を当てて考えてみよう。津波警報が出た時、あなたは避難しただろうか？　本当のねらいは、子どもに促されて、なかなか避難しようとしない大人を逃すこと。大人の命を救うことなのだ。

（遠州尋美）

こども
津波ひなんの家

Column

悲劇を生んだ防災訓練

岩手県釜石市鵜住居地区。釜石東中、鵜住居小の児童生徒が保育園児や周辺住民を巻き込み、率先避難で津波を逃れ、命を守り抜いたことで知られる。だが、同時に鵜住居地区防災センター（以下「センター」）に避難していた一五〇～二〇〇名の住民が津波にのまれ、その大半が犠牲になったと思われる（正確な犠牲者数は特定できない）。津波は二階天井付近に達していた。

センターは、市が指定した避難場所ではなく、「津波避難区域」に位置していた。それなのになぜ、多数の住民が集まっていたのか。いくつかの不幸な要因がある。

①名称：消防署支署と公民館の二階建複合施設だが「防災センター」の名称が安全な建物と印象付けた。

②ハザードマップ：津波避難区域にも関わらず、ハザードマップ上は津波浸水想定区域外だった。

③避難訓練：避難場所に指定されていないにも関わらず、避難訓練においては避難場所として扱っていた。

鵜住居地区の一次避難場所は、旧JA集配センター・鵜住神社境内・本行寺・常楽寺裏山の四ケ所。いずれも市街地から遠く、高台にあって高齢者には辛い。年々訓練への参加者が減る中、アクセスの容易なセンターが、訓練上の避難場所に活用されるようになった。

二〇一〇年二月二九日発生の「チリ地震津波」では自発的に周辺住民三四名が集まり、同年五月二三日の避難訓練では六八人、震災直前の二〇一一年三月三日の訓練では一〇一人がセンターに集まっていた。その結果、一次避難場所としての誤った認識が浸透し、多くの人がこのセンターで命を落とすことにつながった。

（遠州尋美）

鵜住居地区防災センター外観（2012年9月29日撮影）

2 困難を極めた救援活動

3－2－1

困難を極めた初期対応

大津波の到来（2011年３月11日・仙台市若林区）
提供：仙台市消防局

震災による被害

二〇一一年三月一一日一四時四六分に発生した東北地方太平洋沖地震は、仙台市では五分以上にわたって揺れ続け、宮城野区で最大震度六強を記録した。地震発生から約一時間後に高さ7mを越す大津波が沿岸部に到達し、海岸から約5㎞の内陸部まで浸水した。

東日本大震災による仙台市の被害形態は大きく三つに分けられる。地震動による市内全域の建物被害、丘陵部に被害が集中した宅地被害、そして津波による沿岸部の壊滅的な被害である。

震災時の消防活動

地震直後から火災、救急、救助など一一九番への要請が相次いだが、津波到達後からは通報が殺到し、内容も深刻なものとなった。津波で被災した地域は、家屋等は原形を留めないほど大きく損壊し、道路、水田などは堆積物、がれきに埋め尽くされ、消火や救助活動を行おうとする消防隊の進入を阻んだ。

震災中に三九件の火災が発生したが、内陸部の一七件の火災は当日中に鎮火した。一方、津波被災地の火災は、出火直後に消防隊が火災現場に到達できなかったこともあって大規模化し、鎮火までに相当の時間を要した。発災直後から空と地上から懸命な消防活動が行われていたが、発災当日の深夜、沿岸部の中野小学校には津波から約五〇〇人が避難しており、周囲では津波で被災した家屋と多数の車両が炎上して、校舎に延焼の危険が迫っていた。消防ヘリコプターは深夜に離陸し、夜間の空中消火という全国でも例のない活動によって延焼を防いだ。

津波被災地の中野小学校、荒浜小学校に避難していた多くの市民は、火災の延焼危険や厳しい寒さの中で一夜を明かしており、一刻も早い救出が求められた。地上からの救出には、それぞれの小学校に通じる道路上のがれきや土砂などの堆積物などを排除し、消防隊を進出させるための道路啓開が最優先となった。地震によるビル倒壊などを想定して締結していた災害協定を発動し、重機を投入した道路啓開とヘリコプターの活動によって救出は完了した。

震災中の災害発生件数（仙台市）

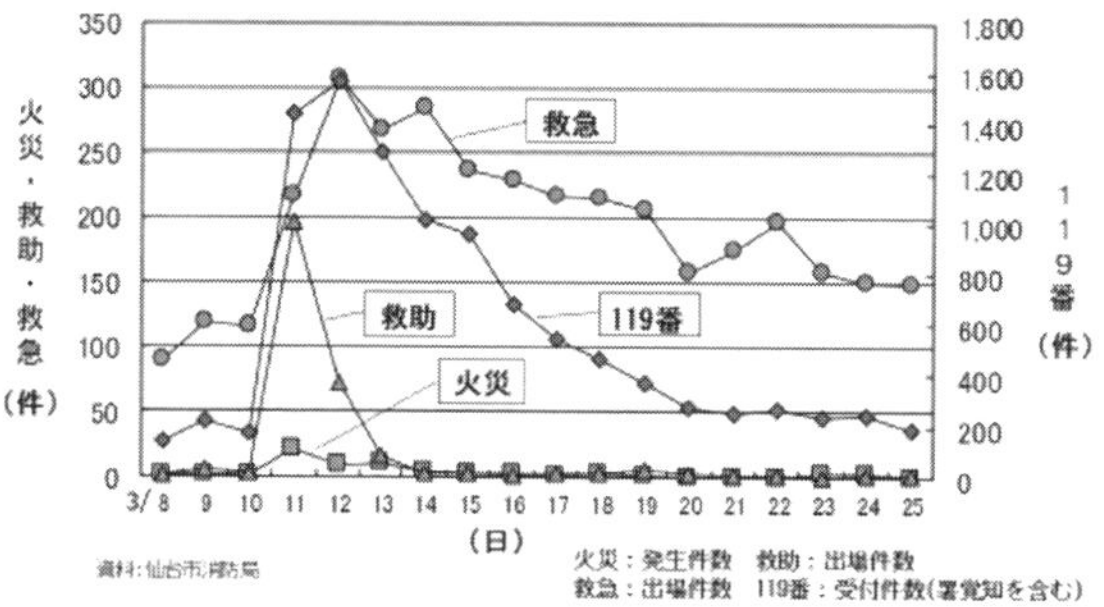

火災・救助・救急（件）　119番（件）
救急　救助　119番　火災
3/8 9 10 11 12 13 14 15 16 17 18 19 20 21 22 23 24 25（日）
資料：仙台市消防局
火災：発生件数　救助：出場件数
救急：出場件数　119番：受付件数（覚知を含む）

　仙台市では、津波で浸水した面積が約52㎢という広範囲にわたったことで、多くの行方不明者が発生した。捜索活動は地盤沈下を起こして滞留した海水や泥、ガレキとの闘いともなった。消防職員、団員延べ一三、〇二二人を投入し、捜索活動は発災から六か月間におよんだ。

消防活動を妨げた燃料等の不足

　地震直後の停電で消防局庁舎では自家発電装置が起動し、一一九番通報の受付、災害情報の収集伝達などの機能が維持されたが、長時間の運転で発災後早々に燃料の枯渇が懸念される事態が生じた。燃料の不足は、仙台港の石油精製プラントをはじめ、太平洋沿岸の石油コンビナート地区が被災したことに加え、物流も停止したことで日を追うごとに深刻化していった。

　消防では、発災と同時に最高レベルの消防活動態勢に移行していたが、この態勢を維持、継続するには、消防車両等の燃料、消防隊員の食料の確保が不可欠となり、さらに全国から災害応援活動に駆け付けた緊急消防援助隊の燃料確保も課題となった。

　燃料不足は、市民生活や避難所運営にも大きな影響を及ぼした。発災翌日には余震の頻発、ライフラインの停止、交通機関の運行不能などで、市民をはじめ帰宅困難者など約一〇万六千人が指定避難所等に身を寄せた。避難所では非常食、飲料水等が不足していたが、避難所等への支援物資輸送など、救援活動にも支障を来たしていた。

大規模災害への備え

　東日本大震災のような大規模災害が発生すると、市民に最も身近な市役所などでは、平時の業務に加えて、災害に伴う応急給水活動や避難所運営、さらには災害廃棄物処理、建築物応急危険度判定などの膨大な業務が発生し、災害時には、行政の手が被災者一人ひとりまで行き届かないことになる。

　このため市民は、災害時に行政に過度に依存することがないよう、自らが災害への備えとして、自助そして地域ぐるみの備えである共助に取り組んでおくことが重要となる。

　自助の取り組みとして、命を守る観点から最も優先されるものは、高さのある家具を壁などに固定する転倒防止であり、次に飲料水、食料などの家庭内循環備蓄、そして一九八六年以前の建築物への耐震補強である。地震対策のポイントは、災害時に避難所に避難しないように備えておくことなのだ。

（高橋文雄）

2 困難を極めた救援活動

被災者に届かない救援物資
―ラストワンマイルを検証する

3－2－2

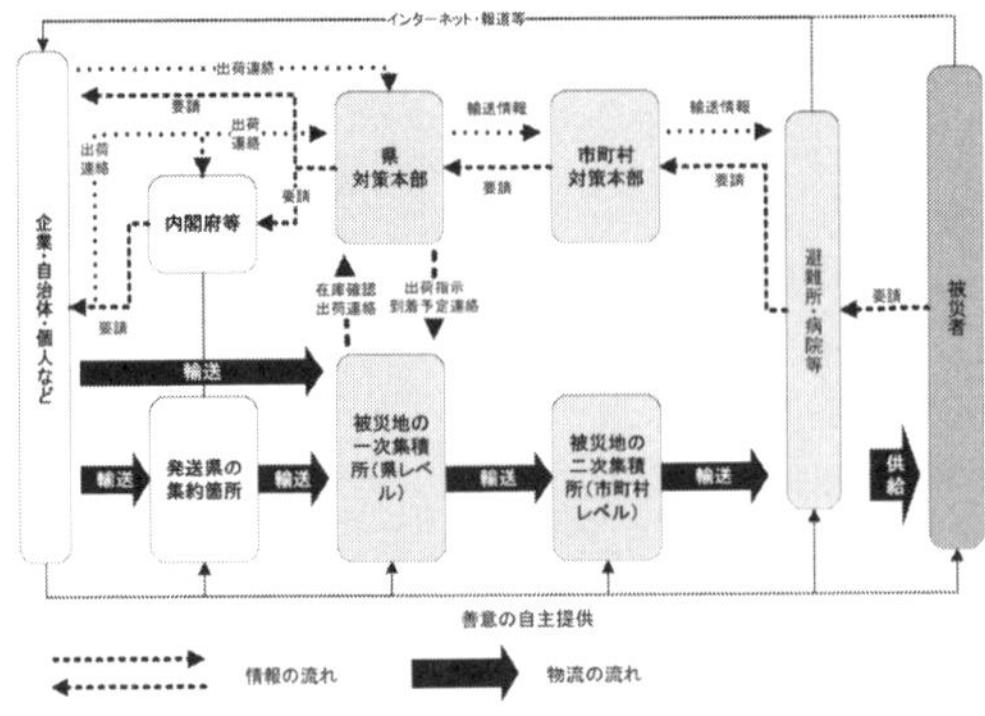

出所：「大規模かつ広域的な地震災害に対応した『震災ロジスティクス』のあり方」日通総合研究所 2011 年 7 月

東日本大震災時の支援物資供給の標準的な体制は上図のようなものだった。

しかし、川上である支援物資発送元から川下である避難所までの全段階で機能不全状態に陥り、被災者に支援物資が届かないという問題があった（それには「在宅被災者」も含む）。特に決定的だったのはラスト・ワンマイルと呼ばれる物資集積地から避難所等への物資が滞る問題であった。東日本大震災における宮城県の実際の対応から何を教訓とすべきかを見てみよう。

物資調達の全体概要

宮城県では発災直後、災害対策本部内に物資調達グループを設置し、主に政府調達による応急生活物資（食糧・飲料水、生活用品、その他）の調達、環境生活部消費生活・文化課と農林水産部食産業振興課の二課が災害対策本部事務局以外の主に県内協定団体からの物資調達にあたった。この体制で調達した物資は次表のようにまとめられる。

物資調達において複数のルートを設けておくことは重要であり、特に実際の避難所からのニーズは日数の経過に伴い変化するから、そうした変化に対応するうえでは、全国調達ルート

宮城県における緊急調達物資（調達点数。いずれも概数）

	対策本部調達	二課調達	
	物資調達グループ	環境生活部	農林水産部
主な調達先	政府・協定団体	主に県生協連	主にコンビニ
食品（主食）	2015 万	399 万	108 万
食品（主食以外）	590 万		109 万
飲料	200 万		86 万
衣類	6 万		5 万
生活用品等	569 万		59 万
合計	1580 万	399 万	366 万

注）環境生活部調達は、みやぎ生協資料に依ったが調達品種が区分されていないので全体数値としている。

出所：宮城県「東日本大震災　―宮城県の６か月間の災害対応とその検証―」、みやぎ生協「3.11 東日本大震災　みやぎ生協　活動の記録」から筆者作表。

をもつ「生協・コンビニ」ルートは大きな力を発揮する。

地元企業のみやぎ生協に最初に自治体からの物資支援要請があったのは発災直後、午後四時ころ、亘理町からであった。パン2千個、水2千本が届けられたが、こうした対応は地元企業でなければできなかったことである。そうした意味で、地元企業・団体との間で効果的な協定を結ぶことは極めて重要である。

緊急物資調達の問題点

では物資調達とその供給において東日本大震災ではどのような問題があったのか。

(1) 一元的調達体制が必要

物資の67%は政府調達であったが、物資物流は全国物流となるため、図の物流の流れが全段階で滞る事態が発生した。また、国との間で平時において訓練が行われていなかった。そのため、県からの要望は政府様式で行ったが、数量集計単位・品目の分類・荷姿などの共通認識がないため初歩的な混乱があった。県対策本部と二課との調整会議が継続的に開かれず、二課で調達可能な量を「口頭」で連絡を受け、不足分を国に要請するという方法がとられた（注1）。これでは効率的な調達は到底できない。県の調達に当たっては一元的体制をとるべきであった。

(2) 緊急時連絡体制の不備

環境生活部では発災直後、県生協連との連絡がとれなかった。しかし、みやぎ生協では衛星携帯電話を所持しており、県側でそれを把握していれば容易に連絡は確保できた。こうした緊急時の連絡体制は最低限、毎年更新し、相互に確認し、連絡訓練も行っておく必要があったが、それも不十分だった。各協定団体と協定締結だけでなく、それを実態化するための取り組みが求められる。

(3) 物資の在庫管理は県職員ではできない

物資物流の統轄は県職員がおこなったが、物流ノウハウを持たない県職員では大量の物資の受発注、荷受け、在庫管理、出庫管理は対応できない。民間の力を借りることが必要だが、その体制をあらかじめ構築しておかなければ、災害が起こってからでは対応が後手に回る。内閣府も二〇一二年に「物資の調達・輸送は可能なところは民間物流に託すとともに、時間の経過に応じた取り組み状況についての市町村、県、国レベルのトータルデザインが必要」と指摘しているが（注2）、その後の熊本地震でもこのことは生かされなかった。熊本地震の際、熊本市は本震から十日目以降、物資の物流管理を業者に依頼し、物流が大幅に改善した。災害発生前からの事前準備が求められるのである。

(4) 公共施設は災害物流に不適

大半の自治体は公共施設を物資の集積所としているが、多くの施設は構造や規模の面で荷捌きや保管に適さない。災害物流に求められる施設は搬入口と出荷口を分離し、大型トラックが進入でき、フォークリフトが稼働できることが最低限の条件である。あるべき緊急時物資物流のトータルデザインは、東日本大震災を経験した宮城県だからこそ、デザインすることができるはずである。

（小川静治）

《注》

(1)宮城県「東日本大震災――宮城県の6か月間の災害対応とその検証」、みやぎ生協「3・11東日本大震災　みやぎ生協　活動の記録」

(2)内閣府（防災担当）「東日本大震災における災害応急対策の主な課題」

3 避難所

避難所運営の原則とは？

——平等性・迅速性・透明性

3－③－1

突然に
　大切な人を亡くし
　すべてのものを失い
今ここで
　何が起こったのか
　どうすればいいのか。
あらゆる色彩が失われ
黒色（モノトーン）の街と化した世界を、
　どう理解すればいいのか。

悲鳴と混乱のなかから
私たちの　苦難と
たたかいは　始まった。

手にしていたのは、
　他者を信じきる力

他者の辛さを
　己の辛さと思える力
他者の幸いを
　己の幸いと感じる力
想像力と忍耐力
　これが、生きる力となった。

　一三・二二・二　庄司慈明

混乱期の実話　少々

色彩を失った街のなかで

　あの巨大地震の直後から自転車に飛び乗り、住民の方々に私は『逃げろコール』を叫び続けた。そして、私が逃げ込んだ湊小学校に三時四十九分、巨大津波が襲いかかった。その後、逃げ遅れて必死に壁の窪みにしがみつく人を小学校の消火ホースで救出したり、民家の屋根の上に取り残された人を励まして小学校に引き入れたり、小学校のあちこちで救出劇が展開された。

　悲鳴と混乱はもちろんあったが、多くの方々のする想像とは違って被災者たちは極めて落ち着いて行動していた。

　その時から一〇月一一日まで、湊小学校は湊小学校避難所として機能した。当時市議会議員であった私は、校長に頼まれ現地対策本部長を引き受けた。

いま、町内会の出番

　最初の仕事として教職員の手を借りて、教室にバラバラに避難した人々を町内会の括りで入れ替えをした。知らない者同士ではなく気心知れた隣近所が、同じ教室で過ごす方が円滑にいくと考えた。これは正解だった。

赤ちゃんを守ろう

　そして、その作業の中で、五人の赤ちゃんの存在が明らかとなった。小学校の一階にあった備蓄物資が全滅と知ったとき、全身を焦燥感が走った。しかし、勇気ある若い教員が、一階の保健室のペットボトル八本を低体温の危険と対峙しながら、ずぶ濡れとなって探し出してきた。

「いつ援助が来るかわからない、水は赤ちゃんだけに」

「小学生もいるけど…」

「足りなすぎる、我慢する他ない。これも教育と理解しよう」

「うん、そうしよう。そして母乳の人は、他の人の赤ちゃんにもあげるようお願いしよう」

この最後のお願いは不要であって、お母さん方はすでにお互いを支えあっていた。

すし詰め状態の教室は暖かい

小雪振る夜になっても、湊小学校に逃げ込む被災者は多数いた。闇夜にずぶ濡れになっての行動は、低体温による死と隣り合わせである。教室は被災者でごった返し、すし詰め状態だ。が、36℃の体温は教室の暖房を不要とし、一方廊下は極寒だった。

『横社会』の避難所

翌一二日の朝、各教室から代表者が集まり、初めての会議を開いた。外部との連絡が全く不可能で、現状の把握すらも困難な時期からの朝会は、その後の避難所運営の要になった。

普段『縦社会』に慣れている市民も、避難所は『横社会』であることを理解し合うこととなる。誰が言ったかではなく、何を言ったかが重要である。その中身が合理性や説得力を持つか否かが問われた。

本部長ではなく朝会という会議にこそ、決定権は存在した。

初めてのおにぎり

不安と空腹に苛まれた三日目の夜、初めての食糧が届いた。住民のバケツリレーで運び入れたが、一五〇〇人ほどの避難者におにぎり三〇〇個。それは余りに少ない量であった。「早く配れ」「子どもにだけでも配れ」の声にもかかわらず、私は配らない選択をした。次の日の朝会で、「全員には配られない量であり、配ればむしろ空腹感を増す。一度支援物資が届いたということは今後の支援が確実である証しであること」等の説明をした。皆が納得をしてくれた。

子を想う親

朝会で他者を乱暴に傷つけ、極めて荒れた発言を繰り返すA氏。ある日新聞を読んでいるA氏に「何の記事読んでるの?」と声をかけた。「俺の息子が福島の原発で働いている。心配で心配でたまらない」。最愛の息子の生死がつかめない、その不安と怒りと憤りに接したとき、ようやく彼を理解できた。

在宅避難者と手を携えて

避難所避難者も在宅避難者も同じ被災者。食糧事情が不十分で不安定な時期を含め湊小避難所は、在宅避難者と共に歩んだ。在宅避難者と避難所避難者の人の合計を分母に、食料品ごとにその数を分子に計算し、配布した。何もない時期だからこそ、平常時は死語に近い「平等」の言葉が蘇えった。

この公正な対応の先頭を切って行動したのは、被災者である地域の中学生を含む若者たちで構成される食糧班であった。彼ら彼女らは、本当に頑張った。その姿を思い起こすと、今でも自然に涙がにじみ出てくる。

避難所運営の原則

一般的には『避難所運営マニュアル』を自治体が準備している。そこでは、避難者は必ず『組』を構成し、組は組長を選出し、組長により総務班・情報広報班・食糧物資班等々を構成するなど、一定の組織化された姿を想定している。

しかし、避難所の実際はそうはならない。第一に、被災者は精一杯に自身の困難と闘っている。第二に被災者は、避難所以外の少しでも暮らしやすい次のステージを求める。最大で一五〇〇人の避難者にあふれた湊小避難所の場合、四月の半ばには三〇〇人に減少した。その中で一定の組織を保つことは不可能である。

それならむしろ平常時にこそ、役割等を含め「避難所とは何か」「避難所運営の原則とはなにか」を地域で議論することが重要かつ効果的と考える。私が得た避難所運営の原則とは平等性・迅速性・透明性である。

（庄司慈明）

「宮城野の里」福祉避難所の経験から

福祉避難所をなぜ設置したか

「宮城野の里」の震災当日の利用者数は、デイサービスI型二六名・デイサービスII型九名・ショートステイ二一名・ケアハウス二九名、職員は四〇名出勤していた。激しい揺れの後、職員のスマホに6ｍの津波が押し寄せてくるという警報が出されていることを知る。デイサービスの利用者は家族がお迎えに来た人のみ帰すことにし、デイサービス・ショートステイの利用者を二階ケアハウス食堂に避難させる。この時点で、食べ物が三日分あることを確かめた。

七北田川の支流である梅田川を遡って、施設の目の前を流れる農業用水が真っ黒い水流を伴って、逆流してきた。幸い用水路からあふれることはなかったが、大津波が来ていることを認識した。お迎えに来た家族から、蒲生等海岸部に大津波が来て大変な状況になっていることを知る。当日より、津波で家屋を流された方、家の中の家具が転倒し危険で入れない等々の独居の方など利用者のみならず地域の方々も受け入れた。職員の家族も連れてきていいことにし、一二八名が一一日夜「宮城野の里」に宿泊した。

数日は一〇〇名前後が施設内で寝泊まりしていた。この中には、夫がデイサービスを利用中だったが、妻が津波に追われる形で命からがら逃げてきて、住む場所がないので夫婦で「宮城野の里」で生活せざるを得ない方もいた。

震災翌日から地域包括支援センターを中心に、情報収集と支援活動を始めた。避難所となっていた小学校の体育館には、入れきれない人数の人たちが避難しており（徐々に教室でも、地域ごとに集まって寝起きできるようになった）、夜中に「俺の懐から財布を取った」と大声を出す、石油ストーブにかけてあったヤカンを持ち上げ周りの人にかけ始めた等、高齢者の相談が相次いだ。避難所に行ってみると、末期ガン患者が急遽、救護室にした音楽室の体育用マットを敷いただけのところに寝かされていた光景を目にした。

何百人も一緒の生活は高齢者にとって負担の大きいものであり、特に認知症などの要介護者、精神疾患を患っている高齢者には、別途、急いで別の生活の場が用意されねばならないことを

震災当日夜の
デイ利用者の状況

状況	人数
家族が迎えに来た	13
家族同居だが、家の中が危険	14
独居で、家の中が危険	3
家屋が倒壊、住めなくなった	1
家屋が津波で流失	4
利用日ではなかったが、家の中が危険で過ごせない（身体障害者。家族と共に来所。）	4
計	39

痛感した。仙台市は、特別養護老人ホーム等五二施設と福祉避難所の契約を結んでいたが、震災時、福祉避難所は充分には機能しなかった。「宮城野の里」は、当時特養施設がなかったので、福祉避難所の契約を仙台市と結んでいなかった。全日本民医連と「21老福連」が職員派遣・物資支援を約束、背中を押される形で電気・水道が回復した一七日、仙台市に「福祉避難所を開設したい」と申し出、仙台市の許可をもらい開設した。

福祉避難所入所者数

仙台市	25
多賀城市	2
塩釜市	2
南三陸町	1[1)]

1）身体障害者。他に利用者の家族４名も受け入れた。
2）仮設住宅入居は、避難所滞在優先なため。

入所理由

自宅流失・倒壊（全半壊）	22
床上浸水	4
ライフライン不備	1
家族と連絡取れず	3

利用期間

1～2週間	6
2週間～1月	7
1月～1カ月半	6
1カ月半～2月	6
2カ月～	5

入所者の介護度

要支援1	2
要支援2	3
要介護1	6
要介護2	3
要介護3	5
要介護4	2
要介護5	3
新規申請	5
計	29

1名は，自立支援法適用

退所後の行き先

自宅	6
借家	3
アパート	7
高専賃	1
有料老人ホーム	1
子ども宅	2
特養	6
グループホーム	1
ケアハウス	1
ショートステイ	1
避難所[2)]	1

福祉避難所を開設して

福祉避難所を開設し、三〇名を受け入れたが、利用者の特徴をいくつかの表にまとめた。自宅や指定避難所での生活が困難となった高齢者を把握した包括支援センター・各介護事業所・病院からの通報で、仙台市とも相談の上、入居させた。

福祉避難所はボランティアが支えた

「宮城野の里」での福祉避難所は、ケアハウスの食堂を提供してくださった入居者の協力のもと、全日本民医連と「21老福連」から一九〇名ものボランティアの派遣と、一ヵ月にわたるワゴン車・マイクロバスでの二〇台分の物資支援（食料・水をはじめ、ガスや石油・ガソリン、介護用品・日用品すべて、震災後一週間ほどしてからは入浴車まで）と、寄付金があってできたことだった。

全日本民医連から長期のコーディネーターとして介護職員が来てくれ、この介護職員を中心に運営が行われた。施設側としては中心になる職員配置はしたが、震災後対応に追われ、福祉避難所にしっかり関われなかったと反省している。全国からの支援者は、短い方で一日、長い方で一週間支援に入ってくれた。また一回だけでなく、二回三回と支援に入ってくださった方もいた。支援者が全く来ない期間もあって、そこは施設の職員が対応した。

職員派遣、加えて物資支援という全国支援があったからできた福祉避難所だったと感謝している。

①災害時に、福祉避難所は必要。しかし今回の災害では、仙台市と契約していた福祉避難所のうち五二施設中二六施設しか機能しなかった。交通機関が被害を受けたため、職員の通勤がままならず、既存の施設運営だけで精いっぱいであった。災害が起きた時に即機能できるように、人的、物資、介護機材を含めた支援体制の確立と、県を越えた広域的な受け入れ先・相互支援の確保が必要である。

②費用は、最終的には当施設が介護保険施設であったことから、介護保険での支払いとなった（緊急ショート扱いで、介護報酬での支払い九割、利用者負担一割、ただし介護保険利用者減免制度で利用者負担なしであった。※二〇一一年当時）。被災高齢者の自己負担なしという費用負担のあり方が今後も必要と考える。

（小野ともみ）

国の復興戦略

復興の枠組み

東日本大震災発生直後、政府は官邸対策室を設置し、災害対策基本法に基づく「緊急災害対策本部」を設置した。これは一九六一年の法制定以来初めてのことであった（以後、復興庁発足までのあゆみは下表を参照）。

復興の枠組みは、復興基本法と、内閣総理大臣の指示のもと復興構想会議の「復興への提言」を最大限尊重して作成された復興基本方針に基づいている。施策の推進組織は、内閣に設置された復興対策本部であった。その長は内閣総理大臣で、副本部長二人（復興担当大臣と内閣官房長官）をおき、本部員はすべての大臣と官房副長官、各副大臣から構成されていたから、実質的には内閣を復興対策本部と呼び代えたようなものである。

復興庁の長は内閣総理大臣であり、復興大臣はその下で総理大臣を助け、事務を統括する。復興庁の任務は、第一義的には大震災からの復興に関する「内閣の事務を内閣官房とともに助けること」にあり、自ら「主体的かつ一体的におこなうべき復興に関する行政事務」は二番目に置かれている。そして、第一の任務遂行に必要な行政各部の施策の統一を図るために、企画・立案、総合調整を行うとともに地方公共団体の復興事業への国の支援、関係行政機関の行う復興施策の推進、総合調整を行うこととなっている。つまり復興庁の仕事の中心は、復興に必要な施策を考えて自ら実施するというよりは、各府省が行う施策の「総合調整」にある。

復興庁は復興事業に関する煩雑な手続きをワンストップで処理できる機動的な組織として期待されたが、さまざまな事業の認可などは元の省庁が握っており、そこを通過しなければ、前には進まない。結局、復興庁は窓口的な位置になっており、手続きが増えただけという批判も多い。その根本には、上記のような基本的位置づけがある。

もっとも、復興庁設置法では、復興大臣は、必要があると認めた場合、関係行政機関に勧告を

発災から復興庁発足まで

2011年3月11日	東北地方太平洋沖地震発生，官邸対策室，続いて緊急災害対策本部（「緊対本部」）設置
3月17日	緊対本部内に被災者生活支援特別対策本部設置
4月11日	東日本大震災復興構想会議（「復興構想会議」）設置
6月9日	「東日本大震災復興基本法案」（「復興基本法」）上程（議員立法）
6月20日	復興基本法成立
6月24日	復興基本法公布・施行，東日本大震災復興対策本部設置
6月25日	復興構想会議「復興への提言」提出
7月29日	「東日本大震災からの復興の基本方針」決定
12月2日	復興財源確保法成立
12月16日	復興庁設置法成立
2012年2月10日	復興庁発足

することができ、関係行政機関には尊重義務がある。復興大臣は、勧告についてとった措置の報告を求めたり、総理大臣に意見を言うことができるから、復興大臣は関係省庁に対して指導的な位置に立つことになっている。だが実際には機能していない。

復興の理念——復興構想会議と復興基本法

「復興構想会議」は、二〇一一年四月一四日の初会合で、「基本方針」として、①超党派の、国と国民のための復興会議とする、②被災地主体の復興を基本としつつ、国としての全体計画をつくる、③単なる復興ではなく創造的復興を期す、④全国民的な支援と負担が不可欠である、⑤明日の日本への希望となる青写真を描く、という五項目を示した。

すでにこの時点で、復興の財源に「義援金＋公債＋震災復興税」が必要としている。

復興の理念として「創造的復興」を掲げ、「もう一度、津波にさらわれる家と街の再建に終わってはならない。高台に住宅・学校・病院等を、港や漁業などの拠点は五階建て以上の強いビルを、避難できる丘の公園を、瓦礫を利用してつくる」とした。

他方、「被災地主体の復興」として、「東北の人々のふるさとへの思いは格別に強い。それが復興の原点であり、被災自治体が復興の主体である。そのニーズや意向を受けとめつつ、日本社会が共有すべき安全水準に照らして全体計画をつくる」と述べている。

構想会議の「復興構想七原則」は、「失われたおびただしいいのちへの追悼と鎮魂こそ生き残った者にとって復興の起点である」とし、「鎮魂の森やモニュメントを含め、大震災の記録を永遠に残し、科学的に分析し、教訓を次世代に伝承し、国内外に発信する」ことが復興の第一原則だという。

追悼・鎮魂は大切であるが、しかし、復興は亡くなった人の問題ではなく、生き残った被災者の生活を立て直すことであり、それこそが第一原則でなければならない。しかし、この七原則には「被災者」という語句は全く登場しない。

五番目の原則では「被災地域の復興なくして日本経済の復興はない。日本経済の再生なくして被災地の真の復興はない。大震災からの復興と日本再生に同時進行をめざす」とし、この考え方が復興基本法に反映し、後の復興予算の流用つながった。

復興基本法は「東日本大震災からの復興の円滑かつ迅速な推進と活力ある日本の再生を図る」ことを目的としている。被災地の復興だけでなく、日本再生をも法の目的にした点が極めて重要である。当初、民主党菅内閣が提出した「東日本大震災復興の基本方針及び組織に関する法律案」にはこの文言はなかったが、ねじれ国会のもと、自民・公明との修正協議で挿入された。

このような復興基本法は、阪神・淡路大震災と比べると、かなり特異である。

震災から一週間後に成立した「阪神・淡路大震災復興の基本方針および組織に関する法律」の目的は「阪神・淡路地域の復興についての基本理念を明らかにするとともに、阪神・淡路地域の復興を迅速に推進することを目的とする」と明快で、「活力ある日本の再生」などは含まれていない。

この基本法によって阪神・淡路大震災の復興が首尾よく成し遂げられたとはいえないが、東日本大震災復興基本法では、最初から対象をあいまい化し、復興の名の下に被災者・被災地以外にも資金が流れる構造になっていたことが指摘できよう。

（塩崎賢明）

復興特区法と三つの計画

「東日本大震災復興基本法」に基づき、①復興財源法 ②復興特区法 ③復興庁設置法が制定された。このうち復興特区法は、復興推進計画、復興整備計画、復興交付金事業計画という三つの計画に従って復興事業を進めることを定めている（表参照）。

復興推進計画

二〇一八年七月六日現在で二四六計画二五〇件が認定されている（注1）。県別には福島一〇一、宮城七一、岩手三三の順であった。適用された特例は「金融上の特例（利子補給金の支給）」が最多一七七件で、全体の70・5％を占める。次いで「産業集積関係の税制上の特例」二七件10・8％、「応急仮設建築物の存続期間の延長にかかる特例」一二件4・8％、この三特例で86％を占める。宮城県は、利子補給51・9％と全体に比べ比率が低く、「用途規制緩和に係る特例」が七件9・1％と高いことが特徴である。第二種住居地域及び商業地域の一部区域に水産加工施設等の建設を可能にする（女川町）等、沿岸部では限られた土地を活用せざるを得ないことによる。結果的にメニューは「多くの自治体にニーズのある規制の特例措置はさほど多くはなかった」（注2）。

復興整備計画

復興整備計画では、表中にあるハード整備をすすめるための「特例措置」を定めた。例えば農地転用を復興整備計画に書き込むと農地法上の許可手続き済みとみなす等の措置である。また、復興整備計画は各自治体の復興整備協議会での承認が必要

復興特区法による三つの計画

計画	ねらい	内容
復興推進計画	（1）個別の規制、手続きの特例 （2）税制上の特例 等を受けるための計画 ・復興特区法のメニューの中から選択 ・新たな特別措置の提案も可（執筆時点でゼロ）	住宅・産業・まちづくり・医療・福祉等の規制・手続きの特例、被災地法人支援のための税制上の特例や利子補給制度の適用、地方税の課税免除、不均一課税に伴う減収分を補填する交付税、財産転用手続きの特例など
復興整備計画	土地利用の再編に係る特例許可・手続きの特例等を受けるための計画	市街地開発事業、土地改良事業、集団移転促進事業、住宅地区改良事業など13種類
復興交付金事業計画	交付金事業（著しい被害を受けた地域の復興のための事業）に関する計画	五省庁所管の40事業

で、承認手続きの迅速化が図られたが、「通常100かかる手間が95で済むという程度」という評価もあった（注3）。

整備計画の施行は、二〇一八年七月三一日時点で被災三県八七八地区、そのうち、宮城県は計一四市町の四三〇地区とほぼ全体の半数を占める。「農地転用許可みなし」二一四地区、都市計画法の開発許可みなし一五七地区、自然公園法の建設許可等三六地区が大半であった。

復興交付金事業計画

復興交付金事業計画は使い勝手のよい自由度の高い交付金の仕組みとしてもうけられたもので、自治体向けは「基幹事業」と呼ばれる五省庁の四〇事業（いわゆる「五省四〇事業」）である。またこれに付随する「効果促進事業」にも交付金が手当てされた。半数近くの二三事業は国交省管轄事業で、「ハード」中心の事業制度であった。

基幹事業は事業別に補助率は異なるが、地方負担分にも国費が追加配分され、それでも残る地方の純負担分は地方交付税が充てられる。実質的に全額国費でまかなわれた。地方自治体は復興交付金事業計画を策定して復興庁に提出するが、同庁は「窓口」にすぎず交付可能額を自治体に通知した後、予算は各省に移し替えられ、事業は従来通りの省庁縦割りで進められた。

交付金は二〇一八年六月二七日まで二一次、三兆五〇六億円が配分された。そのうち宮城県には一兆七九六一億円、58・9％、また被災三県合計で96・7％（いずれも交付実額）と交付金はほとんどが三県に配分された。

山元町を例にとると、八三六億円が交付されたが、管轄省庁別には、31・8％が農水省、67・5％が国交省を占めた。住い整備のためのハード事業である七事業（注4）は三五九億円（構成比42・9％）と半分近くを占めた。七事業のうち災害公営住宅整備事業一三一億円（同15・7％）、次いで津波復興拠点整備事業一〇六億円（同12・7％）、防災集団移転促進事業一〇〇億円（同12・0％）となった。

復興交付金は「使い勝手がよい」との触れ込みに反し、自由度の小さいものだった。例えば、岩沼市がすすめた「千年希望の丘」づくり。防災公園整備事業として一五基（丘）の設置を計画したが、交付金で措置されたのは六基分だけ。「避難場所なら一五も必要ないでしょう」という理由からだった（注5）。

当時の井口経明市長は「復興交付金では40項目の事業以外に『総合枠』を設けるべき」と主張したが、結局、復興交付金は「国のメニュー」であって、被災自治体のスペシャルメニューが入り込む余地はなかった。被災自治体が独自に運用できる枠があれば、自治体の復興事業の創意性を引き出すことにもつながったであろう。　（小川静治）

《注》

(1)復興庁『復興推進計画の認定状況』二〇一八年七月六日現在。「認定取り消し」を除いた数値。

(2)後藤・安田記念東京都市研究所『東日本大震災からの復興と自治』二〇一七年三月一一日三〇頁

(3)後藤・安田記念東京都市研究所、前傾書、三三頁

(4)「漁業集落防災機能強化事業」「道路整備事業（高台移転に伴う道路整備）」「災害公営住宅整備事業」「津波復興整備拠点事業」「市街地再開発事業」「区画整理事業（被災市街地）」「防災集団移転事業」の七事業（『山元町復興交付金事業計画　平成29年度進捗状況（契約状況）報告総括表』）

(5)井口経明『「千年希望の丘」のものがたり』プレスアート、二〇一五年二月一三日、一三四頁。

1 行政復興戦略

巨大公共工事への強圧的な誘導をみる

4－1－3

市街地復興パターン調査の合言葉は〝スピード〟

今回の復旧・復興の最大の特徴であるトップダウン型展開のスタートは、すばやかった。宮城県が被災市町への復興まちづくり計画策定支援のための体制を整えたのは、二〇一一年四月初めであり、同月内に「復興まちづくり計画（原案）」の各市町への提示（ヒヤリング）を行っている。第一回宮城県震災復興会議はその直後（五月）である。

この動きを引き継いだのが、国土交通省による「被災市街地復興手法検討調査」である。この調査のテーマである市街地復興パターンの検討は、被災自治体の防災、減災、市街地復興の基本（L1・L2対応。23pコラム参照）を明らかにするもので、民間土木建設コンサルタントに委託して実施された。

具体的には国・県が意図する防潮堤建設や被災市街地の高台移転、嵩上げ等の検討に力点が置かれ、基本計画作成のための概略検討調査から事業化のための詳細検討調査へと継続して実施された。

被災者の惨事体験を利用した津波対策

六、七月には、国から「被災市街地における市街地整備事業の運用について（ガイダンス）」や「津波浸水シミュレーションの手引き」「津波被災地における民間復興活動の円滑な誘導・促進のための土地利用調整のためのガイドライン」等が矢継ぎ早に示され、土木事業中心の復興となった。

中でも大きな役割を果たしたのが津波浸水シミュレーションだ。言うまでもなくシミュレーションとは、実際にあり得ること（物事）の説明のために簡略化された理論・「モデル」をもとに計算・分析される。この手法は条件を自由に変えることができるので「便利」であると同時に、容易に「調整」ができる。一方、実験・観測の困難な状況の推測は可能だけれども、実際のデータがないと結果の検証ができないという欠点もある。

津波被災という大惨事に直面した被災者は、理性より感情が支配的な認知バイアス下に置かれ、この津波浸水シミュレーションの提示によって、さらに増幅される。真っ赤に彩色されたシミュレーションの浸水深を目の当たりにすれば、誰しもが恐怖感にとらわれる。

当局は、これと「命を守る」「スピード」というキーワードを使いながら防潮堤、高台移転、かさ上げ等の巨大公共工事への同意を迫った。特に最大規模のL

2津波対策は避難が基本であるが、シミュレーション手法が、安全指向を煽ったことで、工事の規模拡大等に繋がった。

さらに津波浸水シミュレーションは、災害危険区域の指定（住宅の新築禁止）にも利用された。国はこの指定に向け「被災市街地における市街地整備事業の運用について（ガイダンス）」で災害危険区域先行型と防災集団移転促進事業のための移転促進区域先行型の二つの選択肢を示した。被害が甚大で、すでに建築制限（建築基準法第八四条と建築制限特例法による）が実施されていた気仙沼や松島市、名取市や南三陸町、女川町では、これに沿って建築基準法第三九条の災害危険区域に指定され、建築制限が延長された。

ところがこのような一方的な行政の対応に、多くの被災地・被災者から反対の声が上がり、区域指定を取り止めた地域もある。また、このシミュレーションは、多くの被災自治体において住民合意抜きで、生活・住宅再建支援策のための津波浸水エリアの線引き（二重三重の）にも利用され、被災地における住民・コミュニティの分断（支援策の差別）に結びついた。

津波防災地域づくりへの防災科学の確立を

特に問題なのは、津波浸水シミュレーションの限界（国の「津波浸水想定の設定の手引き」ではふれている）には口を閉ざし、有効性のみが強調されたことだ。この結果、本来複雑系として認識されるべき減災・防災が、単純系に置き換えられ、災害の拡大要因や人為的責任等が全く覆い隠された。

さらに巨大公共工事による「復興」を恒久化するために「大規模災害からの復興に関する法律」が制定され、津波防災地域づくりの指針である『津波浸水想定の設定の手引きVer・2・00 二〇一二年一〇月』（国土交通省）でも「災害には上限がない」「なんとしても命を守る」ことを目的に津波浸水シミュレーションが、今後の復興事業の中心に据えられた。

今後の大規模災害時にも再び巨大公共工事が繰り返される可能性が大きい。それを阻止するためにも社会的、人為的要因等を軽視する形式主義、科学技術至上主義の防災対策からの転換を求める人間復興の理念構築と、それを中心的に担う被災者主体の構築（合意形成）に資する復旧・復興のためのプロセスの明確化が急がれる。

（阿部重憲）

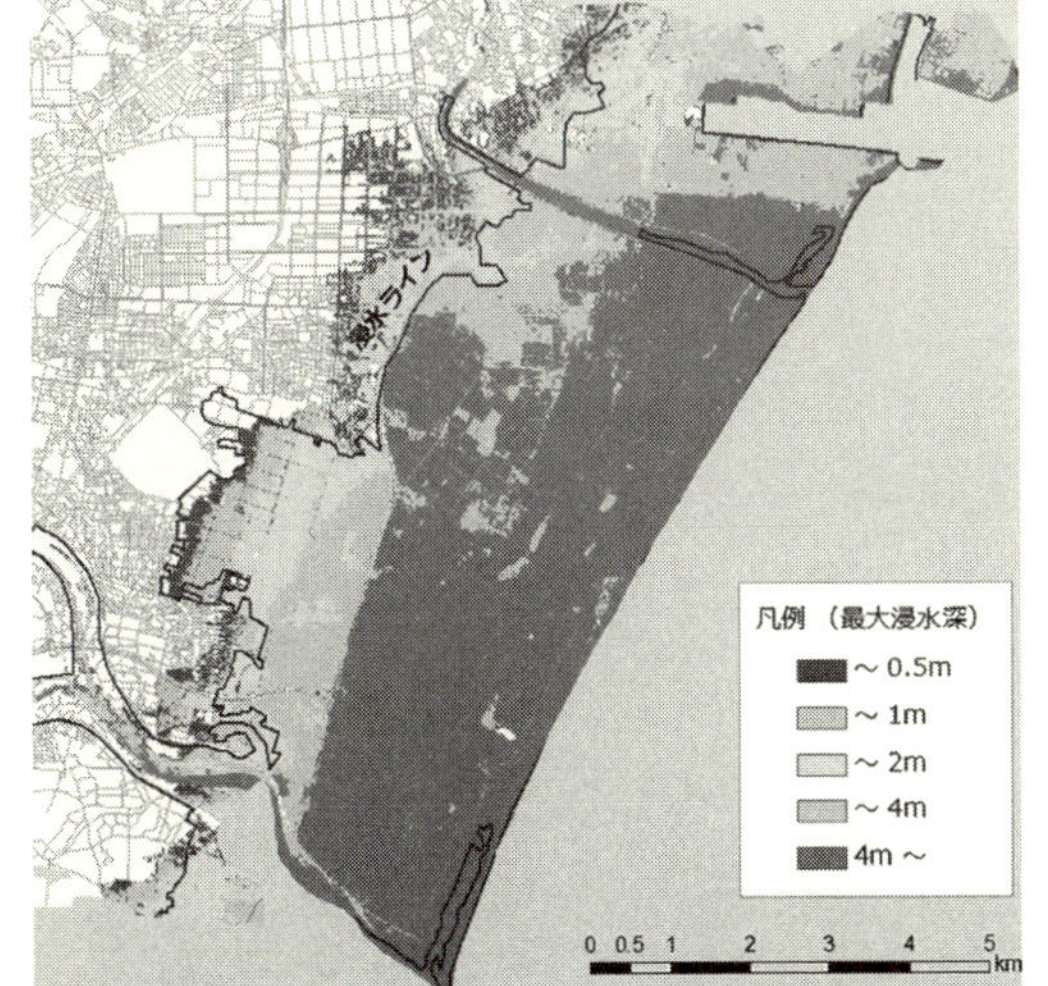

図　津波浸水シミュレーション（仙台市の場合）
今後の予測のベースとなるもの（大潮の満潮位での再現）
3.11の津波を大潮の満潮位（ＴＰ＋0.76m）で再現（3.11より約1.2m高い）
堤防の高さと位置は、震災時のもの

出所：『仙台復興リポート』Vol.1

1 行政復興戦略

地方財政改革の落とし穴

4－1－4

地方財政改革の変遷

二〇〇〇年代以降、地方財政改革は国の財政再建の一環に組み込まれ、自治体は歳出抑制を余儀なくされてきた。その嚆矢は二〇〇四年度から二〇〇六年度にかけて進められた「三位一体の改革」であった。地方財政は三兆円の税源移譲の見返りとして、四・七兆円の国庫補助負担金、五・一兆円の地方交付税等を失うことになった。これによって全国の自治体は財政逼迫に陥った。この流れをうけて市町村合併が加速し、結果的に市町村数は半分近くにまで減少した。その後も、自治体の社会保障経費が増加する一方で、それを支えるべき地方の一般財源が抑制され続けてきた。

防災・減災や復旧・復興における市町村の役割は極めて大きい。災害対策基本法に基づき、自治体は防災、災害応急対策、復旧・復興にわたる地域防災計画を立てているが、その中心となるのは住民の暮らしの場に最も近い市町村である。

しかし、市町村に十分な財源がなければ、このような地域防災計画を機能させることはできない。インフラや公共施設などのハード面と必要な人員や技術といったソフト面の両方において、各自治体の財源の確保が欠かせない。河川整備や砂防のような大規模な公共事業を担う都道府県も同様である。

防災・減災対策と地方財政

東日本大震災を受けて、政府は二〇一二年一二月に国土強靭化担当大臣を設置し、二〇一三年一二月には、国土強靭化基本法が施行された。これによって、国の策定する国土強靭化基本計画の下に自治体は、国土強靭化地域計画を策定できることになり、それに基づく取り組みに対しては関係府省庁所管の約三〇の交付金・補助金等による支援が優先的に講じられてきた。

このような国の財政措置の中心となっているのは防災・安全交付金である。防災・安全交付金は、事前防災・減災対策とインフラ等の老朽化対策を目的とした自治体の社会資本整備事業を対象とする補助金であり、二〇一二年度の補正予算から一兆円を超える規模で続けられている。これは公共事業の最大の補助金であった通常の社会資本整備総合交付金を上回る金額である。

二〇一二年度予算からは地方財政計画に対して「東日本大震災分」が設けられ、復旧・復興事業、緊急防災・減災事業、全国防災事業といった形でそれぞれに財政措置が行われてきた。復旧・復興事業の中心は震災復興特別交付税であり、毎年度五〇〇〇億円から七〇〇〇〇億円程度が措置されてきた。これは被災団体で行われる直轄・補助事業や地方単独事業の地方負担分に充当され、事業規模でみれば毎年度一～二兆円にものぼってきた。

緊急防災・減災事業と全国防災事業は被災団体を含めた全国の防災・減災事業を対象としており、地方債充当率一〇〇%、交付税措置率七〇%または八〇%の単独事業のための地方財政措置として進められた。

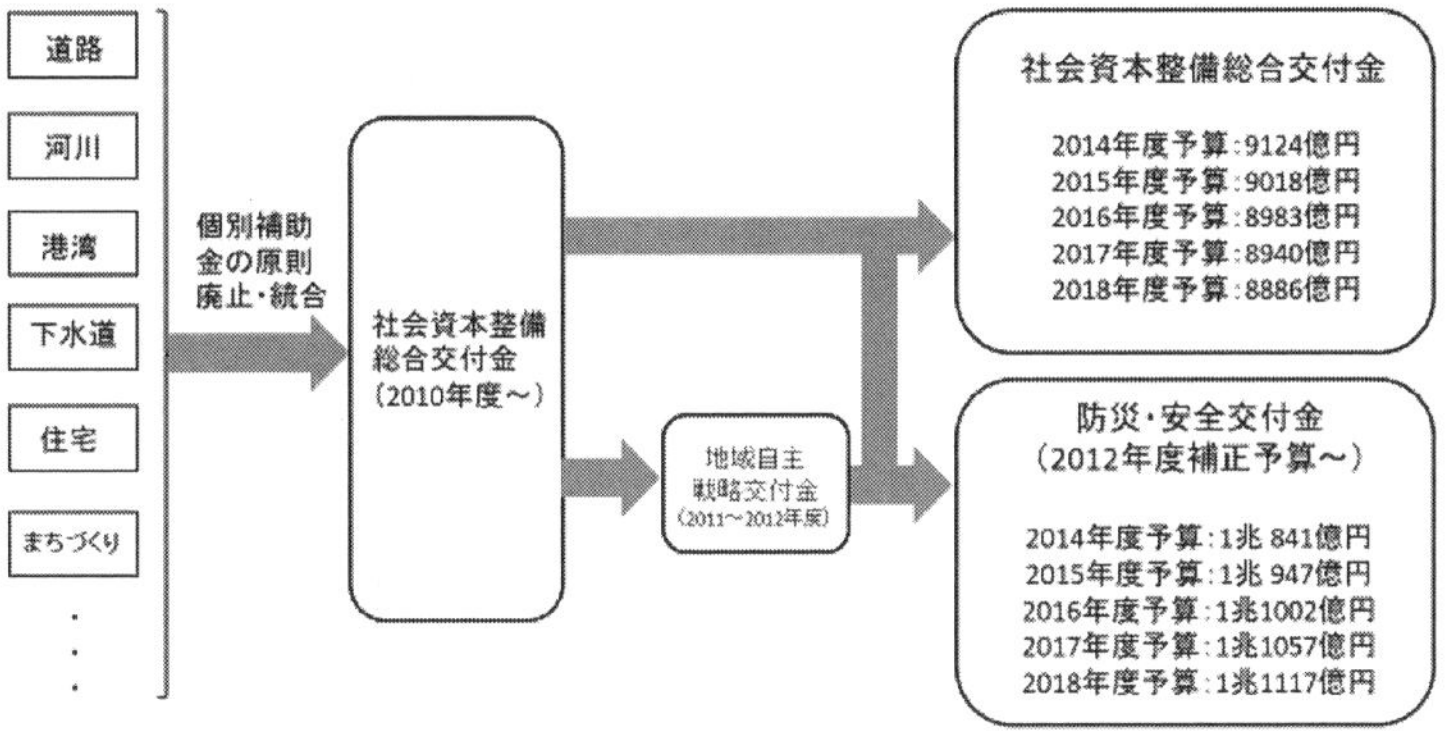

道路
河川
港湾
下水道
住宅
まちづくり
・・・
個別補助金の原則廃止・統合
社会資本整備総合交付金（2010年度～）
地域自主戦略交付金（2011～2012年度）
社会資本整備総合交付金
2014年度予算：9124億円
2015年度予算：9018億円
2016年度予算：8983億円
2017年度予算：8940億円
2018年度予算：8886億円
防災・安全交付金（2012年度補正予算～）
2014年度予算：1兆 841億円
2015年度予算：1兆 947億円
2016年度予算：1兆1002億円
2017年度予算：1兆1057億円
2018年度予算：1兆1117億円

社会資本整備総合交付金と防災・安全交付金

出所：国土交通省資料より作成。

地方財政の構造変化と自治体

これらの防災・減災対策によって、地方財政の構造は大きく変化することになった。それまで国の補助金に拠らない単独事業が補助事業を上回る規模で自治体の公共事業が行われてきたが、二〇一一年度からその比重が逆転しはじめ、二〇一三年度から補助事業が一気に大きくなった。また、緊急防災・減災事業のような単独事業への財政措置であっても、後年度の交付税措置があることから、実際には補助事業と同じような仕組みとなる。

つまり、かつて国が地方を誘導する手段として用いてきた財政手法が東日本大震災を契機として再び動員されてきている。

こうした地方財政の変化は、まちづくりにも大きな影響を及ぼす。現在進められている公共施設等総合管理計画や立地適正化計画（コンパクトシティ政策）とも連動して、これらの補助金が利用されている。防災・安全交付金等は自治体の財政運営にとどまらず、その行政区域である都市・農村や地域、さらにはコミュニティのあり方という根源的な問題にまで影響を与えるのである。

このような中で、自治体は住民のためのまちづくりの視点に立って、自律的な行政をいっそう進めていくことが重要となっている。しかし現実には、一般財源の不足から自治体の人員・技術・施設などの行政資源は縮小している。それが地域の強靱化を進める足枷となっている。

国土強靱化政策が真に機能するか否かは、各地域での取り組みにかかっている。それを遂行するためには、国が上から強く誘導する財政運営ではなく、自治体の能動的な取り組みを適切に支援する仕組みを取り入れなければならない。そのためには自治体の一般財源が確保されることが必須であり、この間の地方財政改革の方向性を大きく転換することが必要である。

（森　裕之）

震災復興と地方自治力の発揮

分権改革と補完性原理

　地方自治という視点から東日本大震災の今日までの復興を振り返り、どのような教訓が見出されるかについてみてみよう。

　災害復興において地方自治の力を発揮するということは、地方自治体がどれだけ自律性を発揮できたか、地方自治体が復興において被災住民を始め住民の復興事業への参加を促し、再生力を高めたか、である。しかし、被災した住民はすぐさま公共的行為に参加できるわけではなく、自らの生存と生活を確保し、避難所から仮設住宅に移動し、緊急状況から日常の生活へと移っていく。つまり、生存と生活の確保が一日も早く実現されることが住民自治の大前提である。しかも、被災状況はそれぞれの地域とそれぞれの住民によって異なるのであるから、それらに対して公共的支援をするのは最も身近な市町村行政であり、その市町村行政がどれだけ住民との緊密な関係を保っているかによって救助・救援、復旧・復興の水準が左右されることになる。それは、その後の復興計画や事業のあり方をも左右するものとなる。それ故、災害において第一義的に基礎的自治体である市町村が災害復興の主体となるというのは、そのような経験から導き出されたのである。

　しかし、現実は救援、避難、避難所、復旧・復興事業の担い手たる市町村行政も大きな打撃を受け、活動の主体としての力をそがれている。そこでその活動を補完する役割として都道府県、国の役割と存在意義がある。これが、地方分権改革で行われた補完性原理の趣旨である。

　一九九九年の地方分権一括法と機関委任事務廃止を含む二〇〇〇年四月施行の地方自治法改正によって日本の地方行政の分権改革が行われた。そして、二〇〇四年からの税源移譲、地方交付税整理、国庫支出金整理の「三位一体改革」によって財政における地方分権が行われるはずであったが、現実には国による地方財源の縮小政策が強行され、地方財政の自律性強化にはつながらなかった。

　こうした複雑な状況の中で東日本大震災による被害を被ったのであるから、国も含めて分権改革を活かす方向で復興を進めることができているか、が問題となる。救助・救援から復旧・復興過程で国と地方自治体との関係、地方自治体の対応、地方自治体における自治の在り方のそれぞれにおいて地方自治が生かされ、促進されてきたのかどうかということである。

　地方自治という側面から東日本大震災に学ぶ二つの教訓を見

てみよう。

自治体間の水平連携の叢生

第一は、東日本大震災における地方自治体の水平的連携の発展である。東日本大震災では、国の支援だけでは被災地を支援するには困難な状況の中で、地方自治体独自の判断によるさまざまな被災地支援が行われた。岩手県を例にとると、遠野市や北上市をはじめとする三陸沿岸自治体の後方にある自治体は、独自の判断で沿岸域自治体に対して食料、水、避難所開設などの救助活動を展開し、全国からの支援の後方拠点となった。また、名古屋市、静岡県、関西広域連合をはじめとする全国の地方自治体は、被災自治体に多様な形で救援活動、職員派遣などの持続的支援を行った。これまで、国、地方関係の中で考えられてきた地方自治の水平的な補完関係という新しい取り組みを生み出したのである。そして、それらの取り組みを国が地方交付税という財政措置でバックアップするという形で補完した。こうした取り組みは、被災以前からの姉妹都市関係や広域的交流などの取り組みがベースにあり、その後の熊本地震災害においても水平連携の取り組みとして生かされている。

地方自治を活かす基金の活用

第二は、被災を受けつつも長期にわたって地域の復旧・復興を担っていく地方自治体の自治力を発揮できるような行政・財政の仕組みをどう作り上げていくかということである。東日本大震災では、国民の復興増税などを原資に「東日本大震災復興特別会計」が設けられ、地方自治体の復興事業資金は復興交付金と震災復興特別交付税をメインにすべて国費によってまかなうことになった。東日本大震災のような大災害においては、国が財政的にすべて手当てすることは必要であるが、そのことが被災自治体の国依存とならないようにいかに制度設計と運営をするか、ということが被災地の復興力を強めていくうえで重要である。

その点で、災害復興における地方自治を活かす財政の仕組みとして自治体が設ける復興基金の重要性がある。復興基金は、公的支出になじみにくい被災地の独自事業に大きな役割を果たしてきた。阪神・淡路大震災復興基金では、兵庫県と神戸市が金融機関から借り入れた九〇〇〇億円を原資として財団を設け、財団が運用利子を各種事業に支出し、その金額は二一年間で三六七〇億円にのぼっている。東日本大震災では復興特別交付金の一部と義捐金・寄付を原資としており、被災九県（一次）、被災六県（二次）合わせて二〇一六年までに三〇〇三億円が復興交付金として交付された（青田二〇一六、一七頁）。運用と組織は、各県に任され、使途は住宅再建や産業復興など行政補完的分野の割合が大きいという特徴を持っている。阪神・淡路大震災に比べると東日本大震災の復興基金は、災害規模の大きさに比べて金額が小さいこと、行政主導という側面が強いという特徴を持っている。復興における地方自治力の発揮と涵養という点で復興財源における基金の比重を高め、公的事業にはなじまないが復興に重要な事業に住民の参加を含む被災自治体の裁量による支出ができるようにすることが必要となってきている。

（西堀喜久夫）

《参考文献》

。青田良介「岩手県・宮城県における東日本大震災復興基金の活用に関する考察」『災害復興研究⑧』二〇一六

1 行政の復興戦略

被災三県の復興に向けたスタンスの違い

4－1－6

東日本大震災は、岩手・宮城・福島の三県に大きな被害を与えた。しかし、被災の状況は、三県それぞれ異なり、復興のスタンスにも違いがある。

国の復興策は、大筋を示し、それに予算をつけるものであり、県、なかんづく県知事の復興理念施策が、被災地、被災者の復興を左右する。以下、三県の復興スタンスの相異とその帰結、課題について述べる。

岩手：人間の復興

発災から四日後の三月一五日、県内陸部の首長を集めた会合の席上、達増知事は、被害が激甚である沿岸部被災者の当面の受入れを要請した上で、復興は憲法第一三条幸福追求権に基づき実施する旨を述べた。「人間の復興」とよぶべき、理念表明であり、具体策は「医」「食」「住」に加え「学ぶ」「働く」機会の確保というものであった。

この宣言のとおり、「医」に関しては、被災者の医療費窓口負担免除を今日まで継続している。国が当初の一〇割負担を中止し、八割負担とした後は、国の一〇割負担の継続を求めるとともに、二割については、県・市が各一割を負担し、被災者自身の窓口ゼロを維持している。

「食」に関しては、生業の早期復興を目指し、全一一一漁港のうち、被害が大きい一〇八漁港の早期復興を確約した。これは漁民の大きな励みになった。

「住」に関し、災害公営住宅供給について、県供給の大半は中高層のマンション型だが、市町村供給の三分の一は木造の低層住宅である。家賃には、低所得層に配慮した国の特別家賃低減措置が実施されたが、六年目以降の家賃上昇に対しては、震災前からある独自の公営住宅家賃減免制度の活用で低所得者の負担軽減に対応している。一方、収入超過者の高家賃問題の発生には、早々に家賃上限を定め、入居者の不安解消にすばやい対応をみせた。

また岩手県庁内に独自の「復興局」を設置し、行政の一本化を計り、職員は被災者の要求のあるところに予算を投入する姿勢に徹している。

こうした復興策の実施を可能にしている背景は、一九三〇年代から全県的に取り組まれた、貧困県ゆえ幼児の命が充分に救えないなど、医療の受診機会が少ない状況からその脱却を目指して積み上げてきた「あまねく医療均霑―県民ひとりひとりに平等な医療の実現―運動」の蓄積が、岩手の行政に深く根付いていることの反映とも考えられる。防災復興体制は、一日にしてならずの教えそのものと受けとめたい。

宮城：創造的復興―被災者軽視のハード事業復興

気仙沼市内湾地区の、防潮堤の高さ22cm変更をめぐる新たな対立は、県が地元住民との話し合いを、いかに軽視してきたかの表徴的事例であり、かつハード復興の本質を示すものといえる。発災当初から港町気仙沼の中心地であった内湾地区は、早々に復興に向けての話し合いを開始したが、そこに巨大防潮堤建設が割り込んできた。

不要論もあるなか、住民はこの課題を軽視せず、研究会を一年にわたって開催するなど準備を整えて県との話し合いに臨んだ。二〇一四年の合意に加え、一七年三月、地盤隆起分22cmを低減する設計変更をして工事を開始していた。ところが図面表記に反映されず、当初の高さ通り着工されていたことが明らかになった。知事は、工事費増を理由に低減を拒否し、極めて遺憾な対応に終始している。

宮城県の「医」「食」「住」に関してみれば、医療費窓口負担は、県は一切関与せず、国の一〇割負担が八割になると、二〇一三年に制度を中止した。被災者の激しい要請に押されて復活したが、非課税世帯など、ごく限られた層のみの復活となり、市町村は負担の重さから、一八年には三市のみの実施になった。「生業」に関しては、民間資本の導入を目指す水産特区、全一四二漁港被災という状況下で、拠点港への集約化を打ち出すなど、復興に励む漁民の意欲を逆なでする政策を提示した。

「住」に関しては、県は二万二千戸の仮設住宅を何の注文もつけずプレハブ建築協会と一括契約、災害公営住宅建設は、もっぱら市町村まかせであった。年金暮しが七割を占める状況の中で、収入超過世帯の家賃の高騰など終のすみかの危機にもリーダーシップを放棄し、被災者の不安に一切応えようとしていない。その一方で、ハード復興の発信には極めて熱心である。

巨大防潮堤や嵩上げ道路が、海面上昇に悩む国々とって、モデルであるがごとく宣伝しているが、国の土建中心復興策のショーケース的役割を率先して担う県の姿勢を示すものである。

福島：国・東電による被災者無視の原発事故対応

原発事故避難者の多くは、地震・津波の後始末に着手できないでいる。漁民は、試験操業を我慢強く続けているが、汚染水問題も未解決で不安は尽きない。発災当初、浪江町の子ども達は全国六二〇校に分散していた。町役場は復帰まで二本松市の一画に置かれたが、そこには住民はいない。それでも「浪江町は一つ」という馬場有町長（当時）の意向で、避難者の多い福島市、いわき市、南相馬市、本宮町、桑折町に出張所を置き「広報なみえ」の配布で「浪江町」の存在をアピールしてきた。

二〇一四年八月、休業していた「ローソン浪江町役場前店」が直営で再開した。お客に浪江町民はいない。一日二万六千人とも言われた除染廃炉作業員相手にいわき市から通う本社社員が応対する。『朝日』（二〇一五年一二月七日付）によれば、半日営業だが、客数は全日営業店平均の一日九〇〇人弱を上回る一二〇〇人。被災地の異様な状況である。

国・東電の無策、「フクシマはコントロールされている」との首相の無責任発言の下、被災者の人権は全く無視されたままである。被災町村の住民からは、「生業訴訟」をはじめ多くの訴訟が出されているが、「自治権」も含め被災者の日常の人権は無視されたままである。

（綱島不二雄）

1 行政復興戦略

自治体レベルの復興計画——策定過程

4-1-7

災害対策基本法——市町村の防災責務と復興計画

一九六一年制定の災害対策基本法は、「防災」に取り組む第一義的な責務は市町村にあるとする。今回の震災は、岩手・宮城・福島を中心に青森から茨城・千葉におよぶ太平洋岸と一部の内陸で、地形条件や災害経験・防災対策の蓄積、人口構成や産業集積の状況を反映した地震・津波被害を生んだ。この点では、地域条件や住民意向を反映しやすい基礎自治体（市町村）レベルの復興計画が求められる。

しかし、被災の広域性は、市域や生活圏を越える移転・宅地開発を伴い、さらなる人口流出と世帯分離を加速した。加えて原発事故に伴う帰還困難区域の指定と複数回かつ長期の避難で、計画意図を超える都市システムの再編や土地利用の転換も進行し、単独自治体による計画の策定・実施は難しく、広域自治体（県）による調整が重要となる。県の復興計画が自治体計画を先導した面はあるが、両者の連携や市域を超えた広域調整が積極的に行われた形跡は乏しい。

現在、国の直接関与と防災行政の全国的平準化、国土強靭化を志向して「復興防災省」を求める声もあるが、二〇一三年六月の災害対策基本法の改正で、市町村による都市計画や復旧事業を都道府県や国が代行する仕組みが強化された。これは消防広域化の流れとともに、現行市町村では担いきれない防災・危機管理上の機能的・領域的課題の存在を示している。

すでに阪神淡路大震災を受けて、一九九五年七月改定の防災基本計画には「災害復興」の概念が組み込まれていた。しかし、「市町村地域防災計画（災害対策基本法第四二条）」には予防、初動・応急、復旧・復興の時間経過に従って、関係機関が対応すべき内容が列挙されているものの、「災害復興計画」の規定やひな形はなく、被災自治体の多くは「総合計画：基本構想・基本計画・実施計画、地区別構想・計画」の枠組みを援用しつつ、非法定の復興計画の策定に着手した。上述の広域的課題に加え、地区別構想や地区計画制度など、集落レベルの課題への対応を図った自治体もある。ただし、被災後という特殊な状況で、情報伝達や意見収集、参加の場づくりと合意形成が円滑に進まず、迅速な事業推進との矛盾を抱えた地区も散見された。

東日本大震災復興基本法と「復興の基本方針」

六月公布の東日本大震災復興基本法（平成二三年法律第七六

号）をうけて七月に公表された東日本大震災復興対策本部「東日本大震災からの復興の基本方針」は、復興期間の設定（一〇年間および前半五年の集中復興期間）と、復興施策の三つの柱「災害に強い地域づくり、地域における暮らしの再生、地域経済活動の再生」を提示した。

自治体毎に「復旧／復興、総合／重点、計画／事業、全域／拠点、短期／長期」での選択に違いはあるものの、市町村復興計画の構成・内容では、基本方針の枠組みが参照された。

特に、まちづくり面では津波から生命・財産を守るハード対策（防潮堤や幹線道路）と住まい再建（高台移転や災害公営住宅）が、産業面では農業、漁業・水産加工業、商業等による地域経済の復興が強調された。

また、被災者生活支援本部が五月に示した「東日本大震災に係る被災地における生活の平常化に向けた当面の取組方針」も、生活再建・被災者支援のソフト対策面で、自治体計画の構成に大きな影響を与えている。

市町村に先行した県復興計画では、安全確保を大前提に、岩手県は原状回復・早期復旧を、福島県は自治体存続・脱原発を基本スタンスとする。抜本的再構築、先進復興モデルの提示を強く意識した宮城県は、「被災直後の市町は震災対応に追われ、専門職員が不足するなど、復興まちづくり計画を検討する余裕がなかったことから、県においてたたき台を市町に提供する」として、四月時点で土木部による直接指導を試み始めた。

復興の基本方針で「市町村中心主義」が再確認されるとこの動きは表に出なくなるが、続いて地域ニーズを探っていた複数省庁の動きが始まる。特に国土交通省は被災地に職員を派遣し、七〇億円規模の直轄調査を開始した。各地担当の土木系コンサルタントは、自治体の職員・ノウハウ不足を補う存在でもあり、震災以前から発注・委託の経験がある自治体は、主導的に被害把握と各種シミュレーション、住民意向調査、計画策定補助、地図・図面調製等で彼らの能力を活用した。ただし、本調査の主な成果は、同省所管のインフラ整備計画と防災集団移転・災害公営住宅を前提とする宅地造成・区画整理事業の素案であり、地域要望がうまく伝わらなければ、ハード偏重で事業画一化や設計陳腐化をもたらす要因となる恐れも高かった。

復興特別区域制度と復興交付金

第三次補正予算で復興交付金による財源措置が公になり、東日本大震災復興特別区域法（平成二三年法律第一二二号）成立の目処が立った年末から年度末にかけて、市町村復興計画の公表が進んだ。以降、復興庁を介した国と自治体とのやりとりは、復興推進計画（規制緩和・手続特例、税制特例）、復興整備計画（施設復旧を含む整備事業）、復興交付金計画（基幹四〇事業＋効果促進事業の配分）の三層で行われた。

実務現場は特区メニューから使えるものを選び、内閣総理大臣認定（復興推進計画）や関係権限者同意（復興整備計画）、復興交付金配分を求めて計画の詰めと交渉を進めた。例えば、復興整備計画による土地利用再編の一元処理は、現行制度下での作業効率を格段に高めたが、さらなる権限移譲や個別合意の見直しも考えられたはずである。復興交付金制度でも、効果促進事業による弾力的運用が可能で、自治体の財政負担がないなど破格の対応ではあるが、結局は省庁別既存事業を束ねた従来型国庫補助制度の枠内に留まるものであり、一括交付や基金拡充の道もあり得た。（増田　聡）

自治体レベルの復興計画
――計画の改定と今後の課題

計画改定と実施計画

復興後半五年の重点事項を示す『「復興・創生期間」における東日本大震災からの復興の基本方針』は二〇一六年三月に決定された。前半五年は概ね順調で「多様化した地域・個人のニーズに細かな支援が必要」とし、総仕上げに向け「心の復興、地方創生のモデル、新しい東北、復興五輪、原子力災害からの復興加速化」が強調された。

一方、自治体レベルの現下の関心は、特区法三計画≒復興実施計画に移っており、基本方針にまで立ち返って見直す動きは活発ではない。総合計画、復興計画（および合併時の新市建設計画）の改定期を迎え、統合再編を目指した自治体もあるが、特区法三計画と上位計画との関係整理は困難だったようである。

まず福島県では、避難指示区域の見直し（二〇一二年四月）と「福島復興再生基本方針（二〇一二年七月）」等を機に見直しを行い、県復興計画は第三次（二〇一五年一二月）となった。自治体レベルでは、復興ビジョンや復興計画を定めた三四市町村中、十二が改定や実施計画化を進めた。国の「原子力災害からの福島復興の加速に向けて（二〇一三年一二月、一五年六月改定）」の影響もある。

次に、岩手県（策定一一、改定二）・宮城県（一一、五）で計画自体の改定は少数だが、実施計画等で進捗状況の総括を公表する事例もある。宮城県では、最初に玉浦西地区の防災集団移転促進事業（以下「防集事業」）を完了した岩沼市と、閖上地区の区画整理事業認可が滞った名取市の改定の経緯は、執行管理の面からも、対照的である。

概観すると、総合計画の策定時期（大震災の前か後か）と残りの計画期間、復興計画の役割（基本計画／政策か実施計画／

自治体復興計画の改定等に見る多様な形態

- 相馬市復興計画 ver.3.1（2017.08）：ISO9001 採用、総合計画・市マスタープラン 2017 で地方創生総合戦略と統合
- 本宮市復興・創生計画（第1版）（2016.04）：復興・創生期（後期五年）に対応
- 南相馬市復興計画前期実施計画（～ 2014 年度）：復興総合計画（2015.03）に、環境未来計画とともに集約
- 楢葉町復興計画〈第2次〉第2版（2016.01）：次期町勢振興計画・地方創生総合戦略との関係性を明記
- 大熊町第3次復興計画：福島復興再生基本方針（2017.06 改定）に合わせ、第2次計画（2015.03）を改定中
- いいたて までいな復興計画 第5版（2015.03）：復興計画の毎年改定
- いわき市復興ビジョン：ビジョンの下に復旧計画と復興事業計画（第4次、2014.11）を配置
- 大槌町東日本大震災津波復興計画・実施計画第3期 発展期（2017.03）：基本計画の期間区分毎に改定
- 陸前高田市震災復興実施計画（毎年度版）：毎年改定で、これまでの総括と詳細な進捗管理を実施
- 釜石市復興まちづくり基本計画実施計画（2018 ～ 20 年度）：期間区分・実施施策別の進捗を報告
- 宮古市東日本大震災復興計画推進計画（2012.03）：別途、復興事業の成果と評価（2018.03 他）を公表
- 宮城の将来ビジョン・震災復興・地方創生実施計画（発展期：2018 ～ 20 年度）：県の3実施計画を一つに集約
- 石巻市震災復興基本計画実施計画（2018 ～ 20 年度）：計画期間区分に応じた施策大綱と活動指標の提示
- 岩沼市震災復興計画マスタープラン(改定版)(2013.09)：復旧・復興 31 事業の進捗を簡便な5段階で評価
- 名取市計画（2011.10 策定、2017.03 改定）：計画期間の2年延長、連携プロジェクトの削除・追加

出所：各種資料より筆者作成。

施策か）、両計画の関係性（補完・追加か代替・変更か）など、計画スタイルの差が反映されている（表参照）。

地方創生：人口ビジョン・総合戦略との調整

まち・ひと・しごと創生法（平成二六年法律第一三六号）の交付金と引き換えに、被災自治体でも「人口ビジョンと地方版総合戦略」の策定が急遽求められ、婚姻増・出生率回復（子育て施策）、転出減・転入増（企業誘致・移住策等）を加味した楽観的前提で検討が進んだ。人口フレームは、下記の復興法のように、適正規模の復旧・復興事業を効率的に行い、地域の将来像を議論する際に不可欠な情報であるが、被災地では復興事業に割く職員すら不足する中で、策定の手引きそのままに、実情とはやや離れた国・県の前提を引用した外注事例も多く、分析の割には計画としての存在感は薄い。

復興法：復興過程の総括

個別立法で対処する他なかった今回の経緯を踏まえ、大規模災害からの復興に関する法律（平成二五年法律第五五号）では、復興計画の体系化（国・県・市町村の役割）と組織・計画の法制化を実現した。基本理念は「生活再建と経済復興」に限定し、人口見通しと土地利用方針を定めることとなった。

今回、予算の付きやすい施策からバラバラに進んだため、全体として事業完了後に「どのような地域コミュニティが生まれ、住民生活はどう展開されるか」の具体像は明確ではない。事業相互の時間・空間的整合性がとれていない事例も散見される。

市町村合併と復興計画

合併によって自治体規模が拡大し、業務効率化と専門職・地域担当職員の配置が進み高度な災害対応・防災対策が可能になるとの主張がなされる一方で、本庁への人員・決定権の集中と周辺部の支所化により復興事業が滞るとの意見もある。

実際、合併後の集中改革プランによって全国で自治体職員の一割ほどが削減されていた（総務省（二〇一〇）「集中改革プランの取組状況」）。以下、二〇〇二年設置の「石巻広域合併調査研究会（一市九町）」を事例にこの課題を検討してみたい。

研究会メンバーの中で、宮城県北部連続地震（二〇〇三年七月二六日）で震度六弱以上を複数回経験した三町のうち、鳴瀬・矢本町は二〇〇五年四月の二町合併で東松島市となった。合併後に市内八つの公民館に市民センターを併設し、地元自治組織が指定管理を担う一方で、市民協働課内に地区支援専門職員を配置した。先の地震経験も活用し、震災後はここを拠点に市職員、NPO・大学の外部支援者、新採用の復興支援員も加わって、防集事業での移転、災害公営住宅の建設入居、自治会再編等の進め方は、住民参加型の話し合いで順次決まっていった。

残る河南町は他五町（河北・雄勝・桃生・北上・牡鹿）とともに石巻市の一部となり、旧町には条例で地域まちづくり委員会が設置された。北上総合支所では、にっこり団地整備等で住民意向の集約と市への提案ルートとして同委員会が活用されたが、他では余り機能しなかった。合併後、約二千人の市職員が三百人以上減る中で、総合支所の計画スタンス、住民自治組織の編成（主体性・代表性）、外部支援者との軋轢等の要因があいまって、合意形成が進まず対立を生んだ事例（河北・雄勝町）もあった。なお合併から離れた女川町は、多様な支援を得て独自の復興路線を歩んだ。

（増田　聡）

生活再建より都市事情優先の仙台市の復興

コミュニティより都市事情優先

仙台市の津波浸水エリアの面積は4523ha。当時のエリア内人口は二二、〇二一人、世帯数八、二一〇世帯であり、それぞれ市人口の2・1%、同世帯数の1・7%であった。被災後の津波防災対策は、①多重防御（防潮堤、県道かさ上げ等）、②避難、③移転の三本柱である。移転は、沿岸部の災害危険区域から内陸部への移転であり、一三地区で防災集団移転促進事業が行われている。移転済戸数は一、五六五戸であり、再建方法別では、集団移転五七五戸、単独移転六七九戸、復興公営住宅三一一戸、現地再建一〇戸（二〇一六年三月現在）となっている。

集団移転先は、一九九九年一〇月以降の「都市計画の方針（都市計画マスタープラン）・コンパクト・シティ構想」の流れや市民世論を二分したまま着工した地下鉄東西線（二〇一五年開業）の利用客確保という市の意図により地下鉄東西線のターミナルである荒井駅周辺（荒井公共区画整理、荒井東、荒井西、荒井南地区）に集中した。

ところが、移転宅地の提供が最も早かった荒井公共区画整理地区（借地・分譲宅地四八戸分）では、大半が売残りの分散宅地で、行止まり道路のミニ開発や旗竿宅地（通路のみ道路に面する宅地）であった。

その一方で、便乗型開発とも言える移転宅地に必要な面積を大幅に超える規模の面的開発や、震災後の宅地需要をねらった市街化区域の拡大も行われ、被災コミュニティの復興とは全く異なる集団移転となった。

そもそも災害危険区域の決め方が問題

津波浸水エリアの災害危険区域（移転対象区域）と現地再建の支援を行う区域（浸水の程度により区域Aと区域Bに区分）は、津波浸水シミュレーションの機械的運用によって行われ、そのプロセスも大問題となった。特に災害危険区域指定は、当初の市復興計画中間案ではその対象が広く、地区挙げての反対もあり、最終的には縮小された（注1）。

中間案発表と前後して、公費負担による家屋解体が急ピッチで進められ、最終的に災害危険区域指定から外れた地区の居住可能な住宅も大量に解体された。このような混乱の中、住民自治の基本に関わる合意形成を経ず、移転希望者と現地再建希望者の意向が割れたまま移転事業（事業手続等）を急いだ。このためコミュニティの崩壊という最悪の結果に至った地区もある。

この背景には、仙台市の「住民の意向に関わらず、市が集団移転を強く推進」（仙台市開示文書「２０１１・３・29仙台市都市整備局内打合せ資料」）するという行政主導の姿勢がある。

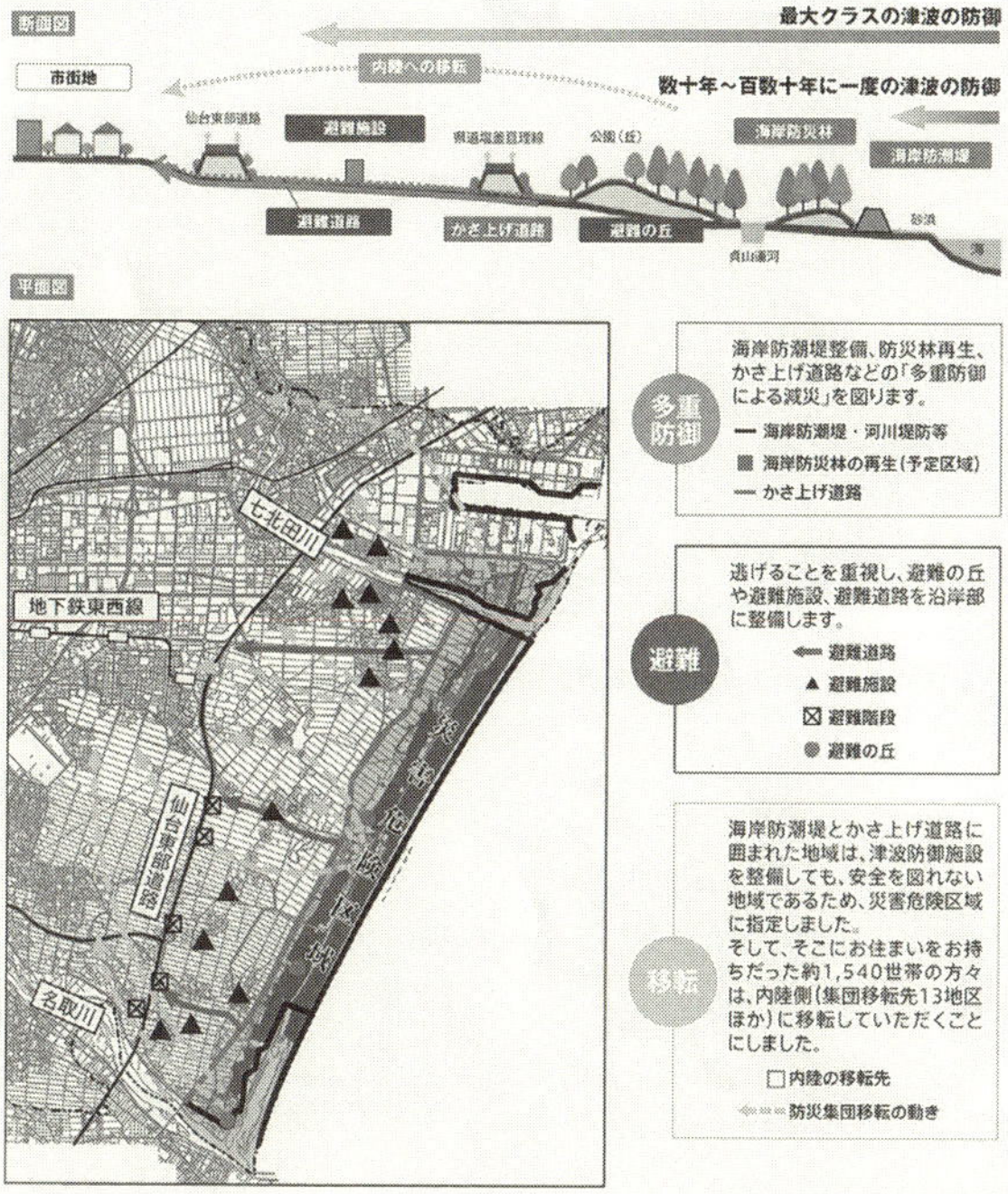

▶仙台市の多重防御による総合的な津波対策
出所：『仙台の復興』

生活再建支援策による被災者の分断・差別

被災者の集団移転に関わる当初の住宅再建意向は集団移転や自力再建が多くを占めたが、その後、単独移転への切り替えや、自力再建から復興公営住宅入居に替えるケースも多かった。自力再建の問題は生活再建支援金の支給額が少ないことと、被災者に資金調達力が有ることが前提の利子補給制度であることだ。

市有地を借地して移転する場合、五〇年間の借地料減免期間が被災前後の土地価格差額や流出建物の評価によって大幅に短縮されることも被災者が集団移転・自力再建に踏み出せなかった理由だ（注２）。

津波浸水エリアの内、現地再建となった区域の支援策も複雑である。津波シミュレーションによる「線引き」も問題で、同様の被災を受けながら支援内容は異なるという事態もひき起している。

そして、建替え支援策も決定後に対象区域を広げたり、本来、早い対応をすべき「現地再建」の建替支援も被災者の要望を受けてからと後手にまわった。住宅建設・購入の独自の直接補助（上限一〇〇万円）も大幅に遅れた（二〇一四年一月下旬から）。

＊

ここで紹介した問題は、ごく一部だ。しかし、仙台市が二〇一七年三月に発行した八六〇ページに及ぶ『仙台市復興五年記録誌』には、繰り返し報道された問題でさえも一切ふれられていない。あらためて復興過程で発生した問題の共有と、それを中心に据えた市民主体の復興検証が不可欠である。

（阿部重憲）

（注１）災害危険区域の条例改正は賛成多数で二〇一一年一二月市議会で可決（共産党のみ反対）された。

（注２）借地料の免除期間：（被災前後の移転元の土地価格差額＋流出建物等移転料相当額）÷月額借地料となっている。なお東松島市等のように実質無料にしている被災都市もある。

1 行政復興戦略

被災地を励ました自治体間協力——仙台市を例にして

4－1－10

自治体支援の要請

発災直後は混乱の中にあったが、発災翌日の未明には新潟市の先遣隊が到着した。地震の報道を受けて直ちに派遣をしてくれたものだった。物資も要請を待たずして必要になるはずという経験から水、食料等を持参してくれた。

政令市という繋がりと新潟県中越地震当時の支援に対する恩返しのような思いがあった。しかし、このような支援の形は特別なケースであり、早期の支援要請を発信する必要があった。

それまでの大都市間で締結していた協定や全国市長会等への直接的な支援要請のほか、国や県を通じて要請するものなど、多岐にわたっていたが、その後、自治体どうしを対にして相互支援する対口支援方式による全国的な応援体制が整備されている。

物的支援

仙台市では、震災前から東京都や政令市の大都市と、災害時の相互応援に関する協定を締結し、その他の多くの自治体ともさまざまな協定を締結していた。

震災後は、これらの協定に基づき各自治体からさまざまな支援を受けたが、協定を締結していなかった自治体や企業等からも多くの支援を受け、備蓄物資が早期に枯渇した仙台市にとって、大きな助けとなった。特に、これまで災害を経験してきた新潟市や神戸市からの支援は、粥やアレルギー食、生理用品等の見落とされがちだが、発災直後から必要になる物資などの供給は経験に基づく細やかな支援であった。

被災者の応急仮設住宅への入居が進むにつれ、支援の内容は、被災者の生活の向上や、精神的な支えを目的とするものなど、幅広いものへと変化していった。

人的支援

①発災直後の短期派遣職員

国や県を通じた要請に基づく支援として医師・保健師、こころのケアチーム、緊急消防援助隊やDMATなどが派遣されたほか、仙台市独自の要請に基づく支援として、二〇大都市災害相互応援協定や水道・ガスなどの災害協定により全国の自治体職員が派遣された。これに、全国市長会要望に基づく自治体職員の短期派遣を合わせ、延べ約二八、〇〇〇名もの応援を発災翌日から順次受け入れた。

これら応援職員等は、短期間ではあったが、震災直後の混乱の中で、極めて厳しい現場に立ち会い、り災証明発行のための受付事務、水道やガス、下水道等のインフラ関連業務、応急仮設住宅入居申込の受付や説明、避難所や仮設住宅の巡回支援など多岐にわたる業務を担った。また、災害を経験した都市からは当時の記録誌をもとに復旧活動へのアドバイスを受けるなど初期対応の助けになった。

市内のいたる所で対応する職員の背中や車両には全国の自治体の名前が見られ、被災直後の仙台を総力を上げて支えてくれていることがわかり、仙台市職員と仙台市民は大いに勇気づけられた。

②復興期の長期派遣職員

短期派遣とは別に、二〇一一年六月一日から、地方自治法第二五二条の一七に基づき、政令市を中心に全国各地から長期派遣職員の受け入れを開始した。二〇一四年三月三一日までの期間で、合計で延べ二四一名の職員を受け入れた。（図表1、2）。

長期派遣職員は、地元自治体において自ら志願してきた人も多く、中には地元自治体内部の厳しい選抜を潜り抜けて派遣されてきた職員もいた。深夜まで及ぶ業務への従事や、地元被災地域への説明会など、仙台の復旧・復興事業に尽力した。困難で厳しい業務の中にも、歓送迎会や宮城県恒例の芋煮会、新年会、そして、さよなら会などがあり、応援職員との交流は仙台市の宝となった。

応援職員と地元職員のギャップ

発災直後は混乱状況もあり、職員の衛生面を考慮した派遣元の指示により、庁内に宿泊場所を要望した都市もあり、逆に避難所に被災者と一緒に寝泊まりする応援都市もあるなど、同じ避難所支援で異なる対応を求められた。

応援職員は被災地を助けるという意識が高く、優秀な職員が派遣されていた。一方、被災都市の職員は、親族が被災しているものも多く、また、復旧がいつまで続くのか見えない状況にあった。避難所で地元職員が休暇を取った際に、それを批判する発言があるなど、長くて一週間という応援職員との意識のギャップがどうしてもあった。

また、津波被害での地域の実情が理解されない状況もあった。ヘリコプターによる救助の結果、従来の地域とは異なる避難所に多数収容された。そのため、本来の地域の人たちのいる避難所へ移送しようとする場面では、避難所でのコミュニティを継続するべきという応援職員との意見対立もあるなど、議論が生じることもあった。

応援職員と地元職員との意識の違いや被害の状況の違いをお互いに理解しあうことも重要であった。

（山田文雄）

《参考文献》

○『東日本大震災　仙台市　震災記録誌―発災から一年間の活動記録―』仙台市、二〇一三年三月。
○『東日本大震災　仙台市　復興五年記録誌』仙台市、二〇一七年三月。

図表1 長期派遣職員

年度	延自治体数	延職員数
2011 年度	24	82 名
2012 年度	31	92 名
2013 年度	27	67 名
計	82	241 名

※3年間の実自治体数は42自治体、実職員数は225名。

出所：『東日本大震災 仙台市 復興五年記録誌』

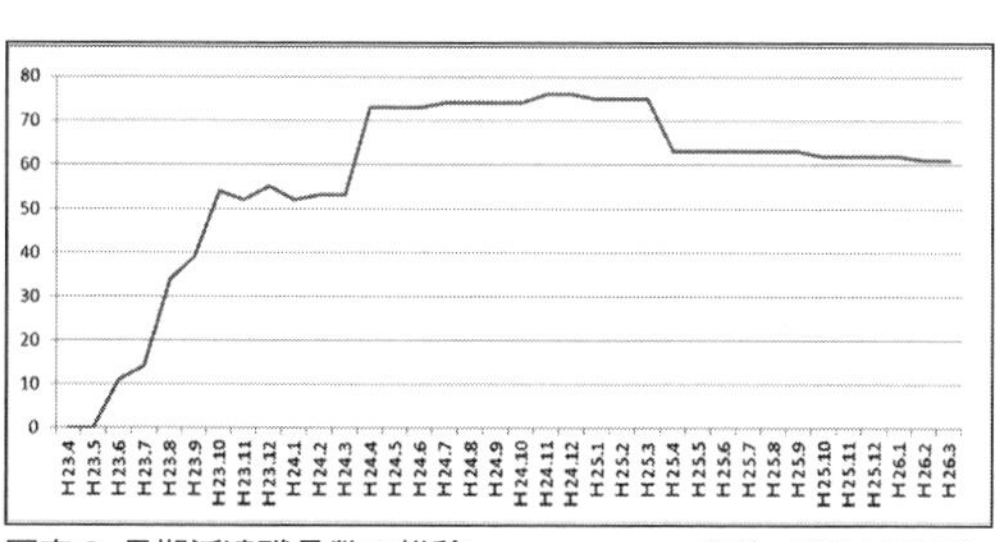

図表2 長期派遣職員数の推移　　出所：図表1に同じ。

Column

イタリアの仮設住宅

二〇〇九年のラクイラ地震の復興施策として、特別立法によりCASE住宅とMAP住宅という二種類の仮設住宅が建設された。

(1) CASE住宅

CASEとは「持続可能な耐震エコ住宅コンプレックス」の略で、耐震性を備えたコンクリートのデッキの上にプレハブ系の三〜四階建ての集合住宅を載せた恒久的建築物であるが、これを仮設住宅として提供している。耐震デッキの下は通常駐車場として利用されている。

CASE住宅は、ラクイラ市の周辺部一九ケ所に一八五棟四、四四九戸が半年〜一年以内に建設された。住戸面積は、2LDK、3LDKなど(36㎡、54㎡、72㎡)のタイプがあり、室内には家具、電化製品のほか食器までが備え付けられている。

家賃は無料であるが、水光熱費は自己負担で、電気代が高くてたまらないという不満も聞かれる。入居期限は特に決められておらず、自宅が再建できるまで住み続けるようだ。家具や電化製品も完備していて、広さも十分であるから、入居者は一応満足しているようであるが、いつまでもこの住宅に住むつもりはなく、早く元の町に戻りたいという。

バッザーノ(Bazzano)地区のCASE団地に六人家族で住むフェデリッチさんの場合、現在の部屋は4LDK、バスルーム二つで100㎡という広さである(写真)。被害を受けた自宅はレッドゾーン(立ち入り禁止地区)に指定されて再建できないため、自宅再建ができるまで、ここに暮らすしかないという。

建設用地の取得については、緊急事態時における強制買収が可能であるため、私有地も使われている。実際には、CASE団地は、一ケ所を除いてほとんどがラクイラの市街地から遠く離れた場所に建設され、風当たりの強い、日当たりの悪い山の斜面などもあり、冬は寒く夏は暑いなど、立地面では必ずしも評判は良くない。CASE住宅は設計・施工の入札方式だったため、ゼネコンが濡れ手で粟の大儲けをしたとか、施工の手抜きや欠陥工事もあったという。その最たる事例として、施工不良のためベランダが崩落するといった事故が多発した団地もある。

CASE住宅は、被災者が転出した後は、社会住宅や学生寮として使われることになっている。

CASE住宅の外観

バッザーノの仮設住宅

(2) MAP住宅

MAPとは「仮設モジュール(moduli abitativi provisori)」の略語で、木造一〜二階建て(戸建てもしくは長屋など)のものや積層型の集合住宅の仮設住宅である。ラクイラ市内に一、二七三戸、その他の市に二、二〇〇戸が建設された。住戸面積は、家族人数に応じて40㎡、50㎡、70㎡などの種類がある。

MAP住宅はCASEとは異なり、

仮設建築物として建てられているが、実際には相当長く使用できるように作られているようで、震災後一〇年近く住んでいる人も少なくない。被災地域からの移転団地としての役割を担っている場合もあるとみられる。

MAP住宅も市民安全省の施策によるものであるが、イタリア赤十字などが事業を行ない、オンナ村に九四戸、サン・グレゴリオ村に八七戸のMAPを建設した。オンナ村のMAPは赤十字のモデル団地で、壊滅した村のすぐ近くにMAPの住宅団地を建設している。公民館や保育所も建設しており、住宅地もきれいに配置計画がなされている。

MAP住宅、オンナ地区

サングレゴリオ村では、集会所や図書館、診療所なども作り、事業費は三〇〇万ユーロかかった。一ユーロ一三〇円として推計すると、一戸当たり四五〇万円～七〇〇万円という計算になる。日本の仮設住宅と同等もしくは少し安い水準かと思われる。

CASEやMAPのプロジェクトは市民安全省のもとで進められたが、一年後には管理を州に移管し、さらに二〇一三年からは市に移管している。ラクイラ市の公共事業担当者によると、管理費用はCASEの場合1㎡当たり二八〇〇ユーロ、MAPでは一〇〇〇ユーロかかるが、国からくる予算は二〇一〇年から二〇一三年までは年三六〇万ユーロ、二〇一四年以降は二四〇万ユーロだという。ラクイラ市は四、四〇〇戸のMAP住宅を管理しており、財政的に苦しいという。

(3) アマトリーチェ地震の仮設住宅

二〇一六年のアマトリーチェ地震ではCASEはつくられず、MAPに近い仮設住宅（SAE）が建設されている。アマトリーチェの中心部はほぼ完全に崩壊し、二〇一八年四月時点でも立ち入り禁止状態にある。仮設住宅は、そこから数百mはなれたメイン道路沿いに建設されている。団地内には子どもの遊び場もつくられ、隣接して二つのショッピングセンターが建設されている。

イタリアの仮設住宅は、日本のそれに比べて格段に広く、質が高い。日本でこのような住宅を提供すると、贅沢だとか入居者がいつまでも居座るのではないかといった声が聞こえそうである。しかし、イタリアでは入居者は一応満足しているようにみえるが、いつまでも仮設住宅に住みたいといった声はなく、誰もが早く元の町に戻り、自分の家に住みたいという。60～90㎡の仮設住宅は、従前100～200㎡規模の住宅に住んでいた人々にとっては、決して広いものではない。

家具や電化製品備え付けについては、日本では考えられない至れり尽くせりの待遇と思えるが、イタリアでは必ずしも大歓迎ではないようだ。イタリア人の暮らしには伝統的な文化があり、それぞれの家族には受けついできた家具もある。全員に同じような家具（IKEA製）や食器を与えるのは一律の生活様式の押し付けだという。自らの生活文化に対する確固とした考えがあり、それを守りたいという強い意思を知ることができる。

SAE住宅、アマトリーチェの仮設住宅

狭いプレハブ仮設住宅に入居して「こんなにしてもらってありがたい」という日本の被災者の感覚との間に大きな開きがある。

（塩崎賢明）

2 応急仮設住宅

プレハブ仮設の建設

4－2－1

被災後の住宅確保が急務

宮城でも相当な住家流出、倒壊が発生した。全壊が八・三万棟（仙台三・〇万、石巻二・〇万など）半壊が一五・五万棟（仙台一〇・九万、石巻一・三万など）。

避難所は直後一、二〇〇箇所、ピーク時は三二万人。この中には帰宅難民も含む。一週間後に二一万人、一ヶ月後に五万人となるが、解消は年末になった。避難所から知人・親戚宅、ホテル、空家やアパートなどを転居しながらの不安定な生活が続いた。コミュニティ単位というよりも家族の安否、遺体確認などのために被災地から遠くに離れられない状態もあった。

仮設住宅の早期建設が迫られ、宮城では四月に二万戸追加の「三万戸」を計画。これまではプレハブ建築協会（以下「プレ協」）に委託することとしてきたが、プレ協のパワーを超えた。岩手、福島でも相当の戸数が必要であったのだ。

一方、被災者は各自で賃貸住宅の空室を確保しての転居が増加。これを「みなし仮設」として県が家主から借り上げる方式が推進されることになった。このことから必要戸数は減少。結果、プレハブ二・二万戸、みなし二・六万戸となった。

一方、建設地の確保が課題となった。基本的にグランドや公園などの公有地だが、その確保に時間を要した。県では震災前に適地調査と建設可能戸数を算定していた。仙台市を除く三四市町村で七千戸と推計したが、沿岸部は想定した地区が浸水し利用が不可能になった。

プレハブ仮設は多くが標準の一棟六～八戸、九坪タイプ。リアス地域では平地が少なく日照が不十分な地区もあった。

福島では地元工務店が木造で六千戸建設したが、宮城では本格化しなかった。それは被災者への支援を統一的に行うという県の方針やプレ協内の住宅部会参画による体制拡充もある。

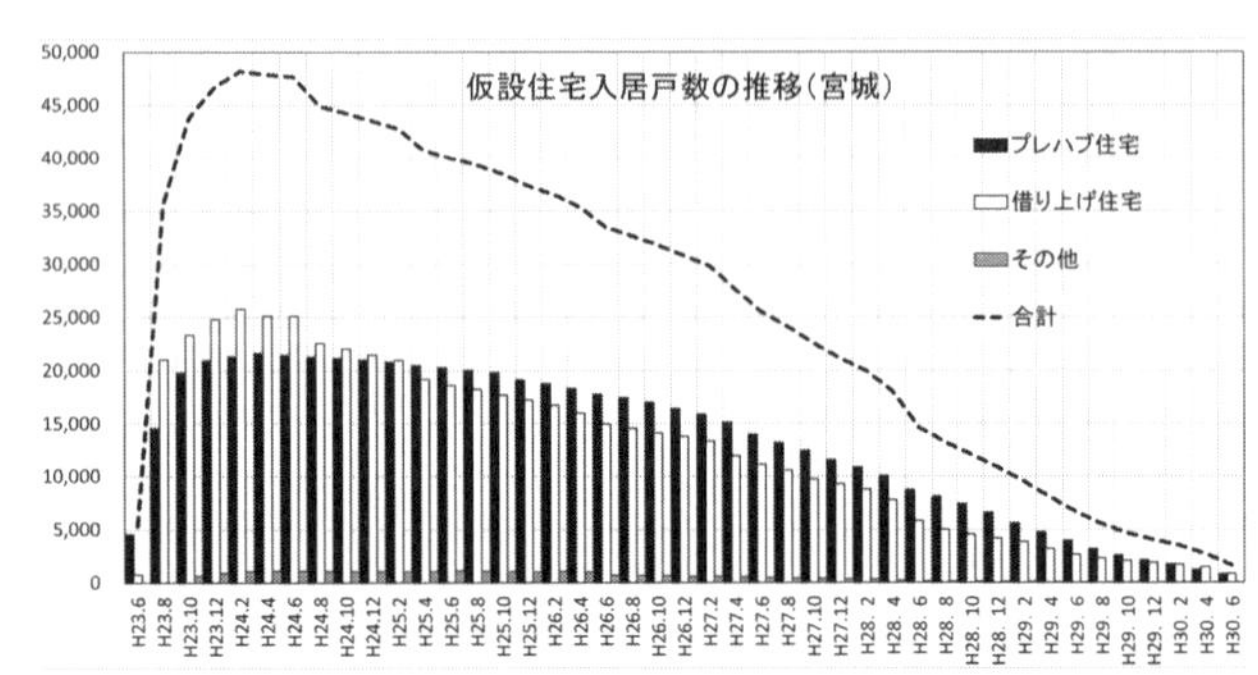

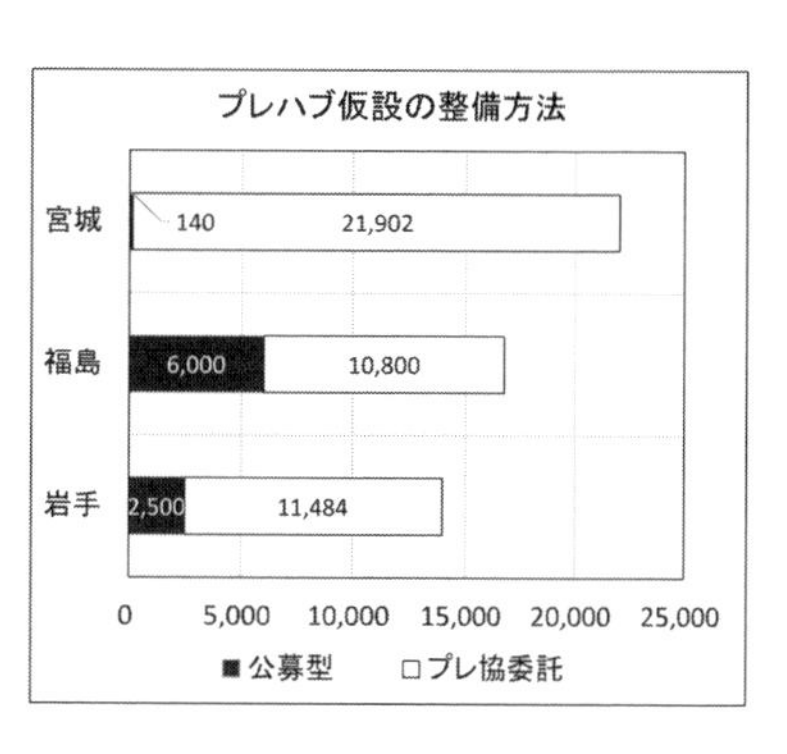

仮設住宅の役割や課題

コミュニティの維持は重要だが、震災前から困難になっている。いずれの地域でも仕事、教育、福祉や医療サービスなどで家族は多様なニーズを持つ。

沿岸部のつながりは漁業や農業などの生産、近隣の町内会や子供会、伝統行事、防災などで重層的に形成されてきた。しかし、世帯の減少、担い手の高齢化などで活動の縮小、休止などが進展していた。

一方、仙台や石巻などの都市沿岸部では通勤通学をはじめ、購買、医療・福祉サービスなどを中心市街地に依存する。

生活の個別化、ネット型情報社会は意識の広域化を進め、地域コミュニティが形骸化していた。このことは仮設住宅への「集団入居」制度への応募が少なかったことでもうかがえる。もちろん、高齢者は地域での暮らしが基本なのでつながりを希望し、仮設住宅でのコミュニティの維持、そして公営住宅の近居につながったケースも見られる。

岩手は沿岸部に賃貸の空室が少ないためプレハブ仮設が多い。一方、福島では原発事故からの避難なので内陸部のみなし仮設が多い。震災から七年が経過し、入居は県レベルでは一割程度になった。だが、市町村単位で見ると差がある。

仮設住宅の居住性であるが、みなし仮設居住者からこれまでの規模に比べての狭小さを訴える不満も報告されているが、プレハブ仮設ではさらに温熱や音、振動などでの不満もあった。界壁の防音性能が低く隣家の物音が聞こえるのだ。

後追い工事の庇、物置、断熱材、風呂追い炊きなど、悪評が多かったプレハブ仮設である。

こうした中、地元工務店建設の木造仮設にすぐれたケースが多い。岩手県遠野市では大学などの支援を受けて入居者相互の交流を意図した配置、陸前高田市ではキャンプ場での戸建て木造仮設、福島県いわき、本宮市では二戸一棟式や界壁を離したり、玄関を向かい合わせるなど工夫を凝らし、入居者の高い評価を得た。

住まいとしての水準確保が必要である。「仮設なのだからりっぱに作る必要がない」ということも耳にした。だが想定の「二年」ならまだしも、今回の被災の規模、範囲から恒久住宅の完成は長期になることが明白だった。日々の暮らしには厳しい。

熊本地震では、プレハブ仮設の規模や価格、みなし仮設の家賃など、仮設住宅の基準を見直した。だが、大規模被災では資金以外にも多くの課題が発生する。

（三部佳英）

みなし仮設住宅の実態と課題

4－2－2

東日本大震災では、みなし仮設住宅などと称される、民間賃貸住宅を借り上げて応急仮設住宅として扱う対応が行われた。既存建物を用いるので新規建設が必要なく早期に入居できてコストも低いこと、また入居する物件や場所を自ら選べることなどから、応急仮設住宅の建設数を上回る数が供与されたが、実態をみると課題も少なくない。

物件探しの難しさ

被災者自ら物件を探し、申請する対応を認めたため利用が進んだが、物件探しは簡単ではない。

一般社団法人パーソナルサポートセンターが仙台市内で実施したアンケート（※）では、みなし仮設入居者の73・8％が「物件が少なくて困った」と答え、プレハブ仮設入居者の28・0％が「物件がみつからずプレハブにした」と答えている。

岩手県内のみなし仮設入居者アンケートによれば（図1）、物件の確保方法は「①親類知人に相談して物件の提供を受けた」が約三分の一、「②親類等に相談して第三者の物件を借りた」が二割強である。方法別の入居時期をみると、親類知人経由では早いが「③不動産業者を通じて探す」ではより遅く、市場での確保は難しい面がみられる。

世帯と物件のミスマッチ

物件探しが難しい中では実際には物件を選ぶ余裕はない。仙台市内及び岩手県内のみなし仮設入居者アンケートでは、物件を選んだ理由は「早く入居できたから」がどちらも六割強で、「間取りや設備」「生活環境」で選んだとする二～三割を上回る。

物件が選べないため適切な住戸に入れない状況も生じる。岩手県での契約書情報に基づき「居住面積水準」を判定すると（図2）、最低居住水準未満の割合は入居人数が多いほど高い。

このミスマッチのため世帯分離も起こる。岩手県内のみなし仮設入居者アンケートでは入居時に21・9％で分離が起きており、被災前の世帯が大きいほど割合は高い。理由では34・7％が「物件が狭く全員住むのは難しいから」と答えている。

市町村間での移転の発生

物件を探す中で地元に空室がなければ別地域で探さざるを得ず、他市町村への移転も生じる。

岩手県内のアンケートによれば（図3）、物件探しを始めた時期が早いほど元々いた同じ市町村内で確保している割合が高く、遅いほど違う市町村＝外への移転が増えている。

市町村間での入居時の移動状

況をみると（図４地図の実線）、岩手県ではみなし仮設入居者のうち42・0％が元の市町村外へ移転しており、津波被害の大きい沿岸部から内陸部、小さな自治体から賃貸物件がより多い隣接する大きな自治体への移転が生じている。宮城県では30・6％が市町村外に移転し、岩手県と同様に沿岸部から内陸部、小自治体から大自治体のほか、賃貸住宅が多い大都市の仙台市へと移動が集中している。

入居時に他市町村に移転した場合、移転先で住宅を再建し元の地域に戻らない世帯も出る。

退居時の移動状況をみると（図４地図の点線）、入居時の移転数に対し退居時の移動数は総じて小さく、戻る世帯が少ないことが確認される。別の市町村に転出した場合の復帰状況をみると（図４下部）、岩手県・宮城県とも元市町村に戻るのは約四割で、転出先の市町村に残るのが約四割、さらに他市町村へ移るのが約二割である。復帰する割合は元の市町村が小さいほど低く、転出先が盛岡市や仙台市などの大都市の場合に復帰率が低い傾向がみられる。

（米野史健）

※パーソナルサポートセンター『仙台市内の仮設住宅入居世帯の被災１年後の状態と将来像』二〇一二年八月

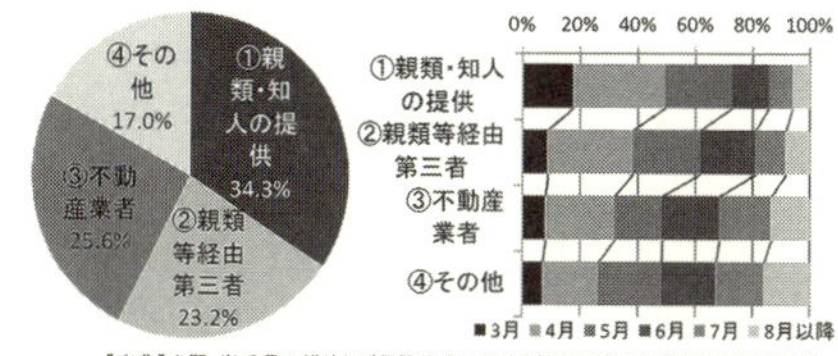

【出典】米野：岩手県の借り上げ仮設住宅における被災世帯の入居経緯と居住実態，都市住宅学87号，pp.133-138，2014.10

図１ 岩手県での借上物件の確保方法と入居時期

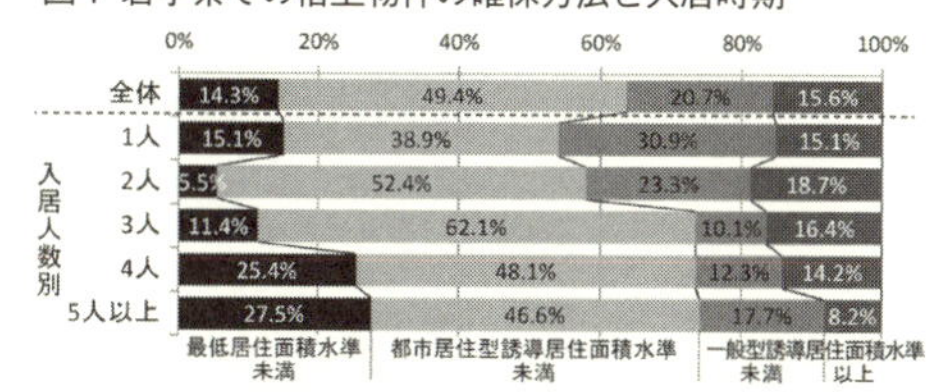

	最低居住面積水準未満	都市居住型誘導居住面積水準未満	一般型誘導居住面積水準未満	一般型誘導居住面積水準以上
全体	14.3%	49.4%	20.7%	15.6%
1人	15.1%	38.9%	30.9%	15.1%
2人	5.5%	52.4%	23.3%	18.7%
3人	11.4%	62.1%	10.1%	16.4%
4人	25.4%	48.1%	12.3%	14.2%
5人以上	27.5%	46.6%	17.7%	8.2%

【出典】米野：岩手県の借り上げ仮設住宅における契約物件及び入居世帯の実態，都市住宅学83号，pp.85-90，2013.110

図２ 岩手県の借上物件における居住面積水準

物件探し開始時期別	全体	3月	4月	5月	6月	7月	8月以降
被災前とは違う市町村	47.7%	37.1%	45.9%	58.5%	56.9%	72.6%	72.5%
被災前と同じ市町村	52.3%	62.9%	54.1%	41.5%	43.1%	27.4%	27.5%

【出典】図1と同じ

図３ 岩手県での物件確保場所（物件探し時期別）

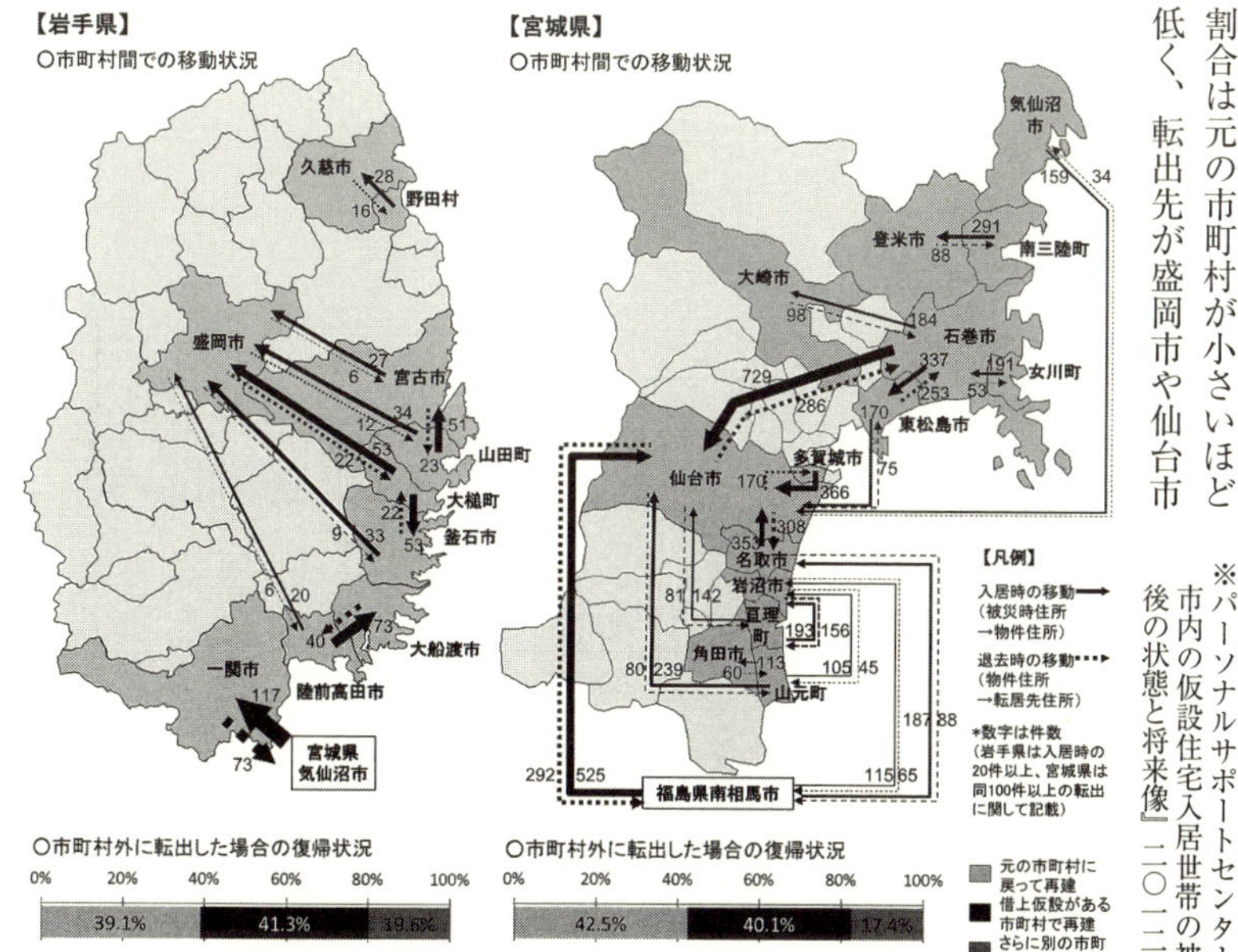

【出典】米野：岩手県の借り上げ仮設住宅における退居及び居住地移動の実態，建築学会計画系論文集746号，pp.717-723，2018.4
米野：宮城県の借り上げ仮設住宅における入退居時の市町村間移動の実態，建築学会計画系論文集748号，pp.1091-1098，2018.6

図４ 入居時および退居時の市町村間での移動状況と、市町村外転出の場合の復帰状況

木造仮設住宅

4－2－3

建設型応急仮設住宅（いわゆるプレハブ仮設と木造仮設）は最大で五三、一六九戸建設され、四八、八三九戸に一一三、九五六人が入居した。また、借上げ仮設住宅（みなし仮設）には、最高時六八、一七七戸に一六二、〇五六人が入居した。

プレハブ仮設は狭く、施工不良、断熱性、防音性の低さなど、阪神・淡路大震災以来、指摘された様々な問題が繰り返された。東日本大震災のプレハブ仮設住宅の費用は、六〇〇～七〇〇万円とみられるが、木造仮設住宅が大量に供給されたことは大きな前進であった。その供給戸数は一三、三八五戸に達し、建設型仮設住宅五万三千戸の四分の一を占めた。

住田町の先駆的取り組み

その先鞭をつけたのは岩手県住田町の取り組みである。岩手県住田町はほとんど被害を受けなかったが、近隣市の被災者向けにいち早く、木造仮設住宅を町内に三団地一一〇戸を建設した。また陸前高田市内のモビリア団地にも同じ仮設住宅が六〇戸建設された。

住田町の木造仮設住宅は一戸建て平屋、面積29・8㎡で、外壁に12㎜、内壁に30㎜の杉板を使い、その間に30㎜の断熱材をはめこんだがっしりした造りである。建設費用は一戸当たり二七〇万円（上物価格。外構含め三四〇万円）である。

この住宅は、住田町長のイニシアティブのもと、外郭団体である住田住宅産業株式会社が独自に企画・設計したものである。住田町は従来から地元の気仙杉を使った地域おこし活動を展開し、木造町営住宅も建設してきたが、偶然にも、震災の一週間前に木造仮設住宅の設計図ができていて、すぐさま、陸前高田や大船渡の被災者向けに建設した。

この木造仮設は当初、規格に外れるものとして災害救助法の対象にされなかったが、町は独自財源で実施した。森林保全団体「モア・トゥリーズ」代表の音楽家・坂本龍一は「県から協力が得られないという話に義憤を感じて『僕たちがやろう』」と支援をおこなった。

地元産の木材を使い、地元の工務店が施工し、いち早く完成して地域経済の活性化にも寄与している。

その後、住田町では、退去が完了した木造仮設住宅一三戸を価格三万円で払い下げることにしたところ、七倍超の応募があった。エアコン、風呂、トイレ、キッチン、太陽熱温水器、物置などが付いて格安だが、解体や運搬、移設費用は自己負担である。

住田町が先駆となったことに

より、岩手県では二、五〇〇戸の木造仮設住宅が建設された。

福島県の木造仮設住宅

木造仮設住宅を最も多く建設したのは福島県で（六、七〇〇戸）、建設型応急仮設住宅の四割以上を占めている。

福島県ではプレハブ仮設住宅の供給が間に合わない分を全国公募したところ、多数の応募があり、結局六、〇〇〇戸の木造仮設住宅が建設された。福島県での木造仮設住宅は、それぞれ数十戸程度の比較的小規模なプロジェクトで、一般的な和風の軸組工法だけでなく、ログハウスやツーバイフォー風のものなど、様々なタイプのものがある。

住戸規模も、30㎡程度のものから、ロフトを含め60㎡に及ぶものもあり、畳や障子が使われている。設計者によると、原発被災地の住民が入居する予定で、長期の生活が予想されるため、居住性には特に配慮したという。

福島県の木造仮設住宅は、リース方式ではなく、県の買取方式である。そのため、使用期間も柔軟に設定でき、また、使用後も必ずしも廃棄を予定せず、再利用や譲渡が可能である。

木造仮設住宅の評価

福島県、岩手県で相当規模の木造仮設住宅が建設されたのに対し、宮城県ではわずか二五〇戸に止まった。

木造仮設住宅は、断熱性・遮音性などの居住性が良く、入居者の評判は高い。また、建物の可変性・柔軟性に優れ、移築や再利用、転用、増築なども可能である。いわき市では原発被災者の要望もあって、中通り地域の木造仮設住宅を解体し、いわき市内に移築する事業が行われている。地元材を使用するため、地域資源の活用、地元工務店による施工などで価格も安く、地域産業の活性化など様々な長所を持っており、今後の災害に生かすべき重要な経験である。

阪神・淡路大震災以降、全都道府県がプレハブ建築協会と協定を結び、仮設住宅はプレハブが当たり前と考えられてきたが、木材は日本のどこでも余っており、将来の災害に向けて木造仮設住宅の導入を重視すべきである。全国木造建設業協会は、東日本大震災をきっかけに愛知・和歌山・高知など六県と災害協定を結んだが、その後も全国の都道府県に向けて協定締結要請を積極的に行い、二〇一八年六月にも福岡県と災害協定を締結した。この協定は三三番目にあたり、これで九州は全県で木造仮設住宅の供給が行われることになった。

東日本大震災の経験を踏まえて、紀伊半島大水害（二〇一一年九月）では奈良県の十津川村・野迫川村で計五七戸が建設され、熊本地震（二〇一六年四月）でも六三八戸が供給されている。

（塩崎賢明）

上：先駆となった岩手県住田町の木造仮設住宅。
下：福島県の木造応急仮設住宅。写真のように，かなり広くて本格的なものも含まれる。

2 応急仮設住宅

被災者自身も加わった被災者生活支援の取り組み
——市民的専門性を持った生活支援員

4－2－4

東日本大震災は、被災規模が甚大であることだけではなく「避難生活の期間が非常に長い」ことが被災者の困難さを増している。この長期間に渡る避難生活を支えているのが生活支援員である。東日本大震災では、被災者自身も生活支援員となって被災者支援に携わっている（宮城県内だけでも八三六名（二〇一三年一一月調査時点）。

長い避難生活を支える

代表的な事例として、宮城県南三陸町の被災者生活支援を取り上げる。

東日本大震災は、人的・物的被害規模が甚大であったことをもって語られることが多い。しかし、被災の甚大さを語るもう一つの困難さとして「避難生活の期間が非常に長い」ことがある。過去の大きな災害での応急仮設住宅解消までの期間は、阪神・淡路大震災の五年間、新潟県中越大地震の三年間、新潟県中越沖地震の二年間である。これに対し、東日本大震災では、宮城県を事例にすると、最大時四八、七七四戸（一二六、九四八人）は、七年経っても応急仮設住宅一、一九九戸（二、四二〇人）、見なし仮設住宅等一、四六八戸（三、二七九人）および県外三四都道府県（二八三人）で、不自由な仮住まいの中で避難生活が続いている。（二〇一八年四月現在「宮城県復旧・復興の進捗情報」）。

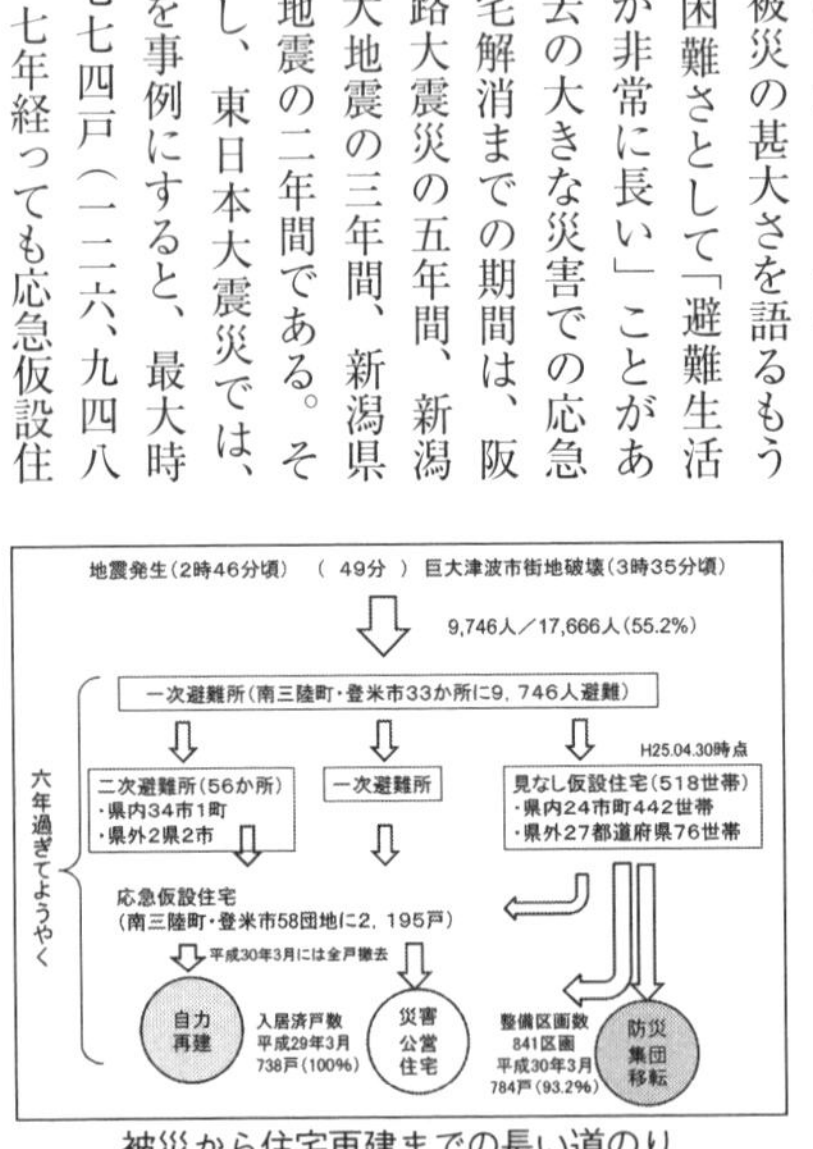

被災から住宅再建までの長い道のり

被災者生活支援センター

南三陸町は、二〇一一年七月一九日、多くの町民を生活支援員（最大時二四一名）とする被災者生活支援センターを設置した。被災者生活支援センターは、日常的に関わる三種類（巡回型・滞在型・訪問型）の生活支援員に町民を充てて被災者生活支援の第一線に据え（第一層）、その上に彼らから上がってくる様々な情報をトリアージするCSW（社会福祉協議会職員）等の専門職員を置き（第二層）、最終判断や評価を行う役場保健師等（第三層）につないで事案の解決を図るという、三層構造の体制で被災者支援を行うシステムを構築した。

被災者支援の担い手となった町民は、沿岸養殖漁業に従事していた者が多く、見守り支援の経験は皆無に等しかった。こうした中で、町民を被災者支援の担い手にするために、南三陸町では表に示した項目を人財育成の基本に挙げた。

この人財育成の基本となる考え方は、町民自身の主体性を喚起し、時々刻々と変わる状況および個々人の多様なニーズに応えるために考え出された。応急仮設住宅／災害公営住宅というこれまでに経験のない生活環境の中での支援は、限られた想定で作成されたマニュアルでは対応が難しい。このため、町民自らの気づきや工夫をシステムにして、マニュアルによる押しつけを極力避けたのである。

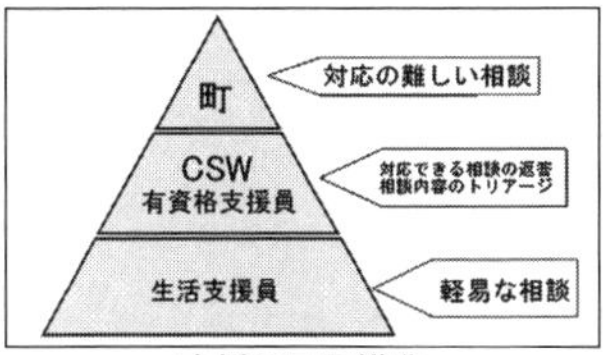

町
CSW
有資格支援員
生活支援員
対応の難しい相談
対応できる相談の返答
相談内容のトリアージ
軽易な相談

支援の三層構造

生活支援員のための人材育成目標

- 出来ることを活かす←主婦目線／生活者目線に着目
- 工夫をシステムにする←創意工夫を引き出しやる気を活かす
- 活動目標の設定←マンネリ化やブレの防止
- 高齢者を活かす←地縁力に期待

三段階の支援

被災者支援は、大きく三段階に分けて実践している。

【支援】 突然の災害で茫然自失して立ちすくんでいる被災者、応急仮設住宅で慣れない避難生活を始めたばかりの被災者には、その手足となり生きるための日々を支える必要があった。この時期の支援を「手へん」の〝支援〟と呼んだ。この段階では、さらに滞在型支援員（平均年齢七四歳の高齢者）一〇〇人を加え、重層的な見守り体制を敷いている。身近な場所で日々の生活ニーズを把握するとともに、巡回型支援員による支援時間帯で空白となる朝と夕の時間帯の見守り強化のために配置された。

【支縁】 その後、応急仮設住宅での生活に慣れ始め、落ち着きを取り戻してきた頃からは、応急仮設住宅の自治会による「お互いさま」を醸成することに重きを置く支援に移行した。この段階での支援は、住民相互の関わり（「縁」）を活かした支援を意識して行うことから、「糸へん」の〝支縁〟と呼んだ。

【志縁】 さらに時が進み、生活再建が進み新たな住まいや新たな仕事など、避難生活からの脱却を図り、新たな生活に向けた取り組みが進められるようになってきた。この段階での支援は、それぞれの家庭や地域のこれからの暮らしに向けた志や想いを支えることを意識して行うことから、「こころざし」の〝志縁〟と呼んだ。

「市民的専門性」を持った生活支援員

震災により生活の基盤がすべて失われたことで、通常の制度・専門職だけではこの大規模災害への対応は難しかった。しかし生活支援員は、そうした制度・しくみの穴埋め的な存在としてではなく、最も被災者に近い位置で被災者の再建意欲を引き出し意思決定を促す支援、すなわち「自己決定支援」を担った。最も身近な他者としての生活支援員は、能動的な寄り添いによって、被災者自身の内省的向上心を促し、「自律」という自己決定を支えたのである。こうした取り組みは、実践知・生活知を基にした「市民的専門性」を確立した。市民的専門性を持つ生活支援員は、被災者支援の中核的役割を担う支援者として、被災者支援システムの中に明確に位置づけられる必要がある。これこそが、東日本大震災で行われた被災者生活支援の特徴を後世に伝えるキーワードになる。

（本間照雄）

災害時医療・保健システムの課題
――地域公衆衛生の視点から

4－3－1

地域医療・福祉ネットワーク構築の欠如

大震災は市町村自治体や県境を越えて発生し、自治体機能をも奪うという経験をした。広域化して減らした保健所機能もマヒさせた。

医療機関には、特に災害拠点病院には、受傷者以外にも多数の避難者も押し寄せる。各医療機関や福祉施設は孤立し、互いの状況もわからないばかりか、地域がどんな被害を受けたかも知らないで数日が経過した。つまり、押し寄せる患者、避難者の対応でいっぱいいっぱいなのだ。

私の所属する民間病院は、地域災害拠点病院、地域基幹病院であるが、地域状況がどうなっているか、いずれからも情報が入らなかった。そこで、震災四日目に地域五自治体と地区医師会、薬剤師会、主要三病院と保健所を訪問し、その日の午後から「地域連絡会議」を設け、週一回、八週間にわたり開催した。これによって地域全体の状況の把握と連携関係の構築ができた。この経験は、県内唯一であり教訓的であるが、残念ながら宮城県の震災総括には反映されていない。

地域連絡会議では、管内に設けられた避難所の場所、収容人数、状況などが市・町の保健師から出された。医師会からは開業医の被災状況、各病院からは、その機能停止、稼働状況、そして各自治体の災害対策本部の状況が出された。ここで初めて管内の情報共有と課題が明らかになった。そして保健所長に対しては、全国に保健師応援依頼を求めることになった。

毎週一回の会合で、被害状況や復旧状況が刻々と変化することを確認しつつ、医療機関の復旧情報を避難所に広報するなども随時行い被災者にも歓迎された。この経験から、地域医療構想の中に震災時の「地域医療・介護福祉連携協議会」を保健所長のもとに結成運営することを記すことを全国に提案したい。

保健師の地域訪問活動の重要性の再認識を

広域災害は、居住地区の異なる人々が一つの避難所に身を寄せあう。その避難人の顔をよく知っているのが保健師だ。日頃から地域家庭訪問している保健師の情報が、大いに役立ち人々を救ったのだった。私は、沿岸部被災地の避難所の保健師たちに会い、その存在と役割の大きさに感動し、その教訓を得たいと思い、知り合いの保健師たちとともに訪問活動のうえアンケートを取り「津波被災地保健師100人の声」(1)としてまとめる企画に参加した。
「津波てんでんこ」は公務員としての保健師には通用しなかった。命を失った保健師もいる。避難所では、避難者の健康チェック、生活上や諍いごとの介入など、仮設トイレをはじめ

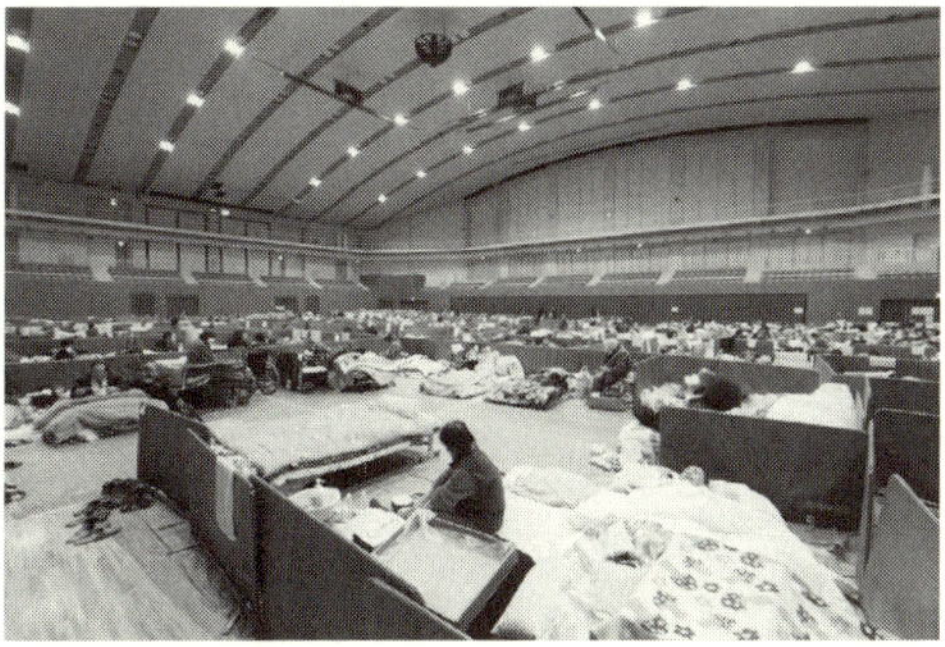

▶気仙沼港近くの避難所（二〇一一年三月三一日。出所・東日本大震災写真保存プロジェクト。）
多くの保健師が家族の安否もわからぬまま、過酷な環境下で救護に従事した。

避難所の衛生管理等、休む暇がない。疲れて休んでいると、「お前、公務員だろう」と言われ、おちおち体も横にできないという〝強迫観念〟にも似た状況もあった。一部に結核患者の発生もあったが、その他の感染症も広がることなく経過したのは、保健師をはじめとした地域公衆衛生の力によるところ大であった。

　保健師は自らも命の危険を超え、家族の安否も知ることなく頑張り続けた。中には、上司が「保健師は保健師でなければできないことのみをやれ。便所の掃除までしなくてよい」として、夜は山の温泉場で休むことを指示してくれたことで「最後まで頑張れた」という保健師がいる一方で、「避難所から一歩も出るな」の指示のもと、一ヶ月間も家族の消息がわからず〝半狂乱〟になりそうだったという隣町の保健師もいた。

　ここには、危機管理の思想を深く研究する課題がある。一般に公務員は、避難所でも厳しい目で見られていたとの声は少なくない。地域保健師の共通した声は「保健所や県は何もしてくれなかった」であった。

　先のアンケートによる主な課題を列挙したい。

(1)保健師を増員し「地区担当制」を基本に再構築すべき。
(2)町・市の災害対策本部メンバーに保健師を加えるべき。公衆衛生に関する情報が災害対策の中心課題になりにくかった。
(3)福祉避難所を早期に設置を（障碍者や弱者に対する軋轢が強まった）。
(4)保健所長の権限を地域保健法以前に戻すこと。

平成の大合併の負の遺産の分析と対策を

　広域化した自治体では、元の自治体単位に「地方総合庁舎」を設置している。貧しい建築物であることも影響して、鉄筋を残して三階までが壊滅した。復興事業を起こすにも、いちいち本庁にお伺いを立てねばことが進まないため、復興策が遅れたということだ。元の自治体で行っていた優れた保健事業でも、新市の協議では、他地区でやっていないので不平等になる等と廃止されることも少なくなかった。三・一一以降は個人情報を盾に、家庭訪問でも門戸を開かない現象が増えている。従来あった保健指導委員制度も崩壊した。人口が減り、保健師の担当地域が広域化した。平成の大合併によって地域公衆衛生が新たな困難にぶつかっていることを今一度、検証すべきと思われる。

（村口　至）

《参考資料》

(1)村口至・西郡光昭他『津波被災地保健師100人の声（宮城）』「津波被災地保健師100人の声（宮城）」プロジェクト、二〇一一年五月一五日。

3 災害医療・公衆衛生

宮城県の地域医療機関の再生において問われたこと

岩手県との対比で見えてきたことがある

4－3－2

東日本大震災は、地域医療を担ってきた被災地医療機関にも甚大な被害をもたらした。宮城県内では被災地域に立地していた三六三診療所中六二院（17・1%）が全半壊し、そのうち三分の二にあたる四四院が休廃止に追い込まれた。被災者の命と健康を守る上で、被災した地域医療機関の再生は急務であったが、対応は後手にまわり、被災地の地域医療は崩壊の危機に瀕した。この項では、岩手県との対比において地域医療機関の再建過程で見えてきた問題点を述べたい。岩手県がすべてよしとするものではないが、宮城県政のひどさを浮き彫りにする意味を持ち、今後の教訓となる。

公共性の量と質――地域医療の公共性の確立を

岩手県は県立病院数は全国トップである。県当局は「県民にあまねく医療の均霑（きんてん）を」を保証することを掲げ、二次地域医療圏すべてに県立病院を配置し、内陸部と沿岸部の横の県立病院間連携〝肋骨支援〟を日頃から形成している。

県立病院の医師配置も基本的に県医療局が担う。国保連合会との関係も構築しており、宮城県で発生した、国保病院に見られた〝院長夜逃げ〟のような孤立した環境にはない（表1）。

表1　岩手・宮城両県の県立・公立医療機関の状況（被災前）

	県立		公立		一自治体当医療機関	
	病院数	診療所数	病院数	診療所数	病院＊	医療機関
岩手県	17	6	7	25	0.41	0.93
宮城県	4	0	19	14	0.32	0.52

＊　平成合併以前の一自治体当病院数

出所：厚労省、医療機関静態調査

県の支援姿勢――支援は早期にこころ励ます規模で

岩手県境に住む宮城県民は、自らを〝宮手県人〟と自嘲気味に語ると聞いた。県境の道路を超えただけで医療サービスの違いを感じるからだという。県北の医師会幹部の奥さんの言だ。

自身の診療所が二階まで被災し、震災補助金の申請で、道路が未復旧の中、何度も県庁に赴き手続きに難渋した。建築業者まで同行せよという対応に、本庁に座したままで被災者の立場を考えない県行政の在り方に強い憤りを持ったのだと言う。

一方、震災で大規模損壊した岩手県大槌町の開業医は、呆然としている四日目に、県と県医師会の担当官の訪問を受けて「一億円支援するから頑張れ」と背中を押され、我に返って頑張れた、と語っていた。この差はどこから来るのであろうか。

一方、宮城県は当初「支援は

医療器械のみが対象で、最高額は一、〇〇〇万円。建物を逆さにしても落ちない医療器械」だと説明会で述べた。その後極めて徐々に金額を引き上げたが、被災地の開業再開者は他地区に移動した後だった（表３）。

日常の公と民の関係性
——県・医師会・大学の三角タッグが効果的だった

岩手県では、岩手医科大学（私立）、県医師会、県の「三角タッグ」が日常から構築されていたことが、大震災時に効果的だった。

町がほぼ全滅した陸前高田市の仮設診療所は、県医師会の会員により早くから運営された。しかも複数診療科である。以前から、地方県立病院の土曜日祝日に県医師会が会員を配置してきた実績がある。年末年始などの医師会員の配置が困難な時は、医師会幹部が赴くという。

医師の養成と卒後の配置では、県および市町村で早くから奨学金制度をもち、県の奨学生の卒業後の配置は、県医療局内の委員会で行う。委員長は医大の病院長だが委員には国保連合会からも参加し、県立病院だけでなく地方国保病院も視野に入れた配置を行っている。また地元の私立医大の入学者の優秀なものには、国立大入学金との差額を県が支給する。

仮設の被災地県立病院を訪問した際、埼玉県出身で地元の医大を出た院長は、人生をこの地に懸けていることの一つに、県の姿勢があると語っていた。知事が不要不急の受診抑制のため県民向けアナウンス行うことや県立病院長会議に知事が出席して各院長の話に耳を傾けるなど、県や医師会挙げて支えてくれていると感じると言う。

一方、宮城県では、「院長夜逃げ」（河北新報）のショッキングな報道があった。大合併で生まれたＫ市のＭ元国保病院である。病院と同じ敷地にある院長宅も津波に襲われ、院長家族も病院三階で避難生活を送っていたが、ある夜一家が姿を消した。常勤医二名中一名は体調不安定で院長への負担が大きかったようだ。この〝事件〟は、宮城県の公立地方病院医師配置政策のお粗末さ（無策）を露呈した。Ｍ元国保病院はＫ市立Ｍ病院と改名していたが、合併後数年で被災し、Ｋ市のセンター病院も医師体制が逼迫していて両病院間の連携を築けなかった。県は地方の公立病院の医師政策を個別の町や大学に任せきりにしてきた。〝事件〟の背景と言える。

三・一一の大震災で岩手県と宮城県の被災地を回り、復旧期に見られた現象には、これまでの県政の在り方が色濃く反映していることを感じた。この間、岩手県でも県立病院の削減縮小が行われてきたが、それに抗い今日の到達点を築いてきた背景に、地域医療を守る地元の運動とそれと共闘してきた県医療労働組合があったことがもう一つの教訓である。（村口　至）

《参考文献》
・村口至他『地域医療と自治体病院—展望を岩手から学ぶ—』、特定非営利法人非営利・協同総合研究所いのちとくらし、二〇一七年七月。

表２　被災地診療所の被災状況および変化（宮城県・岩手県）

	診療所数	全半壊（率）		休廃止（率）		転出率	死亡・不明率
宮城県	363	62	(17.1)	44	(63.7)		16.1
岩手県	127	53	(41.7)	10	(22.2)	5.66	11.3

（注）岩手県の被災地開業医の内陸移動は3人（いずれも民間病院への移籍）のみだった。

出所：宮城県、岩手県ホームページ

表３　宮城県の津波被災地における医師の移動状況

	移動した医師	管内での移動（うち医院移転による）	管外への移動			
				仙台市へ	開業（うち仙台市で）	県外
実数	69	27（24）	42	16	13（６）	5
率	100.0	39.1（34.8）	60.9	23.2	18.8（8.7）	7.3

出所：宮城県医師会被災地区沿岸部訪問調査（2013 年２月～４月）、仙台医師会を除く。

心のケアと障害者／高齢者

〝こころのケア〟とPTSD

大災害が起きると、誰もが精神的動揺と心身の異常を感じる。だが、支援が整い生活が安定し、復興と再建が軌道にのると収まってくる。一ヶ月以上経過しても収まらないとき、外傷後ストレス障害（PTSD）が疑われる。PTSDとは、悪夢やフラッシュバックの繰り返しにより極度のうつ状態、睡眠傷害、易怒性、集中困難を起こし、日常生活に障害（対人恐怖・性的困難・離婚・アルコール等の薬物依存等）が生じる精神障害（疾患）である。

PTSDが発症しないように、初期対応は、安心、安全、安眠の確保が優先される。障害者や高齢者などの災害時要援護者は、自ら声を上げられず、支援が届かないことがあり、また、避難所などの環境になじめず、問題行動を発現させることが少なくない。医師、臨床心理士、看護師、精神保健福祉士などが避難所に直接出向いて傾聴を行うことが必要になる。障害者や高齢者は、常日頃服用していた薬を持参できずに不安とイライラを高めていることもある。必要に応じて医療へとつなげることも求められる。

宮城県精神保健福祉センター

東日本大震災では、全国の自治体や病院など関係機関から、心のケアのために、医師、臨床心理士、看護師、精神保健福祉士などが被災地に派遣された。宮城県において中心を担ったのは、宮城県精神保健福祉センターだった。被害が広域で物流が途絶えていたこともあり、同センターは、自前での対応が困難であり、〝こころのケアチーム〟の派遣を要請し、自らは、現地の状況把握、派遣活動のコーディネート、相談窓口開設（ホットライン）を担った。

支援者が被災者であったり、遺体の処理・捜索・確認・埋葬など、悲惨な業務にかかわるため、支援者のメンタル低下も懸念され、センターは被災者への支援とともに県庁各部署のコンサルテーションも担った。

行政機関の被災により被災状況の把握は困難を極めるなか、同センターは被災した精神科医療機関の入院患者の転院措置、デイケア利用者のための利用可能な薬局に関する情報提供、自宅から内陸部の医療機関を受診したが帰宅困難になった患者を数日宿泊させる対応もとり、支援関係者に啓発用パンフを用意することも、同センターの重要な役割になった。震災直後に、被災者には「障がいのある方への接し方」「高齢者への接し方」「子どもへの接し方」「薬がない！ 困った！――薬がないときの対応」などを配布した。

〝こころのケアチーム〟（以下「ケアチーム」）は、避難所（三施設）に入った。震災発生後の三月三一日までに、ケアチームは二〇チーム、派遣スタッフ数は四八〇人に及んだ。ケアチームが最初の八ヶ月に対応した相談内容は、不眠（23％）、不安（12％）、イライラ（5％）など多様であった。

避難所にいない障害者

ケアチームが避難所に入った頃には、障害児者はいなかった。障害児者は避難できないで自宅にとどまったため、また避難所で避難生活を続けることができないために、親類や縁者を頼って避難場所を移したのである。中には、後付けで福祉避難所となる障害児者施設へ移った人もいた。自閉症の子ども等は、興奮して奇声を上げて周囲に迷惑をかけるから、保護者が手を尽くして、実家等に移動していった。また、石巻地域の医療的ケア児は避難所では対応できず、遠方の短期入所施設へやっとのことで動くことができた。

石巻地域では、大規模病院は重傷被災者などで混乱して医療的ケア児どころではなかった。仙台一極集中でない重症障害者サービス機関の分散化が必要である。さらに、医療的ケア児への対応では、たんの吸引器や人工呼吸器が停電で使用できない事態が生じたが、それに援助したのが「宮城県重症心身障害児（者）を守る会」である。同会は寄贈された発電機を地域で共同利用する措置をとった。共同利用の発電機が届くまで、乗用車で充電し、また体温調節のために使い捨てカイロで体を温めた人もいたのである。障害児者には体温調整が困難な人が少なくない。加えて、車椅子利用の障害者や高齢者は、バリアフリーでない避難所での生活は困難であり、トイレの使用もままならなかった。避難所のトイレの心配で自宅や車の中で生活した障害者や高齢者には、食糧などが配布されることもなかった。

震災発生後、しばらくして福祉避難所の開設が公になったが、それは、高齢者ホームなどであり、すでに満杯になっている空間を工夫してベッドを用意したもので、介護／介助のスタッフも不足していた。

障害者手帳所持者の死亡率

ＮＨＫが震災発生半年後に行った被災自治体二七市町村の聞き取り調査（調査対象＝死亡者が一〇人以上市町村）によると、総人口に占める死亡率は1・03％であったのに対して、障害者手帳所持障害者の死亡率は2・06％となっている。他の同様の調査でも、全体的傾向はかわらない。

障害者死亡率の高率を受けて、日本障害フォーラム（ＪＤＦ）は、「災害時要援護者名簿」が無力であったと考え、その精度を高めること、また、個人情報保護が、初期対応と支援の障壁となったことから、大規模災害時における個人情報の開示について検討することを求めた。

（清水貞夫）

《参考文献》

。「わたしたちは忘れない―東日本大震災の記録」（宮城県重症心身障害児（者）を守る会）

。「東日本大震災の記録　どう決断し、どう行動したか―福祉現場・葛藤の果てに」（宮城県知的障害者福祉協会）

。「東日本大震災における心のケア―震災から10か月の活動記録」（宮城県精神保健福祉センター）

3 災害医療・公衆衛生

医療費・介護利用料窓口負担免除にみる宮城県の被災者支援

4－3－4

当初は国が全額負担

東日本大震災発災後、「医療保険制度においては、被災者の生活や健康を守ることを最優先の課題として、大震災発災直後から各般の措置を講じてきたところであるが、さらに必要な法的措置を講じるため、『東日本大震災に対処するための特別の財政援助及び助成に関する法律』および関連する『政省令』において、健康保険法等の特例措置を設けることとした」（二〇一一年五月二日・厚生労働省保険局長」）。これにより、各保険者は「特定被災区域」に住んでいた者で、①住家の全半壊、全半焼又はこれに準ずる被災をしたもの、②主たる生計維持者が死亡し、又は重篤な傷病を負ったものなどの要件に該当する場合に「一部負担金を免除して差し支えないこと」とされ、当該費用は国が全額負担した。

一二年二月末をもって国が費用の全額負担を打ち切ったことにより、組合・共済健保の多くは免除を打ち切り、協会けんぽは独自財源で同年九月までの免除を行った。

国保の負担免除打切り

同年一〇月からは、国保にかかる負担免除措置の財源も、既存の「財政調整交付金」の仕組みに変更され、後期高齢者も含めて国からの補助率を八割として地方自治体が残りの二割を負担、宮城県においても県が負担する形で免除継続となったが、わずか半年後の一三年三月末をもって「県として財源が確保できない」との理由で免除は打ち切りとなった。岩手県が「生活再建途上の被災者にとって医療費免除は命綱」として県と各自治体が一割ずつ負担することで国からの八割援助を引き出して免除を継続している中で、村井知事は復興基金三三五億円があるにも関わらず「岩手と比べて被災者が多く、負担しきれない」と述べた。県と各自治体が各一割を負担した場合の県負担額は二九億円と試算されていた。

「免除再開」に向けて

知事の免除打ち切り方針を撤回させるべく、当事者はもとより東日本大震災復旧・復興支援みやぎ県民センター等の支援組織、県社保協・保険医協会・民医連等は粘り強く運動を展開し、打ち切られた四月以降も「免除再開」を求めて県医師会・歯科医師会・薬剤師会などの関係団体、各医療・福祉施設への申し入れ、自治体での意見書採択の働きかけもおこなった。仮設住宅自治会から一三〇もの団体署名が寄せられ、八八人の自治会長連名での請願、二万筆を超える署名などを力に県議会での全会一致の意見書採択も行われた。一三年一二月に国が市町村国保への財政支援の強化を表明（「国保特別調整交付金」一三年度～一五年度まで、医療給付費の負担増加割合に応じて、従来一律80％の財政支援を95％まで高める）した下で、翌年四月からの「免除再開」が実現したが、あくまでも県が財政負担を拒否する中で各自治体負担（二割）の重さから「大規模半壊以上の非課税世帯」に対象が限定され、従前の対象の15％程度の免除再開にとどまった。岩手県においては所得制限なしで、当面一九年一二月までの免除延長が実現している。

「免除継続」を求めて

一五年一二月に入って、翌年度以降の「特別調整交付金」の扱いが不明なことを理由に、各自治体は再び打ち切り方針を検討し始めた。最多の免除者がいる仙台市の奥山市長（当時）は、当事者との交渉の中で「国が全額負担しない下での免除継続は困難」と発言して打ち切った。一五年度でみても、免除に関わる仙台市の負担額二億一七四万円に対し、交付された「特別調整交付金」の額は三二億五千万円超であった。一六年四月～一八年三月までの二年間「免除継続」となった自治体は九自治体にとどまり、一八年四月以降は気仙沼市・東松島市・名取市の三自治体のみとなっている。

後期高齢者への仕打ち

「後期高齢者医療」についても、広域連合長であった奥山仙台市長（当時）の下で、「国からの十分な財政支援がない中では免除継続は困難」とされ、一六年三月末で打ち切られた。国保で継続していた九自治体においては、「同一世帯で国保加入の家族は免除され、後期高齢者は免除されない」「後期高齢者になったら窓口負担が発生する」事態となった。これが医療の必要度が増す高齢者への被災地での対応である。

震災を起因とする疾病や持病の悪化に苦しみながらも生活再建に踏み出した被災者にとって、免除継続はまさに命綱だったが、格差と貧困が拡大しつづける社会にあっては「被災者だけがいつまでも無料」であることに対する異論も少なくなかった。筆者が参加した首長要請行動に応じた沿岸市の首長からは「免除の期間や財源に縛りがある施策ではなく、恒常的な法条例に基づいた支援策を考えることが肝要」との意見も述べられた。

その後も各地で大規模災害が引き続いている中、国庫負担のありかたも含めた検討が求められている。

（金田　基）

表　宮城県における震災後の医療費等負担免除の経過

	2011年3.11 ～12年2.29	2012年4.1 ～12年9.30	2012年10.1 ～13年3.31	2013年4.1 ～14年3.31	2014年4.1 ～16年3.31	2016年4.1 ～　現在
社保（協会けんぽ）	○	○	×	×	×	×
社保（組合・共済）	○	×	×	×	×	×
国保	○	○	○	×	△	▲
後期高齢者医療	○	○	○	×	△	×
介護保険	○	○	○	×	△	▲

出所：宮城県保険医協会作成の表に一部加筆修正

○：窓口負担免除　×：免除打切り　△：住民税非課税世帯に限定して免除

▲：一部の被災市町が住民税非課税世帯に限定して免除（2016年4.1～：９市町，2018年4.1～：３市）

1 人口減少

加速した人口減少

5－1－1

二〇一一年は「人口減少社会元年」

総務省統計局によれば、日本の人口は、二〇〇五年に戦後初の減少となった後は再び増加し、二〇〇七～二〇一〇年の間は「人口静止社会」となり、一億二八〇〇万人前後とほぼ横ばいで推移した。日本の人口は、二〇一一年に二六万人の減少となり、東日本大震災のあった二〇一一年が、人口が継続して減少する「人口減少社会」の始まりとされる。

首都圏の景気に翻弄される東北地方の人口流出

図は岩手県の人口減少の誘引を、二つのグラフを組み合わせて示している。社会増減の折れ線グラフおよび全国と岩手県との有効求人倍率の差の推移の棒グラフ、期間はいずれも一九八三年から二〇一四年までの三〇年間である。

この図が示すものは、一九九〇年代半ばバブル崩壊後の不況期のように、首都圏などの景気が悪い時期には岩手県の人口流出は止まり、二〇〇〇年代半ばのように首都圏などの景気がいい時期に岩手県の人口流出が拡大するというメカニズムである。そもそも地元の雇用創出努力には限界があり、東北地方の人口減少は首都圏の景気に大きく左右されるという構造がある。なお図は東日本大震災後の復興需要にともなう人口流出の一時的な低下も示している。

被災地が人口減少・高齢化の最前線に

東日本大震災では、岩手・宮城・福島県の沿岸部のように、交通が不便で、内陸部の中心都市から隔てられてきた、過疎化・高齢化の著しい周辺的な地域が集中的に被災した。震災は、高齢化とともに、被災地域の人口減少をさらに加速することになった。沿岸部の被災地は、少子高齢社会という社会問題の最前線に押し出されたのである。

表は、宮城県沿岸一五市町の国勢調査人口である。震災前の一九八〇年と二〇一〇年の人口を比較すると、震災直前の三〇年間においても、被災した沿岸部は、仙台市から遠ざかるにしたがって人口減少の割合が高かったこと、とくに宮城県北部での人口減少が著しかったことがわかる。

二〇一〇年と震災を経た二〇一五年を比較してみると、仙台市とそのベッドタウン的な性格の強い利府町・名取市・岩沼市をのぞいて、いずれも人口減少が大きくなっている。とくに被害の大きかった女川町は37％、南三陸町では29％、山元町でも26％という大幅な人口減少であり、気仙沼市でも人口減は11％を越えている。

女川町の一九八〇年と二〇一五年の人口を比べると、61％も人口が減少している。三五年間に人口規模が四割に縮小した。

復興の遅れ・「選択と集中」路線の帰結

市町村別の集計には現れないが、旧雄勝町や旧鮎川町から中心部へという石巻市内での人口移動も大きい。広域合併が域内での人口移動を加速したことも否定できない。

震災は、若い世代を中心に、交通や買い物・通院等の利便性も高く、就労機会や子どもの教育機会にも恵まれ、災害リスクも少ない、より内陸部への人口移動を加速した。南三陸町などの沿岸部から隣接する登米市や石巻市、内陸の大崎市へという人口移動も顕著である。

三陸沿岸では高台移転のための合意形成や土地の確保、造成等に時間がかかった。漁業や農業の生業回復の目途も立ち難かった。これら復興の遅れが、個々バラバラに内陸部に移転するという苦渋の決断に拍車をかけ、人口移動を加速した面もある。

宮城県の復興政策に顕著な「選択と集中」路線は、全国規模での「選択と集中」の社会的実験という側面を持っている。巨額の復興予算に裏付けられた居住地の集約・学校の統廃合・医療施設の統廃合・農地の集約化・漁港の集約化などの実験である。これらは必然的に沿岸部の人口減少を帰結する。

被災地の人口減少は、震災前からの構造的側面と震災の直接的影響、復興過程・復興政策の効果という三重の要因に規定されている。

（長谷川公一）

出所：岩手県人口問題対策本部『人口問題に関する報告』2015年3月

宮城県沿岸15市町の人口推移

	国勢調査人口と増減割合				
	1980年	2010年	1980年比	2015年	2010年比
気仙沼市	92246	73489	▲20.3%	64988	▲11.6%
南三陸町	22243	17429	▲21.6%	12370	▲29.0%
石巻市	186094	160826	▲13.6%	147214	▲8.5%
女川町	16105	10051	▲37.6%	6334	▲37.0%
東松島市	36865	42903	16.4%	39503	▲7.9%
松島町	17246	15085	▲12.5%	14421	▲4.4%
利府町	11201	33994	203.5%	35835	5.4%
塩竈市	61040	56490	▲7.5%	54187	▲4.1%
多賀城市	50785	63060	24.2%	62096	▲1.5%
七ヶ浜町	16393	20416	24.5%	18652	▲8.6%
仙台市	792036	1045986	32.1%	1082159	3.5%
名取市	49715	73134	47.1%	76668	4.8%
岩沼市	34910	44187	26.6%	44678	1.1%
亘理町	27822	34845	25.2%	33589	▲3.6%
山元町	17630	16704	▲5.3%	12315	▲26.3%
宮城県全体	2082320	2348165	12.8%	2333899	▲0.6%

（注）1980年・2010年・2015年は国勢調査人口。1980年については現在の市町域に対応する人口。▲は負の数。

1 人口減少

ハードの復旧・復興の背後で

5－1－2

地域社会衰退の加速

被災三県の沿岸市町村の人口を震災前の二〇一〇年一〇月と二〇一五年一〇月で比べると、仙台市、名取市、利府町以外では人口減となっている。とりわけ女川町（マイナス34・0％）、山元町（マイナス25・2％）、大槌町（マイナス24・7％）、南三陸町（マイナス22・6％）の減少率は大きい。日本人口学会のシンポジウムでは、これは以前の推計値と大きくずれていて、仙台（都市圏）への人口流入と沿岸部からの人口流出が想定以上であると指摘している。

大震災前の社会・経済

震災発生前の宮城県内三陸沿岸では、少子高齢化が顕著であったが、仙台周辺部およびその南の沿岸部では人口増加がみられた。また、職業構成は仙台都市圏では三次産業への特化が、仙台以南沿岸部では二〇〇〇年頃までに二次産業への特化が顕在化していた。他方、三陸沿岸では石巻と気仙沼を除く市町で第一次産業への特化がみられる。

南三陸沿岸は漁業によって特徴づけられる。二〇〇三年の水産物水揚げ額が五〇億円以上の地区は気仙沼、女川、石巻、塩釜で、志津川（南三陸町）、尾浦（女川町）、渡波（石巻市）も一〇億円以上になっている。また、宮城県の漁業就業者数は全国三位で、その大半は三陸沿岸市町が占める。この地域の漁業形態は多様で、零細魚家は高度経済成長期を通じて大幅に減少したが、牡蠣やワカメ、ギンザケ等の養殖業者は増加した。とは言え、バブル期後には輸入増加に伴い養殖業者は減少していた。

他方、二〇〇カイリ問題などから一九八〇年代には大規模漁船の隻数が減少したが、一部の漁船は大型化した。バブル期頃から石巻、女川、塩釜などで経営体は減少したが、遠洋マグロ漁の割合が高い気仙沼では水揚げ量は比較的安定している。この変化は水産加工業に影響を及ぼす。宮城県全体の水産加工場は、二〇〇三年の五一九件から二〇〇八年には四三九件に減少し、従業者数は一四、七〇一人から一四、〇一五人へと、五年間で七〇〇人近く減少している。

水産業の低迷に対して、この地域では一九九〇年代以降に観光分野を活発化させている。例えば、一九九〇年牡鹿ホエールランド、一九九四年女川マリンパル、二〇〇〇年田代島「マンガアイランド」、二〇〇一年石ノ森萬画館などがオープンしている。いずれも開設時には多くの観光客がみられたが、近年では漸減していた。

南三陸沿岸での雇用機会の減少は人口減少をもたらし、さらには購買力の低下につながり、小売業の低迷をも引き起こす。その中で小売業の担い手は地元中小店から大型店へと代わりつつあった。

被災地と言っても大震災発生以前の社会的・経済的状況は一様ではない。各々の被災地にとって復興事業が及ぼす影響を、水産業と小売業を中心に整理し、その意味を考える。

宮城県復興計画との齟齬

『宮城県震災復興計画』では一〇の復興のポイントが掲げられているが、その②で「水産県みやぎの復興」が謳われている。そこでは漁港の原型復旧困難との前提から水産業集積拠点を再編し、漁港を被災前の三分の一程度に集約することや諸施設の共同利用促進などが示されている。また、この実現には民間資本導入促進のための復興特区創設が必要としている。三陸沿岸では基幹産業となる水産業の再建は不可欠であるが、ここには前述のような漁業の多様性は反映されていない。つまり、被災前の地域実態を踏まえない港の集約化・大規模化や民間資本の導入は、それまでの多様な漁業の継続を保証しはしない。

⑤「多様な魅力を持つみやぎの観光再生」では、空港や道路網などの交通インフラの充実のほか、インバウンドや国際会議の誘致、震災復興の学習・研修が掲げられているが、二〇〇〇年代に入って低迷していた観光業との関係は明瞭ではない。

復興のポイントにはないが、被災地の生活を支えるために仮設店舗や共同店舗による小売業の事業再開支援強化などが示されている。また、コミュニティの核となる商店街再生や少子高齢などに対応したコンパクトな商店街整備が謳われているが、三陸沿岸では既存小売店舗の役割を大型店が代替しつつあった。

つまり、主に個人商店とみられる既存小売店に新しいまちづくりの中で大きな役割を求めることは難しい。また、住居の高台移転などによって既存市街地から消費者の遠隔化の中で、コミュニティの核形成やコンパクトな商店街整備は、社会実態と計画の間に齟齬がみられる。

復興事業の意味すること

三陸沿岸を中心にみると、水産業でも、観光業でも、小売業でも、復興事業はその社会・経済実態と乖離している。その結果、水産業への民間企業の参入は一例にとどまり、六次産業化も必ずしも順調に進んでいるとは言えない。また、仮設商店街が相次いで閉鎖する中、中小企業基盤整備機構の調べによると二〇一六年末に常設商店街に移行したのは二件のみであるし、仮設商店街から撤退した六八〇業者中、事業継続しているのは三七〇業者にとどまっている。このようなかで復興住宅の空き家が発生しているほか、高台移転等では空き地もみられる。

被災地の経済や生活に回復がみられない一方、災害に強いまちづくりとして防潮堤建設や多重防御、高台での住宅地造成などは進んでいる。また、災害に強い県土・国土づくりの推進として道路、港湾、鉄道などの交通インフラ整備や広域災害に備えて、東北全体に対する防災拠点の設置なども検討されている。

いずれの復興事業も震災発生前の被災地の経済・社会の実態と整合性があるようにはみえない。そのため、現在の事業では今後の地域経済・産業の維持、さらには地域の雇用の安定に資するようにはみえない。

（千葉昭彦）

2 コミュニティと住まいの再建

住宅再建の方策

5－2－1

住宅再建の概況

宮城も被災は甚大だった。沿岸部では津波での流出、内陸部では地盤崩壊で倒壊。全壊八・三万棟、半壊一五・五万棟である。

再建は内陸部では現地建替、沿岸部では整備宅地を求めての再建が六月頃に始まった。このため他市町に転出するケースも発生。空き宅地を抱える仙台近隣の名取、富谷市などの団地では建設ラッシュとなった。「がけ地近接等危険住宅移転事業」補助金での個別再建も進んだ。

住宅には持家と借家がある。借家は公営住宅と民間賃貸住宅。持家では既存住宅改修と新築・中古購入があり、新築の場は、各自確保宅地と防災集団移転事業（以下「防集」）宅地がある。防集宅地、公営住宅は整備に数年かかる。被災者はそれぞれの事情で仮設、恒久住宅の場所、種類を選定した。

ところで被災者住宅の外に「通常」の住宅建築がある。老朽住宅の建替や仙台市などでの世帯増対応への住宅が一・二万戸。これに被災者の再建住宅が加わり、増税前の駆け込み時には二倍の二・七万戸になった。

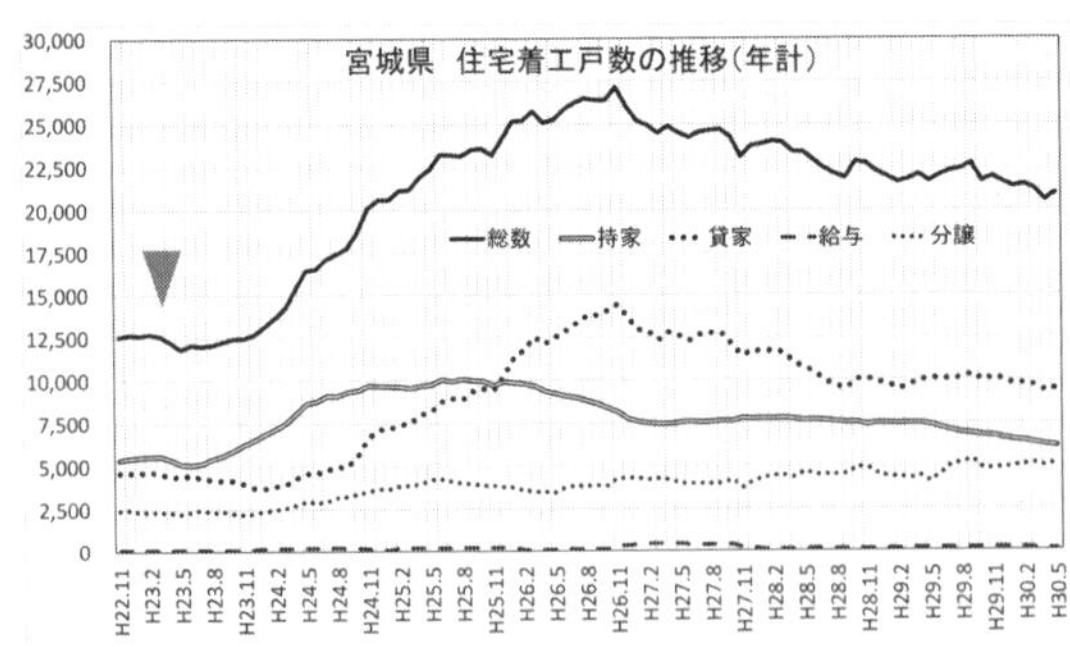

住宅再建の方策

推移を生活再建支援金の交付件数で見ると、それぞれの方策が選択されていることがわかる。

災害公営住宅は行政が所管。岩手と福島では県と市町村が分担したが、宮城はすべてが市町。二一市町で一・六万戸である。

そのすべてを直接発注することは不可能。一部を県に委託し、多くがUR都市整備機構を含む民間建設の買い取りである。民間ではハウスメーカーやゼネコンが多いが、地元の工務店などの協議会も活躍した（『工務店等の協議会による公営住宅建設』96ｐ参照）。住宅の種類では高層を含む共同住宅と二戸一棟などの長屋、戸建てがある。

既存住宅の改修も多い。そこでは当初建設した地元工務店やハウスメーカーの迅速、真摯な顧客対応が見られた。一方、市

生活再建支援金交付等から見る再建推移

□建設・購入　■補修　■賃貸住宅　■公営住宅　—加算支援金件数＋公営住宅戸数　---基礎支援金件数

場縮小で撤退していたメーカーや新たなメーカーの営業所や展示場開設で新築住宅の受注競争も見られた。

再建の課題

住宅生産体制や資材生産に余裕があった阪神・淡路大震災時と背景が異なる。住宅建設産業の縮小時代には早急な対応は困難。工事の遅延が心配されたが、住宅メーカーは着実に対応できる戸数で受注したので、戸建て住宅で一年程度と通常であった。当然、全体の期間は長くなる。

だが、建築費の上昇がある。宮城県建築住宅センターが確認検査した住宅では、震災前は坪五〇万以下だったのが、徐々に上昇し二～三割アップ。延べ三〇坪でも数百万円になり、生活再建支援加算金二〇〇万円を超える。建築主も「想定より高かった」と回答。復興特需に消費税増税での駆け込みも加わり資材や工賃高騰が重なった。

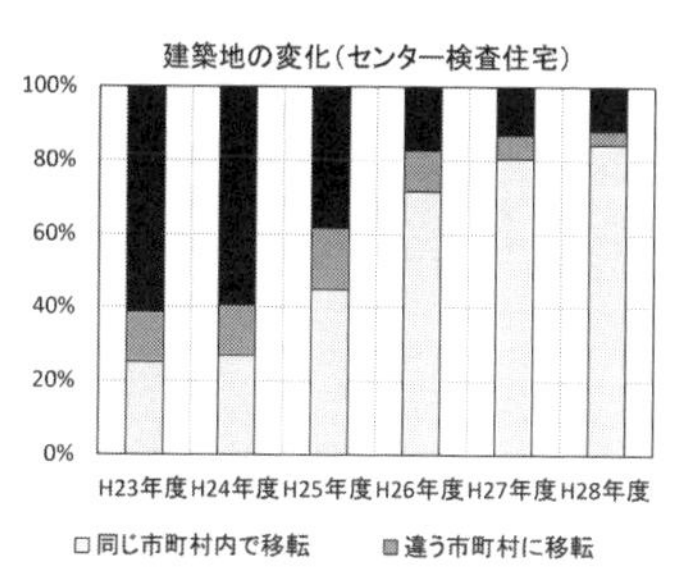

再建住宅の場所は「まちづくり」に重要だが、平地では集約型。石巻市蛇田には約二千戸が集中整備。仙台平野の岩沼市、山元町なども集落の統合が行われ、商業、サービス施設の立地も見られる。一方、リアス半島部は分散型。過疎地でもあるので利便施設もない。石巻市牡鹿などでは公営、自力再建合わせて一〇戸、二〇戸程度の地区が漁港単位に分散する。

建築地の変化（センター検査住宅）

□同じ市町村内で移転　■違う市町村に移転　■これまでと同じ敷地

ところで、既存住宅の改修では支援金を活用したケースが四・二万件（自力再建の45％）であるが、数百件の高齢低所得世帯では簡易な補修のみを行い、それがために公営住宅に入居不可能とされる「在宅被災者」も見られるという。

また「コミュニティの維持」は、阪神・淡路大震災の教訓として重視されたが、住宅再建は、それぞれの家族で事情が異なる。半島部などで地元に残る意思を持つ漁業者や観光従事者、高齢者のコミュニティは、防集地で縮小しつつも維持されているが、多くは利便性の高い市街地に移転分散した。住宅もマンションなど民間賃貸住宅入居なども進む。被災家族それぞれの生活志向、資金などの条件が異なるのである。

農山漁村のみならず地方都市の高齢化、人口減少が進む中での「コミュニティ」のあり方を再考しなければならない。

（三部佳英）

自治体を集団移転に駆り立てたもの

主役は高台移転とかさ上げ事業

政府から発信された「高台移転」は、東日本大震災復興構想会議（二〇一一年四月スタート）の六月提出の『提言』冒頭部分に明記された。八月に宮城県復興会議（五月スタート）がまとめた『宮城県震災復興計画』でも「復興のポイント」の最初に「（1）災害に強いまちづくり宮城モデルの構築」というテーマが掲げられ、「高台移転」「職住分離」「多重防御」の三つの施策が明らかにされた。ここには被災地の高台移転とかさ上げ事業の具体的なイメージも示されている。

この〝主役〟である防災集団移転促進事業（被災市街地復興土地区画整理事業との一体的な実施も多い）は、県内一九五地区（高台移転型一五二地区、内陸移転型四三地区）、539ha で実施されている。

高台移転は実質全額国負担へ

防災集団移転促進事業が推進された理由として、復興特区制度の様々な特例措置があるが、震災前から続く地域経済（地元建設業含む）の疲弊が呼び込んだということも否めない。当該事業は、各地の復興にも多用されており、被災自治体は被災直後からその制度拡充を求めていた。

仙台市の場合も六月に市長と市議会議長名で集団移転・集落再編制度の大幅拡充、宅地災害への対応、都市基盤の整備等に関わる「東日本大震災に関する緊急要望」を国に提出した。特に集団移転については、補助対象の拡大と補助率アップや補助基本額の限度額撤廃（もしくは大幅引き上げ）、要件の緩和を求めている。

これらもあって、集団移転事業推進の原動力となった補助率7／8（従来は3／4）への引き上げおよび自治体負担分の震災復興地方交付税措置（実質全額国負担）が実現した。戸数要件も一〇戸から五戸に引下げ。さらに空宅地の払下げ（人口流出により大量の空宅地が発生）のために、分譲価格を超える部分（用地取得・造成費）も補助対象となった。加えて、集団移転事業との一体的な展開（移転先および移転元の整備）を図る土地区画整理事業についても実質全額国負担措置が図られた。

自然環境無視の集団移転事業

復興整備計画に基づく開発許可（市街化調整区域）は、事業者申請ではなく復興協議会扱いとし、新規住宅も許可対象とするなどの緩和措置が講じられた。また移転元で実施される土地区画整理事業（75ha以上）の環境影響評価も事業者による通年の現地調査から被災市町村による既存文献調査等で対応する等の手続き・方法の大幅な緩和が図られた。

このような緩和策は、被災自治体の復興計画検討の早い段階から当然視され、巨大公共事業の規模拡大にも影響した。こうして沿岸部に広がる自然豊かな森林、砂浜等が破壊され、生態系や生息域への取返しのつかないダメージとなった。

巨大公共事業ありきの復興CM方式

「復興CM方式」（注）の導入が早くから検討（ゼネコンや国）されていた背景には、巨大公共事業に係るマンパワーおよびノウハウ不足等による事業の遅延への危機感があった。結果的には一二市町一九地区で都市再生機構（UR）のノウハウを活用し導入された。効果についても①工期短縮、②マンパワー・ノウハウ補完などが報告されている（「東日本復興CM方式の検証と今後の活用に向けた研究会報告書」国土交通省土地・建設産業局二〇一七年三月）。

この方式によって従来からの自治体（事業者）業務（①調査、設計、事業計画策定、②地権者調整、③事業手続等）や通常の事業マネージメント業務のほとんどがUR（発注者）、CMR（受注者。ゼネコン・コンサルタント）が担うことになり、自治体の役割低下に至った。とりわけ自治体が復興計画を主導する責任が果たされたのかついて今後の経過の把握・分析をふまえた検証が必要不可欠となっている。

（阿部重憲）

（注）巨大公共事業（復興市街地整備事業）に導入された、自治体（事業主体）、UR（事業委託。発注者）、CMR（受注者）の三者による事業実施体制で、この三者間の契約による事業執行システム（本文「同報告書」参考）。

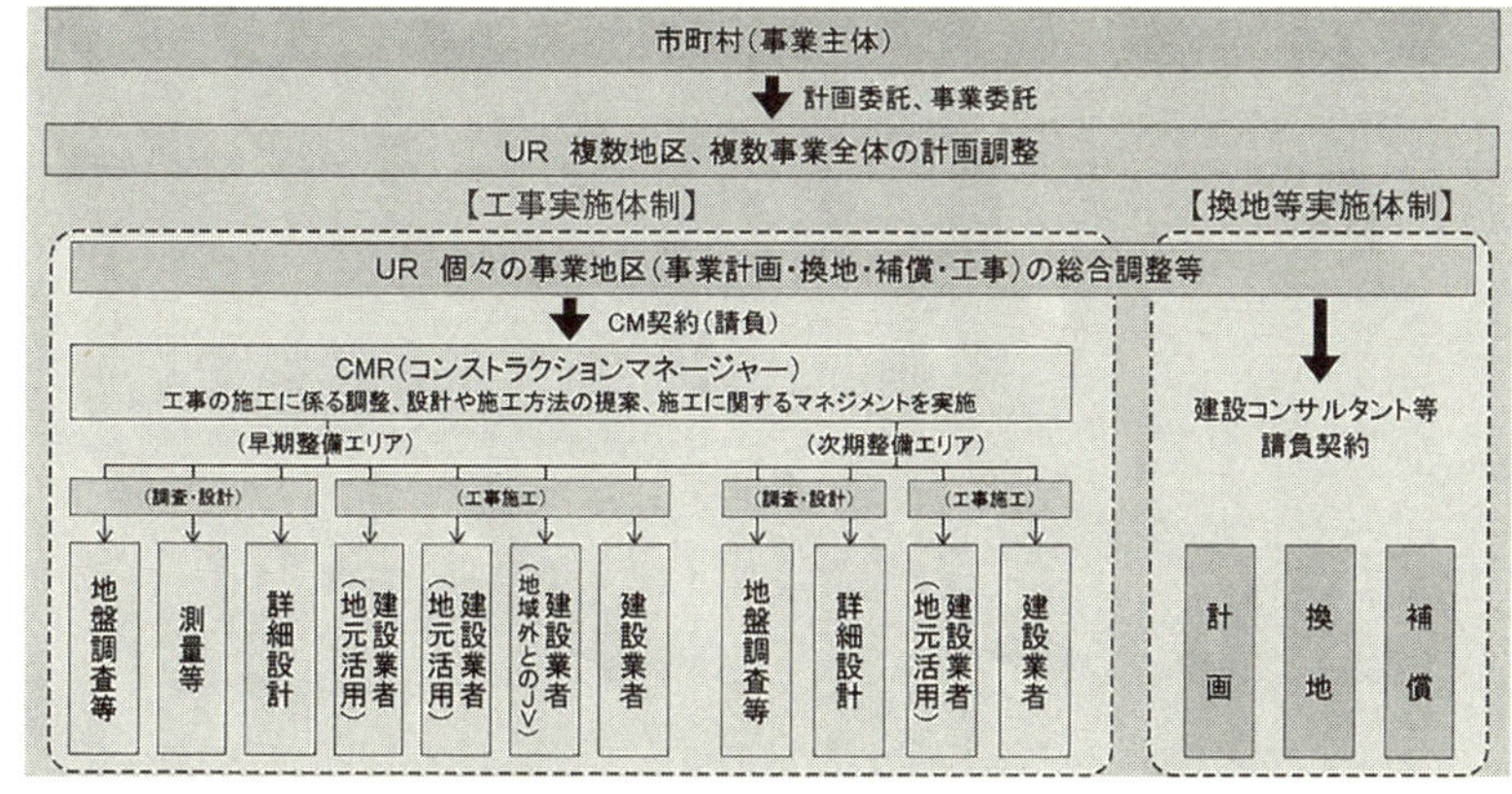

図　UR都市機構の復興CM方式

出所：『東日本大震災におけるUR都市機構の復興支援』2012年11月15日

コミュニティの再生と矛盾する高台・内陸移転

人口流出の中での高台・内陸移転

　高台や内陸部への集団移転は、コミュニティと被災者の住宅再建の重点施策と位置づけられ、被災地挙げての取り組みとなった。ところが、被災前からの地域経済の停滞の中で震災後の急激な人口流出となり、中でも若者等の生産年齢人口が流出し、被災自治体の住宅再建計画の検討は困難を極めた。なお、住宅再建は、①集団移転、②単独移転（集団移転によらない）、③災害公営住宅入居（集団移転に含まれるケースもある）に分けられる。この内①と②を合わせて自力再建と称している。

　住宅再建の特徴は、震災・津波で自宅（持家）を失った被災者の多くが、経済的な理由などから自力再建を断念し、災害公営住宅に入居したことである。自治体独自の住宅再建支援施策は一定講じられたものの、国の生活再建支援金が最大で三〇〇万円と低額であったことがその大きな要因だ。同時に被災者の多くが、高齢世帯であり住宅ローンを組むことができなかった。頼みの若年層も雇用の場を求め、都市部への移転を余儀なくされたことも大きい。

　さらに防災集団移転事業の制度上の問題が大きい。集団移転事業の目的そのものが、生活・暮らしから住宅を切り離し、再建するというもので、自営業者等にとっては二重投資を強いる制度になっている。また、自治体による移転元地の買取価格が安い（買収は主に住宅用地で農地等は対象外）ことや建設費の高騰も自力再建を阻んだ。

　この自力再建の難しさが、市町の災害公営住宅整備計画（集団移転分も含まれる）にも影響し、例えば、震災直後からすでに約四割（二〇一八年五月現在）の人口流出となっている女川町の場合、二〇一一年八月の意向調査による同計画戸数は六〇〇戸未満であったが、その後に事前登録された整備予定戸数は九〇〇戸を超えた（最終的な計画は八六六戸）。

　同様に石巻市も目標戸数三、二五〇戸から四、五〇〇戸、仙台市も三、〇〇〇戸から三、二〇〇戸（入居希望者数は三、九〇〇世帯超）に増えた。さらに移転事業計画の変更を繰り返し、着工するも完成と同時に空宅地発生という混乱も続いた（最終計画戸数は二〇一六年三月）。

コミュニティ再生を阻む職住分離

　集団移転の高台移転は、同時に職住分離とセットになっている。しかし、沿岸市街地および集落は、伝統的な共同社会としての名残もあり、土地利用も生業と住宅が混在する職住近接・隣接・混合型の市街地、集落であった。生業と高齢者の介護、子育ての両立のためには家族同士、近隣同士の支え合いが不可欠で、少子高齢化と長引く地域経済の不振の中では、この関係が地域を支えてきた。また、このような環境は数多くの小規模零細事業者のコスト（例えば移動等）削減にも直接・間接に寄与していたと考えるのが当然だ。

さらに職住近接は、震災前から効率主義からの脱却という地域再生の全国的な課題として認識されていた。ところが、東日本大震災後の宮城県土地利用基本計画（二〇一六年三月）では、これを無視するかのように機能分散や職住分離をより明確にしている。

職住分離については、特に小売商業の復興をめぐる問題に端的に示されている。自宅再建との二重投資を回避するために仮設商店街段階で廃業（再建断念）に至るケースや、経営の自立を先送りし、見掛けだけの復興に利用されている公設民営型の商業施設の問題にも示されている。今後は持主は移転したが、自治体の買取対象から外れて所有を強いられた土地の所有・利用の問題がいっそう深刻化する。

復興を牽引した住民自治・コミュニティの力

集団移転事業は制度面でも様々な問題を抱えるが、コミュニティ本位・主体の取り組みが復興全体を牽引していることも強調されなければならない。

岩沼市玉浦地区の集団移転は、旧玉浦村の6地区の継承を目指し、移転先を地区代表者会で絞り込み、実施に移した。また東松島市は、被災前の広域合併の回避と「地域分権」（二〇〇九年から取り組まれた市内八地区の自治組織を中心とした協働のまちづくり）の流れを背景に復興協議のための組織を立ち上げ、二、四〇〇戸という県内最大の集団移転をやり遂げた。七ヶ浜町も震災前の活発なコミュニティ活動に着目し、震災復興計画のトップに「コミュニティに配慮した地域復興」を掲げ、コミュニティ本位の復興まちづくり（防災集団移転促進事業と土地区画整理事業）が行われている。

このような住民自治、コミュニティ力が復興の原動力であることが各地で証明されており、今後は、平時の防災・まちづくりにおける住民自治・主体の構築が最も重要な課題となっている。

（阿部重憲）

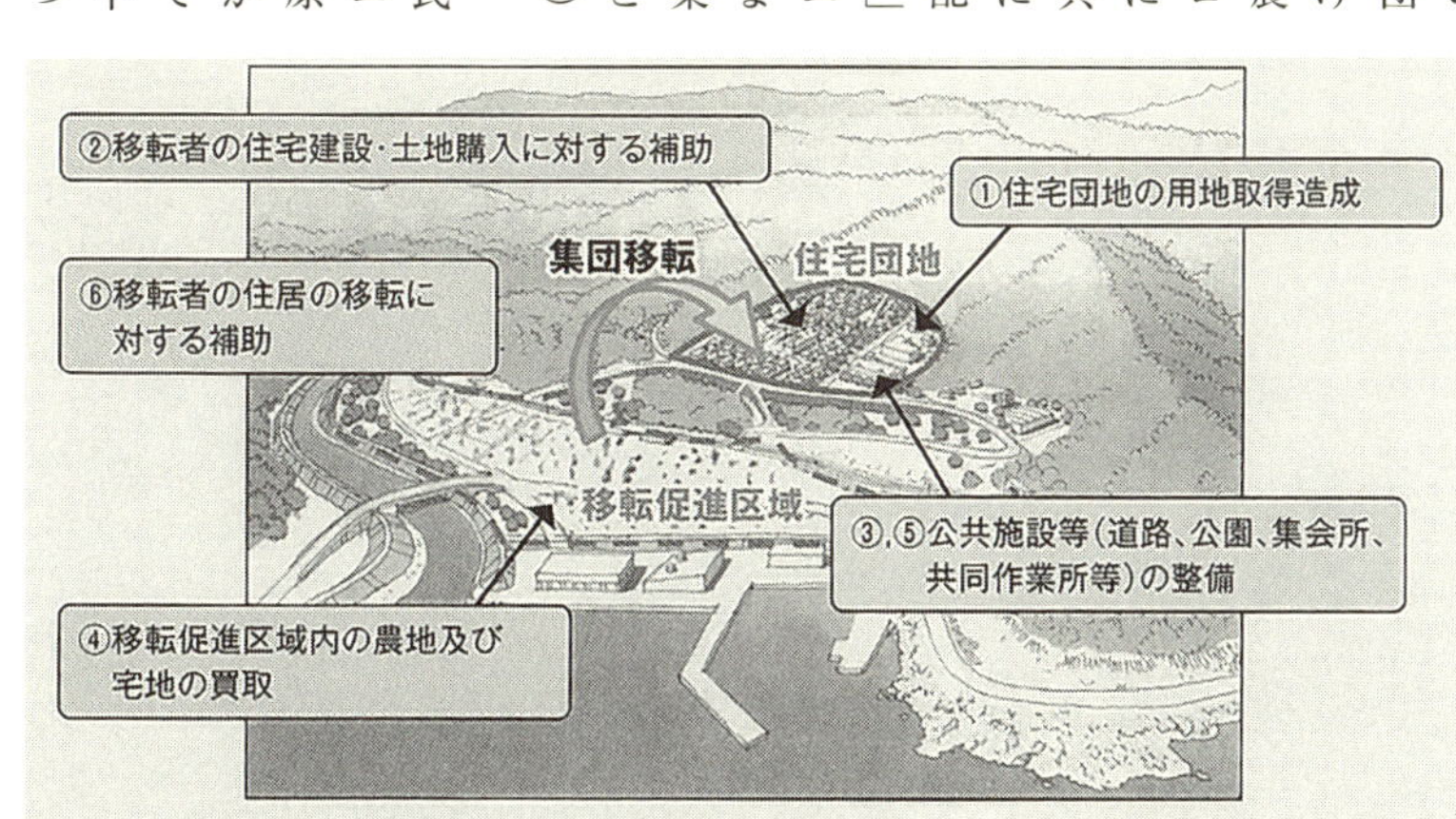

図　宮城県の防災集団移転事業

出所：宮城県土木部「災害に強いまちづくり宮城モデルの構築」P20

復興プロセスにおける住民主体の重要性と具体的技術
――石巻市北上町における住民主体の震災復興の試み

5－2－4

東日本大震災からの復興過程では、小さな自治体には（しかも、その中の小さな集落ではなおさら）想像もできないほどの金額が投資され、復興事業が行われている。対象となる集落の存続を長いスパンで考え、計画を当事者である住民と合意したものとすることは、復興事業の成果を実り多いものにすると同時に、震災復興事業自体の正当性を投資にみあうものとして担保することになる。

石巻市北上町では、地域住民に加え、北上総合支所、特定非営利活動法人パルシック、北海道大学環境社会学チーム、日本建築家協会（JIA）宮城地域会有志による住民主体の震災復興に向けた取り組みが行われた。

北上まちづくり委員会

その取り組みの一つとして、「北上地域まちづくり委員会」を中心とした地域の住民合意形成とその復興事業へのフィードバックの仕組みづくりがある。

二〇一二年二月に関係する支援者と行政が集まり、今後行われる膨大な復興事業に少しでも地域住民の意思を反映させる仕組みづくりについて話し合われ、平成の広域合併時に制定され、震災で中断していた「石巻市地域まちづくり委員会設置条例」に基づくまちづくり委員会の立ち上げに取り組むことになった。

地域課題に対応した自発的地域組織

しばらく試行錯誤するうち、条例によるまちづくり委員会は、任意団体とは一線を画した発言力を持つ一方で、住民が「自分が主体的である」と実感できる集団の単位とは乖離していることがわかった。二〇一四年当時、北上町各地区に、集落ごとに各地区の地域課題を反映した任意団体が立ち上がっており、その集団に地域住民が明確に帰属意識を感じ、その課題を自分に直結した課題と捉えていることがわかり始めた。

例えば、にっこり（新古里）地区では自分たちが中心となって考える新しいまちづくりが、白浜地区では、防潮堤建設を乗り越えて、震災前に地域のアイ

模型を使ってのワークショップの様子（にっこり北住民有志の会）

デンテティであった海水浴場の復活をどう実現するかが課題であった。

地域と行政を橋渡しする仕組み

そうした地区ごとの任意団体にまちづくり委員会の地区別分科会としての位置づけを与え、各地区のリーダーにまちづくり委員になってもらうことになった。そうして、地区別分科会での地縁関係に基づく親密な議論を経た意見を「北上まちづくり委員会」で決議し、結果として、住民の意見を市長に提案できる仕組みが出来上がった。さらに、まちづくり委員会と各分科会を円滑に結ぶ仕組みとして運営委員会が設けられた。

運営委員会は、まちづくり委員会の前後に開かれ、各地区別分科会のリーダーは、まちづくり委員会の議題を事前に地域に持ち帰り、まちづくり委員会での議論に反映させることになった。運営委員会の設置により、地域のより率直な意見をまちづくり委員会に上げることができるようになった。

正当な手続きを経た住民合意の威力

このような仕組みづくりを経て、二〇一四年度末の北上地域まちづくり委員会に提出された地域課題に関する住民意見は、北上地域まちづくり委員会で決議され、市長に提案された。その内容は、数ケ月の間、関係する各課すべてと市長の同意を得、ほぼすべてのことが事業化できることになった。通常、関係各課の同意を得ることすら困難なことでさえ、住民合意という正当性があれば、乗り越えてゆけることもわかった。

こうした取り組みは、震災復興という特殊な状況下での、限定された地域での一事例ではあるが、より一般的な合意形成技術として確立することができればと空想している。（手島浩之）

石巻市長
任命
提案
北上地域まちづくり委員会
運営委員会
サポート
北上復興応援隊
建築家協会宮城地域会
パルシック
北海道大環境社会学チーム
にっこり北地区分科会
白浜分科会
相川地域コミュニティ施設分科会
他
こどもの分科会
中心部分科会
地区別分科会
分野別分科会
にっこり北住民有志の会
白浜海水浴場再開実行協議会
相川の明日を考える会
自然発生的有志団体
北上町独自の仕組み ←→ 条例に基づいた仕組み

上：ボトムアップで地元の意向を計画に反映
中：にっこり団地JIA 北上支援チーム計画試案
下：計画試案が反映され建設が進むにっこり団地

2 コミュニティと住まいの再建

岩沼市玉浦西地区の防災集団移転促進事業

5－2－5

5 復旧・生活再建

防集事業の実施状況

防災集団移転促進事業（以下「防集」）とは、災害が発生した地域または災害危険区域内住居の集団移転を促進する宅地整備事業。移転する住宅数が一〇戸を超える場合は、その半数以上の戸数が原則だが、今般、一部緩和された。

近年、新潟県中越地震などで実施されているが、戸数は二〇、三〇戸程度。今回の震災では相当な数の宅地整備となった。

宮城県内の防集は、一二市町一八六地区で五、六五七戸。戸数および地区数が多いのは石巻市、気仙沼市、南三陸町など。リアス地域では浜単位での事業となっている。平野部の岩沼市、山元町などは被災集落の集約化を図ったことから地区数は少ない。石巻市蛇田や女川町中心部は区画整理で多くの防集宅地を整備し供給している。仙台市は既存の区画整理事業の保留地などを移転地とした。

防集事業（2018年3月末）

市　町	地区数	戸数（戸）
気仙沼市	50	911
南三陸町	27	784
石巻市	54	1,464
女川町	18	312
東松島市	7	605
塩釜市	2	4
七ヶ浜町	5	194
仙台市	14	734
名取市	2	113
岩沼市	2	170
亘理町	5	200
山元町	3	166
合　計	186	5,657

玉浦西のまちづくり

石巻市などの大規模被災地と比較すれば小さいが、岩沼市の住宅被災は全壊七三六戸、大規模半壊五〇九戸、半壊一、〇九七戸など。多くが沿岸部である。

沿岸部には六集落が南北に分散していた。被災翌月から話し合いが行われ、一一月には玉浦西地区にまとまって移転することを決めた。代表者会議一九回、地区懇談会を三二回開催したという。

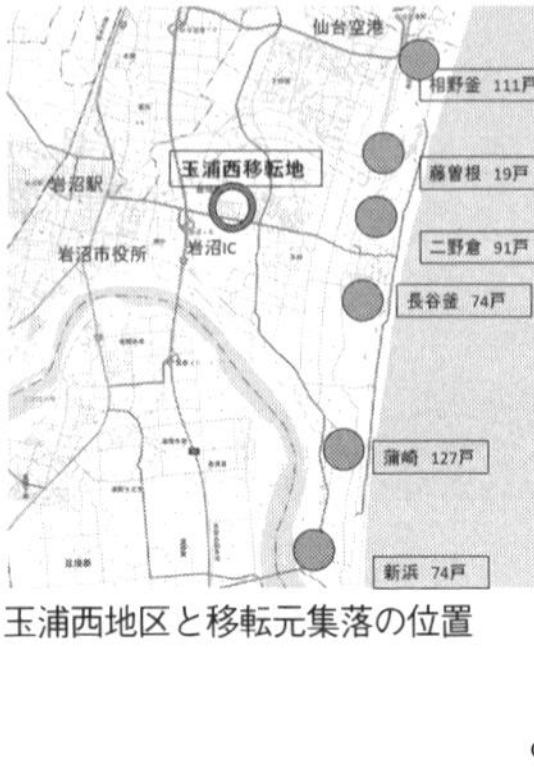

玉浦西地区と移転元集落の位置

この後、同市出身の石川幹子氏（当時東京大学教授）は、玉浦地区住民と一緒に「イグネ」「千年希望の丘」「医療産業都市」などを整備する復興構想をまとめた。移転先の玉浦西については緑豊かなまちづくりを提案した。

これらを踏まえ、市では二〇一二年六月に「まちづくり検討委員会」を設置し、土地利用や地区割り、公園・集会所等公共施設計画などを話し合いでまとめていく。メンバーは各集落から役員、女性、青年の代表三人ずつが選ばれ、学識者とともに夜間の会合が二八回開かれた。少なくない回数だが、専門知識は学識者と市職員が勝る。地元委員は玉浦西に望むまちづくり方針を言葉にできたが、街区や地区計画（まちづくりルール）には難しさを感じていた。

　また、公園の緑化は当然賛成だが、自宅の植樹は剪定や清掃を懸念し慎重であった。これは多くの防集地区で見られたこと。

　プレハブ仮設三八四戸の完成が六月四日。他市町と比べて相当早い避難所閉鎖となった。そして玉浦西20haの起工式が二〇一二年八月。水田なので地盤改良が必要だった。この頃から復興の「トップランナー」と評される。当時市長の井口経明氏の強力なリーダーシップがある。

　委員会は二〇一三年一一月に市長に最終報告。一二月には最初の宅地引き渡し。翌年四月には最終引き渡し、そして災害公営住宅の整備に着手し二〇一五年二月に完成した。

　他市町の防集地区では自力再建者に引きわたす宅地の位置決めは抽選だが、玉浦西は「話し合い」方式。また、宅地は一般に最大一〇〇坪なのだが、玉浦西では一〇〇坪を借地し、超える分は購入すれば一五〇坪、二〇〇坪などの要望を受け入れられた。画地数に余裕があったことが可能にした。

　再建場所の確定は、自力再建者の住宅建設への行動を加速する。同時に関心はまちづくりから各自の再建に移る。再建予定者は以前から展示場や工務店などで情報を収集。二〇一三年四月時点で多くが依頼先を固めつつあった。そして敷地の図面が示されることで設計、契約に進むことになった。

　この時期、仙台市荒井地区など県内の多くが「二〇一五年四月引き渡し予定」という状況で玉浦西は一年早い。再建者に対して建築費や工務店選定に有利さをもたらしたと言える（『住宅再建の方策』80ｐ参照）。

復興スピードの要因

　復興まちづくりや住宅再建のスピード、形態には多くの要素が働く。地形や被災規模、産業などの客観的要因、そして首長、スタッフ、被災者、支援者などの主体的要因である。

　当然、首長と被災者の役割が大きい。井口氏の「暮らしとなりわいの同時復興」「地区単位での避難所、仮設住宅の入居」を進める力が軸となっている。そのリーダーシップは職員への明確な指示になり、被災者たちの積極的な活動を促した。また、前述の石川氏の継続支援活動も大きい。

　旧玉浦村は平地農村。土地改良区などの共同組織がある。市街地に近接し、高速道路ＩＣも近い。防集および公営住宅戸数も他市町と比べて少ない。地区数は実質一つ。こうしたことも重なっていち早い防集事業での再建となった。同じ規模（20ha、三五〇戸）で農地を造成した石巻市河北二子地区が七年要したのとは対照的である。

復興スピードや形態の規定要因

被災規模
被災割合
産業人口
首長
被災者
市町村スタッフ
支援者
地形
進捗
形態
手法

　現在、玉浦西には自力再建と公営住宅に三〇〇世帯が住む。高齢夫婦世帯やカーテンを閉め施錠している世帯も多い。町内会活動への参画もやや厳しい。かつての集落の広い敷地での暮らしからの変化がある。地区単位だけでなく家族にも視点を向ける必要がある。暮らしは宅地整備、住宅建設で完了ではない。

（三部佳英）

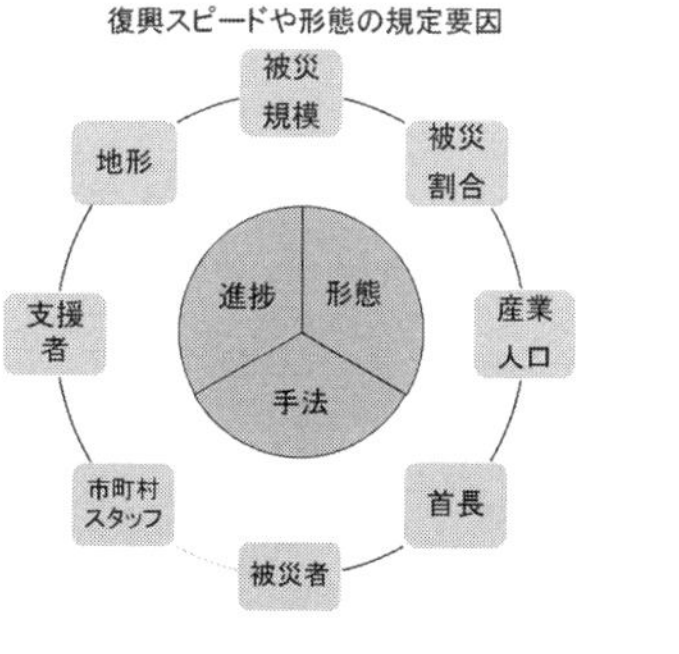

2 コミュニティと住まいの再建

住民参画による復興まちづくりを実現する鍵となるもの

――東松島あおい地区の経験から

5－2－6

あおい地区の復興まちづくり

東松島市街地の65%が浸水し、死者・行方不明者一、一三四名、全壊・大規模半壊八、五七四棟、津波で住む地域を失った被災住民は、市内七つの集団移転先に各自の希望を出した。そのうちの一つあおい地区の街づくりが動き出すのは、被災から一年半が過ぎた二〇一二年九月。矢本駅北地区（災害公営住宅三〇七戸を含む計五八〇世帯の計画地）への入居予定住民が集まった会合は、市から提示された復興計画と市の対応について不満の声が続出する中でスタートした。それが、紆余曲折を経ながらも住民参画で実現するまでには以下のような経過があった。

復興まちづくりを進める中で得た教訓を記す。

住民間の信頼関係が醸成された

他人同士で進める現場の合意形成は難しいとされているが、価値観や意見の違いを認め合い統一していく過程こそ重要である。ぶつかり合い共鳴する場面で、共通の目的「お互いに豊かな暮らしを創っていく」住民間の信頼関係が鍵である。従来、まちづくりは行政主導で行なわれ、住民参画の歴史は浅い。住民側には無関心層も多く、必ずしもその意思が存在すると限らない。①移転先の地区に関心を持つ、②そこでの暮らしをイメージする、③実現の可否を前提としないで希望を語る、④出された希望が実現できない場合でもその限界を理解する、過程が有効であった。そして、土地利用計画に住民意向を反映できたことが後戻りできない住民を

東矢本駅北地区（あおい地区）
まちづくり整備協議会の主な取組

- 入居予定者個々の声を集めて協議会を結成し（2012年11月）、役員・部会を決めた。
- 3ヶ月かけて、22haの新しいまちの土地利用計画の住民案をまとめた。総会で合意して市に提案し、市の原案を変更できた。
- 移転先（以前は市街化調整区域）の、まちづくりルール（用途・容積・高さ・壁面線の他、垣柵のオープン外構やセミパブリックゾーン―公私の中間領域―設定など）を自ら定め、それを地区計画決定と条例化へつなげた。
- 自力建設用宅地の評価を住民の話し合いで決め、宅地面積の調整をして公平を図った。
- どの区画に誰が住むかは、抽選を排して話し合い決めた。
- 災害公営住宅のプランへの注文や二階建てを平屋にして配置変更の要望も出し実現した。
- どの住戸に誰が住むか、全入居予定者の希望を出し合い、抽選を排して話し合いで決めた。
- 新しいまちの名称は中高生も交えた委員会を作り、地区に隣接する既存世帯も巻き込んで「あおい」とした。その後「字」の変更も市議会で決定された。
- 入居後の自治組織づくりの検討を進め、班割り・ゴミ出し・規約案を総会で決定した。
- 被災から3年半を経た2014年11月、第一期入居を迎えたが、全戸入居はその2年後だった。
- コーポラテイブ方式によるまちづくりが有効だったと総括している。入居後は「日本一住みやすいまち」を目指して日常の活動も発展し続けている。

勇気づけた。

計画を進めるのも、住戸の位置を決めるのも、一つのものを取り合うのではなく、主張する場面と譲る場面が上手に織り上げられ、永く住み続けていく新しい暮らしに向けて一緒に住み合う仲間として、お互いを「思いやる」気持ちで日常の常識的な判断が発揮された。争うよりも譲り合うことでつながる関係は住民間の信頼関係を育てることになった。新しいまちのルールも「自らが縛られる」から「お互いを守る」ルールとして理解できるよう助言された。

人任せや人のせいにしない、自分たちで考える礎にあったのが、被災から入居までコミュニティの継続に力を入れたことだ。移転希望者が入居予定地区を保証され、どこの仮設住宅にいても、協議会からの情報が共有できるよう「まちづくり通信」を届け続けた。全全体交流会や復興支援音楽祭、入居予定街区別の顔合わせ会など数々のイベントを意識的に行った。さらに「新しくつくるまちを『日本一住みやすいまち』に」が、協議会みんなの共通目標となった。

住民・行政間の信頼が育てられた

劣悪な仮設住宅を早く出たい住民、計画通りに進めたい行政、双方の一致点は「早く進める」ことでスタートした。

当初、行政の中には住民は無責任な要求をすると考える節があり、意見を聴かない姿勢だった。それが住民の抱く不信感を増幅する。行政と住民間のコミュニケーション不足とすれ違いで溝ができ、互いを認め合う前提を欠いていた。

行政は時間と予算を理由に計画原案の変更に応じようとしなかったが「孫子の代にも良いまちをつくろう」という住民の熱意は受けとめざるを得ない。住民は問題解決する計画を話し合い創り出す中で、合意の下地となる信頼関係を育てたが、行政の多くは、この経験を持たないので実現の可能性が信じられない。懐疑的だった住民と行政双方が、併走する中でしだいに認めあい、協働の結果が随所で確認された。

市の担当課が庁内の調整役となり、「グループ担当制」を取ったことは、行政内部組織の在り方として重要な点であった。各課の担当者が住民の会合に入り強い要望を肌で感じることで実現に向けた方策を探し出すようになったことは、行政の古いやり方から確かに変わったと見た住民に「自分たちの要請には自分たちで責任持つ」と言わしめ、行政にとっては住民の支持が最大の担保となってその姿勢を変化させた。

（三浦史郎）

※「『日本一住みやすいまち』をめざして～東日本大震災からの復興～」（NPO都市住宅とまちづくり研究会編　info@tmk-web.com）に詳しい。

写真上部は津波で被災した大曲浜地区、中部の白い屋根は仮設住宅団地、下部は移転地あおい地区＝2016年8月撮影・あおい地区会提供＝

2 コミュニティと住まいの再建

差し込み型高台移転
——大船渡市の選択

5－2－7

津波防災対策と集団移転

東日本大震災では津波の被害が大きかったため、国は災害直後から、津波を避けるための高台移転を唱えた。津波被災地の復興まちづくりは、津波防災地域づくり法によって、県が津波浸水想定を提示し、それを受けて市町村が土地利用計画を策定する。津波に対して、防波堤、防潮堤、二線堤（鉄道や幹線道路の盛土）の三段構えで防御し、2m以上の津波浸水深さが想定される地域では、住宅建築を禁止・制限し、その地域の住宅を高台・内陸へ移転するために防災集団移転促進事業や土地区画整理事業、漁業集落防災機能強化事業などが行われることとなった。

防災集団移転促進事業

防災集団移転促進事業は、被災地域において居住に適当でない区域にある住居の集団的移転を行う事業である。過去には奥尻島の津波災害の復興に用いられた。東日本の被災地において、住民の生命、身体および財産を津波等の自然災害から保護するために、住居の集団的移転を促進することが適当と判断された区域は、移転促進区域に指定され、区域内の五戸以上の住宅を新たな住宅団地に集団的に移転させる。

従来の事業では、移転戸数が一〇戸以上という要件があったが、東日本大震災で五戸以上に緩和された。また、新たな住宅団地での宅地規模は一宅地当たり一〇〇坪が上限とされたが、被災地では、特に農漁業者などから一〇〇坪では狭いという意見も強く、平均値で一〇〇坪という扱いがなされた。

この事業では、住宅団地用地の取得造成費用、移転者の住宅敷地購入・住宅建設に対する補助費用（ローン利子補給）、住宅団地における道路等の公共施設の整備費用、移転促進区域内の宅地等の買取費用、住居の移転に対する補助費用などが復興交付金や復興特別交付税によって国から補助される。補助には限度額が設けられているが最終的には１００％国費で賄われ、市町村の負担なしで実施される。

こうしたことから、津波の危険性をさけ、まとまった用地を確保するために、既存集落から離れた山間部の土地を切り開き宅地造成するといった大規模な事業が各地で展開されることとなった。

集団移転に伴う困難

しかし高台・内陸への移転はさまざまな困難を伴う。被災者にとっては、移転が自らの生活再建にふさわしいのか、また資金的に可能なのかといった問題があり、事業を進める自治体にとっては、移転者の合意形成、意向確認、整備戸数の確定や移転先の用地確保といった問題がある。また、移転住宅団地が将来的に持続可能かどうかといった不安もある。とりわけ、移転者の意向の変化と必要戸数の確定、用地交渉、事業に要する期間といった要素が相互に絡み合い、事業を難しくする。規模が大きくなればなるほどそのリスクは大きい。

差し込み型高台移転

大船渡市では当初高台移転の希望者が多く、斜面を切って宅地造成する大規模な移転計画がイメージされていたが、震災から半年を過ぎたころから、地区によっては希望者が大幅に減少するといった現象が見られた。

山間部の斜面造成は費用も時間もかかり、事業が長引くと中途辞退者が増えるといった悪循環に陥る。こうしたことから、集落近くの空き地や遊休農地などを確保して小規模な移転をすすめる方式に切り替えた。じつはこの考えは、地元の事情に精通し、あちこちに使える土地があることを知っていた復興計画推進委員の中に当初からあり、集落の中の空き地に移転住宅を差し込んでいく「差差し込み型（インフィル型）移転」と呼んだ。

防災集団移転事業は五戸以上で実施されるので、道路を挟んで二戸、三戸という小規模な事業も実施された。大船渡市の防災集団移転事業は、二一地区（二五工区）三六六戸で一地区平均一七戸（一四・六戸／工区）であるが、最大の工区は四一戸、最小の工区は五戸である。一戸当たりの整備費用は三〇九八万円であるが、斜面を切り崩して特別に費用のかかった一地区を除けば、平均二三六三万円であった。

こうした小規模な移転事業では、合意形成がしやすく、用地確保も被災者と周辺住民（土地所有者）との話し合いなどで比較的スムーズに進み、移転先の選定が住民主導で行われる地区もあった。また、既存集落に近いため、インフラなどが整っており、周辺住民とのコミュニティも維持しやすい。さらに、将来空家・空地となった場合でも、集落で利用される可能性が高いと考えられる。（塩崎賢明）

差し込み型集団移転の例（大船渡市佐野地区）

佐野地区の概要
- 参加戸数：5戸
  当初6戸でスタートしたが、最終的には5戸となった。
- 3戸と2戸の2区画で構成
  （双方一体のものとして要件を満たす。）
- 工事期間
  ① 2戸
  H25.11.12 ～ H26.4.11（151日間）完了
  ② 3戸
  H25.11.12 ～ H26.5.20（190日間）完了

出所：大船渡市

2 コミュニティと住まいの再建

三本塚現地復興における住民の取り組み

5－2－8

現地復興は被災者の願い

岩手県達増知事は、「亡くなられた方々のふるさとへの思いの継承」を復興理念のひとつとして述べている。沿岸部農・漁村にあっては、その思いはとくに強いものと思われる。

しかし、今回の大震災は、その規模の巨大さゆえ、また国の復興策としての高台移転の推進によって、現地再建は発災当初、被災者の頭には浮かびえないものであった。

しかし、これまでの復興過程、なかんずく生活再建のあり方を見ると、巨大高台移転は余りに膨大な浪費、復興のおくれなどが明らかであり、あらためて現地再建を当初から排除せず、しっかりとした選択肢の一つとしておくべきと考える。

現地再建とはいうものの、その実現への道は極めて厳しい。もう元の場所には住めない。住むべきではないという現実、意見も当然のこととしてある。そうした状況下で、現地再建を果たした仙台市六郷三本塚の事例は極めて貴重であり、より詳細に掘り下げて、復興指針の一つに加えるべく検証作業を進めることは重要である（ただし、住民の方々のプライバシーに踏み込むことにもなるので、この点での配慮についても充分すべきである）。

三本塚の現状に入る前に、地区の小学校等のある高台に避難し、自分たちの集落が津波にのみ込まれていく様を目のあたりにしてここには住めない、住むべきでないという意見を背景に、自らの力で、集団防災移転を実現した気仙沼市本吉町小泉地区の事例もあることだけを記しておきたい。（「大好きな小泉を子どもたちへ継ぐために」みんなのことば舎、二〇一三年六月刊）直接的現地再建ではないものの、現地復興の余地がないなかでの住民自身による現地再建と言えるからである。

現地再建を実現した「仙台市六郷三本塚地区」

仙台平野は、一六〇六年、今回と同規模といわれる慶長津波によって地区全壊という被災を経験している。その折、伊達政宗は、三本塚の地に佐藤一族を遣わし、農業復興に当たらせている。復興は順次進み、六郷、七郷地区に及んだ。六郷、七郷地区には、十五代、十六代という家が継がれており、これまでの四百余年、今回ほどの津波被災に会っていない地区である。集落は、２ｍ余の津波で全戸全壊となった。

当初、居住困難とされ、早々に壊れた家屋を解体したところも出た状況であった。ところが、第二次シミュレーションの結果、二〇一一年一一月に居住可能地区とされた。農地復旧に全力を傾注していた実行組合長は「三本塚は国から見放された」と肩の力が抜けた。早々に地区外に家を求める世帯が出るなど、先行きの見えない状況に置かれた。

仮設住宅に移ってから、町内会有志で「明日の三本塚を考える会」がゆるやかに結成され、支援に入った大学関係者を交えて将来に向けての話し合いが開始された。当初は現に津波に追われて津波止めの役割を果たした高速道路によじ登って助かったというトラウマから現地復興などは、話題にものぼらなかった。「考える会」では、会員同士の話し合いをもち、また大学有志の協力を得て、住民有志を交えてのアンケート「三本塚のこれから」を実施し、その結果を広く住民で共有する機会を設けるなどの活動を行っていた。

現地復興に向けての動きの契機となる事例が二つ起った。一つは、国の農地復興事業としての、標準区画1haで100ha規模のほ場整備、もう一つは、地区の中心的専業農家E氏の地元での営農再開であった。同氏は震災前から、地区内の多くの兼業農家の耕作を受託して、高い信頼を得ていた親子二代の専業農家である。農業機械の大型化に伴って、農道が狭くその対応を検討していたので、今回の大型区画復興には賛成であった。事業への住民同意には、同氏の努力があった。

この二つが、「三本塚の土地」という思いを住民があらためて持つ契機となった。浸水地区外の農地と三本塚の宅地を交換分合し、三本塚の宅地を農地として復興事業の一環に組み込んでもらうとの動きも出た。地権者間の話し合いをまとめ、東北農政局に出向いて、具体的要求についての話し合いをもったが、満足な結論は得られなかった。

現地復興という選択肢が生まれ、町内会体制も新たになった。新町内会長は、これまでの三本塚町内会の規約等の見直しを提案し実現された。

その内容は、地区外に出た人にも、できるだけ三本塚のコミュニティに関わってほしいとの狙いで、

正会員：生活基盤を三本塚に置く者（七六戸）
準会員：地区外居住（災害公営住宅等に居住）者で、土地を三本塚に持つ者（一四戸）

という構成で、従来の一〇六戸から九〇戸へと減少はしたものの、コミュニティとしての三本塚を強く意識した町内会として新たなスタートを切っている。

二〇一八年九月現在、新築四二戸、改築三〇戸まで来ている。これらの世帯は、全員地震保険加入者であり、生活再建支援金を受けている。

執筆時、三本塚で農業を営みたいという若者も出ているが、国の制度がそれを阻んでいる。後継者育成を叫ぶ国であるが、現われた若者の受け入れ体制はないという矛盾を露呈している。

現地再建には、三本塚コミュニティ意識、長い歴史、文化の共有等が、意志決定に大きな役割を果たしている。

現地再建は、きわめて創造的な決断である。国や県が標榜する「創造的復興」策は、歴史、土地の文化、景観などを軽視しており、その名に反し「創造」性に乏しい。居久根のある田園風景は、元に戻すまでどれほどの時間を必要とするか。その第一歩を踏み出すことは、真の意味で創造的復興の第一歩なのである。大震災から復興という事業を考える上で、しっかりと地域に根づく議論が必要とされている。

（綱島不二雄）

2 コミュニティと住まいの再建

工務店等の協議会による公営住宅建設

5－2－9

仮設住宅建設の経験

仮設住宅建設に岩手や福島では地元工務店等が共同体を結成した。福島では約六千戸、岩手は二千五百戸という。宮城でもプレハブ建築協会不足分を補うために準備が進められたが、みなし仮設確保で不要になった（『プレハブ仮設の建設』60ｐ参照）。

その中、南三陸町では一五戸を木造で整備した。被災者の居住満足感は高かった。解体後の移設・再利用もめざした取り組みで、地元の森林組合などが県の林業、建築職員の支援を得て建設したという。この経験が県森林組合連合会（県森連）などを動かし、南三陸町と登米市の公営住宅建設の方策になる。

市町でも公営住宅再建を地元工務店等に委託することは地元経済の復興になると考えた。完成後に市町が買い取るわけだが、工事費上昇に国は標準建設費を見直したので心配ない。大量に建設する気仙沼市、石巻市などでも工務店等の協議会による公営住宅供給が採用されることになった。

協議会の状況

市町	戸数	組織形態
気仙沼市	768	一般社団
石巻市	570	協同組合
女川町	298	一般社団
名取市	270	一般社団
東松島市	191	協同組合
亘理町	97	一般社団
南□陸町	92	任意協議会
登米市	32	任意協議会

組織は法人設立が望まれる。それぞれに検討され一般社団や協同組合となったが、南三陸町などでは任意組織。この場合、つなぎ資金確保が課題となるが完成前のそれを県森連が支援することで可能となった。

構成メンバーは各市町で異なる。石巻市は地元の工務店と設計事務所のみ。気仙沼市は工務店六四社の外にさらに資材卸、木材加工、金融機関も参加し百社を超えた。亘理町は当初の復興支援から北海道伊達市の工務店も含む。名取市では住宅建材販売会社が市内に設立したハウスメーカーも参画し、地元工務店を支援している。

石巻地元工務店協同組合

石巻市は大規模な被災を受けた地域。全壊が二万棟で県全体の24％である。工務店や木材メーカーなど、被災しつつも住宅相談会の開催など顧客住宅の改修、再建に奔走した。

市では災害公営住宅四、五〇〇戸の建設を決定。うち木造戸建て住宅も計画され、二〇一三年二月に「大手の下請けはどうか」と地元の工務店に尋ねたという。だが、当時、関係者の間では直接受注を企図する動きが

災害公営住宅の整備方法（2018年6月末）

直接建設 4,993
直接発注2,764
県に委託2,229
買い取り 10,608
UR 3,926
民間 6,682
公募 4,364
協議会 2,318
借上げ 222

複数あった。

その中、中堅のヒノケンの社長が中心になって「自分たちが建設する」ということで市内を奔走。市長、関係者を説得した。

市からは「すべての工務店に話をして組織を設立」という条件になった。結果、地元工務店五七社、設計一四社で協同組合を設立した。法人なので市との協定、契約者になれる。つなぎ資金なども地元金融機関の協力を得て二〇一四年からスタートした。

地域は半島部の六〇〇戸。期間も五年程度ということで構成員にとっては大きな負担でなかった。だが、公営住宅は「住宅性能評価」の認定が必要。他市町と異なり、設計評価の外に建設評価もある。基準に基づく設計、そして施工が求められた。

これらも地元の設計者、経験者が構成員を指導した。七月末には完成の見込み。土地の造成遅れなどで被災者には長時間の完成待ちの状態となったが、建築工程に時間差が生じ、工務店には業務の平準化になった。つまり、他の注文住宅の建設も並行して行えたのである。

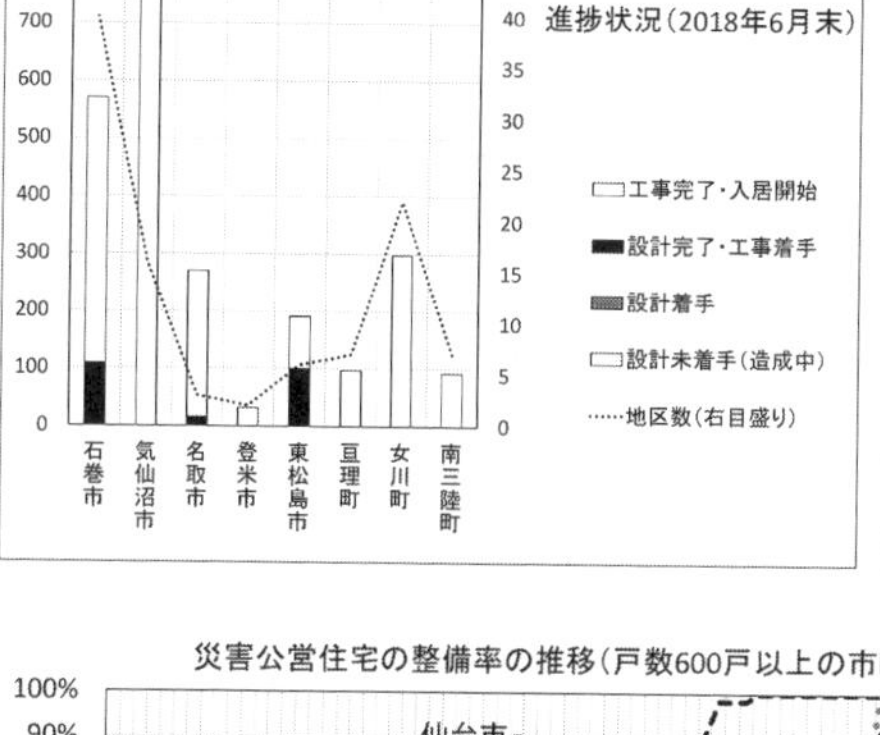

災害公営住宅の整備率の推移（戸数600戸以上の市町）

仙台市
東松島市
石巻市
南三陸町
女川町
名取市
気仙沼市

協議会の今後の展開、活用

気仙沼市などは全戸完了し、東松島市、名取市もまもなく完了する。

今後、業務量が激減する。この間に培った技術をどう継続するのか。石巻では「次世代の会」を設置し学習を続けている。

岩手や福島では、こうした協議会方式が見られない。公営住宅の整備主体が宮城では市町村単位である。そして石巻や気仙沼などでは一定の建設関係企業が存在していた。その連携を進める地元リーダーや支援者、また地元企業育成を考える行政が推進したと言える。県が主体となると、工務店を県内全体で募集しなければならない。

災害時にどう公営住宅を建設するか。その時点の地元工務店、資材生産、資金事情などに関わってくる。いつ発生するかわからない災害対応策として常備することはむずかしい。地域技術者の維持にはコンスタントな仕事が必要なのである。

（三部佳英）

住民追出しの被災市街地復興土地区画整理事業
——仙台市宮城野区蒲生地区

被災直後から住民追出しの動き

宮城県内で被災市街地復興土地区画整理事業が実施されているのは三四地区、うち非住居系利用を目的としているのは、本稿で紹介する仙台市宮城野区蒲生北部地区を含め七地区である。

仙台市は、震災直後からこの蒲生北部地区については、「津波による被害を防御することが困難な地域であり、住宅については住民の意向に関わらず、集団移転を強く推進」（二〇一一年三月二九日市都市計画課。市開示公文書）するという方向で災害危険区域指定を前提に公費負担による住宅の解体を奨励した。「仙台市震災復興計画・中間案」（九月）では「復興特区制度を積極的に活用し（中略）新たな成長産業の集積を促進」と国・県同様の創造的復興の考えを示し、一一月には「港地区復興特区ゾーン」としての整備を明確にした（二〇一三年四月。一部は仙台港背後地交流推進特区認定）。

地元被災者は、移転か現地再建かでゆれた。しかし、現地再建者は居住継続を求め、津波防災の強化と災害危険区域指定からの除外を目指し署名活動、陳情を展開した。特に当地区西側の沿岸部は、市民が一九六四年指定の新産業都市「仙台港地区」の港湾開発から長年守ってきた蒲生干潟（国指定仙台海浜鳥獣保護区）であり、自然保護運動との共同の動きとなった。

住民意向無視の強引な計画決定

仙台市は、二〇一二年七月に土地区画整理事業の説明会を実施し、一一月には推進地域、翌二〇一三年三月には都市計画決定（108ha）と急ピッチで進めた。この間、地元被災者はそれぞれの立場で住民組織を結成し、現地再建希望者の宅地の集約化やかさ上げによる安全性の確保、地元が望む津波防御、土地区画整理の減歩や清算金への反対表明、さらには住民合意形成の場を求める要望・意見書を提出し、公聴会での公述等も行った。仙台市は「公共団体施行（当該事業）は、組合施行とは異なり地権者の同意は必要とされておりませんが（略）」（二〇一三年一一月四日「土地区画整理事業の変更（蒲生北部地区）に関する公聴会見解書」）と、被災者に「口を出すな」と言わんばかりの対応であった。

蒲生北部地区の被災前人口は三、〇九二人、世帯数一、一四九世帯であったが、仙台市の執拗な追出しの中で、現地再建希望者は二一世帯（二〇一三年一〇月時点）に減少した。多くは、年金生活世帯であり、ローン返済も終え、家賃を払う等とは考えたこともない居住者だ。しかし、市は二〇一四年四月に土地区画整理の事業計画の決定を行い、さらなる追出しに拍車をかけた。

一方、自然環境保全団体や環境行政等の動きもあり、区域西側の防潮堤を内陸側に若干（80m）移設する事業計画の変更（事業区域面積92・1ha）に至った。

仙台市は一貫して集団移転事業を先行させ、土地区画整理事業、防潮堤・河川堤防建設をバラバラに進め、移転再建者と現地再建者の分断化を進めた。特に現地再建希望者に対しては、市自らの安全対策を棚上げにし、危険性の増大のみを強調し、移転再建を迫った。そして現地再建者の居住継続の支援要請も却下され、最終的には一〇世帯程度となった。

土地区画整理審議会も非公開の〝密室〟審議。住民追出しの最後に待ち受けていたのは、大手ゼネコンが主導する『民間事業者包括委託業務』という〝丸投げ〟方式だ。実現しようとしている土地利用計画を見ると、現地再建中の住宅はそれぞれ孤立分散し、業務系の宅地の規模等も様々である。従前からの民有地（売却意向も含む）を含め様々な利用の混在が想定され、事業後は早々に「負のエリア」（劣悪な環境の地域）になる可能性が大である。

まさに本地区は、惨事便乗型ビジネス機会創出の典型だ。今後の災害復興でも必ずや繰り返されることを肝に銘ずる必要がある。

（阿部重憲）

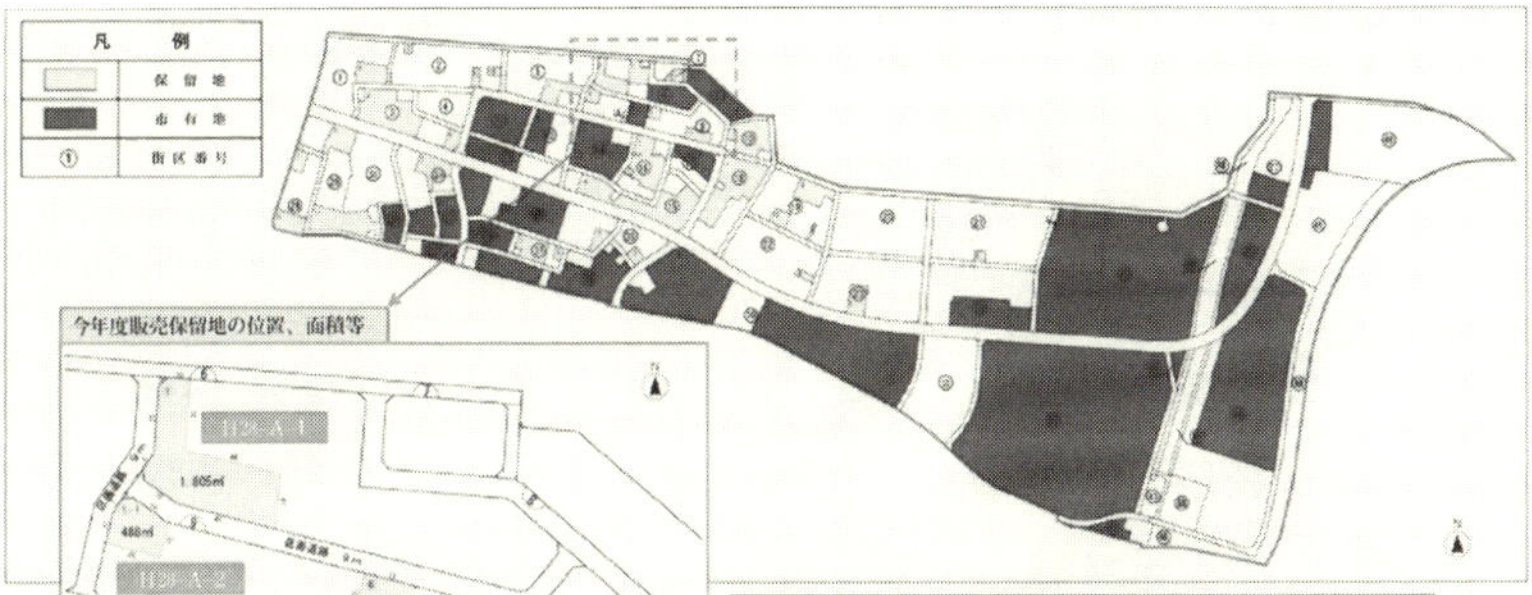

凡例
保留地
市有地
① 街区番号

今年度販売保留地の位置、面積等

保留地番号	街区番号	画地番号	面積（㎡）	最低売却価格（円）	用途地域
H28-A-1	6	1	1,805	63,897,000	準工業地域 建ぺい率60% 容積率200%
H28-A-2	9	1−1	488	17,616,800	
H28-A-3	9	6	466	16,310,000	
H28-A-4	9	11−1	779	28,044,000	

図　蒲生北部被災市街地復興土地区画整理事業地区の保留地と市有地（事業用地として売却される）
出所：仙台市「蒲生北部区画整理だより」34号

〈付記〉

蒲生北部地区で記す必要があるのは、地元の高砂中学校卒業生による提案活動だ。蒲生干潟に関心を示し、復旧・復興についての校外学習を重ねる中で「高砂の中高生で考える防潮堤の会」を組織し、二〇一四年四月に「楽しい防潮堤と歴史冒険生き物の広場」と題する提案（発表会と記者会見）を行った。

「高砂の中高生で考える防潮堤の会」2014年発表会
（写真提供：小川　進）

仙台市丘陵地の地盤災害とその復興

仙台市の地盤被害の特徴

仙台市の地盤被害は、仙台駅を中心に半径五キロ以内の丘陵部に昭和三〇年代から四〇年代に造成された団地に集中し、最終的に五、七二八宅地で被害が出た。被害形態は、谷埋め型と急傾斜地の腹付け型盛土の造成地で、①地すべり、②擁壁のクラック・はらみだし、③擁壁背面の崩壊、④法面のすべり、⑤沈下・亀裂である。青葉区折立五丁目地区は三月一四日警戒区域を設定して立ち入りが制限され、太白区緑ヶ丘四丁目は三月二八日に一一〇宅地に避難勧告が出された。避難勧告は仙台市内全体で総計四九二世帯に及んだ。

地盤被害を受けた宅地の分布
仙台市ホームページ「仙台市の被災宅地状況図（平成25年7月31日現在）」に掲載の図をトリミングした。

緑ヶ丘団地は、一九七八年宮城県沖地震では急傾斜の沢地に盛土した一・三・四丁目に被害が集中し、一・三丁目地区には地すべり抑止工事として八四六本の鋼管杭が打設された。三丁目にはさらに総延長2、800mの排水ボーリングと集水用井戸が二ヶ所造られ、宅地の最下部には砂防堰堤も施工され、両地区で合わせて二八世帯が集団移転した。三丁目では、今回の大震災でも大きな被害が出て、宮城県は、三五一本の杭がすべり方向に曲げられて抑止杭としての効果が失われたと判断して一七六本の鋼管杭を打直し、新たな集水井三ヶ所、総延長785m、二七本の集水ボーリングの防災施設復旧工事を施工した。今回の震災で被害が深刻で内陸部で唯一、災害危険地区となり集団移転した四丁目地区は、宮城県沖地震当時の仙台市宅地保全審議会の答申で、「主たる被害は表層地すべりに伴う亀裂に起因するが、旧地形の勾配も緩いので、二次災害の危険性はきわめて少ない」とされて地すべり抑止工事を行わなかった。た

緑ヶ丘３丁目の被害状況（1978年宮城県沖地震でも同様の被害を受けている。）

緑ヶ丘４丁目の宅地陥没被害状況

だ「しかし、地区全体の地下水位が異常に高くなっていることが観察されるが、地盤の安定性は水位を低下させることで確保出来ると判断される」とされて、地下水対策工事は行われた。しかし、その効果は見られず、今回の被害は、地盤変動の要因として地下水位が大きく作用した。

仙台市の宅地被害復旧のための新制度創設

仙台市が、被災直後に認定した被災宅地二〇七八宅地について、既存の制度の対象になるのはどの程度か検討したところ、既存の「大規模盛土造成地滑動崩落防止事業」に対して適用外が93％、新潟・中越地震の特例措置「災害関連地域防災がけ崩れ対策事業」に対して適用外が63％であった。このため、新潟・中越地震の特例措置を上廻る新たな制度の創設が仙台市の課題となり、緊急に国に要望して、二〇一一年一一月の第三次補正で「造成宅地滑動崩落緊急対策事業」を制度化させた。また、滑動崩落した団地全体の安定を図るため、国庫補助事業に該当しない民有地間（いわゆる「民・民境界」）にある擁壁等を、震災復興特別交付税で処置させ、都市部の住宅密集地で実情に沿わないものの、1ha当りの事業費の限度額一億六千万円を仙台市全体で平均化して運用するとともに、滑動崩落が発生していない単独被害宅地は仙台市独自の支援制度を作り、表のとおり宅地被害を復旧させた。制度化した「造成宅地滑動崩落緊急対策事業」は、宅地が密集する仙台市の地盤復旧に大きな役割を果たした。

制度創設に果たした被災住民の運動

この制度を国に作らせるために仙台市が果たした役割は大きいが、仙台市を後押しした被災住民の果たした役割も大きい。仙台市長が、被災住民と初めて会見し要望を聞いたのは緑ヶ丘四丁目被災者会で、席上市長は、「丘陵地の宅地被害は沿岸部の津波被害にも劣らない」と、復旧に全力を上げると言明し、以後、被災者会は、住民の要求をもとに提言をまとめ、仙台市の国土交通省に対する要望等を全面的にバックアップした。また、宅地被害ネットワークを立ち上げて緑ヶ丘被災者会の運動を支えた県民センターの役割も大きかった。

（宮野賢一）

表　被災宅地復旧状況（2016年1月1日現在）　　（数値は宅地数）

復旧・補修状況		公共事業対象宅地	助成金制度対象宅地	合　計
	宅地の危険度区分	2,251宅地	3,207宅地	5,728宅地
復旧・補修済み宅地数（※１）		2,221	2,122	4,343
	うち要注意宅地判定（黄）	1,583	1,466	3,049
	うち危険宅地判定（赤）	681	525	1,206
未復旧・未補修宅地数		300（※２）	1,085	1,385
	うち要注意宅地判定（黄）	238	1,065	1,303
	うち危険宅地判定（赤）	19	151	170
未復旧・未補修宅地中早期復旧を要する宅地		0	12	12

※１：工事準備中，及び工事中のものを含む
※２：工事承諾が得られないなどの理由により工事ができない宅地
未申請の主な理由（所有者等への聞き取り結果）
①補修で対応　②被害が軽微であり現状維持で問題ないと判断　③土地売却の検討
出所：仙台市復興事業局・宅地復興部資料

Column

アセス逃れの仙台パワーステーション

「環境アセス逃れ」

津波被災地の仙台港で、二〇一七年一〇月一日から石炭火力発電所・仙台パワーステーション（以下、「仙台PS」と略記）が操業を開始した。出力11・25万㎾以上が国のアセスの対象だが、わずかに下回る出力11・2万㎾のため、アセスを免れ、短期間で安上がりに建設された。

「環境アセス逃れ」の典型である。後手に回った仙台市と宮城県は、その後、条例を改正し出力3万㎾以上の火力発電所を新たにアセスの対象事業に加えた。

「日本初の石炭火力差止め訴訟」

操業差止めを求めて、二〇一七年九月二七日、近隣の住民など一二四名が原告となり、関西電力と伊藤忠商事の関連会社、仙台PS株式会社を被告として仙台地裁に提訴した。石炭火力発電所単体の差止めを求める日本初の訴訟である。現在四三基ある石炭火力発電所新設計画（稼働中の七基を含む）の中で、差止め訴訟の先陣を切ることになった。

健康被害の恐れと気候変動の影響による人格権侵害、津波被災後、奇跡的に再生した蒲生干潟の生態系にかかわる環境権の侵害を請求の根拠とし、被災地への立地を問う、日本初の訴訟である。その後、神戸製鋼などを被告とする石炭火力差止め訴訟も始まった。

「災害便乗型資本主義」

仙台港には四国電力と住友商事による、もう一つの石炭火力発電所（仮称）仙台高松発電所の建設計画もあったが、この訴訟も一つの契機となって、二〇一八年四月一〇日、四国電力は撤退を表明、住友商事はその後、木質バイオ100％に計画を変更して、アセスを続けている。

石巻市でも日本製紙などによる石炭火力発電所（木質バイオとの混焼）が二〇一八年三月から稼働している。

福島原発事故によって東電の体力が低下した首都圏への売電を意図して、震災によって地価が下がり、立ち退きを強いられ、近隣に住民が住めなくなった仙台港がねらわれている。「災害便乗型資本主義」の典型例と言える。

（長谷川公一）

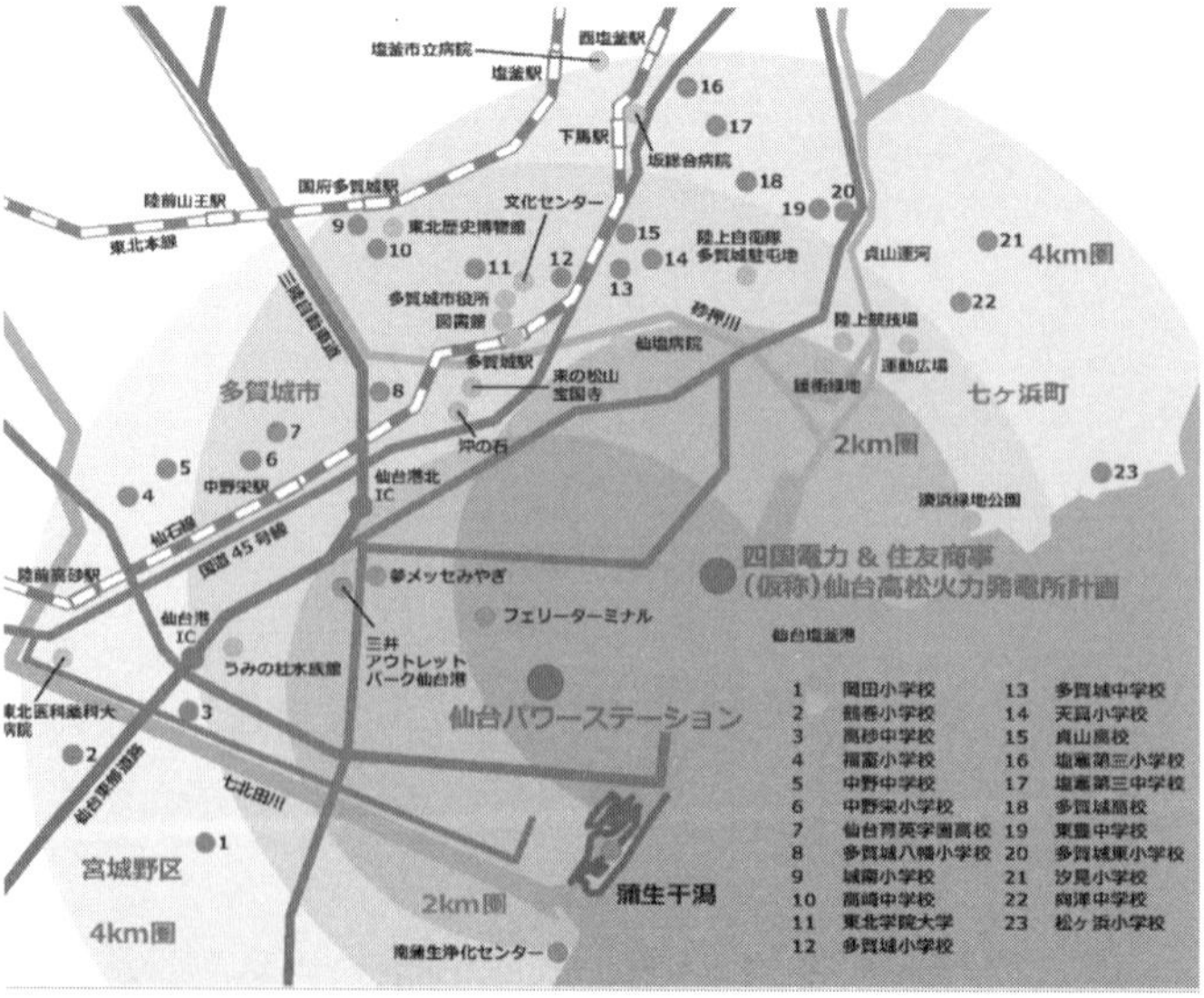

図1　石炭火力発電所と地域社会
4km圏には小学校12校など、学校が23校もあるほか、病院やさまざまの文化施設がある

Column

仮設住宅入居者の所得

一般社団法人パーソナルサポートセンターが二〇一二年八月に「仙台市内の仮設住宅入居世帯の被災1年後の状態と将来像」とする調査報告をまとめた。図はそのなかで、仮設住宅入居世帯の入居後の年収額調査結果を五〇万円（四〇〇万円以上は一〇〇万円）単位でグラフ化したものである（データ提供は菅野拓氏）。

収入で最も多いのは、プレハブ入居世帯で一五〇～二〇〇万円、みなし入居世帯では二〇〇～二五〇万円のゾーンであることがわかる。プレハブ入居世帯では年収一〇〇万円未満世帯が24・8％を占めていた。相対的にプレハブ入居世帯の家計の厳しさがうかがえる。

（小川静治）

図1　仮設住宅入居者年収分布

%
18.0
16.0
14.0
12.0
10.0
8.0
6.0
4.0
2.0
.0
■プレハブ
□みなし
50万円未満
50～100万円未満
100～150万円未満
150～200万円未満
200～250万円未満
250～300万円未満
300～350万円未満
350～400万円未満
400～500万円未満
500～600万円未満
600～700万円未満
700～800万円未満
800～900万円未満
900～1,000万円未満
1,200円～

Column

水素ST補助事業にみる宮城県の無駄遣い

宮城県村井県政の創造的復興政策の一つに、水素ステーション（ST）を整備し、FCV（水素燃料電池車）を普及する」ことがある。

県の包括外部監査人が、二〇一八年春に提出した「包括外部監査の結果報告書」で、「水素ST整備事業費補助」に関し、次の問題点を指摘している。

「大甘」だった補助基準

水素ST整備には国からも補助金が交付されている。国は交付対象経費に工事契約が含まれる場合、一般競争入札または、指名競争入札によることを求めているが、県は、補助対象に随意契約の土木工事を含めたため、国の基準を当てはめた金額よりも約2億円も多い額を補助対象とした。国や他県と同じように随意契約による経費を補助対象から外した場合、交付金額は約1億5千万円少なくて済んだのである。

「報告書」では、「当補助金の財源の大半は、法人に対して宮城県が独自に追加負担を強いている『みやぎ発展税』である。他の都道府県よりも多くの負担を強いて集めた税金を他の都道府県より緩いルールで交付していることについて、納税者の理解を得ることは困難であると思わ」れると厳しく指摘している。

水素STの利用試算、FCV普及目標なし

「報告書」はさらに「県は今回整備した水素STがどの程度利用されるかの試算を行っておらず、FCVの普及台数の目標も設定していない」と指摘している。

このように宮城県の水素STにかかる補助事業は、「補助金交付のルールを業者に有利なようにしたが、県としての利用・普及計画はなく、他県と同じルールにすれば2億3千万円だったものを、3億8千万円も交付する結果となったのである。（小川静治）

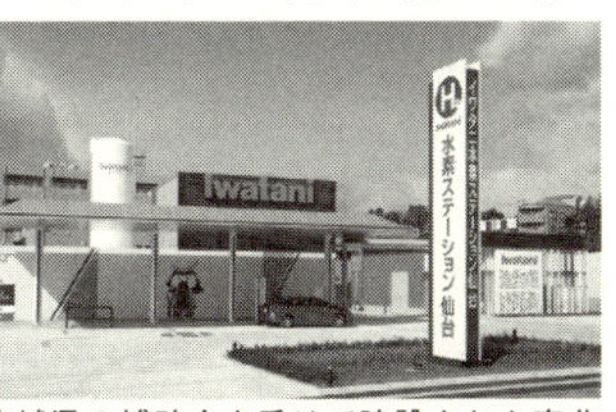

宮城県の補助金を受けて建設された東北初の商用水素ステーション
出所：イワタニ

災害公営住宅とその課題

災害公営住宅とは

東日本大震災で住宅を失った被災者（住宅が全壊または大規模半壊以上の被災者や原発避難者および帰還者等）向けに、県や市町村が建設している住宅を一般に災害公営住宅と呼ぶことが多い。都道府県や市町村は従来から公営住宅法に則って、収入や資産が十分ではない住宅困窮者向けに公営住宅を建設してきた。公営住宅の建設にあたっては、国の補助（建設費用の二分の一）があるが、災害を契機に建設される公営住宅（災害公営住宅）の場合は、三分の二に、激甚災害の場合は、四分の三を国が負担する。東日本大震災では費用の八分の七を国が負担する特例措置がとられ、用地取得費や造成費等も国庫負担となった。

整備状況

東日本大震災の被災八県では二〇一八年八月末現在で、三〇、一七八戸の災害公営住宅の建設が計画されている。宮城県が最も多く一五、八二三戸で、全体の半数以上に達している。次いで福島県（調整中・未確定を含む）が八、〇六六戸、岩手県が五、八六五戸で、三県で全体の98・6％を占めている。同時点での完成戸数は、二九、一六三戸で、進捗率は計画戸数が一部未確定のため、算出されていないが、97％をこえている。なお岩手県では県営および市町村営の両方があるが、宮城県ではすべて市町営である。福島県では原則として津波・地震向けと帰還者向けは市町村営、原発避難者向けは県営となっている。

東日本大震災被災者向け災害公営住宅の供給状況

県名		計画戸数	完成戸数	進捗率(%)
岩手県		5865	5380	91.7
宮減県		15823	15562	98.4
福島県	津波・地震向け	2807	2807	100
	原発避難者向け	4890	4707	-
	帰還者向け	369	283	-
5県合計※		424	424	100
合計		30178	29163	-

※5県とは青森県、茨城県、千葉県、長野県、新潟県である。福島県の計画戸数のうち原発避難者向けは調整中123戸を含み、帰還者向けは計画戸数が未確定のため、復興庁は各進捗率を算出していない。

出所：2018年8月末　復興庁調べ（復興庁HPより作成）

災害公営住宅をめぐる課題

(1) 孤独死防止とコミュニティ形成

災害公営住宅の建設・運営・維持にあたっては、さまざまな課題があるが、ここでは四点を指摘する。第一の課題は、居住者の孤独死の防止や居住者コミュニティの形成である。阪神・淡路大震災からの復興の経験を踏まえて、東日本大震災後は、居住者間の交流を促すために、多くの災害公営住宅に集会施設が併設されている。また、入居時には出身地域を同じくする被災者や、仮設住宅で知りあった被災者どうしがまとまって入居できるグループ入居を取り入れた自治体もある。さらに、入居後は、自治体が支援して住民の自治組織の形成を促進するなど、住民間のコミュニケーションの機会を増やす工夫がなされてきた。しかし、実際には孤独死が発生し、住民間のコミュニケーションは震災以前や仮設住宅入居時より減少しているという調査結果もあり、課題が十分に解決されてはいない。

(2)収入超過者の家賃問題

第二の課題は家賃の値上げである。災害公営住宅には住宅を失った被災者であれば入居が認められたが、入居から三年が経過した後は一定の金額以上の収入がある入居者世帯（収入超過者）の家賃は、当該住宅の建設費等をもとに算定される近傍同種家賃へ引き上げられる規則となっている。岩手県内のある災害公営住宅の場合、2LDKの住宅（当初家賃は三六、五〇〇円）の家賃が四年目から段階的に引き上げられ、八年目には一四二、〇〇〇円となるケースもあった。家賃の大幅かつ急激な値上げは、入居者を大いに不安にさせ、生活設計に支障をきたすおそれがある。こうした不安を軽減するために、岩手県では国や市町村と折衝を重ね、県営住宅の家賃の上限を七七、四〇〇円として、それ以上の家賃をとらないことを決定し、県内の市町村の多くはこの決定に同調して、同じ措置をとることとした。

(3)空き室問題

第三の課題は空き室の問題である。共同通信社の調査（二〇一七年三月七日）によれば、岩手県・宮城県・福島県で完成済の災害公営住宅の6％にあたる一、二九四戸が空き室となっていた。空き室の増加はコミュニティ活動の停滞、入居者の共益費負担の増大、防災防犯上のリスクの増大などを引き起し、設置自治体の家賃収入の減少を招き、財政的なリスクを増大させることも想定される。

そこで、被災者以外にも入居を認める一般公営住宅化が進みつつある。制度上は、発災から三年を経過した時点で、当該地域に被災者のニーズがないことが確認できれば、各自治体は一般の住宅困窮者に対しても入居を認めることが可能であることから、各地の自治体では一般公営住宅化を検討し、宮城県内の一部の市町は一般入居者の募集を始めている。

一方で、岩手県内の自治体は仮設住宅の入居者がまだ存在していることもあり、一般公営住宅化については、慎重な姿勢を保持している。今後、長期にわたって災害公営住宅をどのように運営し、維持していくかは、各自治体にとって大きな課題になってこよう。

(4)自治体の財政負担の課題

第四の課題は自治体の財政負担の問題である。災害公営住宅の建設費等の八分の七は国費負担となっているが、残り八分の一は整備主体である自治体の負担となっている。

岩手県内最大の一、三〇〇戸（県営と市営の合計）を超える災害公営住宅が建設される釜石市の場合、災害公営住宅の建設に関する起債として、三八・九億円を計上している。償還の原資は家賃収入をあてることとなっているが、空き室が出て家賃収入が想定を下回ったときは、市の財政出動も想定される。

災害公営住宅を今後、良好な状態で維持していくには、相応の費用が想定される。建設費の償還および維持費の支出は、今後の自治体財政を直撃する可能性もある。災害公営住宅が自治体の財政に与える影響についても今後、注視していく必要がある。

（吉野英岐）

3 災害公営住宅

災害公営住宅における宮城県の役割

5－3－2

一戸もつくらなかった災害県営住宅

　宮城県は当初計画（二〇一一年一二月策定「宮城県復興住宅計画」）では「県営災害公営住宅は、市町による災害公営住宅の整備計画の枠内での建設。県としては市町営住宅の建設支援を先行的に進め、県営住宅は補完的整備。市町の整備計画が出そろった後に調整する」と、やや消極的であるが、全体一二、〇〇〇戸の計画数のうち、最大一、〇〇〇戸程度の県営災害公営住宅を整備することにしていた。

　しかし、「その後の各市町の意向調査結果や整備状況等を鑑み、被害の大きかった市町においても協議会方式（※）による買取り手法の活用や県への委託等により対応できる目処がついた」として、二〇一四年一〇月に計画を見直して、全体の整備計画数が一五、五六一戸に増えたた中で、県営の災害公営住宅はつくらないことにした（その後、東松島市等で追加され、計画戸数は全県で一五、八二三戸になった）。

災害県営住宅の位置づけと課題

　宮城県は、二〇一二年六月時点では、県営住宅の補完的整備としての位置づけを、以下の四点に整理していた。

①整備必要戸数の増加により災害査定の限度戸数を超えるようなケースへの対応
②市町の枠組みを超えた広域的な被災者の移動により必要となる整備への対応
③管理戸数の極端な増加により管理負担が極端に増加するようなケースへの対応
④先導的なモデルとしての取り組み

　この時点では、県営住宅をそれなりに位置づけていたことがうかがえる。他方、県は県営住宅供給に関わる課題・問題点もあげている（二〇一六年四月宮城県土木部復興住宅整備室発行「災害公営住宅整備の記録（中間報告）～5年の歩み～」P35）。

㋑被災沿岸市町の人口流出等への配慮
㋺用地の確保
㋩家賃設定や減免等に関して同一地域での市町営と県営との整合性の確保
㋥県営住宅を先行することにより県営住宅整備の要望の増大
㋭募集窓口が二つになることによる混乱の回避
㋬復興交付金計画への位置づけ

県の対応の評価

　前述の通り、県は災害県営住

宅をつくらなかった。本来は、自ら災害公営住宅を供給し、市町とともに、これらの課題や問題点を共有し、正面から向き合い、解決しようとするのが県の役割である。県営をつくらず、市町に課題や問題をおしつけている県の姿勢は厳しく批判されなければならない。

前出の㋑人口流出への配慮をあげるなら、県営住宅の直接供給こそ重要だった。県が行ったことは真逆である。また村井知事は、仙台市に対して、復興が遅れている周辺市町への配慮を求める異例の発言を行った。当時の奥山仙台市長もそれに呼応し、仙台市の災害公営住宅整備数に、他市町で被災し仙台市へ転入した被災世帯の災害公営住宅入居希望数を含めなかった。その結果、災害公営住宅入居を希望しながら、抽選で何度も外れ、結局、民間賃貸住宅での生活を強いられた被災世帯が少なくない。

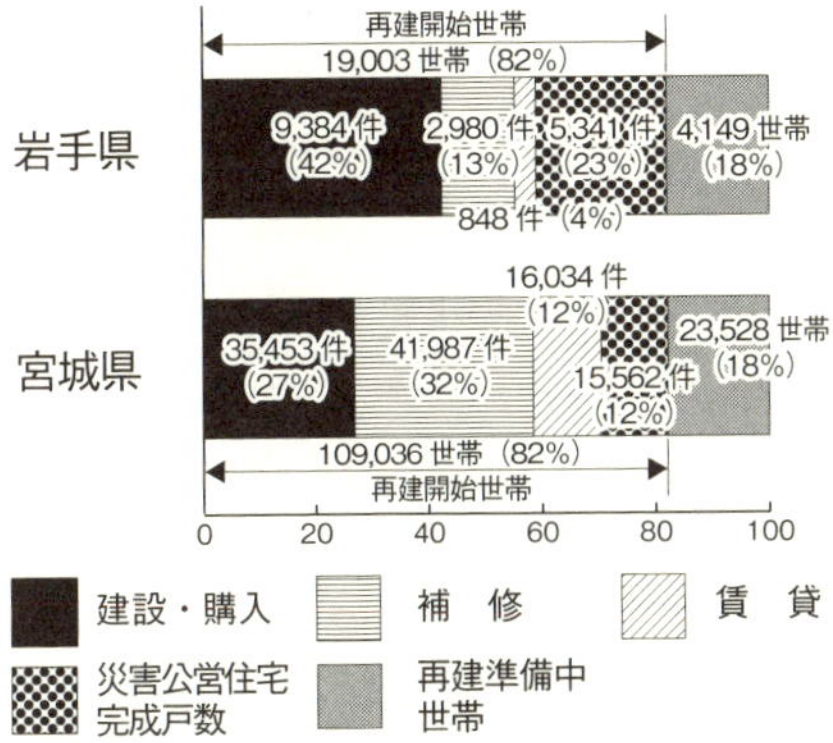

岩手県
再建開始世帯
19,003 世帯（82%）
9,384 件（42%）
2,980 件（13%）
848 件（4%）
5,341 件（23%）
4,149 世帯（18%）

宮城県
35,453 件（27%）
41,987 件（32%）
16,034 件（12%）
15,562 件（12%）
23,528 世帯（18%）
109,036 世帯（82%）
再建開始世帯

0　20　40　60　80　100

建設・購入　補修　賃貸　災害公営住宅完成戸数　再建準備中世帯

被災者の生活再建状況（試算）

注）被災者生活再建支援金（加算支援金）の支給件数に災害公営住宅の完成戸数を加えたものを、住まいの再建が開始された世帯とみなした。母数は基礎支援金支給件数。岩手県は、2018年6月30日、宮城県は、2018年8月31日現在。なお、「大規模半壊」で申請後「解体」して再申請した場合、「賃借」の後に建築し再申請した場合など、双方でカウントされ重複がある。

出所：岩手県は「いわて復興インデックス」掲載の図、宮城県は総務部消防課、土木部住宅課のデータをもとに筆者作成。

前出の②で自覚しているように、人口流出が懸念される沿岸部や半島部へ先行して県営住宅を供給して流出抑制に貢献し、また仙台市や石巻市に県営住宅を整備して半島部から旧市街地への流入世帯を受けとめるなど、広域行政ならではの仕事を行うべきであった。

㋺㋩㋥㋭に関しては、「災害公営住宅だけでなく、一般の公営住宅についてもあてはまることであり、ことさら「課題・問題点」として捉えること自体がおかしい。先行整備による「県営住宅整備の要望の増大」に至っては、その何が問題なのか。労を惜しんでいるというより、「任務放棄」に他ならない。

今後に向けて

一方、岩手県の災害公営住宅整備数五、八六五戸のうち、県管理予定は一、七七九戸（沿岸部から盛岡市など内陸部に転入した被災者の要望に応えて県が整備する二五一戸を含む）。被災者の住まいの再建状況をみると、岩手県は23％が災害公営住宅であるのに対して宮城県は11・7％に止まった（図参照）。

宮城県では災害公営住宅での「孤独死」が急増し、阪神・淡路大震災の兵庫県をしのぐ危機的状況が進行している。

前出④にあるように、コミニティ形成・生活支援でも県営の災害公営住宅が先導的なモデルとして、「孤独死」を防ぐ様々な施策、手立てを尽くすことが求められていた。国が定めた復興期間の終了が近づき、復興交付金が途絶えることに市町は危機感を募らせている。せめて、市町の災害公営住宅集会所の水光熱費や常駐生活支援員の人件費などへの補助、支援を行うべきである。

（福島かずえ）

※　民間買取りの一種。工務店等が共同で法人化等を行い、協定により同法人が建設した住宅を市町が買取る方法。

3 災害公営住宅

被災者不在の仙台市復興公営住宅供給

5－3－3

過小供給と住宅再建遅延

仙台市では、津波や地震で多くの住宅が失われた。二〇一一年一二月末の国の被害査定では滅失戸数七、六五一戸。この二分の一の三、八〇〇戸が法令上の災害公営住宅建設上限戸数である。この数は、市の意向調査で復興公営住宅を希望する世帯、三、八四四とほぼ同じである。

ところが、市は希望より約六〇〇戸少ない三、二〇六戸しか整備しなかった（市外被災者の約四割と収入基準超過世帯を入居対象から除外）。整備戸数の抑制は、沿岸被災自治体が仙台市への人口流出の懸念と不安を抱いているためと市は言い逃れをしたが、市営住宅の管理戸数を増やしたくないというのが本音だ。また、村井県知事が仙台市だけ先に走るのは困ると牽制し、圧力をかけたのに対し、県にその責任を果たすように求めることもしなかった。

過小供給の結果は、復興公営住宅の抽選結果に直結した。第五希望まで記入できる優先順位の抽選でも一三三世帯が落選し、「何のための優先順位なのか」と不満が出た。その後の一般抽選でも、第一回53％、第二回70％、第三回も70％と、大量の落選者を出した。市が一〇回以上行った空き住戸の入居調整も実らずに応募断念が繰り返され、被災者に入居をあきらめさせる方向に向かわせた。

二〇一六年三月一日時点で住宅再建未定が三、六〇〇世帯。当然、復興公営住宅に落選した世帯も数多く含まれていた。被災者・市民の再三にわたる追加整備要求に応えずに、市は三月末で五年の復興期間を終了し、復興事業局を廃止した。復興公営住宅の過小供給が、住宅再建を困難にし遅らせた原因である。

仙台市復興公営住宅整備目標設定基礎資料（網掛け：目標設定の基礎とする部分）

世帯の区分	市内被災	市外被災	合計	
①防災集団移転促進事業対象世帯	301	−	301	2,303
②優先順位での入居対象世帯　＊1	697	285	982	
③一般抽選での優遇対象世帯　＊2	724	296	1,020	
④一般世帯（①〜③に該当せず収入基準以内）	906	361	1,267	
⑤収入超過世帯（①〜④に該当せず収入基準超過）	189	85	237	
合　計	2,817	1,027	3,844	

＊1　高齢世帯（世帯全員が70歳以上），障害がある方がいる世帯，一人親世帯（子が中学生以下）
＊2　低所得世帯（所得が特別家賃低減対象），一人親世帯（子が20歳未満），多子世帯（子が３人以上），子育て世帯（子が小学校就学前）
注）住宅被災者9,983世帯（応急仮設住宅居住世帯、以前の入居意向調査において復興公営住宅への入居希望・検討中とした世帯）を対象の入居意向調査（2013年３～４月）で復興公営住宅へ入居を希望した世帯中，①～③と④のうち市内被災世帯を合算し3,200戸を整備目標とした。
出所：仙台市都市整備局「復興公営住宅の供給目標等について」（2013 年 11 月 21 日）

計画に被災者を合わせようとする整備手法

整備戸数が圧倒的に足りない

ことと合わせ、ミスマッチが起きた。まず住戸と世帯条件のミスマッチだ。入居希望の多くは高齢者・単身者だが、ひとり暮らし世帯が入居する2Kが大きく不足し、第二回一般抽選では、八六戸の募集に対し、三五五世帯が応募した。何度抽選を行っても不足は明らかであった。2Kなど小さい住戸では倍率が高く、大量落選。他方、3DKや4Kには希望者が少なく空き住戸が多く発生した。

そして立地のミスマッチ。沿岸部被災地から遠い茂庭台団地の復興公営住宅は、希望者が少なく空き住戸が多く出た。市の遊休地の活用を優先し、被災者の要望ではなかった。

最初から被災者の要望に沿った場所と間取りを考えて建設すれば、回避できたのではなかったか。市の計画に被災者を合わせようとする整備手法に問題があった。復興公営住宅の整備目標が適切であったか、ミスマッチの問題も含めて市の検証が求められている

背景は住宅政策の不在

市は仮設住宅でのコミュニティを復興公営住宅でも活かそうとコミュニティ入居募集を行った。「一〇世帯以上の集団応募」を行ったが集まらず、「五世帯以上」に引き下げたが実績はあすと長町と鹿野復興公営住宅のみにとどまった。集団応募したくても希望の住戸が揃ってなければ応募できない。結局、入居先はバラバラになった。

鹿野は地すべり被害に遭った緑ヶ丘の被災者が集団移転した住宅だが、入居後現役世代は収入超過と判定されて家賃が急騰し、高くて住み続けられないと退去した世帯が出た。これでは、何のための「防災集団移転」なのか。コミュニティ入居が空振りに終わったといえる。

市は復興公営住宅に落選した世帯の多くを民間賃貸住宅に誘導した。しかし、被災者から「家賃が高くて入れない」「どうしたらいいかわからない」と訴えがあった。「市独自の家賃補助を」の求めに対し、「民間賃貸住宅は幅広い価格帯なので補助は考えていない」と答えた。低家賃の住宅は居住水準が低い。人間らしい暮らしが可能な住宅を得るには家賃補助が不可欠である。

惨事便乗型を象徴する公募買取り事業

復興公営住宅の約六割が民間公募によって市が買い取った住宅である。大量かつ迅速な供給のためには全否定はできないが、惨事便乗開発との誹りを招く事例もあった。大手デベロッパーが所有していた敷地に建設されたあすと長町復興公営住宅はその一例だ。入居開始後、受託業者が建設した高層マンションによる日照被害が深刻だ。復興住宅への入居が開始された直前に同社が南側に二四階建て・高さ八〇メートル（復興住宅の二倍の高さ）のマンション建築説明書を仙台市に提出した。

市はデベロッパーが広大な敷地を一体的に所有していたことを承知し、マンションが建築されることも想定していた。その上で、企業にとって「デッドスペース」になる土地にあえて復興公営住宅を建てさせ、それを市が選定し買い取ったというのは、許容できるものではない（詳しくは本書114頁参照）。

＊

二〇一七年七月に誕生した郡市政は、入居者の要求に応え、六年目以降、値上げが予定されていた低額所得者向けの特別低減家賃を一〇年目まで延長することを決めた（家賃問題は次頁参照）。被災者に寄り添う復興公営住宅の運用へと転換することを期待したい。

（嵯峨サダ子）

災害公営住宅の家賃問題

住み続けられるのか

災害公営住宅のための特別の法律があるわけではなく、低所得者向けの公営住宅の特例として、国が建設のための補助金を割増したものが災害公営住宅だ。災害発生から三年間は住宅が滅失したもの（住宅被災者）に入居を限定するが、一般の公営住宅と同様の収入制限があり、それを超える収入があると入居できない。ところが、激甚災害など、自力再建を断念する住宅被災者が多く発生する場合には、収入や世帯条件にかかわらず入居資格が認められる。

さらに東日本大震災では、激甚災害を上回る特例措置が設けられた（表1）。ところが、入居後の管理は低所得者向けの公営住宅法の規定によって行われる。それが、入居者の居住の安定を脅かすことになった。その一つが家賃問題である。

増減する家賃

家賃も公営住宅法に準拠して、収入（支払能力）と部屋の広さや立地など（受益）を考慮して決める（応能応益家賃）。収入ランクの判定は実収入ではなく必要経費等を引いた「政令月収」による。通常、実収入の半分以下になり、国民年金暮らしの夫婦世帯なら概ね政令月収はゼロになる。

この政令月収を八段階に区分し、それぞれのランクの平均粗収入（政令月収ではない）に家賃負担率を乗じて家賃の応能部分が決められる。それが家賃算定基礎額だ（表2）。だから家賃は一定ではなく、世帯収入が上下したり、家族構成が変わると変化しうる。

三つの家賃問題

(1) 特別家賃低減事業

国は、最も収入の低い第一階層のうち、政令月収八万円以下の世帯について、通常の第一階層家賃を減免する制度（東日本大震災特別家賃低減事業。以下、「特別低減」）を用意した。

問題は、国はこの事業期間を一〇年間に限定し、当初五年間は特段に減免するが、六年目から段階的に通常の第一階層家賃まで引き上げるとしたことだ。この事業の対象者の大半は年金暮らしの高齢者で占められ、所得はむしろ減少する。暮らしの現実を無視する制度設計だった。

(2) 収入超過者問題

収入にかかわらず受け入れながら、入居三年を経た時点で政令月収が入居基準を超えていると明け渡し義務が生じ、割増家賃が課され、最終的には法外な家賃（近傍同種家賃）となる。

対象世帯は多くないが、これこそ制度設計の矛盾である。特に問題なのは、収入超過者の中でも収入が低いほど値上げ幅が大きくなり、逆進的なことである。

仙台市の例では第八階層は25%程度の家賃負担率に収まるのに第五階層では40%近い負担率となる。事実上の追い立てだ。特に市内に五万円を超える家賃の貸家がほとんどない岩手県の被災地では人口流出につながると不評だった。

(3) 特別損失繰延控除終了

災害による損害額を所得から控除できる損失控除は、特例により三年の繰延期間が五年に延長されていた。

このおかげで津波による住宅被災者は収入があっても所得はゼロとみなされてきたが、繰延が終了した途端、突然の所得増とみなされ家賃が急騰した。

表1 災害公営住宅に関する東日本大震災特例（一部）

入居者資格	該災害により滅失した住宅（賃貸住宅を含む）に居住していた方（大規模半壊・半壊で解体を余儀なくされた場合，防災集団移転等復興事業に伴って除却を余儀なくされた場合も「滅失」に含む）
	入居収入基準・同居親族要件は適用せず（発災後３年間を最長10年に）
整備戸数の上限	滅失戸数の５割（通常３割）
災害公営住宅家賃低廉化事業	近傍同種家賃と公営住宅家賃の差額を20年間補助 国費率：当初５年間7/8，6～20年目5/6（地方負担分の1/2の追加支援を含む。残りも地方交付税加算）
東日本大震災特別家賃低減事業	政令月収８万円以下の入居者の家賃を下表の通り10年間減免。（減免率は補助金額算定の基準。実際の減免制度は自治体の裁量）

所得階層	政令月収（円）	減免率（%）			
		当初5年	6･7年目	8･9年目	10年目
特１	0	70	52.5	35	17.5
特２	～40,000	50	37.5	25	12.5
特３	～60,000	25	18.75	12.5	6.25
特４	～80,000	5	3.75	2.5	1.25

出所：復興庁，国交省資料より筆者作成

- 近傍同種家賃：同種の住宅を民間賃貸供給して成り立つ家賃
- 政令月収：世帯収入から人数・高齢者・障害者等に応じ経費を控除して1/12

表2 公営住宅家賃算定基礎額（国交省資料）

収入分位（%）		政令月収（円）	家賃負担率(%)	家賃算定基礎額（円）
Ⅰ	～10	～10,4000	15.0	34,400
Ⅱ	～15	～123,000	15.5	39,700
Ⅲ	～20	～139,000	16.0	45,400
Ⅳ	～25	～158,000	16.5	51,200
Ⅴ	～32.5	～186,000	17.0	58,500
Ⅵ	～40	～214,000	17.5	67,500
Ⅶ	～50	～259,000	18.0	79,000
Ⅷ	50～	259,000～		91,100

表3 災害公営住宅家賃の独自支援（宮城県）

名取市	子育て世帯への家賃補助（全賃貸）
女川町	全階層対象の減免（5年間：50%，以後10年目まで漸減）
南三陸町	特Ⅳ～Ⅳ対象減免（5年間：20%，以後10年目まで漸減）
復興庁事務連絡以後の対応	
特別低減の当初減免を10年間に延長	山元町，石巻市，仙台市，気仙沼市，東松島市，東松島市，岩沼市，涌谷町（栗原市は7年まで）
収入超過者の割増分減免	石巻市・東松島市・南三陸町（8年目まで），気仙沼市・岩沼市・山元町（10年目まで）
収入基準引上げ	女川町25万9千円（本来階層）

出所：新聞記事等（2018年9月現在）

国と自治体の対応

特別低減の六年目以降の縮小、一〇年での打切りや収入超過者に対する割増家賃に被災者は強く反発した。被災自治体や県も国に特別低減の延長を求め、収入超過者問題への対応を訴えてきた。これに対し、復興庁は二〇一七年一一月二一日に被災三県災害公営住宅担当課あてに「災害公営住宅の家賃について」と題する事務連絡を発した。

同事務連絡は、収入超過者と特別低減対象者の家賃値上げを取り上げ、収入超過者に関しては「条例により、被災者の入居収入基準を引き上げたり、（中略）独自に家賃を減免することが可能で」あり、特別低減についても「6年目以降は、段階的に補助額が低減」するが「地方公共団体が独自に家賃を減免することが可能で」あると、国の認識を明確にした。国は制度とニーズとの乖離を認めていても、すでに復興交付金で特段の手当をしており、潤沢な交付金を活用して自治体独自で被災者の要求に応えよというのである。

これを受けて、多くの被災自治体が独自に特別低減の延長を決め、収入超過者問題についても上限家賃の設定や家賃割増分の減免を決めている。しかし、自治体の対応にはばらつきがある。

国の制度設計の誤りを正し、自治体にも三位一体改革で拡大した裁量権を被災者本位で発揮するように求めることが重要である。

（遠州尋美）

3 災害公営住宅

仙台市の副都心・あすと長町復興公営住宅の日照問題

5－3－5

あすと長町日照問題

あすと長町復興公営住宅（一六一戸、一四階建）は、市内の復興公営住宅の中で最も利便性が高く、市外被災の入居者も多い。仮設住宅からようやく恒久住宅に落ち着いた入居者が、同敷地南側への大規模マンションの建設計画（高さ80m、二四階、三四五戸）を知ったのは、入居直後の二〇一五年四月だ。

市は、入居前にその建設計画を同住宅の入口に掲示したとしているが、引越しに追われる入居者への説明はなく、実質的には事後告知であった。同年一一月には着工され、説明会はその後の同年一二月の一回のみであった。この南側マンションの高さは、復興公営住宅の約二倍もあり、同住宅の約三割が日照時間三時間以下、一時間程度になる（冬至）ことも明らかになった。建設が進むにつれて入居者からは「部屋の電灯は点けっ放し」、「空が見えない」「北側にも窓がない」などの声が上がった。

さらに、この事態に拍車をかけるように東側への大規模マンション建設計画が明らかになった。この東側マンションの規模（三九一戸）は南側より大きい。これで冬至の一一時から一四時は、復興公営住宅のほとんどに陽が入らず、特に一階は、終日日照から断絶される。

入居者が驚いたのは復興公営住宅建設事業者（「公募買取事業方式」）と南側および東側敷地のディベロッパーが同一であることだ。東側マンションの説明会で事業者は「ここは商業地域、守るべき基準は全て守った」「今回は東側マンションの説明会なので、南側マンションの質問には答えられない」と強気であった。

あすと長町復興住宅入居時（2015年）と南側マンション建設時（2017年・冬至）
写真右：2015年３月31日12時59分，仙台市撮影

公募買取事業の罠

また、「住民の会」の仙台市

への公開質問状で、東側マンション計画の評価を問いただしたが、事業者の対応には理解を示し、会の要望については「復興公営住宅に生じる日影は受忍の範囲内」と却下している。

ここで復興公営住宅の調達方法である「公募買取事業」の問題を指摘しておく必要がある。まず、復興公営住宅の買取価格が各地区とも戸当たり二、〇〇〇万円超と高額だ。それは買取価格に民間事業者の経費・利益が上乗せされているからだ。さらに事前に全戸買取が決まっているので、民間分譲マンション事業に不可欠な販売経費は必要ない。加えて〝売れ残り〟などの販売リスクもなく、これ以上ない収益を見込めるのである。

あすと長町復興公営住宅の現況（2018年11月），中央の白い建物が同住宅

あすと長町地区全体の開発は、今回の「創造的復興」以前の国鉄分割民営化（一九八七年）による貨物ヤード跡地利用がスタートだ。経済危機・停滞下の事業（土地区画整理事業、82・0ha。二〇一六年六月事業完了）環境を大きく変えたのが、震災復興だ。

中でも震災前の都市再生緊急整備地域と用途地域（容積率500%、600%）指定、さらには「あすと長町中央地区計画」（市条例。敷地最低限度2000㎡等）の〝効果〟は大であった。加えて県は南側マンションの販売時には、県庁の玄関通路壁をPRのために提供するほどの力の入れようであった。

惨事便乗ビジネスを問う

「住民の会」は過酷な住環境からの〝脱出〟を求め、太陽光採光システムの設置要求等や「仙台市中高層建築物等の建築に係る紛争の予防と調整に関する条例」に基づく調停の申出を行ったが、結果的には拒否・打ち切りとなった。仙台市の「中高層建築物紛争予防条例」の問題は、同条例の運用当事者である市長（行政）のイニシアティブ・責任が不明確であり、建築計画の周辺への説明の方法も建築主・事業者まかせだ。

さらに同条例のPRが役割であるはずの市のウェブサイト（同条例紹介のQ&A）では、同条例のあっせん・調停と建築確認申請は別で、日影も法律で決められており、「日照権（日照阻害）は裁判で」というような調停申し出の門前払いのような内容になっている。

前述したように、東北の拠点都市・仙台は、被災前から都市再生・規制緩和という投資ビジネスの誘致策を採ってきており、そこへの大震災の発生だ。当然、被災地からはおびただしい数の避難者が住まいと仕事を求め流入する。それをビジネスチャンスと捉えたのが復興住宅公募買取型事業をも手掛けた大手ディベロッパー群だ。ここでも創造的復興の正体が、惨事便乗ビジネスであり、それは官民一体で展開されるということが浮き彫りにされている。

（阿部重憲）

災害公営住宅でのコミュニティづくり
――住民共有の居間「集会所」の機能強化

東日本大震災は、従来の災害にはなかった地域社会の組織化という新たな支援ステージを発生させた。復興過程で、被災前の地域は、「自力再建」「災害公営住宅」「防災集団移転」と分けられてしまう。最も支援を必要とする人々の生活を支えたコミュニティ資源が、復興過程で壊される。

こうした中において、被災者支援に関わる生活支援員は、応急仮設住宅での避難生活を支える活動から災害公営住宅での暮らしを支える活動にその場を移し、支援活動の内容を新たにできた住宅団地でのコミュニティづくりに変えつつ、長い避難生活を支えている。

復興期の被災地で課題となっているコミュニティの再構築は、いかにして進められているのか、宮城県南三陸町被災者支援を事例に取り上げる。

生活環境の激変

津波で家屋を流された被災者は、その多くが内陸部に整備された災害公営住宅や防災集団移転団地に移り住むことになる。このため、従来の生活環境と新たな住まいとなるマンション型の災害公営住宅との間には、居住環境に大きな差異が出る。新たな住まいとなるマンション型の災害公営住宅は、快適で自己完結能力が高い反面、密室性が高く他者との関係が疎遠になりがちで孤立化傾向を助長する。こうしたことが、日常的な近所づきあいや他者への関心にも影響し、寄り合い所帯でのコミュニティ再構築を難しくしている。

災害公営住宅管理組合としての自治会

災害公営住宅での新たな住まいのコミュニティづくりは、行政（災害公営住宅整備運営担当課）の積極的介入で「管理自治会」として勧められる。おたがい様の場づくりのための自治会というよりは、ゴミ集積所や共有スペースの清掃・管理、共益費に関すること等々の話し合いが中心で、マンションの管理組合的性格の強い自治会として組織される。

災害公営住宅でのコミュニティづくりは、自治会設立を急ぐ行政と住民との間に軋轢が生じたり、震災前の行政区長経験者によるやや強引な誘導があったり等、ギクシャクしながら進められている。

こうした状況の中で、行政と住民、あるいは自治会長と住民の間を取り持って、おたがい様の場づくりに奔走しているのが生活支援員である。

生活支援員の自治会活動への関与

自治会設置前は、①行政の自治会設立担当者（県外派遣職員）への地元情報（特に人財）の提供。②仮設住宅団地での自治会活動を災害公営住宅の集会所で再現し、自治会活動を思い出させる。③お茶会の場で、自治会設置の必要性を説く。④キーパーソンへの働きかけ（自治会長候補への説得）。⑤役員選出のための「班長会」への参加等、人財発掘や自治活動の必要性を説く支援である。

また、自治会設立後は、①自治会設立総会時に芋煮会等の人寄せ事業を組み合わせ、運営に協力、②各戸訪問での気になる情報の提供、③自治会長と生活支援員による困難事例（閉じこもり・アルコール依存等々）への協同対応、④自治会主催のお茶会支援、⑤ボランティア団体の紹介やボランティア等、各種団体と自治会のつなぎ役、⑥趣味活動倶楽部の組織化、班長活動、各役員活動への支援、⑦自治会長と入居者の間に入っての意見調整等、主として自治会長へのサポートが中心になる。

こうした生活支援員による支援活動に対して、自治会長は次のような感想を持っている。①生活支援員は身内のような存在だ。②行政の説明では不足で、生活支援員は通訳の役割を担った。③入居者の一人ひとりを把握しており、役員候補検討の参考になった。④自治会活動のほとんどに関わってもらい、なくてはならない存在だ。④集会所に常駐しているので助かる、いつでも相談できる（A災害公営住宅自治会長インタビュー、二〇一七年六月一日）。

このように、コミュニティ活動の中心的役割を担う自治会への支援は必須であり、住民に最も身近な支援者として、生活支援員の果たす役割は大きい。

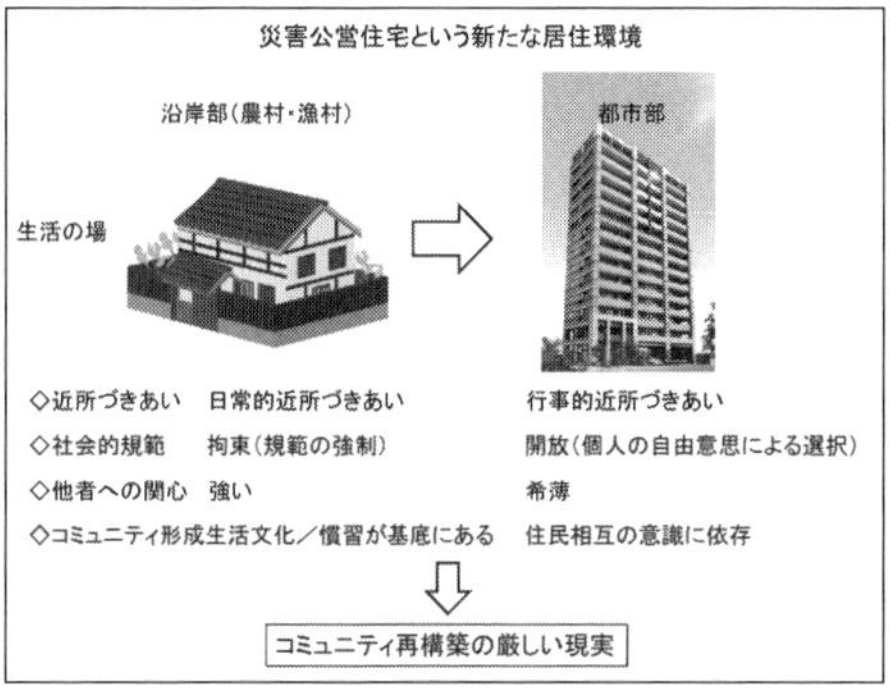

災害公営住宅という新たな居住環境

沿岸部（農村・漁村） ⇒ 都市部

生活の場

	沿岸部（農村・漁村）	都市部
◇近所づきあい	日常的近所づきあい	行事的近所づきあい
◇社会的規範	拘束（規範の強制）	開放（個人の自由意思による選択）
◇他者への関心	強い	希薄
◇コミュニティ形成	生活文化／慣習が基底にある	住民相互の意識に依存

⇩

コミュニティ再構築の厳しい現実

社会関係の異なる災害公営住宅への入居

自治という名の放任であってはならない

災害公営住宅のコミュニティづくりでは、住民共有の居間的存在となる「集会所」の役割は大きい。特に、孤立化や閉じこもり防止、さらには生活不活発病の予防など、多くの役割を果たす。しかし、被災地ではカギの掛かったままの集会所が散見する。その理由の多くは、光熱水費の負担にある。

行政は、既存自治会との均衡から災害公営住宅のみを対象とした財政支援は難しいという姿勢がほとんどである。自治会活動は、地域住民の自主的な活動であって行政が関わるべきではないという。しかし、長い年月をかけて構築してきた既存自治会活動と、寄り合い所帯で急ごしらえの災害公営住宅自治会活動を同様に扱うのには無理がある。

自治会活動が地域生活の一部になるまでの一定期間、コミュニティ活動の定着を支援する生活支援員の配置および集会所運営のための財政支援は必須だ。自治という名の放任であってはならない。コミュニティ活動に関する最小限の基盤づくりは、基礎自治体の責任で行うべきである。

（本間照雄）

4 家族・生活困難・生活再建支援

知られざる在宅被災者

5－4－1

在宅被災者とは

在宅被災者とは、災害により所有自宅が損壊しながらも、その被災した自宅で居住する方のうち、復興にかかる課題を抱えている被災者のことをいう。

在宅被災者は、自宅があることを理由に大部分が被災者として扱われなかった。そのため、発災初期において支援物資や情報提供が行き届かず、避難所または仮設住宅に居住する者と比べて、著しい支援の差が生じた。

自宅に居住しているといっても、その大半は大規模半壊、または全壊である。修理費不足によりトイレや風呂が修理未了のままで生活している方もいる。また、コミュニティ喪失により孤立感・無気力感に苛まれる方が多く、自死に至る方もいる。

在宅被災者を生む原因等

在宅被災者が発生した原因は大きく次の2つに分けられる。

(1) 自宅で生活せざるを得ない状況

在宅被災者が自宅で生活せざるを得なくなった経緯は様々であり、以下が主な例である。

①避難所不足
②ペットや要介護者の存在
③避難所環境の劣悪さ
④家屋流失者に対する気まずさ

(2) 制度の欠陥

現状の災害法制の欠陥によってやむなく在宅被災者となってしまう方もいる。その欠陥は以下の三つに分類できる。

ア　低額な支援金額

災害時に利用できる修理費用補填制度（義捐金や地方公共団体独自の制度を除く）は、①災害救助法の応急修理制度、②被災者生活再建支援法の基礎支援金・加算支援金だけである。

応急修理制度は、台所・トイレ等の日常生活に不可欠な部分の修繕を目的とした制度であり、金額は政令によって定められる（東日本大震災の時点では五二万円）。り災判定が全壊の場合は原則として対象外だが、修理して生活できると認められれば全壊でも利用可能となる。

基礎支援金は住宅の被害の程度に応じて、加算支援金は再建方法（補修、再築等）に応じて設定された金額が支給される。

例えば、自宅がり災判定上全壊だが、自宅を修理した二人世帯に対しては、基礎支援金一〇〇万、加算支援金一〇〇万円が支払われる。

災害後は人手不足・資材不足により修理費が高騰するため、必要最低限の修繕費としても全く足りないのが実情である。

イ　申請主義であること

被災者支援に関する制度は基本的に被災者自身が書類を揃えて申請をしなければ支援を受け

られない。
その結果、利用できる制度があるにもかかわらずそれを利用できぬまま、修理未了の家に生活している場合もある。

例えば、東日本大震災にかかる基礎支援金の未受領世帯は二〇一七年一二月末日時点で、少なくとも六〇二世帯に及ぶと報道されている（『河北新報』二〇一八年四月一日）。基礎支援金の最低金額（単身世帯）は三七五、〇〇〇円であるから、基礎支援金だけで少なくとも二億二、五七五万円が被災者に支給されていない。

ウ　制度利用で仮設・公営住宅に行けないという運用

上記アに記載した制度（応急修理、加算支援金）を利用すると、仮設住宅や災害公営住宅に入居できないという運用が行われていたことが、東日本大震災以降明らかとなった。

仮設住宅に入居するには災害救助法一般基準（※）により「居住する住家がない者」（一般基準二条2号）の要件を充足する必要があるところ、応急修理制度を利用すると、住家があるとみなされてしまい、前記要件を充足しないという運用がとられている。そのため、応急修理制度を利用することで仮設住宅に入居できない事態が生じている。

災害公営住宅の入居には公営住宅法上「現に住宅に困窮していることが明らかであること」（同法二三条）の要件を充足する必要があるところ、加算支援金を受給すると、補修等によって住宅に困っていないと扱われてしまい、前記要件を充足しないという運用がとられている。そのため、加算支援金受給により災害公営住宅に入居できない事態も生じている。

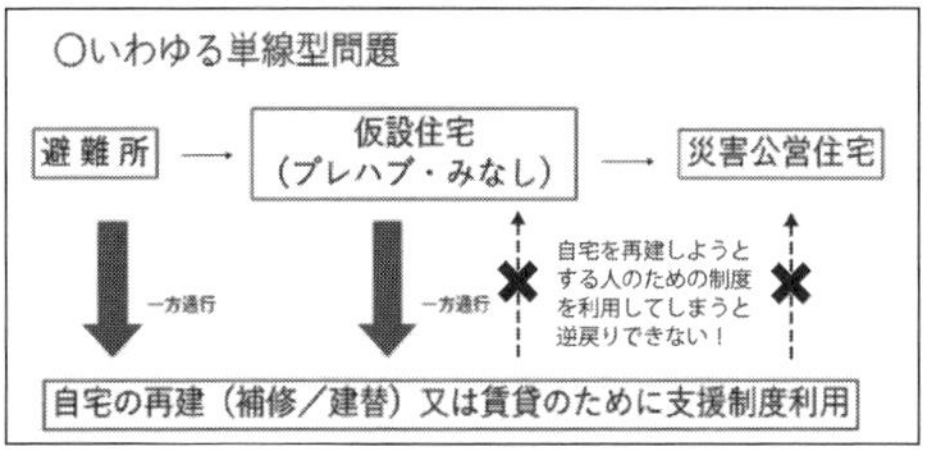

○いわゆる単線型問題

避難所 ―― 仮設住宅（プレハブ・みなし） ―― 災害公営住宅

一方通行　　一方通行　　✖　　✖

自宅を再建しようとする人のための制度を利用してしまうと逆戻りできない！

自宅の再建（補修／建替）又は賃貸のために支援制度利用

仙台弁護士会では、この問題を「単線型問題」と呼んで、運用の改善を求めてきた。最近になって、少しずつ運用は改善されているものの、今後、災害が発生すれば同様の問題が生じる可能性が高い。

※一般基準とは、「災害救助法による救助の程度、方法及び期間並びに実費弁償の基準」のことをいう。

在宅被災者の救済と自立への課題

広域にわたる大災害が起きた場合、避難所不足は不可避であり、在宅被災者は必ず発生する。そのような状況で支援の差異が生じないようにするためには、何よりもまず意識改革が必要である。避難所・仮設住宅にいる人だけが被災者ではないことを、支援者だけでなく被災者間でも共有しなければならない。

また、支援金の増額も必要である。修理費用が足りないからこそ、在宅被災者が発生していることから、支援金の増額は必須であり、今後、関係法令の改正が行われることが望ましい。

制度の間隙に陥らないために、事前の情報提供等も必要である。例えば、災害に係る住家の被害認定の際に建築士が同席し、修理費の概算資料を作成・提供することで、被災者としても修理すべきか、取り壊して仮設等に入居するかを早期に判断できる。また、応急修理制度や加算支援金を受給すると仮設住宅や災害公営住宅に入居できなくなる可能性があることを弁護士等から説明することで、被災者が生活再建に向けた適切な選択を行うことが可能となる。

（布木　綾）

生活再建支援制度とその課題

東日本大震災の被害状況

東日本大震災の地震および津波による死者は一五、八九六名、建物（住家）の全壊一二万一一七八棟、半壊二八万九二五棟、全半焼二九七棟等、甚大な被害が確認されている（以上、二〇一八年六月八日・警察庁緊急災害警備本部HP）。

生活再建支援制度の概要

国は、東日本大震災の被災者に対し、生活再建を支援するための諸制度を提供している。すなわち、①災害救助法に基づく各種救助および応急修理制度、②生活再建支援法に基づく支援金制度、③個人版私的整理ガイドライン制度に基づく債務減免制度、④災害弔慰金法に基づく災害弔慰金や災害援護資金貸付け等の制度等である。

以下、東日本大震災の多くの被災者に利用された②、③、④（ただし、災害援護資金貸付）の三つにつき、制度の概要、利用状況、課題等を取りまとめることとする。

被災者生活再建支援金

【制度の概要】 被災者生活再建支援制度は、阪神・淡路大震災後の一九九八年五月二二日に成立した被災者生活再建支援法に基づくものである。同法に基づく生活再建支援金として、基礎支援金と加算支援金の二種類の支援金があり、東日本大震災当時、基礎支援金は上限一〇〇万円（「複数世帯＋全壊世帯」等）、加算支援金は上限二〇〇万円（「複数世帯＋全壊世帯＋建設・購入」世帯等）が支給される制度であった（以上、都道府県センターHP）。

【支給状況】 東日本大震災における支給状況は、二〇一八年五月三一日現在、既支給世帯数は全国で一九万九〇六七世帯であり、支援金支給額は全国合計三五一五億七五〇〇万円である（以上、内閣府HP）。単純計算すると、一世帯当たり、基礎支援金および加算支援金として一七六万円余りを受給したこととなる。

【課題・展望】 被災者生活再建支援金は、世帯の所得制限を設けず、また加算支援金申請にあたり、領収証の添付を求めなかったこともあり、東日本大震災では、多数の被災者が利用できた。

しかし、津波浸水地域の被災者を中心として、同支援金を利用しても修繕が全うできなかった例が多数確認されている（仙台弁護士会は二〇一八年二月八日付提言書で最大で五〇〇万円の支援金が必要としている）。また、（大規模半壊を除く）半壊世帯や一部損壊世帯は、仮に大規模半壊並みの被害を受けていても、同支援金の受給資格がないため利用できないでいる。

個人版私的整理ガイドライン

【制度の概要】 東日本大震災の影響により、震災前の借り入れの返済が困難となった被災者（個人）が、本ガイドラインを利用することにより、一定の要件の下、債務の免除を受けられるものである（詳細はガイドライン運営委員会ＨＰ参照のこと）。

ちなみに、ガイドラインを利用するメリットとして、①破産手続き（法的手続き）とは異なり、個人信用情報の登録などの不利益を回避できること、②（弁護士が手続きの補助をした場合であっても）国の補助により弁護士費用はかからないこと、③手元に残せる現預金の上限が五〇〇万円を目安に拡張されること、が謳われている（ガイドラインＨＰ参照）。

【利用状況】 二〇一八年六月二九日現在の債務整理の成立件数は全国合計一、三六九件である（成立事例等はガイドライン運営委員会ＨＰ参照のこと）。旧債務につき減免を受け、経済的破綻を回避できた実例が報告されている。

【課題・展望】 二重ローン問題は阪神・淡路大震災時にも存在したものの、ガイドライン等の制度構築がならないまま東日本大震災に至ったものである。この点で、一、三六九件の成立を評価する意見があるものの、一万件とも見込まれた二重ローン対象者の中で、成立件数が一五％に満たなかった原因を検証する必要が指摘されている。

なお、東日本大震災後、自然災害ガイドライン制度が立ちあげられ、熊本地震、九州北部豪雨や西日本豪雨等で利用されている。

災害援護資金貸付

【制度の概要】 災害援護資金貸付けの制度は、災害弔慰金の支給等に関する法律（以下「災害弔慰金法」という）に基づく貸付けであり、災害弔慰金法一〇条二項に規定する政令によると、貸付限度額は三五〇万円とされている（詳細は内閣府ＨＰ参照のこと）。

【貸付け状況】 二〇一七年七月末現在の、宮城県の主な市町の災害援護資金貸付額は、貸付件数合計は約二万四〇〇〇件、貸付合計額は四〇五億円に上る（詳細は『朝日新聞』二〇一七年九月一一日付参照のこと）。

【課題】 災害援護資金の貸付けは、家財の三分の一以上の損害や住家が半壊の場合であっても貸付け対象とされるため、東日本大震災の被災者が多く利用した。被災者生活再建支援金が支給されない住家被害にあった被災者が、住家修繕のために利用した例が多く報告されている。

しかし、震災後、思うように就業できなかったり、自営業者であっても売り上げが回復しなかったり、据置期間後の返済が取り決め通りできない被災者が相当数おられると見込んでいる。仙台弁護士会では、据置期間の延長や、割賦金の減額の手法にて、被災者の経済的破綻を回避すべく、関係機関と協議を進めている。

制度の情報提供が不十分

生活再建支援制度が多数あり、被災者に対する情報提供が不十分なため、各種制度を必ずしも効率よく利用できていないのが現状である。また、生活再建支援金が不足している事態を解決する必要がある。専門家のケースマネジメントが必要である。

（山谷澄雄）

5 なりわいの再建

産業の回復は「本物」か？

5－5－1

復興庁「東日本大震災からの復興の状況と取組」一八年一月版は、産業の復旧・復興状況を次のようにまとめている。

「被災三県の製造品出荷額等は概ね震災前の水準まで回復した。また、震災後、直ちに整備された仮設商店・工場等は、入居者の本設施設への移行等により徐々に撤去が進んでいる。

一方で、風評被害等の影響が大きい観光業においては、インバウンドが東北地方に十分取り込めておらず、また水産加工業等の業種では、売上の回復が遅れている」

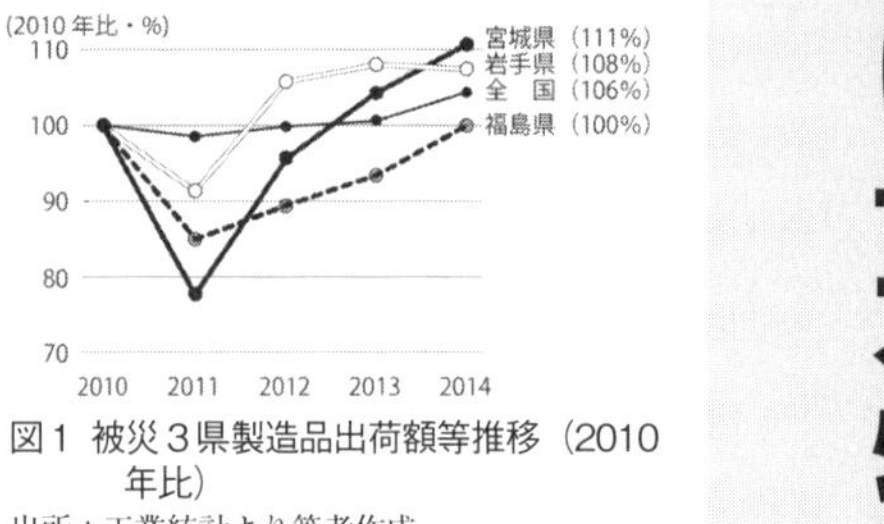

図1　被災３県製造品出荷額等推移（2010年比）

出所：工業統計より筆者作成。

震災前と比較した宮城県の製造品出荷額の伸長率は、図1のように全国平均を上回っている。これをみれば、「復興は進んでいる」と見るむきもあろう。しかし、被災地の皮膚感覚ではそのような実感は乏しい。

生産・売上高の回復状況

図2は、七十七銀行による県内企業動向調査対象企業に震災前と比較した生産高・売上高の回復状況を聞いたものである。

建設業では売上高が震災前を上回る（１００％以上）企業の割合は61・8％、80％以上を加えれば、九割以上にもなる。大半の建設業者は売上的には絶好調だ。しかし、復興需要の追い風を受けた建設業にも翳りが見られる。売上高が震災前を上回った企業数は、一四年時点では73・8％を占めていたが一五～一七年の三年間は67％台で推移している。建設業も復興需要の減少の影響は免れない。

一方、厳しい状況にあるのが食料品製造業である。一三年三月時点で震災前を上回る企業は23・7％だったが、一五年には42・9％と一旦、回復した。しかし、その後低下傾向となり、ここ二年は30％前後にとどまっている。

特に深刻なのが水産加工業である。蒲鉾生産を例にとれば、震災前（二〇一〇年）宮城県の生産トン数は約五万トンであったが、一六年は約三万四千トンと32％も減少した。震災前の全国生産量トップから一六年は第三位に後退している。

塩釜蒲鉾連合商工業協同組合の阿部善久理事長は、現状を次のように語る。「工場の被害、インフラの被害が大きかったため工場再開まで時間がかかりすぎた。再開の目途が立たないため、その間に他地域メーカーが首都圏スーパーへの商品供給をはじめ、売り場が奪われた。その後、取引再開をお願いに歩いても、すでに他社から供給を受けているので、当面、取引再開は難しいと回る先々で言われた」。その後、徐々に売上を取り戻してきているが、現在でも震災前の70～90%にとどまっているという（注1）。

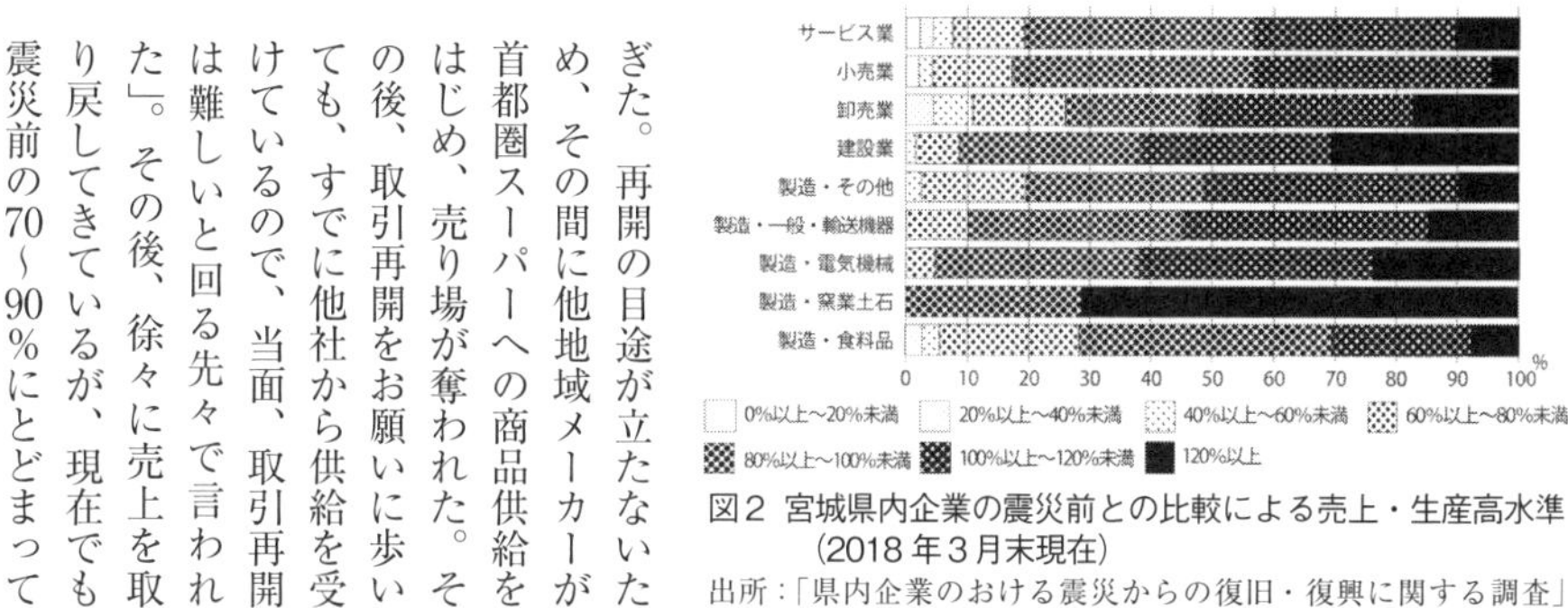

図2　宮城県内企業の震災前との比較による売上・生産高水準（2018年3月末現在）

出所：「県内企業のおける震災からの復旧・復興に関する調査」（七十七銀行『調査月報』2018年5月号）。

水産庁の調査（注2）でも、宮城県の水産加工業者（89件）の72%は震災前を回復できていない。一七年もその状況はほぼ変わらず、沿岸被災地の主要産業である水産加工業の苦闘が続いている。

いびつな就業構造の今後

下表は、国勢調査に基づき、二〇一〇年と一五年の産業別就業者の割合を主要業種について比較したものである。建設需要の殺到により同就業者が県全体で1・6ポイントも構成比を上げた。しかし、それは産業構造の歪みを反映している。

例えば女川町では、それまで主要産業だった製造業や卸業・小売業が大きく構成比を落とす中、建設業は就業者構成比を実に14・6ポイントも上昇させた。同様の傾向は被害が甚大だった気仙沼市、山元町、南三陸町等にも見られる。しかし、建設業の売上は、復興需要の縮小に伴い減少傾向に入っている。「当座の稼ぎ先」だった建設業の就業者が減少に向かうことは明らかである。

沿岸部の次の雇用受け皿は製造業＝水産加工業しかないが、その回復が見通せない。このいびつな就業構造が、被害が甚大だった被災地の未来に影を落としている。（小川静治）

《注》

(1)「塩釜の水産業を考えるつどい」（二〇一八年八月一八日）での発言。

(2)水産庁「水産加工業者における東日本大震災からの復興状況アンケート（第五回）」二〇一八年三月二日。

津波被災自治体における産業別就業者の全産業就業者比（宮城県）

市町村	建設業			製造業			卸売業、小売業			医療、福祉		
	2015	2010	10年と15年の差	2015	2010	10年と15年の差	2015	2010	10年と15年の差	2015	2010	10年と15年の差
宮城県	10.5	8.9	1.6	12.3	13.1	▲0.8	17.3	18.7	▲1.4	11.4	10.1	1.3
仙台市	9.3	8.1	1.2	6.7	6.5	0.2	19.6	21.3	▲1.6	12.0	10.7	1.3
石巻市	14.1	10.9	3.2	14.9	18.1	▲3.2	14.8	16.7	▲1.9	11.1	9.7	1.3
塩竈市	11.7	9.5	2.2	13.2	14.0	▲0.9	20.3	22.8	▲2.5	10.3	9.4	1.0
気仙沼市	11.6	7.2	4.4	14.6	18.6	▲4.0	16.5	18.1	▲1.5	11.7	10.1	1.7
名取市	10.5	9.1	1.3	11.7	13.0	▲1.3	18.5	20.1	▲1.6	10.9	9.6	1.3
多賀城市	10.7	8.9	1.8	9.7	11.3	▲1.5	17.5	18.4	▲0.9	9.8	8.5	1.3
岩沼市	9.9	8.0	1.9	17.4	18.5	▲1.1	16.8	17.8	▲1.0	11.0	9.4	1.6
東松島市	13.8	11.2	2.7	12.2	14.2	▲2.0	15.2	15.5	▲0.3	11.2	10.0	1.2
亘理町	11.1	8.5	2.6	20.1	21.1	▲1.0	17.0	17.3	▲0.3	9.5	8.6	0.9
山元町	14.6	8.3	6.3	19.9	23.0	▲3.0	12.4	15.0	▲2.7	10.6	10.6	0.0
松島町	10.8	8.9	2.0	10.6	11.0	▲0.4	17.6	19.3	▲1.7	9.4	7.8	1.6
利府町	11.1	9.6	1.4	11.8	12.1	▲0.3	18.6	21.0	▲2.4	11.1	9.6	1.5
女川町	23.0	8.4	14.6	17.0	23.9	▲6.9	8.9	12.3	▲3.4	5.8	6.0	▲0.2
南三陸町	17.2	11.7	5.5	14.0	16.3	▲2.2	9.6	13.6	▲4.0	8.7	8.6	0.1

出所：「平成27年国勢調査就業状態等基本集計 宮城県」より筆者作図

漁業の被害と再生

県内全漁港が被災した巨大地震津波

宮城の漁業・漁村を襲った巨大地震・津波により県内一四二漁港すべてが破壊された。その威力は凄まじく、県南端の小さな磯浜漁港は、岸壁、荷揚場等すべてが破壊され、コンクリートがすべて剥がれて元の地形が剥き出しになったところさえあった。その後、漁港は再整備され、高さ6mの巨大防潮堤とそれを跨ぐU字型の道路が新たに建設された。しかし、後背地は居住禁止地域に指定され、港も漁の気配を感じさせない光景で、まさに「創造的復興」の産物そのものと言える。

宮城の漁業被害は、農業の被害を上回り、六九〇〇億円に達している。内訳は、湾岸施設が四四〇〇億円、ついで漁船等被害が一一三〇億円で被害の大半を占めている。二〇トン未満の小型漁船の被害は、一万二千隻にのぼり、浜の営漁に大きな打撃を与えた。その一方で、漁船等に関しては、全国の水産関係者から温かい支援もあり、被災漁民は大いに励まされた。

復興努力をくじく「水産業復興特区」構想

発災直後から、浜も漁協も復興に向け動き出した。漁業者はともかく、ガレキ処理が当面する課題であり、コミュニティの力を発揮して、各浜で復興への息吹きがおこった。

ガレキ処理には、国の「資源管理、漁場生産力強化事業」が適用され、漁協を通して、出役日当が支払われるようになり、被災漁業者の「くらし」を支える力となった。漁業者たちは七月からのワカメの種付け準備再開を目標にガレキ処理、養殖施設等の回収作業に励んだ。

一方、漁協は、被災者の状況の把握、施設の被害状況に努めるとともに、マンパワー不足に苦悩しつつも組合員のくらしに直結する金融事業の窓口対応に努めた。預金引き出し、漁業共済、漁船保険等、いずれも二ヶ月ほどで支払いを実現した。加えて県、国への書類作成と、まさに手一杯の中での苦闘が続いたのである。

その渦中で、突如二〇一一年五月四日、東日本復興構想会議の席上、宮城県村井知事は「水産業復興特区」を提案した。

のっぴきならない事態の中で、汗を流している農協、漁業者は、漁業の根幹をゆるがす知事発言に、驚き、あきれ、浜には、はげしい怒りが湧きあがった。正に惨事便乗型の強権施策である。七月三日には、県漁協と復旧・復興支援みやぎ県民センターとが共同して石巻専修大学で「シンポジウム」を開催し、「特区反対」の決意を高めた。（「水産業復興特区」に関しては186頁参照）

生業に背を向ける政策の下での漁業復興

「水産特区」「拠点漁港に集約化」「職住分離」「高台移転」を前面に立てての復興策は、小規模家族漁業者がほぼ大半という漁業者の実態とは相容れない。浜の日常は、小型漁船で養殖場に行き、管理、収穫作業、そして浜に戻る。家族労働力、主として女性が収穫物の出荷に向けて作業し、コミュニティとして出荷する。それが従来の生活サイクルであり、変革するには、若い力が世代を超え、時間をかけて取り組むことが不可欠である。

惨事便乗的に強行しようとしても実行は不可能である。結果的にハード復興だけを先行させて、あとは被災者まかせというのが、今回の漁業復興の実態だ。その結果、被災漁業者に寄り沿った施策の助けなしに、宮城の漁業者は復興の道を歩まざるを得なかった。漁港機能の再生は、二〇一八年二月末現在で約八割が復旧している。

ちなみに被災後に再開されたワカメ養殖についてみると、養殖施設は、国の水産業共同利用施設復旧整備事業によって、早い段階で、震災前の七～八割程度に復旧しており、漁船とボイル釜は一時共同利用として復旧に取り組んだ。ボイル釜は、数が不足しているため、時間を定めて個人で作業を行った。

また、地区内にワカメ加工業者があるところでは、生での出荷が可能であり、ワカメが養殖業復活の原動力となっている。また養殖は水深、地形によって、養殖条件が異なるもので、何を養殖するかの選択にも漁業者の経験が生きているのである。

二〇一一年の漁業生産量は一五万九千トン、前年の三二万八千トンの半分以下まで低下した。震災から四年を経た二〇一五年に二四万二千トン、金額では、二〇一〇年とほぼ同じ七三七億円まで回復させたのは、漁業者の奮闘の成果である。

この間、漁業経営体は、ほぼ半減したから、生産性は二倍化したとも評価できる。漁民の持つ底力の強さを感じさせる結果といえよう。ただし、二〇一三年以降、生産量が横ばい状況にある。日本漁業をめぐるはげしい世界の漁業環境の反映である。

いまも続く水産加工業の苦戦

市場は、非情とも言える変化を繰り返す。漁業生産が回復し、水産加工業も施設を整えるところまできたが、従来までの市場の枠は、すでに他所のものとなり、再参入はきわめて厳しい。販売促進のため、県によって全国各地で、イベント展開も進められているが、一過性のものであり、経営展開のカギとは言えない。

加工品目の変更は、コストもかかり、新製品の開発には時間と資金が必要となる。水産加工業は、とくに気仙沼、石巻、塩釜では、防潮堤設置、二線堤としての道路のカサ上げ等との調整に手間取り、団地形成がままならず、市場対応が大幅におくれた要因となった。

加えて、高台移転の影響もあり、従来までの女子労働力の確保が困難となり、例え市場を得ても、今度は生産が追いつかないといった悪循環に陥っている。困難な課題ではあるが、生産から消費まで一本のラインを形成することが、今までも、これからも漁業復興の課題である。

（綱島不二雄）

5 なりわいの再建

宮城県の水産加工業
——復興への長い道のり

5－5－3

低迷する出荷額

巨大津波に襲われた宮城県沿岸部被災地の経済の柱を担ってきたのが水産加工業である。大半の事業所が全流出し、その被害は甚大だった。震災の前年二五八二億円あった県内水産加工業の出荷額は、震災の年には一二二七億円と半分以下へ激減した（従業員四人以上の事業所。工業統計、経済センサス）。

二〇一二年以降は、図1に見るように出荷額・従業員数ともに徐々に増加し、一見、順調に回復しているかのように見える。しかし、震災六年目の二〇一六年において、出荷額は前年からわずかに減少し、二一三三億円（二〇一〇年対比82・6％）、従業者数も九、〇六九人（同75・7％）に止まっている。

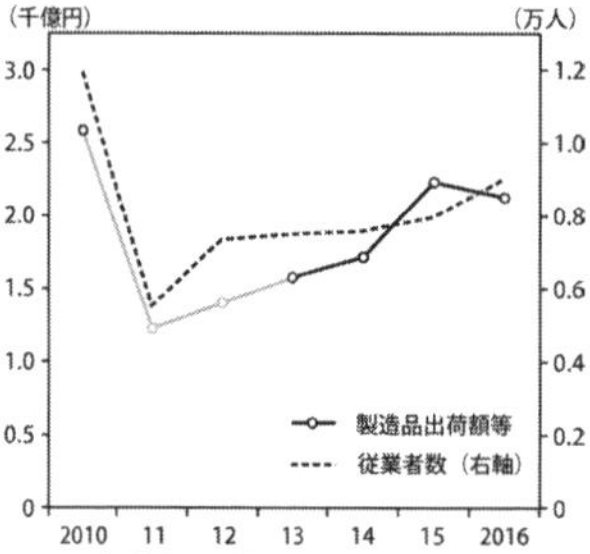

回復状況は業態により異なる。水揚げされた鮮魚を冷凍して、築地など遠隔市場へ出荷する「冷凍水産物製造業」や「海藻加工業」が震災前の出荷額を回復したが、もっとも矛盾が集中しているのが外食産業やスーパー等に最終商品を直接・間接に供給する加工業だ。「水産缶詰・瓶詰」「冷凍水産食品」「水産練製品」「塩干・塩蔵品」は低迷し、特に前二者は震災前の二分の一程度に止まっている。

図1 水産加工業の製造品出荷額等と従業員数の推移（従業員４人以上の事業所・宮城県）

注）2011年、2012年は、「水産缶詰・瓶詰製造業」の出荷額が伏せられ、１～２％過少に評価されている。

出所：宮城県統計課より筆者作成。

水産加工業の復興状況（細目分類別製造品出荷額等・万円）

	2010	2011	2016（2010年比・%）	
水産缶詰・瓶詰製造業	978,141	x	444,062	(45.40)
海藻加工業	2,378,557	1,211,281	2,634,390	(110.76)
水産練製品製造業	4,084,486	3,086,847	3,196,943	(78.27)
塩干・塩蔵品製造業	1,866,805	501,929	1,625,688	(87.08)
冷凍水産物製造業	2,657,448	1,231,800	2,794,644	(105.16)
冷凍水産食品製造業	7,209,931	2,609,522	3,636,121	(50.43)
その他の水産食料品製造業	6,644,769	3,630,746	7,000,765	(105.36)
水産加工業・計	25,820,137	*12,272,125*	21,332,613	(82.62)

注）2011年の「水産加工業・計」には「水産缶詰・瓶詰製造業」は含まない。

出所：宮城県統計課より、筆者作成

施設復旧の遅れと取引先の喪失

再開間もない加工業の課題となったのは、販路の確保である。従来、被災企業の施設復旧に直接国費が投入されることはなかったが、被災企業のグループ

調査期間（回答数）	施設の復旧	人材の確保	販路の確保・風評被害	原材料の確保	運転資金の確保	その他
2014/02~14/03（103）	12	27	28	17	12	
2014/11~15/01（137）	14	30	26	18	11	
2015/11~16/01（129）	8	21	48	15	6	
2016/11~17/01（88）	10	30	28	21	10	
2017/11~18/01（89）	5	33	23	27	10	

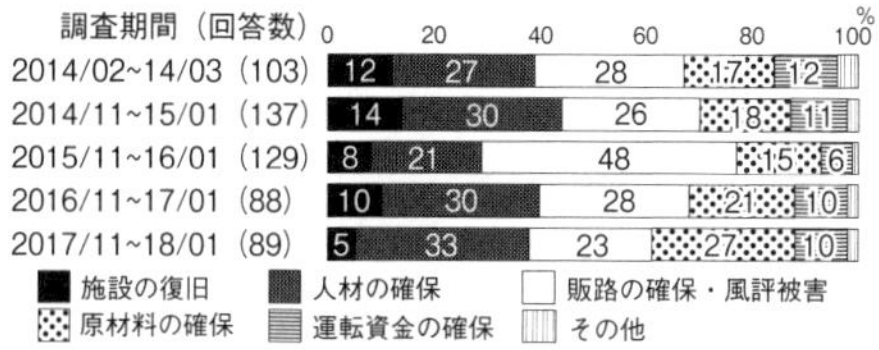

図2 復興に係る困難性（宮城県・水産加工業）

注）調査の回収率は25%～34%で推移。2016年調査より回収率が下がる傾向にある。

出所：水産庁『水産加工業の東日本大震災からの復興アンケート調査結果』から、宮城県分を抽出して作成。

を経由して施設・設備復旧費の四分の三を国・県が補助する、いわゆるグループ補助金制度が新設された。その効果もあり、被災施設の復旧は進展した。しかし、操業再開が順調だったわけではない。臨海部の多くが地盤沈下し、満潮時には冠水する状況が続き、施設の復旧以前に地盤のかさ上げが必要だった。

漁港の再建も進まず、住宅の高台移転か原地再建かをめぐって居住者の意見が対立し、復興まちづくりの決定も遅れた。そのため早い企業で一年あまり、多くは操業再開まで一年半以上を要したのである。その結果、休業中に仕入れ先を変えた従来の取引先を失い、さらに原発風評被害が追い討ちをかけた。

従業員確保・原料確保の困難性

震災前の従業員は遠隔地に避難、転居し、年長者は震災を機にリタイアした。住宅再建を制限する災害危険区域指定は新卒者を遠ざけ、定着率にも悪影響を及ぼしている。

子育て中の女性パートは、保育所のない工場地域に通勤困難だ。海外研修生は給与以外の経費が無視できず、技術が向上した頃には帰国する。「職住分離」は絵空事で、従業員確保の困難性は時間を経ても緩和されず、深刻さをましている。

県内主要漁港の水揚数量は、二〇一四年以降二五万トン前後で頭打ちとなり、震災前の八割未満に低迷している。その結果、原料魚価格が高騰し、原料調達が困難になっている。

資金繰りの悪化

上記の問題解決を阻んでいるのが資金繰りの悪化だ。多重債務対策で産業再生支援機構等に買取られた債務も、五年の据置期間が終わって返済が始まる。グループ補助金や高度化資金も自己資金部分の借入は利払い・返済を迫られる。

復旧事業で莫大な公的資金を投入した企業を倒産に追い込めないから、金融機関も返済条件の変更には応じている。だが、返済が滞る企業に新規融資は行えない。結果として原料魚の調達や給与の支払いにも事欠くことになる。それが差し迫った問題だ。

地域課題の解決とリスクテイク

事業者同士の共助的取組みは前進している。海藻の「アカモク」ブームで増加した発注を抱え込まず、地域の同業者に外注して利益を分け合う取組み（赤間水産）や、共同でアンテナショップを設立し、商品開発と販路開拓を進める取組み（石巻うまいものマルシェ）は注目に値する。しかし、従業員確保や資金繰りは事業者個別の企業努力や共助によっては解決できない。

徳島県に倣って、公共交通や保育所新設など、地域ごとの課題を総合的に解決する仕組みや、「農水公社」などの公的経営体が販路を確保した上で原料魚を確保し、生産委託で現金を補給する仕組み、融資ではなく投資で支援する金融の仕組みなど、支援側がリスクをとる仕組みが不可欠だ。

（遠州尋美）

農業の被害とその再生

農業再生を目指す、大規模化、大型施設化事例

「林ライス」（岩沼市）「イグナルファーム」（東松島市）「一苺一笑（いちごいちえ）」（山元町）という集団名称は、農業の創造的復興策の下で誕生ないしは再生した企業、法人のあらたな担い手となった被災地農家の思いを込めた、他の多くの事業集団の名称の一部である。

「林ライス」は、二〇一三年二月に、地元被災農家五戸で設立された。水田復旧は、原則一区画1ha（二分画可能）一団地100haを原則としているが、林ライスでは、2ha区画を合筆し、一区画6haの大規模水田60haを経営している。加えて、大豆14ha、露地野菜2haを有する。

2haの露地栽培は、国の「食糧生産地域再生のための先端技術展開事業」（先端プロ）の現地実証圃場に認定され、キャベツ、タマネギの機械化一貫作業体系に取り組んでいる。超大盛りのハヤシライス（?・）、まさに創造的復興（農地整備）の先進モデルとも言える。

「イグナルファーム」は、被災した若手農業者四名が、被災地域すべてが良くなるようにとの願いを込めて、二〇一一年一二月に設立した。翌一二年からきゅうり、トマト、いちご、ねぎの栽培を開始、二〇一四年にGLOBALG・A・Pを認証所得、他町に大規模園芸施設を設置、果菜類の栽培、加工を計画している。この地区は、震災前から県内有数の野菜生産地域であり、野菜生産の力量は充分備わっていた事例である。

「一苺一笑」も、三名の若手農業者が二〇一二年に設立したものであり、ハウス四棟（8500㎡）を整備し、ICT活用による生産環境の測定、データ化、環境制御システムを活用した生産実践モデルといえる。六次産業化にも取り組み、朝摘みいちごを当日中に県内全域に配送するシステムを作り上げ、好評を博している。

農業被害と創造的復興の現状

東日本大震災においては、内陸部を含めて、延べ13,000haの農地が被災した。大半が水田であり、用排水路、排水機場の損傷である。このうち沿岸部農地の被災は、4,919haであり、多くの水田が、ガレキ処理、除塩作業も必要とした。

被害額は、五四五四億円にのぼり、うち三九七三億円が用排水路、農道等の損壊である。その復興として採られたのが、水田においては、原則一区画2ha（二分割も可）、一団地100

ha、被災農家を主体とする法人化、ないしは企業化であり、畑作においては、大型施設化である。これまで国がやろうとしてできなかった農業構造改革そのものであった。100ha耕作に必要な稲作の大型農機具一式が用意された。

園芸作物においても、例えばイチゴの主産地であった亘理町では、震災により97ha産地のうち95%が消滅したが、64haが回復した。そのうち41haが大型施設として、二〇一四年に再生している。また山元町においても、一二九戸あった栽培農家の大型施設が整備され、174haで五二戸が再生している。

この結果、宮城沿岸部には、100ha規模の大規模土地利用型農業法人が、二〇一四年九経営体、二〇一五年一二経営体、二〇一六年には、一九経営体と急増している。

さらに、先進的園芸経営体が二〇一四年二五、二〇一五年三〇、二〇一六年三八、二〇一七年四三経営体とこれまた増大しており、いずれも売上げ五〇〇〇万円を達成している。まさに、法人化・企業化目標をかかげた創造的復興の成果とも言えるものである。

創造的復興と地域農業、コミュニティの再生課題

農地、農業用施設の復興に関しては、二〇一八年三月末現在98%の達成率を示している。しかし、地域農業としての復興、コミュニティの復興という面から見るとハード面では完成しているものの、地域農業の再生、コミュニティの再生という点では、先が見えるものとはなっていない。

沿岸部農村では、兼業農家が圧倒的多く、少量ではあるが、兼業農家の生産も、産地形成、コミュニティの形成に大きな役割を果たしていた。この層が極端に言えば、農業生産から排除されたのである。例えば、イチゴ団地は形成された。しかし、地域ではイチゴだけに特化して農業を展開してきたわけではない。イチゴ以外の再生には一切目が向けられていないのである。

また、大規模園芸施設は、大手流通資本、外食産業の需要に支えられることになり、消費者ののぞむ従来通りの土に支えられた生鮮野菜は、市場に登場しない事態も予想されるのである。

都市近郊には、農村が必要である。その点で、大規模土地利用型農業の一つである仙台市近郊の井土生産組合の事例は重視すべきである。二〇一三年に集団移転となった、井戸集落の一五名でスタートとした100haの規模の大規模土地利用組合は、15haの露地野菜に取り組み、目下、甘いと評判のねぎで、「仙台井土ねぎ」のブランド化に取り組んでいる。水稲作だけでは、経営的にも不安定であるが、この「井土ねぎ」生産では、働き手も多く、とかく沈みがちな地域の活性化の起点となっているのである。ハードとソフト復興の両立こそ、創造的復興の本来の課題ではあるまいか。

松島湾の入口に位置する宮戸集落は、ノリ、かきの養殖と6haの水田を八名の漁師で耕作していた。大震災で水田も復旧の目途が立たない状況であった。ともかく除塩し、イチジク栽培に取り組んだ。ところが第二の猿害を受け、漁網で対応したが、思い切って福島のモモ栽培農家の指導を請い、従来通りの八名でモモ栽培に取り組み、文字どうりの成果を得ている。海の幸、山の幸、まさに生業の復興そのものである。「創造性に乏しい」という評価をする前に、環境の厳しい沿岸部の将来にわたる保全には「生業」こそ必要不可欠なものと受け止めるべきではなかろうか。

（綱島不二雄）

福島第一原発事故による農産物への被害と賠償請求行動

放射能汚染の発覚と賠償請求活動

原発事故による被害は初めてであり、放射性物質が拡散され宮城県全域で被害が危惧された。放射能汚染は目に見えず、匂いも味もしないので全くよくわからないやっかいなものだ。

宮城県の場合、地震の津波の被害が甚大で、何より被害者の救援、避難、炊き出し、復旧支援が最大の関心事であった。県も各自治体も放射能による被害実態の把握は後手にまわり、ほとんど手付かずの状態だったが、四月に酪農家が一番草の刈り取り収穫期に入ると放射能汚染があり、牛のエサには不適であると判明した。

関東などの自治体では露地野菜、水道水などの放射能被害調査が行われ数値が公表されていた。乾草1kg中のセシウムで500Bq以下が安全基準とされ概ねそれ以下が多かったが、六月になると畜産農家では肉牛の出荷で不安が広がった。福島県で枝肉から500Bq／kgを超えるものが見つかり、出荷自粛が始まった。原因は宮城県産の稲わらと判明し、七月に入って肉牛の出荷制限が始まった。

宮城農民連では被害畜産農家からの相談をうけ被害状況の把握と、東京電力への損害賠償の準備を開始した。

宮城農民連被害者の会を作り、被害の内容、損害の程度などの検討を重ね、東電への損害賠償請求書を作成し、金額を明示し、九月になって第一回目の集団請求を行った。被害者それぞれが東電へ直接損害賠償を請求し、合意した賠償金は個人の口座に入金する。合意した金額の1％を運動資金として農民連へ負担してもらうことにした。

前月に発生した被害額を金額明示して、毎月、古川の農民連事務所で東電の職員に個々人の損害賠償請求書を提出、意見要望も伝える行動を行い二〇一八年九月で八五回目をむかえてる。

農畜産物の損害内容

農畜産物の損害と損害賠償請求の概要は表の通りである。

肉牛について

肥育肉牛は生後一〇ヶ月の肥育素牛を市場から購入し、二四ヶ月肥育して枝肉として市場に出荷する。肥育農家は年間出荷計画に合わせて素牛を導入するが、その出荷ができない。

出荷時に肉質が最高状態になるように肥育するが、サシとよばれる脂肪の質がピークを過ぎると劣化して商品価値が下落する。また、出荷制限解除日まで牛舎で余分に管理するためにエサ代増も起きる。牛の生理上、

主な農畜産物の放射能汚染と損害賠償の概要

被害農畜産物	被害概要	損害内容	宮城農民連被害者の会による賠償請求
肥育肉牛	枝肉で基準値（500Bq/kg）超の汚染牛が発生し、原因となった宮城県産稲わらが流通していた一五県で出荷制限措置が行われたことに伴う損害	• 肉質低下／風評被害による価格低下 • かかり増費用（エサ代等） • 制限期間における死亡	22人、延べ5億円。2018年9月現在酪農家（ジャージー牛）1戸が乾草購入。かかり増費用を賠償中 （注）被害酪農家・畜産農家等の多数を占める農協組合員は、「JAグループ東京電力原発事故農畜産物損害賠償対策県協議会」と委任契約して賠償受領。
繁殖老廃牛	基準値を超える汚染による枝肉出荷制限措置に伴う損害	制限期間における死亡	
稲わら	基準値を超える汚染による出荷制限措置に伴う損害	稲わら販売代金の損失	3人
シイタケ原木	基準値（500Bq/kg）超の汚染による出荷制限に伴う損害	集荷制限によるキリコの賃料、原木代金の損失	キリコ15名、丸森森林組合。2016年の合意金額をベースに，17～19年分としてその3倍を一括賠償
竹の子	基準値（100Bq/kg）超の汚染に伴う出荷制限および出荷制限解除後の全量検査に伴う損害	2012年に基準値が100Bq/kgに引き下げられ出荷制限されたことによる販売代金の損失	基準年（2010年）の出荷実績・販売金額をベースに損害額算定
		2014年以降は全量検査による収量低下，65Bq/kg超の場合の廃棄による販売代金の損失	風評被害として賠償認定。33人を対象に請求したが、検査に参加しないと対象にならず、9名のみ賠償。

サシとは過剰な筋間脂肪であり不健康な状態なので、肥育が長期化すると死亡してしまう。現に死亡牛も出現した。これらを月ごとに算定して損害賠償請求を行った。震災から約四年で肉牛市場の回復がはかられ通常の肉牛枝肉の損害賠償は一段落した。

繁殖老廃牛の損害は、放射能事故との因果関係をめぐり交渉は難航したが損害賠償させた。

繁殖牛農家と酪農家は、乾草を自給している場合が多く、乾草の代替名目賠償金が多かった。

シイタケ原木について

宮城県は、福島県に次いで多いシイタケの原木生産県である。とりわけ阿武隈川流域の丸森町、白石市、角田市は生産地でナラ、クヌギ等優良なホダ木が生産されていた。いまだに出荷制限が続いている。

シイタケ原木を山から切り出す人々を「キリコ」というが、一五名のキリコと森林組合が宮城農民連被害者の会を通して損害賠償を受けている。放射能濃度は低下しているが、二〇一三年から出荷基準が１００Bq／kgに引き下げられた。一部で依然６００Bq／kg程度検出。

竹の子について

丸森町の耕野地区は、竹の子の一大産地である。震災の年の竹の子は、出荷基準が５００Bq／kgだったので出荷制限を免れた。翌年から１００Bq／kgに基準が強化され出荷制限を受けた。竹林の場所、管理の仕方により放射能汚染にばらつきが多く、全量検査を条件に二〇一四年から出荷制限解除となった。全量検査の基準は県の指導もあり６５Bq／kg以下である。これを超えたものは廃棄処分となる。全量検査は朝掘った竹の子を洗ってラッピングしなければならず、手間が増えて収量は低下した。検査基準を超えたものは廃棄せざるを得ず、風評被害として東電と交渉し、損害賠償を認めさせている。全量検査体制を続ける限り、損害賠償を継続していくことになる。

その他について

丸森町は干柿、あんぽ柿の産地であり、柿の木の除染のため粗皮をはぎ、木を水洗いし、セシウム吸収抑制剤としてカリウム肥料散布する作業が損害賠償の対象となった。

有機栽培で、ＪＡＳ有機栽培の認証米農家が、震災の秋の米は放射能汚染され、相次ぐキャンセルで損害が生じたので賠償させた。同じく野菜生産農家へも賠償させた。他にも堆肥汚染の賠償、産直相手から放射能検査を求められ、分析費用の賠償などがあるが、東電はなかなか賠償したがらないので、あきらめている被害者が多数いるのが現状である。

（鈴木弥弘）

5 なりわいの再建

商店街の再生

5－5－6

沿岸地域の震災と仮設商店街

中小企業庁によれば二〇一一年に発生した東日本大震災における商業被害金額は、岩手・宮城・福島の三県で三〇四四億円に上り、住民の小売施設の早期整備がいち早く問題となった。また小売事業主の生業の場の確保も重要な課題であった。特に沿岸部の津波被災地では仮設店舗の設置やグループ補助金等により復興が進んだものの、市街地復興に伴う地域住民の帰還やまちづくりと一体になった計画が予定されたため、商業地の復旧には時間がかかった。

中小企業基盤機構の支援と仮設店舗

東北地方太平洋側の三陸沿岸地域は、人口の集積と分布が希薄であり、商業地の再形成に関して大手資本の参入による大規模な復興・復旧は望めず、早くから地元資本、小売業者が中心となって仮設商業施設を開業させたところが多い。

その際、商工業を中心として中小企業への事業支援を目的とした独立行政法人中小企業基盤整備機構（以下「中小機構」）による仮設商業施設（仮設商店街）が相次いで開業した。

二〇一一年から一三年にかけて中小機構によって開業した岩手、宮城、福島県沿岸部の仮設商店街は合計一八七で、岩手県一二八、宮城県四八、福島県一一であった。一一年には三県の開業が八三と全体の44・3％の仮設商店街が開業している。

震災の年、いわゆる比較的早期に開業した仮設商店街ほど二階建ての施設が多い。これらは後で述べる多くの課題を抱えることになった。なお入店業者の家賃は、光熱費や共同利用出資費等を除くと毎月の建物の賃料は基本的に無料の所が多かった。

二階建て仮設店舗の特性

宮古市の「たろちゃんハウス」（一一年九月開業・一七年一二月閉鎖）や気仙沼市の「気仙沼南町紫市場」（一一年一二月開業・一七年一二月閉鎖）は、二階建ての施設である（写真1）。

「たろちゃんハウス」の前身「たろちゃんテント」は、以前より組織されていた「田老スタンプ会」に加盟する業者により一一年五月に一七店が入店して開業した。グリーンピア三陸みやこの敷地に開設された仮設住宅居住者への小売を目的としていた。同年九月には中小機構の支援により仮設商店街「たろちゃんハウス」が、二二店の入店により開業した。食料品、生

写真1 気仙沼南街紫市場

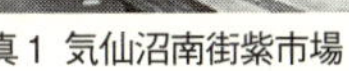

写真2 たろちゃんハウス
身障者向け木製スロープを設置

活関連業種が各3分の1を占めた。しかし施設の早急な開業のため、多くの課題に直面した。各店舗に一ヶ所設置された出入り口を、来店客と仕入れ業者が利用し、さらにバリアフリー構造への対応が後手になったため、後から商店経営者が出資して木製スロープを追加設置した経緯がある（写真２）。

さらに二階に入店した業者は、重量制限のある大型冷蔵庫等の設置は許可されず、一部業種の変更を余儀なくされた。加えて、急な階段を利用できない高齢者の来店が困難であったため、経営上、大きな問題を抱えていた。

平屋仮設店舗の特性

二階建て施設の課題を解決すべく宮城県女川町の「きぼうのかね商店街」（二〇一一年四月開業・一七年九月閉鎖）等の一二年以降に開業した施設は、平屋建ての構造が増加していった。南三陸町の「南三陸さんさん商店街」は一二年二月に二九店が入店して開業した（写真３）。

同施設は地元住民への小売サービスの役割はもちろんであるが、飲食店や土産店の入店も多く、観光客やビジネス客の利用も多かった。シーズンごとに変わる新鮮な魚介類の創作料理「キラキラ丼」は、被災地観光客の注目を浴びた（写真４）。

写真3 南三陸さんさん商店街

写真4 キラキラ丼

写真5 ハマテラス

本設商業施設の開業

宮城県女川町に「シーパルピア女川」が二〇一五年一二月に開業した。翌年一二月には、同施設の敷地内に新鮮な魚貝類を提供する「ハマテラス」が開業した（写真５）。魅力的な地元産海産物を提供する施設の増設は、来訪者の関心を高めている。

一六年一一月に岩手県山田町に「オール」（入店一〇店）、一七年三月南三陸町志津川地区に「南三陸さんさん商店街」（二八店）が開業した。同年四月、同町歌津地区に「南三陸ハマーレ歌津」（同八店）と福島県いわき市に「浜風きらら」（同七店）が開業し、いずれも木造平屋建ての構造となっている。

開業にあたり新たな問題も起きている。まず、本設商業施設への入店の際に発生する保証金や毎月の賃料といった仮設施設入店時にはなかった出資が求められるため、仮設商業施設から移れなかった業者も多い。

また、被災地観光に依存する側面が薄れていく今日、それを目的とした観光客に頼る経営からの脱却を図る必要にも迫られている。いずれ魅力ある商業施設としてターゲットを地元住民、あるいは観光客やビジネスによる来訪者、または、その両者を対象とするのかといった経営戦略が今後のポイントになっていくであろう。（岩動志乃夫）

グループ補助金 復旧を後押しするも……

5－5－7

果たした「防波堤」の役割

　国は、東日本大震災の復興基本方針に基づく二〇一一～一五年度までの「集中復興期間」中、二五・一兆円の復興予算（東電からの支払いを見込む除染費用など復興予算外は四・四兆円）を投入した。そのうち、経済復興予算は四・一兆円であった。「応急復旧・事業再開」施策としては、①グループ補助金、②仮設店舗・工場等の整備、③資金繰り対策、④二重ローン対策、⑤風評払拭対策等がとられたが、その中核となるグループ補助金（「中小企業等グループ施設等復旧整備補助事業」）は東日本大震災ではじめて創設された補助金制度である。グループ補助金は被災した中小企業等に建物・設備の復旧費用として復旧費の最大四分の三を国・県が補助するもので、残り四分の一は自己負担する。

　従来の自然災害においては、被災した企業への直接補助はなく、利子補填などの間接支援にとどまっていた。しかし、東日本大震災では、被害が甚大であり、従来手法では地域の存続すら危ぶまれたことから、財務省は「グループ化した企業は『地域の中核』で公益性があり、補助しても問題ないという理屈をつけ」（『毎日新聞』二〇一六年三月一一日）予算化された。二〇一八年七月までの東北地方の交付実績は表のとおりである。

　グループ補助金は確かに、そのままではズルズルと操業再開時期が遅れたものを押しとどめ、操業再開を後押しした。その意味で「防波堤」の役割を果たしたと言える（一方で交付要件の形骸化によって「とにかく補助金をもらう」ため、行政も含めて補助金獲得に動くなどの問題はあった）。その後の災害にもグループ補助金制度が導入されているが、問題点もまた無視できない。

既存顧客の喪失の固定化

　第一の問題は「施設・設備復旧後」の売上維持まで制度は保証しない、ということである。もっぱらそれは企業側の「努力」にかかっている。しかし、震災によりいったん失った顧客を取り戻し、安定化することは困難を極めた。東北経済産業局では二〇一二年から毎年「グループ補助金交付先アンケート調査」を行っている。そこからは交付を受けた企業の苦闘ぶりがうかがえる。以下、同調査データをもとに受給企業が置かれている状況と問題点をみてみよう。

　グループ補助金受給企業の55％は震災前の売上高を回復し

きれず、深刻なことに、それが二〇一五年〜一七年の三年間ほぼ固定化している。一部の技術ノウハウ、特色ある商品、新規販売方法等を持った企業は別として、競争力が高くない企業は失った顧客を取り戻せていない。

　グループ補助金を受給した企業の売上が回復しない理由を、36％の企業が「既存顧客の喪失」と答えている。また、震災前水準に売上が回復した企業のうち、回復理由の26％は「復興特需、その他の要因による新規顧客の確保」と回答しているように、これら企業でも、まだ「復興特需に依存した売上回復」というのが実際なのである。

グループ補助金交付決定状況（2018年7月末現在）

	グループ数	交付者数	補助金総額（億円）	うち国費（億円）
青森県	10	208	86	57
岩手県	129	1,487	863	575
宮城県	232	4,134	2,595	1,730
福島県	261	3,942	1,259	840
東北計	638	9,771	4,803	3,202

出所：東北経済産業局

増える企業の「休廃業・解散」「倒産」

　第二の問題は「借入資金の返済」問題である。整備した施設・設備には維持費がかかる。これは固定費として節約できない分野として企業にのしかかる。また、自己負担の四分の一部分は大半が借入金で、その返済が必要になる。投資が過剰で、売上がそれに見合わないことにより企業破たんに至るケースが後を絶たない。

　一般に「倒産」というハードランディングは耳目を引くが、「休廃業・解散」というソフトランディングは注目されることは少ない。宮城県の一六年の倒産件数は九二件。休廃業・解散件数は三七八件と倒産件数の四・一倍あったが、全国平均が三・一倍であったことと比較すると休廃業・解散件数が多いことがわかる（注）。震災前（リーマンショック後）が二・八倍だったことも考えれば、休廃業・解散が増加していて、それがなかなか低下傾向に転化してない。グループ補助金を受給できなかった小規模零細業者と受給企業をめぐる環境は悪化していると考えられる。

グループ補助金とともに「抱き合わせ支援制度」が必要

　グループ補助金を受給した企業に対するソフト支援は、販路開拓のための商談会の開催、新商品開発支援などが行われているが、その効果は限定的であることを示しているのが現状である。これを打開するには、グループ補助金に合わせて、「グループ補助金受給企業を『支援する企業』を支援する」制度も必要である。グループ補助金受給企業から商品調達した企業に対して支援制度を設ける等の「抱き合わせ支援」制度が創設されれば、販路のより安定的確保・拡大が可能になる。そのためには受給要件の厳密化が必要になろうが、税金による経済再建効果を高めることに繋がる。

　同時に、被災企業の協業化や経営ノウハウ支援、さらなる起業支援も必要になるだろう。いずれの方策をオプションでつけるにしても、グループ補助金制度だけでは被災地の経済再建は限界があり、さまざまな抱き合わせ支援制度の開発が求められる。

（小川静治）

〈注〉

「第9回全国『休廃業・解散』動向調査」帝国データバンク

石巻市中心市街地の連鎖型復興再開発事業

地権者の意思を発端とする再開発計画

未曾有の東日本大震災により、宮城県石巻市での死者・行方不明者は関連死も含めて三、九七六名に上る（二〇一八年六月末時点）。人口一六万人（二〇一一年当時）の街にとって、その被害はあまりに大きく、物理的かつ精神的な復旧復興が震災当初より求められてきた。中心市街地では、震災前より郊外化の波にのまれながらも経済的文化的中心、すなわち街の顔として活性化を目指してきたが、震災による大津波によりほぼ全域が浸水、その結果、郊外（内陸）部への商業機能のさらなる流出へとつながった。

商業的な中心が実態として大きく郊外部へと移転する中、石巻市中心市街地では市民の心の拠り所・文化的拠点を形成するためのまちづくりが進められてきた。「子や孫たちの世代に誇りある石巻を伝え残したい」と思い至った少なくない地権者は、二〇一一年夏頃から市街地再開発等による共同建て替えを検討し始めた。被災者が安心して居住できる住宅と被災事業者が安心して商売ができる店舗を一日も早く整備し、市民の生活インフラを整えようとした。

「開発エリアを小さくすることによる迅速な意思決定」「地権者法人（まちづくり会社）の設立による所有と利用の分離」「デザインコードによる石巻らしい街並みの創出」といった再開発を進める上での基本的な考え方が、二〇一一年一二月に設立されたまちづくり協議会（会長は商工会議所会頭、事務局は街づくりまんぼう）で確認された。まちづくり協議会には、再開発等を検討し始めた地権者や再開発コンサルタント、大学教員、市役所担当部局のほか、災害ボランティアなどNPO法人なども参画した。

生活再建から関係人口の増加へ

二〇一八年七月末時点で、三地区で市街地再開発事業による整備が完了、一地区で優良建築物等整備事業（以下、優建事業という）による整備が完了、一地区で優建事業が工事中である。

竣工した四地区では、いずれも新たに設立された地権者法人が一階（あるいは二階）の床の大部分を取得し、テナントとして入居した店舗の管理業務を行っている。二階（あるいは三階）以上は復興公営住宅や分譲マンション等による住宅が供給された（復興公営住宅二〇二戸、分譲マンション等一四四戸）。

この他に、中心市街地では六地区で復興交付金を活用した優建事業による計画が検討されており、宿泊・温浴機能の充実による交流人口の増加などが目指されている（二〇一八年四月四日付『石巻かほく』記事より）。

また、石巻市が被災土地区画整理事業により取得した土地を民間事業者（市３％出資の株式会社）が事業用定期借地により賃貸し、中心市街地活性化補助金を活用して整備した「いしのまき元気いちば」が二〇一八年六月にオープンし、新たな集客拠点として期待されている。

堤防と一体的に計画された再開発により整備された建物

シェアハウスが入る優建事業により整備された建物

街を使いこなす、新たな世代への期待

地域への誇りを原動力に、まずは市民の生活再建をと始まった中心市街地のまちづくりは、石巻市民への訴求はもとより、石巻へ訪れ関わる市外の人々を増やしていこうとする方向へも展開しつつある。

しかしながら、定量的な効果は未だ明らかでない。少なくとも歩行者通行量という点では目立った効果は見られない（中心市街地一一地点のうち二〇〇八年度比で平日では一一地点全てで、休日では八地点で減少傾向）。依然として商店街には空き店舗や空き地が目立つ。

再開発等で整備された商業床を管理するまちづくり会社や今後共同化により整備される地区では、このような厳しい環境下でのリーシング（賃貸借）やプロモーションを行うための高度な技術やマネジメント力が求められる。

民間事業者による建物空間に限らず、堤防や広場などの公共空間も完成を迎えつつある。震災から七年が過ぎた。次は新たな世代が、それぞれの立場を越えビジョンを共有し、街を使いこなせるかどうか。石巻市中心市街地における連鎖型再開発の成否はまさにそこにかかっていると言えよう。

（苅谷智大）

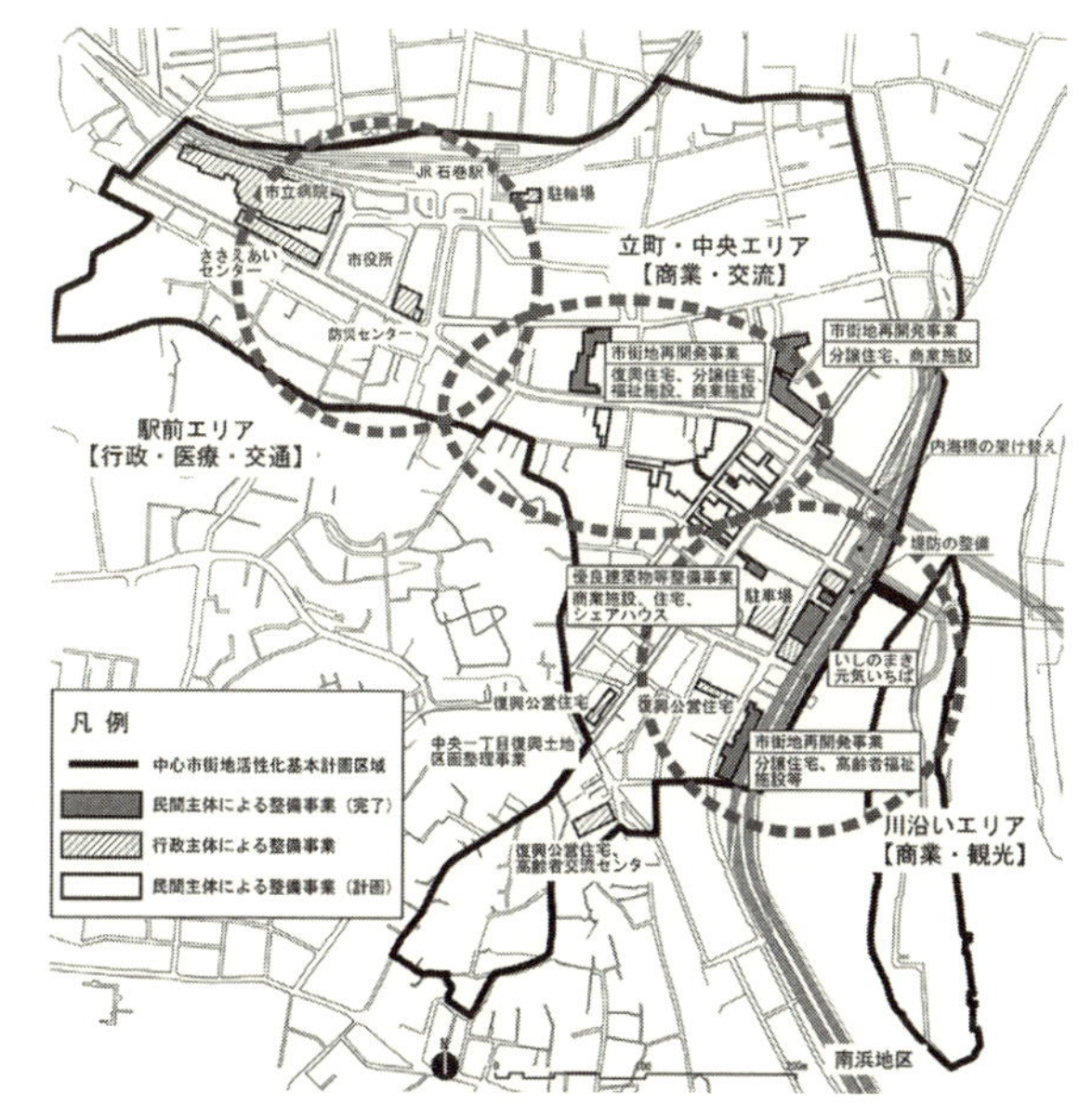

中心市街地の主な復興まちづくり事業

5 なりわいの再建

COMICHI石巻

——身の丈事業による生活と賑わいの再建が地域の持続性をもたらす

5－5－9

被災後の石巻まちなかの状況

石巻市の中心市街地は、旧北上川の水運を活用し、仙台藩の米の輸送中継地として発展をとげた地域であるが、三・一一の大地震により、中央地区は約2mの浸水被害を受け、木造建物の多くの建物は全壊判定を受けた。しかし、日和山により守られた立地性もあり、中心市街地の被害は甚大でなかったが、震災前より空洞化と衰退化が進行していた所への公費解体制度は、店を畳む格好の動機付けとなり、歯抜けな街並みとなってしまった。

また、被災後まちなかエリアには建築制限がかかり、既存建物を直して使う以外の再建の選択肢がなく、やる気のある商店主、早く生活再建を行いたい権利者たちは、旧市街地でなく、郊外の新市街地へ次々と流出してしまう事態となった。

一方で、最大の被害地であり、比較的仙台からアクセスも良い石巻には、ボランティア等で外部の人間が多く流入することとなり、それをきっかけに震災前にはなかった人や活動がまちなかに集い、新たな風が吹き始めた。

まちなか再構築とCOMICHI石巻

そのような状況でまちなか再構築を図るためには、復興の名のもとに、一事業の拠点性に依存したり、規模を拡大するのではなく、小さくても住まいと生業の面で自立可能な環境を、まとまりやすい単位でスピーディーに順次構築し、まちの骨格を創っていくことが必要である。

そのようなプロジェクトの一つが「COMICHI石巻」である。

敷地面積470㎡、従前権利者四名、商店街沿道の間口狭小な不整形宅地に、全壊判定を受けた従前居住者用住宅や、若者向けのハウスシェア用住戸、被災商業者の再建テナントを含む複合建築物として二〇一五年八月に完成した。復興事業と呼ぶには大変小規模だが、これまでの地域になかった居住と商業、新住民・旧住民の複合的な暮らしと賑わい、交流の場である。

事業完成後の松川横丁とCOMICHI石巻

5 復旧・生活再建

COMICHI石巻の経緯とマネジメント

被災後間もない6月から「松川横丁再建勉強会」が立ち上がり、どのように各々の暮らしや生業を再生させるか、そして、いかにまちなか再生の機運を高めるかを検討してきたが、横丁沿いの敷地では、二項道路の拡幅や敷地の狭小具合により、新たな暮らしや商いの場を思い描くのは困難な状況であった。

そこで、もう少し広い地区範囲での再開発構想も検討したが、地域との関係が希薄な地区外権利者への事業参画に労力・時間・資金を費やすより、まちなかの復興機運をスピーディーに興すことに主眼を置き、小規模な任意事業とした。

「もういちど中央に戻って暮らしたい」「被災後の多世代が共生できる、まちなかの多様な暮らしを一過性のものとしたくない」という権利者の強い想いと、その想いに共感したサポーターが丁寧な話し合いを何度も繰り返し具現化した。

完成から三年が経過するCOMICHIでは、二階・三階の住民間での日常的な行き来や、周辺商店主まで巻き込んだイベントなど、様々な交流が実践されている。

そのような活動の担い手となっているのが、本プロジェクトの中で立ち上げた合同会社「MYラボ」である。

地権者と計画段階から参加しているまちづくり会社「街づくりまんぼう」や震災後の石巻で様々なまちづくりの担い手となっている「Ishinomaki2・0」、商店会組合の共同出資とすることで、様々な地域内の団体・個人が運営に関与し、地域主導の運営が継続的にできる体制とした。

一階店舗のオーナーとなり、賃料を収入源とすることで、COMICHI石巻の多様な共空間を活用した様々なソフト事業、出店希望者・移住希望者のサポートを実施できるスキームとなっている。

（野田明宏）

COMICI石巻の地域に開かれた共用空間

上棟式での餅まき風景

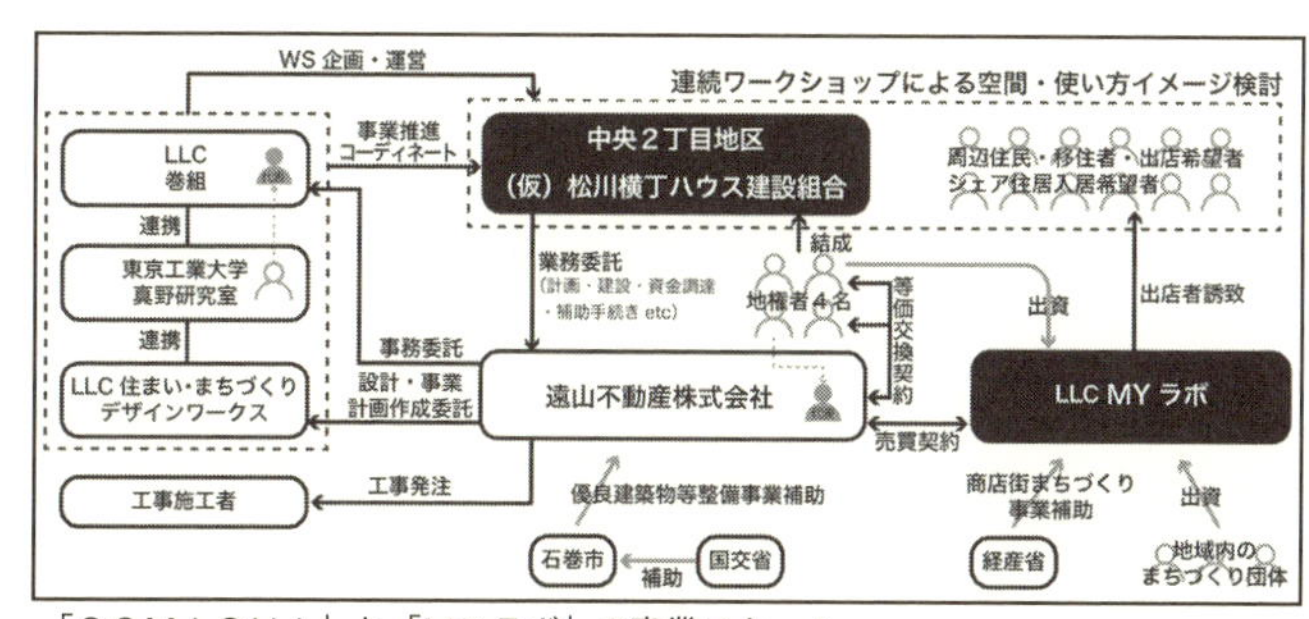

「COMICHI」と「MYラボ」の事業スキーム

5 なりわいの再建

東日本大震災事業者再生支援機構
被災事業者の再生支援　七年間の軌跡

5－5－10

設立経緯

当機構は、二〇一一年一〇月以降、被災地域六県で支援業務を開始した「産業復興相談センター」が取り組み困難な被災事業者の支援を目的の一つとして、震災翌年の二月に設立された。

二〇一八年二月末の支援決定先七三七先の六割が従業員一〇名以下の小規模事業者であることが最大の特徴だが、金融機関からの債権買取額も一、三〇〇億円を超え、ほぼ半分(49・6%)の金額を債務免除している。復興相談センターとの支援実績合計は表1の通りであり、支援業務の流れは図1の通りとなっている。

支援実績

センター・当機構、いずれも被災により過大な債務を抱えた事業者の再生支援に向けて設立されたが、流失した設備が公的助成で再建できたとしても、風評被害等の減収もあり、事業を再建するには多くの運転資金も必要だ。円滑に事業資金を借りられるように震災前借入金の一部または全部を機構が買い取り，返済条件緩和や過大となっている債務を免除してきた。

また、当機構では必要な場合には、過大となった債務の整理に加えて、新規事業資金の繋ぎ資金、金融機関への債務保証や出資等も行うことができる。

新規融資に係る保証二二八先、つなぎ融資三七先、出資一三先の支援を実施している。

業務の担い手達

地域ごとの実情も異なり、パートナーとなる金融機関と実現可能な納得性の高い計画を共に作り上げることが業務の前提となる。被災のダメージ等個別事例に即して柔軟に意思決定するためにも現場の判断を尊重できるように、支援業務のガイドラインも工夫して策定した。

当機構は、銀行・官庁からの出向者、再生支援協議会・整理回収機構の出身者、弁護士・会計士など多様な出自のメンバーで担われている。双方向の議論で意思決定が迅速にできるように、「より速く・より多くの」支援決定に向けて、情報・ノウハウの共有に努めた。

その結果，業務開始二年間で四一一先，四年間では累計六七二先の支援決定を行えた。

目下の中心業務

二〇一八年六月末時点では、表2の通り多岐にわたる業種で七三七先の支援決定となっている。沿岸被災地の基幹産業とも

表1 支援決定実績（復興相談センター・支援機構合計）2018年11月末

	宮城県	岩手県	福島県	青森県	東北4県	茨城県	その他	合　計
債権買取等金融支援先	486	276	135	56	953	76	45	1,074
当機構支援決定先	344	166	86	56	652	56	29	737
センター債権買取先	142	110	49	0	301	20	16	337

上記以外にセンターによる支援として、11月末現在貸出条件変更等支援（＊）871（宮城189，岩手153，福島167，青森162，茨城37，千葉163）先あり。

表2 県別・業種別支援先数

	農・漁業畜産業	水産加工水産卸	金属加工機械器具	土木建設	食品製造	運輸倉庫卸売	小売飲食	宿泊業	その他	合計
岩手県	7	32	28	16	7	11	47	5	13	166
宮城県	13	97	51	17	15	40	59	10	42	344
福島県	5	4	18	10	3	2	24	10	10	86
その他	5	25	20	13	11	12	27	10	18	141
合　計	30	158	117	56	36	65	157	35	83	737
構成比	*4.1%*	*21.4%*	*15.9%*	*7.6%*	*4.9%*	*8.8%*	*21.3%*	*4.7%*	*11.3%*	*100.0%*

図1 事業再建上の問題（概念図）

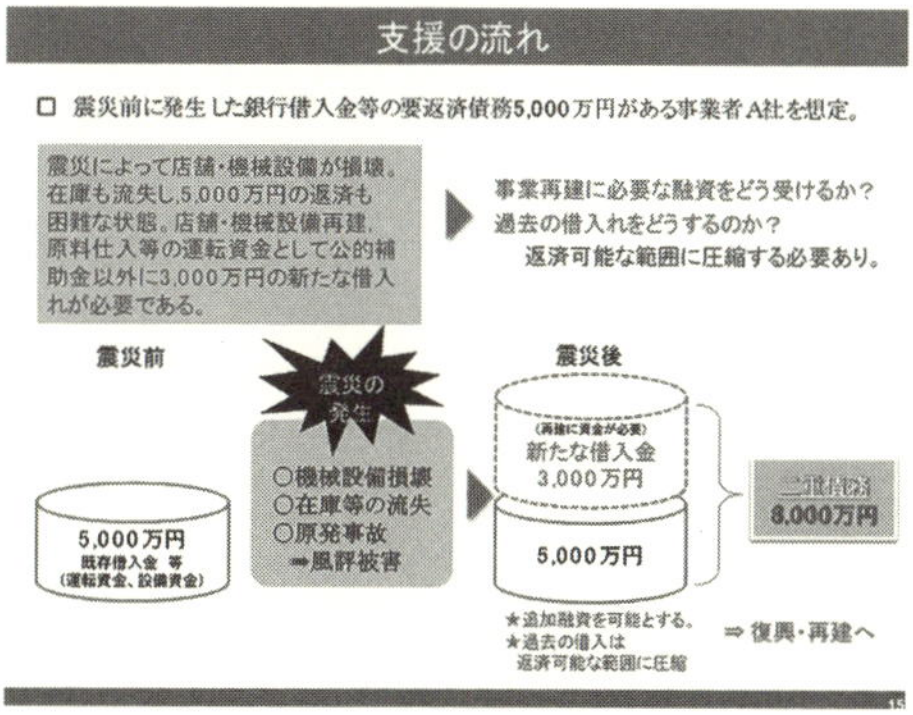

支援の流れ
□ 震災前に発生した銀行借入金等の要返済債務5,000万円がある事業者A社を想定。
震災によって店舗・機械設備が損壊。在庫も流失し,5,000万円の返済も困難な状態。店舗・機械設備再建，原料仕入等の運転資金として公的補助金以外に3,000万円の新たな借入れが必要である。
事業再建に必要な融資をどう受けるか？
過去の借入れをどうするのか？
返済可能な範囲に圧縮する必要あり。
震災前
5,000万円
既存借入金 等
（運転資金、設備資金）
震災の発生
○機械設備損壊
○在庫等の流失
○原発事故
⇒風評被害
震災後
（再建に資金が必要）
新たな借入金
3,000万円
5,000万円
8,000万円
★追加融資を可能とする。
★過去の借入は
返済可能な範囲に圧縮
⇒ 復興・再建へ

言える水産加工業は、サンマ・イカ等の不漁等から経営環境は一段と厳しくなり，小売・飲食業等では、地域生活と密着していることから被災地の人口回復が事業経営の前提とも言える。

従って、再生計画の円滑な達成には、金融機関と協働した事業支援が最も重要となっている。事業者の改善意欲を後押しするために、専門家のコンサルや機構職員（会計士等）によるトップライン向上・原価管理体制強化等の助言や、事業助成の公的支援制度等の紹介を実施している。

事業者と金融機関と協働して、事業計画と実績との差異分析等を通して個々の企業価値アップに向けたソリューションの提供を模索しているが、復興庁（各県復興局）や県庁・商工会議所等の指導機関と連携，漸次成果も現れている。最近取り組んだ特徴的な事例を挙げると、復興庁専門家派遣支援業務を活用した「地域ブランド」創設、東京都内店舗を借用したテストマーケティング試行（延べ二〇社程度が参加）、宿泊業者への専門家派遣を切り口としたネット営業のコンサル、「ものづくり」補助金等の各種助成制度の紹介・申請書作成支援等多彩である。

支援完了に向けて

こうした施策の奏功もあり、機構支援先のうち一〇〇先近い事業者が繰り上げて再生を果たし、卒業している。支援先全体では半数の事業者が黒字転換を果たす一方で、倒産・廃業は一〇先を超えた。（いずれも二〇一八年一一月現在）。

震災以降の経営環境は、前述の通り厳しく新規の相談受付先に対しては、助言・本業支援を含めた真摯な対応を続けたい。今後とも事業者のニーズに沿った支援の取り組みを強化する所存である。文中の「評価・意見」に関わる記載は筆者の個人的見解である。

（荒波辰也）

（＊）主に返済期限の延長等。

6 教育・文化・芸術

震災直後の学校現場の困難と宮城県教育委員会の対応

5－6－1

大震災後の教育行政の混乱

①市町村教育委員会任せの学校再開

宮城県内の被災校は、校庭まで浸水した学校を含め、小中高合わせて八九校に及んだ。

震災後の学校再開は、被害の少なかった内陸部の学校では、四月一一日から一五日の時期が多かったが、石巻市など沿岸部の被災地では四月二一日、最も遅い南三陸町では五月九日が始業式となった。宮城県教職員組合（宮教組）は宮城県教育委員会（県教委）に「始業式を県内一斉に五月の連休明けとすること」と要請した。校舎が被災し、児童生徒や教職員の犠牲者が多数出た中での早期再開は無理があった。少なくとも一ヶ月遅らせれば校舎の後片付けや児童生徒へのケアに専念でき、内陸部の教職員が被災校に応援に行くことも可能になると考えたのである。しかし県教委は、学校再開の判断を市町村に丸投げした。その結果、市町村ごとに判断が分かれ、学校現場の混乱に拍車をかけた。

②人事異動の強行

混乱のさなか、県教委は震災前に予定した人事異動をそのまま強行した。これは教職員にさらなる苦悩と困難をもたらした。宮教組は、県教委に対し人事異動の凍結を求めたが、県教委は応じなかった。

県内外からの批判を受けた県教委は、前任校と異動先校を兼務する「兼務発令」で乗り切ろうとした。異動後も被災した前任校の仕事を兼務することは到底無理である。全県で五七七名に対し兼務発令が出たが、その場しのぎの無責任な対策であった。

兼務発令で二つの学校を掛け持ちした教職員の勤務は過酷を極めた。岩手県や福島県が人事異動を凍結したことに比べ、県教委がいかに学校や子ども、教職員に冷たい組織であるかということを露呈した出来事であった。

③震災後も「学力向上」最優先

また、県教委は震災後も「志教育」を声高に謳い、「学力向

宮城県教委
異動1日付変えず
被災地は兼務発令

四月一日付異動発令強行を伝える地元紙（『河北新報』二〇一一年三月二六日付）

上が震災復興の教育だ」とする方針を示した。これは生活基盤が失われた沿岸部の学校と学習環境が整わない仮設住宅で暮らす子どもたちを顧みない愚策であった。ここにも学校現場を理解しようとしない県教委の体質が現れた。

避難所への校舎提供と教職員の対応

避難所になった小中学校は宮教組調べで三五六校であった（六四五校中）。各学校の避難者数とその状況について、県教委は把握を怠った。宮教組はやむを得ず、市町村教委に依頼して調査を実施した。避難者数は三千人以上が三校、二千人以上が一三校、千人以上が五三校ということが明らかになった。

震災直後、避難所に張り付く行政職員が手薄な中、自治組織ができるまでの数週間、教職員は学校に泊まり込み、被災者対応に追われた。教職員の献身的な姿勢と子どもたちのけなげな姿が被災者を励まし、理性を保つ支えとなった。学校が果たした役割は極めて大きい。

教職員の勤務と健康状況

震災から一、二年間、被災校では、支援物資の仕分け、支援者への対応、教室等の環境整備、被災児童生徒へのケアなどに忙殺され、ゆとりのない日々が続いた。二〇一一年九月に宮教組が行った「教職員の生活・勤務・健康調査」では、約三割の教職員が「抑うつ状態」という結果が出た。直後の県教委第一回健康調査では、「教職員燃え尽き22・7％」と報道された。二〇一七年の調査でも、「体調がすぐれない」という回答がまだ二割を占めている。

教職員苦悩 浮き彫り
宮教組・大震災後調査まとまる
異動実施時期に不満も

『河北新報』2012年4月12日

震災でストレス 教職員3割うつ
宮教組・小中学校調査
避難所運営など激務
「疲れ蓄積」「不安」心のケア対応急務

『河北新報』2011年11月29日
注）避難所運営に携わった回答者は6割2050人が正しい。

県教委による震災の総括

県教委は、先の人事異動の是非も含め、東日本大震災の教育現場への影響を正しく総括していない。「みやぎ学校安全基本指針」は定めたが、各種データは、文科省が民間会社に委託して集めたものを借り受けたもので、学校ごとのデータは手元にないという。県教委は被災校や犠牲児童生徒の実態を詳細に把握しようとしなかった。

最大の悲劇を生んだ大川小の事実についても、文科省の報告書には掲載されていたが、「東日本大震災における学校等の対応等に関する調査（宮城県分）」で削除し、その教訓を教職員に全く伝えなかった。教育行政に携わる立場として、その見識が問われている。

（瀬成田　実）

6 教育・文化・芸術

子どもたちの状況と教育復興への課題

5－6－2

児童生徒の被災と生活・心理に与えた影響

東日本大震災は、宮城県の学校現場に甚大な被害をもたらした。園児・児童・生徒の犠牲者数は三二七名（公立幼小中高）、親を亡くした児童生徒は県内で一〇三六名を数えた。

震災は、家族、友人、地域などを奪い、子どもの心に大きな影響を与えた。震災直後、落ち着きをなくす子どもが増えた。テンションが高くなり、些細なことで周囲の子どもとトラブルを起こした。これは震災のPTSDによるものと思われる。

それらは、時間の経過とともに表面的には減少したが、子どもたちに新たな変化が見られるようになった。集中力の低下、衝動的行動に加え、無気力、不登校などである。発達障害と混同される場合も多かった。専門家には、より複雑な症状で震災のトラウマが現れると指摘された。背景としては、避難所や仮設住宅等住環境の悪化や家族機能の低下などの要因が考えられる。震災時に幼かった子が、学齢期に達して「問題行動」を起こす場合もある。

子どもたちへのケアと復興教育

子どもが成人に達するまでの長期にわたり、安心を取り戻せるような見守り体制が必要である。被災地の教職員は何ができるか、必要かを模索し、様々な実践に取り組み、子どもたちを支える努力を続けている。

沿岸部のある小学校では、震災から三年間、触れ合いを重視した楽しい活動的な行事を「レインボータイム」と名づけ、全校行事、縦割り活動、学級活動に力を入れた。職員研修や保護者、地域、SC（スクールカウンセラー）、SSW（スクール・ソーシャルワーカー）との連携にも力を注いだ。

その結果、児童の気持ちが次第に落ち着いていったことが報告されている。教員個々の実践でも多くの教訓を含む注目される取り組みが生まれた（表）。

これらは、心のケアと子どもを復興の主体に育てる上で貴重な実践であった。

被災地での教育実践の例

教諭	取り組み
徳水博志（雄勝小）	子ども観、学力観、学校経営観の転換による復興教育
阿部広力（山下一小）	地域復興を考えさせる実践
制野俊弘（鳴瀬未来中）	綴らせることに主眼においた「命と向き合う教室」実践
瀬成田実（向洋中）	生徒が復興に向けた自主組織を立ち上げ、地域に出かけていく実践

学校統廃合と復興の課題

震災が起きた二〇一〇年度、小中学校は六五〇校であったが、二〇一八年度は五七七校となり、震災後七〇校あまり減少した。児童生徒数の減少を理由とした計画統廃合を除くと、震災事由による統廃合校数は約四割を占める。計画統廃合を震災が早めた例もある。

仮設校舎や間借り校で生活していた学校は、ピーク時に小中学校合わせて四八校あったが、現在は一校のみとなった。

今後の課題はいろいろあるが、一番は加配の継続、拡充である。国からの復興加配は、現在、小中高合わせて二四四名であるが、被災三県全体では減少しており加配の継続が求められる。また、SCや養護教諭による心のケアの充実、SSWの増員、県独自の教職員加配も必要だ。さらに県独自の少人数学級の実現や、不便を強いられている統廃合校の通学環境整備などが挙げられよう。（瀬成田　実）

Column

教職員を励まし、被災による混乱の回避に努めた宮教組

震災直後の人事異動強行に反対する取り組みのほか、当直業務に対する特殊勤務手当の支給、携帯電話の通話料や流失した教職員の自家用車の保障などを県教委に求め、様々な要求を実現した。宮教組が発行した一〇〇号を超える震災速報は「唯一の情報源だった」と被災校から喜ばれた。また、二〇一一年秋に宮教組が行った「教職員の生活・勤務・健康調査」は、避難所運営や人事異動の強行が、教職員にとっていかに過酷なものであったかを明らかにするものであった。

宮教組は、教職員の手記を集めた『東日本大震災　子ども・いのち・未来』（明石書店）を発行した。手記や教訓、子どもたちの作文を集めた文集の発行も第3集を数えた。同第3集には、本来、県教委が把握すべき被災児童生徒の数や被災状況、被災校の様子について、研究者らと共同で詳細に調べ掲載している。さらに、「学校の対応に関する教訓・課題チェックシート」も作成して県内全教職員に配布した。

県教委の無責任さを批判しただけではなく、被災により混乱した教育現場の条件整備を求め続けた。さらに震災の教訓を残し継承する取り組みも行った。これらにより教職員組合の存在意義を内外に知らしめることができた。宮教組が教育の復旧・復興に果たした役割は極めて大きい。

組合は教職員の人事、生活を支援します！

FAX速報⑥　2011／3／11　東日本大震災

発行：宮城県教職員組合（宮教組）
tel.022-234-0141 fax．022-274-2130　eメール mtu@rose.ocn.ne.jp
2011年3月30日（水）★増し刷り・回覧をお願いします。

特殊業務手当は12,800円出ます

県教委，28日に再通知を出す！

県教委は14日の通知の徹底のために，28日に再通知を出しました。要点は以下のとおりです。

「特殊業務手当」について
【学校で避難所運営など被災者への支援業務を行った場合】
～今回は特例として，自治体職員の在不在を問いません～

①夜勤（泊を伴う勤務）のケース
（午前2時から8時までの間での5時間以上となる勤務）
勤務の割り振りがない場合は，限定4項目の「災害」時扱いになります。特殊業務手当12,800円が支給されます。疲労回復措置も必要です。
＜勤務の割り振りがあった場合は，夜間勤務手当（22時～5時，時給単価の100分の25加算が付きます）

②勤務日に正規の勤務時間に引き続き午後11時まで勤務した場合。（実質午後10時まで勤務すれば適用されます）
特殊業務手当12,800円が支給されます。

③週休日（土日）や休日（春分の日）に6時間45分以上勤務した場合
特殊業務手当12,800円が支給されます。

★ 現場は混乱しているので，3月中に申請ができない場合は，4月申請も可能ですのでご安心下さい。（仙台市教委は「4月にまとめて申請」と決めました。）

～こんな声が現場から寄せられています。これは誤りです～
× うちの学校は「11～13日までは手当をつけるが，その後はつけない」（名取市の小学校）
× 夜間勤務の振替や手当について一切何も校長から言われていない
× 「夜間勤務はボランティアね……」
※おかしいと思ったらすぐ校長に申し入れましょう！

不眠不休でこの間，勤務に当たられた教職員のみなさん。【勤務の割り振り】は年度をまたいでも取得できます。校長に要求して下さい。

【お知らせ】春の教育講座は，仙台支部は延期，他は中止です。

地震に係る教員特殊業務手当について（通知）問答集（3月28日追加分）より

今回の地震により災害対策基本法第28条の2に基づく緊急災害対策本部が設置されたため，被害が特に甚大な非常災害に該当する。

また，今回の地震により被災し，学校に施設等に避難している児童又は生徒を含む被災者への支援業務（含避難所運営）で学校管理下で行うものについては，心身に著しい負担を与える業務に該当するものとして取り扱うものとする。

次のような場合，すべて【特休】を取得できます～期間は問いません～
○ 配偶者等の看護，捜索，安否確認，
○ 住居の滅失・損壊，住居の復旧作業，一時避難，
○ 職員及び職員の家族の生活で，水，食料等が欠乏している場合で職員以外にそれらの確保を行うことができないとき
○ 地震等により，通勤が困難である場合，
○ その他，右記に準じ，所属長が必要と認める場合。（14日付県教委通知，15日付総務省通知より）…詳しくは組合に問い合わせを。

困った！通勤できない！…
＜17日付総務課・教職員課通知より＞
「今回の震災の影響により，交通手段が確保されず，勤務・赴任ができない職員については【特別休暇】として取り扱うことが可能であり，ガソリンの確保も含めた交通手段等の確保も含めた交通事情等の改善により可能となった時から勤務・赴任をするよう周知する」

被災校と教職員を励まし続けた「震災速報」

東日本大震災
教職員が語る
子ども・いのち・未来
宮城県教職員組合 編
子どもたちの笑顔が
私たちの"希望"だった。

『東日本大震災　教職員が語る子ども・いのち・未来』（明石書店）

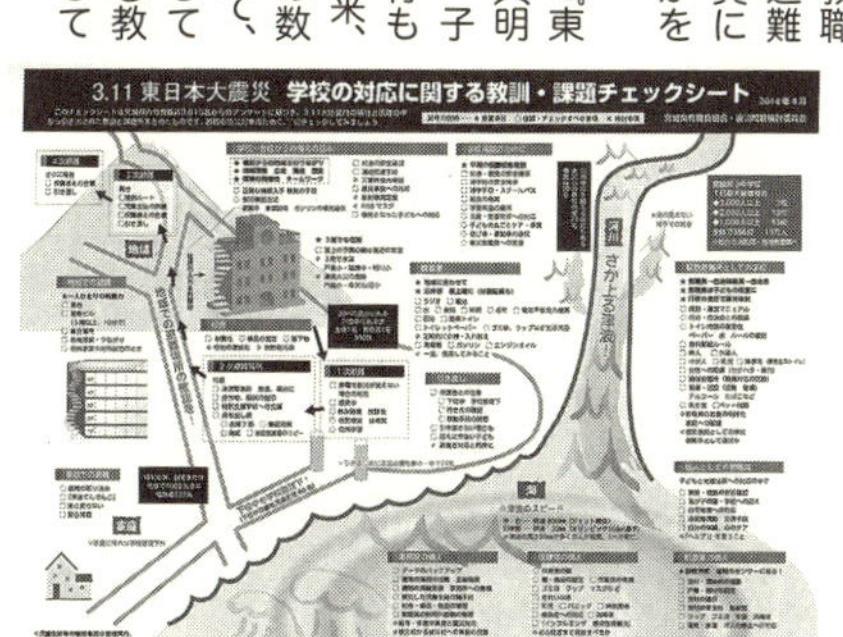

宮教組が作成・配布した「教訓・課題チェックシート」

地域復興の主体を育てる下からの《復興教育》

震災後の教育施策の本質

東日本大震災で最大の被害を受けた宮城県では、震災後に二つの教育政策が実施された。

一つは震災半年後に早々と提示された被災校の「学校統廃合」である。宮城県では震災後八年間で閉校三四校、統合などによる新設一〇校、差し引き二四校が消滅した（二〇一八年三月二四日、朝日新聞）。資本の文脈で見ると、児童数が激減して学力競争が見込めなくなった被災校は無駄な財政支出と映るのだろう。これが被災地の「学校統廃合」の本質である。

二つ目は、震災後さらなる「学力向上策」の強化である。震災一年目こそ被災児の心のケアが大切と言われたが、二年目から「学校正常化」の名の下に、「学力向上策」へ大きく舵を切った。心のケアが必要な被災児さえも一刻も早く学力競争の世界に連れ戻してグローバル人材育成教育を復旧すること、これが「学力向上策」の本質であったのである。

つまり、震災で国民が混乱しているその隙に便乗して、新自由主義政策の下、資本は抜け目なく被災地の教育をグローバル人材育成仕様に改造したのである。これが教育界における「ショック・ドクトリン」である。

雄勝小学校の《復興教育》

このような流れに抗って、対峙した教育実践こそが、実は石巻市立雄勝小学校の《復興教育》だったのである。筆者は、教育行政が下した「学力向上策」は、被災地から子どもを流出させる「村を捨てる学力」（東井義男『村を育てる学力』明治図書）だと考えて、震災一年目の二〇一一年六月に新しい教育課程を提案した。

それは全国初の《復興教育》であったと考えている。その教育方針とは、グローバル企業のための人材育成は被災地には不要であること。被災地には被災地の課題を担うための独自の教育観が必要であることを提案した。

具体的には、①《子どもは地域の宝という子ども観》、②《故郷を愛し、故郷を復興する社会参加の学力観》、③《地域復興と一体化した学校経営観》という三つの教育観を提案した。一言で言えば、地域復興に貢献する学校づくりである。

その後、福島県双葉郡の教育復興ビジョン、岩手県の復興教育、文科省の創造的復興教育が提案されたが、雄勝小学校の《復興教育》は故郷を失った住民の視点から提案した、いわば下からの《復興教育》（注）だったのである。

地域復興を学ぶ総合学習

二〇一一年九月から雄勝小学校において、正規の教育課程として全校で実施した《復興教育》の柱は、《地域復興を学ぶ総合学習》であった。

そのねらいとは、復興に立ち上がった大人に出会わせて、その前向きな力に触れさせ、子どもたちに自己形成のモデルにしてもらうことだ。さらに地域復興を学ばせ、将来的に地域を復興するための《社会参加の学力》を獲得させることをねらいとした。この学力観に立ってこそ子どもたちは、学力形成と地域復興を結びつけて、学ぶ意味を見出すことができると考えたのである。

二〇一一年の六年生は「雄勝硯の復興とまちづくりについて考えよう」というテーマの下、硯制作を再開した硯職人の遠藤弘行さんに出会わせた。瓦礫の中から回収した木材で掘立小屋を建てて、電気も水もない悪環境下で硯を彫る遠藤さんの姿に子どもたちは驚くとともに、雄勝硯の復活の夢を熱く語る遠藤さんに感動して、多くの励ましと勇気をもらった。

続いて、「まちづくり協議会」の副会長の高橋頼雄さんに復興の現状について講話をしてもらった。その講話に触発されて、子どもたちは自分たちで雄勝の復興プラン（写真図）を作って「まちづくり協議会」で発表したのである。

子どもの権利条約の意見表明権を「まちづくり協議会」が認めてくれたのだった。その結果、復興プランの一部が雄勝総合支所の復興計画案に採用されるという快挙を生み出した。

こうして子どもたちは自己有用感を高めて大きな自信を得て、震災の傷を少しずつ癒しながら前を向く力を獲得していったのである。

二〇一二年度の五年生は、「雄勝湾のホタテ養殖と漁業の復興を調べよう」というテーマで、漁師さんが設立した合同会社『OHガッツ』でホタテの養殖体験学習を行いながら地域復興を学んだ。

代表者の伊藤宏光さんにはホタテの養殖体験を四回体験させていただいた他に、外部講師として教室に二回足を運んでもらった。教科学習には学ぶ意味を喪失した子どもたちだったが、地域復興を学ぶ総合学習には意欲的に取り組んだ。津波災害を乗り越えていく伊藤さんの生き様を見た子どもたちは「かっこいい！」と言って、自己形成のモデルにしている。

このように地域復興へ社会参加することで、子どもたちは地域復興の《当事者性》を獲得し、《社会参加の学力》を身につけることができる。そして、未来の地域復興の主体に育つという確信を筆者は得たのだった。

（徳水博志）

注：詳細は拙著『震災と向き合う子どもたち』（新日本出版二〇一八年）

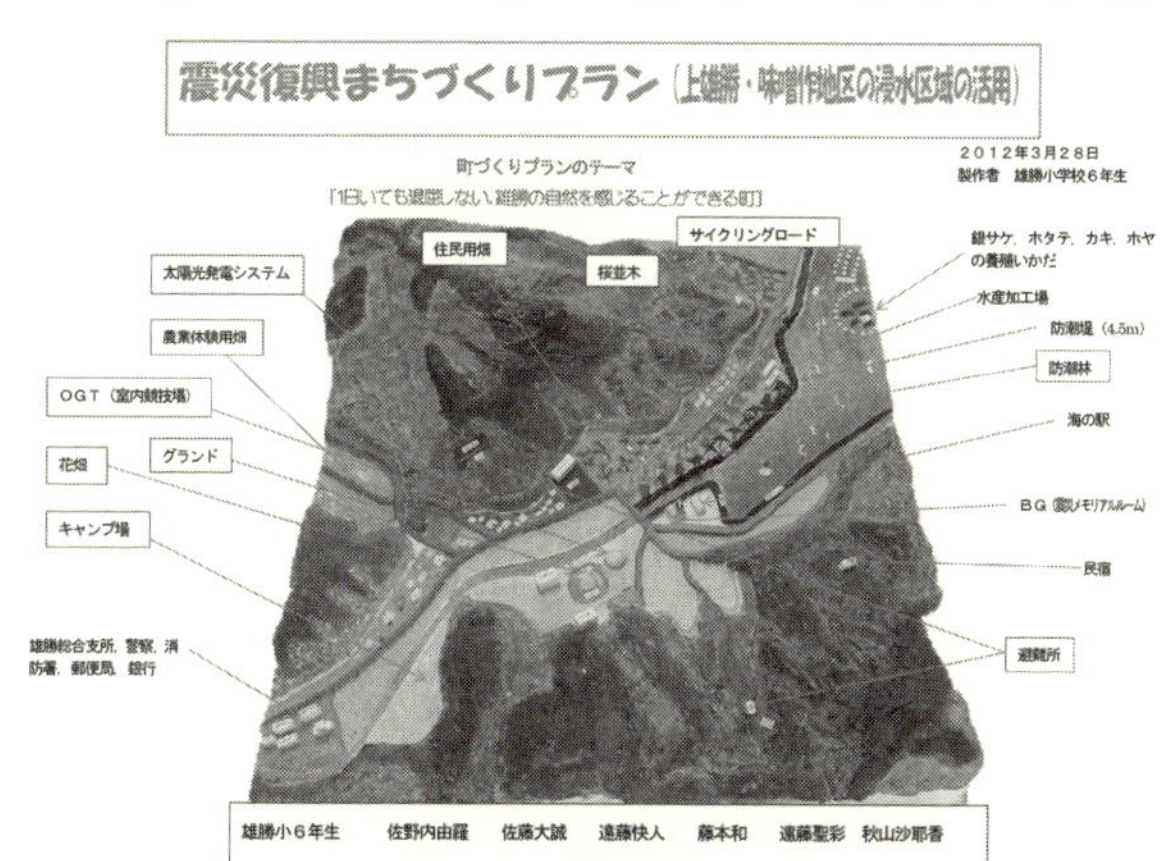

小学6年生が製作した震災復興まちづくりプラン

6 教育・文化・芸術

震災の描き方と演劇の役割

5－6－4

記録する演劇

震災直後、劇場が壊れ、公演不可能になったり、「そんなことをしている場合じゃない」と公演を断念した場合もあった。宮城県における演劇人の震災直後の活動は、被災地支援活動も含めて『アートリバイバルコネクション東北活動報告２０１１・３―２０１２・４』に詳細に記録されている。

筆者は震災直後から、全日本リアリズム演劇会議加盟の全国の劇団に被災地での様子をメールで報告し続けた。二〇一一年八月、中津川の劇団「夜明け」が鈴木弘文の構成・演出で本メールを朗読と合唱の舞台として創り上げ、上演した。また、中部地区の演劇人が集うゼミナール（伊賀市）において、劇団名古屋の久保田明構成の「仙台からのメッセージ２０１１・３・１１」としても上演された。

2011年8月「仙台からのメッセージ」の舞台

震災に対する演劇の働き

演劇は震災に傷んだ人々や地域の復興に対して、どんなことが可能かを演劇人も模索した。「いま、なにができるか」「いま、わたしがおもうこと」はあっても、演劇には、具体的になにができるかということはむずかしい状況だった。二〇一二年四月ＮＰＯ法人劇団仙台小劇場主催のシンポジウム「震災と演劇」が開かれ、「震災に演劇はどう立ち向かうのか」では、神戸の震災後の経緯なども含めて議論された。

「演劇と教育」６４２号のアンケートによれば、児童青少年演劇劇団・人形劇団１７５劇団中、88％の劇団が「何らかの活動」を行い、そのうち、「被災地のボランティア公演」43％、「被災地ワークショップ」17％、「チャリティー公演」45％であった。名古屋・岐阜など中部地区の演劇人による被災地（石巻市・山元町など）へのボランティア活動は二〇一八年の本年まで息長く続けられている。

舞台表現に見る原発事故

福島の原発の事故は、震災被害の中でも演劇人たちに大きなインパクトを与えた。

ふじたあさや／作「臨界幻想」

は、すでに一九八一年に上演されていたが、「臨界幻想２０１１」に改作され、二〇一一年五月にはいち早く、前回と同じ青年劇場によって上演され、原発を稼働する側の責任を鋭く追求した舞台として、全国でも大きな反響を呼んだ。

事故から年月を経て、トム・プロジェクトプロデュースなどによって二〇一六年一一月から各地で上演された古川　健／作の「挽歌」は、被災地の短歌サークルを描くことで、原発立地の人々の苦悩をリアルに描き出した。また、岩松了はM&Oplaysプロデュースが上演した「少女ミウ」や埼玉ゴールド・シアターが上演した「薄い桃色のかたまり」で、避難を余儀なくされ、生活が急変せざるを得なくなった住民の苦悩と不安を描いた。

被災地をどう描くか

「被災地をどう描くか」は演劇という「フィクション」で「現実」描くことの複雑さも浮き彫りにした。また、「描く側」と「描かれる側」の関係にも注目したい。

劇団仲間をはじめとして日本各地で上演され続けている、篠原久美子／作　朗読劇「空の村号」は、変わりゆく地域の中で、希望に向かう子どもたちを描いている。篠原は「難しい問題をどう面白く描くか」が、観客からは問われると語っている。

福島に比べて他の被災地を描いた作品は少ない。二〇一八年四月、東京芸術座によって上演された堀江安夫／作「いぐねの庭」は堀江が故郷仙台の「いぐね」に囲まれた地域を舞台に設定し、震災による苦悩とそれに立ち向かう人々の日常を描いた。

高校演劇の活躍

福島県をはじめとする東北の高校演劇が震災や原発事故を自分たちの問題として捉え、震災後いち早く、チャリティー公演や舞台上演活動を行った。

佐藤雅道／作「シュレーディンガーの猫」は、原発事故で他校へ避難せざるを得なくなった、心の置き場所が見つからない高校生を描いた作品で、福島県立大沼高校演劇部によって全国で上演されている。畑澤聖悟／作「もしイタ〜もし高校野球の女子マネージャーが青森の「イタコ」を呼んだら〜」は青森県立青森中央高校演劇部によってたくさんの被災地での公演も行われた。

演劇による地域づくり

震災は「地域における演劇の役割」を見つめ直す機会にもなった。

仙台市太白区長町で地域づくりに積極的に取り組んできた「長町まざらいん」と、それまで地域の物語を上演し続けてきたNPO法人劇団仙台小劇場が取り組んだ公演、石垣政裕／作・演出「わがまち　ながまち　愛のまち―長町青物市場物語―」は、主催として仙台市も加わり、震災を契機に変わりゆく地域の中で「未来に向けた新しい物語を紡いでいくこと」をめざして制作が進められた。この公演で石垣は、地域演劇では「見てくれるお客様とともにいたか」を問うことが必要なことを痛感したと語っている。

（石垣政裕）

2013年9月「わがまち ながまち 愛のまち」の舞台

7 災害とメディア

災害報道における地域紙・地方紙と全国紙

5－7－1

ジャーナリズムの原点

　東日本大震災は、SNSやコミュニティFMなどを含め、さまざまのメディアの役割を再認識させた。東日本大震災と福島原発事故は、通信の途絶、現場への交通の遮断などの困難な状況を乗り越え、過酷な状況にある現場に出かけ、現場を見て、当事者である被災者の声に耳を傾けることこそが、もっとも重要であるという「ジャーナリズムの原点」を思い起こさせる出来事だったと振り返る記者が多い。

　速報性ではテレビに劣るものの、記者一人で取材に行ける機動性、全国紙には困難な現場への近さ、被災者との距離の近さという点で、地方紙や地域紙の果たした役割は大きかった。

　全国紙やキー局のテレビ報道が一過性的な「集中豪雨」的取材になりがちな中で、地方紙や地域紙は、ローカルテレビとともに、被災者に寄り添いながら、息の長い地道な取材を続けてきた。

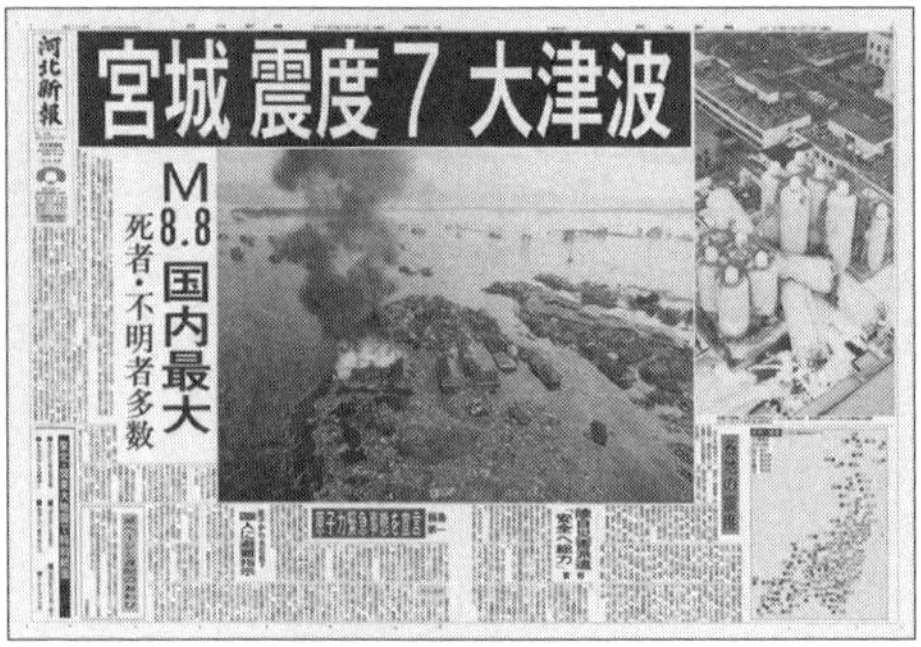
河北新報
宮城 震度7 大津波
M8.8 国内最大
死者・不明者多数

『河北新報』2011年３月12日付紙面

大震災翌朝、新聞が届いた

　仙台市に本社を置く河北新報社では、コンピューター組版システムがダウンしたが、災害協定を結んでいた新潟日報社に記事を送り、同社で組版、紙面データを仙台市泉区の印刷所で印刷し、被害の大きかった地域を除いて、通常よりも約一、二時間遅れで戸別配達を行った。

　八頁、ふだんの約三分の一の紙面とは言え、大震災の翌朝、地元紙がほぼ平常どおり届いたことは、不安に怯える宮城県民に大きな安堵感と感動を与えた。停電でテレビが見られない中、全体状況を伝える紙面は貴重な情報源だった。大きな津波被害を受けた気仙沼支局などの被災直後の苦闘とともに、『河北新報のいちばん長い日—震災下の地元紙』（二〇一一年文藝春秋社）にまとめられている。

　極限状況での紙面づくりは、岩手日報、福島民報、福島民友の三紙にとっても同様だった。被災三県の四紙は、発災一年後の二〇一二年三月一一日、四紙共同企画として、震災から一年後の姿と発災翌日の一面を再掲する異例の特別紙面を二〇〇万部作成し、全国で配布した（https://www.minpo.jp/advertise/download/panorama_120d.pdf）。

家族や親戚・知人等の安否確認、ライフラインの復旧や給水車等、救援情報を知る上でも、繰り返し読めて、閲覧性の高い新聞は貴重な情報源だった。東日本大震災とその発災直後は、近年の日本で、もっとも新聞が求められた数日間だった。

手書きの壁新聞

地域紙の役割も見逃せない。石巻地方で夕刊紙を発行する石巻日日新聞社では、本社の社屋が浸水し輪転機が水没したが、三月一二日～一六日まで、マジックペンで手書きの壁新聞を号外として刊行し、石巻市内の六箇所の避難所に掲示した（『6枚の壁新聞―石巻日日新聞・東日本大震災後7日間の記録』二〇一一年、角川書店）。このような奮闘ぶりはワシントンポスト紙などにも報じられ、国際的にも大きな反響を呼んだ。

何が生死を分けたのか

大津波に襲われながら、かろうじて助かった被災者の証言を掘り起こし、伝えることも、地方紙・地域紙の重要な役割となった。九死に一生を得た体験は、防災教育のための貴重な証言でもある。主な事例を表に示す。『岩手日報』は、表記載の震災企画を讃えられ、二〇一六年度の新聞協会賞を受賞している。

被災経験を紡いだ地方紙・地域紙の取り組み事例

『石巻かほく』（石巻市・東松島市・女川町で発行）
　連載「私の3・11」（2011年6月から約100回）。
　『津波からの生還』2012年旬報社刊として刊行。

『岩手日報』
- 連載「忘れない」（震災1年後開始）。岩手県内の死者・行方不明者の約6割にあたる3400人以上の顔写真とエピソードを紹介。
- 全記者が遺族を再取材。犠牲者1326人の震災発生から津波襲来までの行動記録を紙面とホームページ上の動画で公開（2016年3月）。市町村ごとに取りまとめられ，どのように避難し犠牲となったかがわかる貴重な記録（https://www.iwate-np.co.jp/page/kodokiroku）。

町民による手づくり新聞

震災後、新たに創刊された地域紙もある。現職の町長はじめ住民の一割以上が犠牲になり、津波被害が深刻だった岩手県大槌町では、復興の進捗状況など「町民に必要な情報は町民が知らせなければ」と二〇一二年六月から週刊の「大槌新聞」が刊行されている。取材から編集・経理までを女性一人が担当する手づくりの新聞だ。

新聞のデジタル化―ＳＮＳ普及後、初の大震災

東日本大震災は、全国紙にも大きな影響を与えた。記者を増強し、読売新聞は約四〇〇人、朝日新聞も約一〇〇人程度の取材態勢を組んだ。例えば朝日新聞のベテラン記者、東野真和は志願して四年間、大槌町の駐在員となり、『駐在記者発　大槌町　震災からの３６５日』（岩波書店）はじめ、駐在生活の記録を刊行している。

東日本大震災はソーシャル・メディアが普及して以降、日本社会がはじめて経験した大災害だった。大震災を契機に、朝日新聞は「朝日新聞デジタル」を二〇一二年から開始、記者のツイッターでの発信を奨励、動画コンテンツも増やし、取材発信のデジタル化を精力的に進めている。毎日・読売・日経などの全国紙や地方紙もデジタル化に力を入れつつある。

災害報道とメディア

福島原発事故を含め、東日本大震災は、報道の責任とは何か、災害報道はどうあるべきか、メディアは復興とどう向き合うべきかを問い続けている。

（長谷川公一）

7 災害とメディア

忘れられた北関東

5－7－2

低認知被災

岩手・宮城・福島の東北3県の被災が注目される中、橋本昌・茨城県知事（当時）は震災直後から、国に「被災三県ではなく、被災四県だ」と、茨城県も被災地であることを訴えた。

「東日本大震災復興特別区域法」が二〇一一年一二月に施行され、茨城県への税制上の特例措置の適用に関して、当初、国からは厳しい見解が示されたが、茨城県は被害状況等を復興庁に繰り返し説明し、ようやく沿岸部等一三市町村への適用が認められることとなった。

茨城県や栃木県でも震度六強が観測され、津波、地震、液状化の被害があった。茨城県では、死亡六五人（うち震災関連死四一人）、住家被害は全壊二、六三〇棟、半壊二四、三七〇棟などであった。

図の通り、日本政策投資銀行による被害金額推計において、茨城県は二兆五〇〇〇億円で福島県の三兆一〇〇〇億円と大差ない。日本損害保険協会による地震保険支払い額も、茨城県内で一五〇〇億円に上り、福島県の一五七〇億円とほぼ同額である。

東北三県の被害があまりにも甚大なため、その周辺地域でも大きな被害が発生したにもかかわらず、社会的関心や救済が向けられない状況が発生した。このような被災は「低認知被災」と呼ばれ、福島原発事故でも同様の状況は発生している。

広域の激甚災害において、被害が最も深刻な地域に社会的関心や支援、資源が投入され、その周辺地域は置き去りにされてしまう状況である。

（単位：兆円）

県	被害金額推計額
茨城県	2.5
福島県	3.1
岩手県	4.3
宮城県	6.5

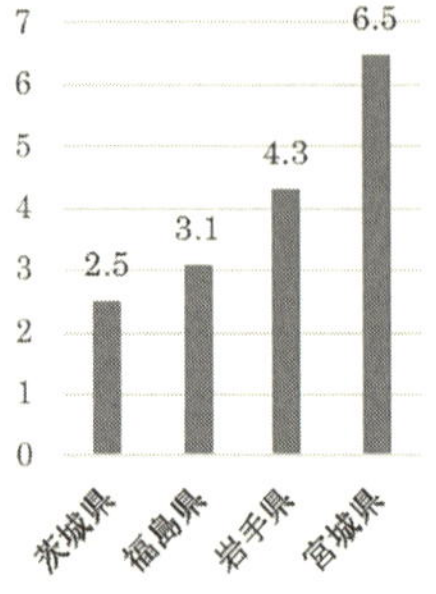

図1 被害金額推計額

出所：（株）日本政策投資銀行推計

平成23年4月27日公表。（原子力発電所事故に関する被害額は含まれない）

（単位：百億円）

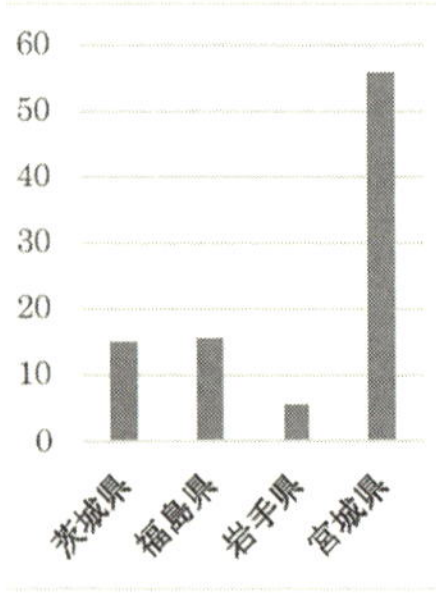

図2 地震保険支払額

出所：日本損害保険協会

（平成24年6月21日現在）

忘れられた北関東・茨城の被害

二〇一一年三月一一日、午後一四時四六分に三陸沖を震源とするマグニチュード9・0の巨大地震が発生し、気象庁は発生当日に「平成二三年東北地方太平洋沖地震」と命名した。しかし、本震発生から二九分後に発生した最大余震（マグニチュード7・7）は東北ではなく、茨城県沖で発生した。最大6強という巨大地震を三〇分の間に二度経験したのは、茨城県の住民だけであった。被害状況も、上記の通り被害額をみると、東北三県と茨城県を線引きする合理的な理由は見当たらない。

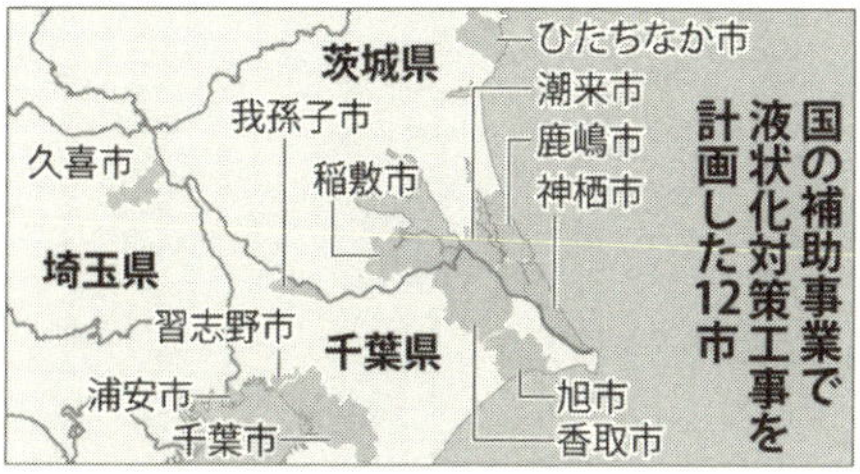

さらに、茨城県や千葉県では、液状化も広い範囲で発生した。液状化への対策工事も国の補助事業で行われており、図3の通り千葉、茨城、埼玉の一二市から国の補助事業への申請があった。だが負担金の高さや対策の必要性をめぐる認識の違いから、地権者の同意を集める難しさがあり、計画通りに実施できたのは二市のみだった。一見すると何も異常がわからないが、傾いた自宅で生活を続ける人は今もいる。

図3 液状化対策工事を計画した12市
出所：『毎日新聞』2016年3月8日（最終更新3月8日08時30分）

メディアと低認知被災地

上記の被害は、全国的にほとんど伝わっていない。

茨城県の被災状況が伝わっていないのは、県外だけではなく、足元の茨城県内でも同様だった。茨城県では5大テレビ局（キー局）は映るものの、唯一独立局を持たない県である。そのため、茨城県域で放送されるNHK水戸放送局からの発信が、地域の被災状況を知る貴重な情報源であった。しかし、二〇一一年三月にNHK水戸放送局に在籍した記者は、震災直後の状況を「茨城県内で取材をしても、ニュース枠を全部東京に取られて、なかなか茨城の枠をもらえなかった。茨城からの情報発信ができなかったことは今でも悔しい」と後に語った。

NHKでも震災後少し経ってから一七時から一時間、関東地方向けに震災の情報を伝える番組が立ち上がり、茨城県や千葉県の被災状況は、そこで放送されるようになった。

全国初のユニバーサルビーチの復興

他の被災地と同じように、茨城でも復興や防災の取り組みが進んでいる。県内で最大の観光客を受け入れる大洗町（二〇一〇年で五五四万人）も、港湾施設の破壊など大きな被害を被った。

大洗サンビーチは、全国初の「ユニバーサルビーチ」として有名である。お年寄りや身体に障害がある人も、不自由なく海を楽しむための水陸両用の車いす「ランディーズ」も好評である。

ユニバーサルビーチの取り組みを進めてきた大洗のビーチに、二〇一七年、二階建て一八〇人収容可能な津波避難施設が完成した。神奈川県大磯町などにも、津波避難タワーが設置されているが、大洗では避難施設を囲むようにスロープがついており、避難が難しい車いす利用者の避難所としての活用も想定されている。

大洗のように震災前のまちづくりをより発展させ、福祉と防災をうまく組み合わせた茨城での復興の取り組みは、被害状況と合わせてもっと注目されてよい。

（原口弥生）

災害情報生産は町民の手で

5－7－3

臨時災害放送局「りんごラジオ」

臨時災害放送局（以下、臨災局）は、一九九五年の阪神・淡路大震災後の二月に制度化され、自治体が被害を少なくするために臨時に設置することができるラジオ局である。

東日本大震災では岩手、宮城、福島、茨城県の四県で三十局が設置された。マス・メディアとは異なり、臨災局は被災地内から被災地内の人のために避難所の開設、飲料水確保、風呂の開設など生活情報等を提供する。

福島県境に位置する宮城県南部の山元町は、震災から十日目の三月二一日に臨災局を設置した。愛称は町の特産物のりんごと戦後の復興期にヒットした「りんごの唄」を震災復興に重ね「りんごラジオ」と命名され、二〇一七年三月三一日までの二、二〇三日間という長期にわたって放送が続けられた。自主制作比率一〇〇％であった。筆者はこのりんごラジオの放送内容を調査してきた。そこでこの期間中における情報提供の教訓を四つのキーワードから提示したい。

あえて役場のロビーで

一つ目のキーワードは「なぜ役場のロビーが放送席」。元東北放送アナウンサーで、定年退職後、山元町に移住していた放送局長の高橋厚は、役場のロビーを放送席にあえて選んだ。町役場からは、一階の会議室という提案もあったが、人の出入りが激しく、町民の声がするような場所を選んだ。町民の声を遮断することは、「町民を遮断すること」。ラジオ運営は町民とともにすることを望んだからだ。開局初日の放送の第一声で高橋は「ご一緒にりんごラジオと協力し合って、この大災害被害に立ち向かっていきましょう」と聴取者である町民に呼びかけた。

役場一階階段下のロビーに放送席を設けたりんごラジオ（2011年４月19日。りんごラジオ・高橋厚氏提供）

町長が生出演

二つ目のキーワードは、「初日の放送から町長が生出演」。山元町は津波によって防災無線が使用できなくなり、また町外への通信手段も津波の影響で奪われた。一時は支援物資も届かない厳しい状況に追い込まれ、町民が怒りをあらわにして役場に怒鳴り込んでくるという異常な状態にまでなったという。

そうした現状を打破するために、町長自らがラジオに出演し、現状の説明や今後のことについて町民によびかけた。町長の生の声には説得力があり、安心感がある。混乱を鎮めるためには、本人の出演が効果的であった。

町民自身の情報発信

三つ目のキーワードは、「情報源の主役は町民」である。震災直後は災害情報や避難情報、避難所情報、行政手続き情報など、行政からの情報提供は多いが、徐々に情報量が少なくなり、と同時に被災者の情報ニーズが多岐にわたるようになる。そこで高橋は、それまでの情報の流れを行政から被災者という一方通行から、町民から町民へという双方向の流れを作った。

今困っていることや悩みを話してもらう街頭インタビューコーナーや、町民が生出演するインタビュー番組を通して、現状を訴えてもらい、解決策の糸口を探ろうというものである。こんなエピソードがある。

これは三月下旬のことであるが、早朝スリッパで歩いている町民に高橋がインタビューしたところ、その町民はスリッパで逃げてきて、靴を持っていないことがわかった。その情報を聞いた町役場の幹部はさっそく靴を支援物資の注文品としたのである。

このように個人的な情報であってもその情報が他の人に伝わることで、その情報がまた有益な情報へと発展していくのである。

りんごラジオ開局日（2011年３月21日。りんごラジオ・高橋厚氏提供）

避難所・茶の間に議会を直送

四つ目のキーワードは、「議会の生中継」。りんごラジオは二〇一一年一二月一二日から町議会の生中継を始めた。この意味は、復興計画がまだ成案の前段階での透明化と議論のプロセスの透明化である。そうしたプロセス等を透明化することで、町民の復興計画案に対する議論への参加意識を促進するとともに、計画案に対する意思表示を示す機会を得ることができるのである。もちろん議会は原則公開でおこなわれており、りんごラジオの中継の有無に限らず、議論に参加することは可能であるが、中継することで、そうした意識が高まることが予想できるのである。

臨災局は被災者相互のコミュニケーション拠点

キーワードから、臨災局が情報発信拠点となって、災害情報ばかりではなく信頼性、信ぴょう性を伝達し、また受信するだけではなく、聴取者自ら情報を発信することができるラジオであることがわかった。また復旧・復興計画案の議論を透明化し、被災者の意見が反映されるシステム構築の一翼を担った。

つまり、この事例で紹介した臨災局は、被災者が被災者のために復旧・復興に関わる災害情報を生産する装置なのである。

（大内斎之）

《参考文献》

。大内斎之（二〇一八）『臨時災害放送局というメディア』青弓社

8 ボランティアとNPO

東日本大震災のボランティア活動の特徴

5－8－1

阪神・淡路大震災とボランティアへの注目

日本において、東日本大震災と規模の面で比較可能な災害は、阪神・淡路大震災だと考えられるが、この災害が起こった一九九五年は「ボランティア元年」と呼ばれ、ボランティアの存在が社会的に大きな注目を浴びた。これ以降、災害ボランティアセンターの仕組み化がすすみ、「災害と言えばボランティアが来る」ということは、市民・行政・企業のどのセクターでも前提とされる状況になっていった。

阪神・淡路大震災を契機に構築されていった災害版のボランティアコーディネートの仕組み（災害ボランティアセンター）が、その後の災害でも受け継がれつつ改良され、災害ボランティアセンターをいかに運営していくかが全国的に関心を集めるまでになり、「災害ボランティア活動支援プロジェクト会議（支援P）」などの被災地にノウハウを伝達する組織も立ち上がっている（菅、二〇一一）。災害ボランティアセンターの体制整備が全国化するなかで、その受け皿として想定されたのが、社会福祉法に基づき全国に存在する社会福祉協議会であり、多くの自治体では現地の社会福祉協議会と協定を結び、地域防災計画などの行政上の計画にも災害ボランティアセンターが組み込まれていった。

東日本大震災におけるボランティアの特徴

東日本大震災でも災害ボランティアセンターは機能していた。東日本大震災における災害ボランティアセンターを経由した個人ボランティアの人数は、二〇一一年三月一一日から二〇一二年二月二八日までの約一年間で延べ九八万八千八百名、二〇一八年一月三一日までで延べ一五四万五千七百名と推計されている（図）。

発災直後の一年間に集中していると同時に、雪などで活動しづらかったり、夏休みなどの大型の休日が少なかったりする、冬季に減少する。阪神・淡路大震災では一年間で延べ約一三七万人のボランティアが災害対応にあたったと推計されており、この数値だけ見ると東日本大震災のほうが少なく見える。

ただし、特定非営利活動促進法（NPO法）が一九九八年に施行され、また、二〇〇六年には公益法人制度改革関連三法が成立し、サードセクターの法人格整備が進み、東日本大震災発災時には、日本社会においてもサードセクターの組織が発達していた。そのため、災害ボランティアセンターを経由せずに、サードセクターの組織が実施するプログラムに直接参加するボランティアが相当程度存在した。

残念ながら東日本大震災においては詳しい数値はわからないが、例えば、二〇一六年の熊本地震で活動したNPOなどの支援団体九九団体から回答があった調査において、災害ボランティアセンターを経由したボランティア数に匹敵する人が、彼らのプログラムにボランティアとして参加していることがわかっている。

熊本地震において支援団体の数が数百に及んでいたことを考えると、サードセクターの組織に直接参加するボランティアの延べ人数は、災害ボランティアセンターを経由したボランティアの延べ人数を上回っていると考えられる。

なお、福島県いわき市小名浜地区においては、災害ボランティアセンター自体をNPOが担っており、必ずしも社会福祉協議会だけが災害ボランティアセンターを担ったわけではないことを付け加えておく。

災害支援と地域福祉の連続性

社会福祉協議会が災害ボランティアセンターを実施すると悩ましいことが起こる場合がある。災害時のダメージは全ての被災者に均一に影響するわけではない。例えば、要配慮者などと呼ばれる、平時から福祉的な課題をかかえる人は、災害のダメージを受けやすい。そのような人の平時の生活を支える地域福祉こそ、社会福祉協議会の主たる業務であることが多い。

ボランティアを紹介する被災者こそが、福祉的な課題をかかえていることも多々あり、場合によっては、災害支援と地域福祉のシナジーが生まれることもある。しかし、小規模な社会福祉協議会が、災害ボランティアセンターの受け皿となってしまうと、災害ボランティアセンター機能の発揮に職員の多くを割くことになってしまい、平時から実施している地域福祉の機能がストップしてしまうことがある。解決が望まれる課題である。

（菅野　拓）

《参考文献》

・菅磨志保「日本における災害ボランティア活動の論理と活動展開―「ボランティア元年」から15年後の現状と課題―」（『社会安全学研究』no・1、二〇一一年、五六―六六頁）
・災害ボランティア活動支援プロジェクト会議・全国災害ボランティア支援団体ネットワーク・くまもと災害ボランティア団体ネットワーク『平成28年熊本地震支援団体調査報告』二〇一八年。

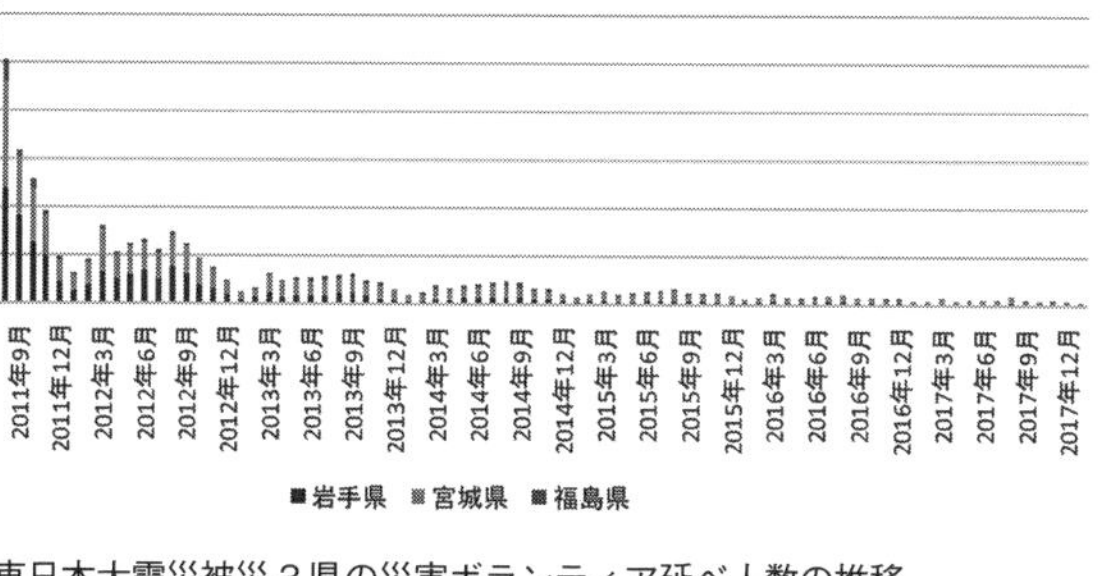

東日本大震災被災３県の災害ボランティア延べ人数の推移
出所：「東日本大震災ボランティア活動者数の推移」（『全社協　被災地支援災害ボランティア情報』http://www.saigaivc.com/、2018年6月13日最終閲覧）

ボランティアの定住と持続的な生業づくり

ボランティアの「大移動」

二〇一一年に発災した東日本大震災を契機に被害に苦しむ人々の力になりたいと全国から駆けつけたボランティアの存在があった。二〇一一年三月から一年間の間に特に被害の大きかった岩手県・宮城県・福島県の三県に社会福祉協議会を通してボランティアに従事した人口は約九二万六、二〇〇名にのぼるとされている（全国社会福祉協議会調べ）。その中には、働き盛りの二〇～四〇歳代の若者も多くあった。

実は筆者も、同じように東北に向かった一人であった。その年の五月に、何かできることはないかと訪れたのは、宮城県石巻市である。この街には震災後、一年間に延べ二八万人ものボランティアが訪れた。彼らのうち二〇〇名程度がその後も同市に残り、生業を得て定着しようとした。

地域と担い手の持続性

一般的に、災害支援ボランティアというと、瓦礫の撤去や避難所での炊き出し活動など、被災者の応急的生活支援のため、福祉的な活動に無償で従事するイメージがある。しかし、東日本大震災においては、応急的生活支援に止まらず、震災によって露呈し、加速した地域の社会課題そのものを捉え、持続可能な形で生活者の生業を再生させる役割が期待された。

また、こうした時間を要する活動を支える担い手自身が持続的に支援にあたるためには、無償の活動にとどまらず、自らが活動そのものによって生活を担保する必要があった。そこで、阪神・淡路大震災以降、活発化したソーシャルビジネスの視点が重要視された。

二〇一一年五月には、被災者・支援者双方を対象とし、被災した地域に新たな雇用を生み出すことを目的として内閣府地域社会雇用創造事業が施行された。この補助事業を受けて東北全体で六〇〇名が新規事業を始め、二、〇〇〇名が復興を支えるリーダーのもとでインターンに従事した。

この中には、被災して限界集落となってしまった浜を林業の六次産業化や古民家を活用したカフェの開業など、様々なコンテンツを通して再生させた起業家や、中心市街地の空き店舗をセルフビルドで改修し、被害を受けた大漁旗を生地としてアパレルブランドを立ち上げた起業家等がいる。

いずれも、震災後、七年が経過する石巻市内で持続的な産業となり、雇用を生み出している。

また、こうしたクリエティブな事業者が増えてくると、地域の魅力や課題を発信するアーティストやクリエイターが集まり、街の発信力が高まる。

長期ボランティアの住環境

一方で、ボランティア等の被災地支援に訪れた「よそ者」にとって、震災直後の石巻の滞在環境は、生活する上で決して適切なものであったとはいえない。

石巻市内では、全壊家屋が二二、〇〇〇戸に及んだ中で、ボランティアが、長期の滞在拠点をえるために住宅を取得することは非常に困難であった。

例えば一〇〇人規模でボランティアを集め続けた団体「0」は二〇一一年一〇月まで、隣の大崎市のキャンプサイトに拠点を設けていた。被災した住宅を改修して共同住宅を設置したのは、一一月のことである。

若手の夫婦や単身のボランティアが一世帯ずつ住宅に入居をするのは難しく、多くの人々が複数世帯で、設備が不良で立地条件の悪い賃貸住宅をルームシェアしながら住んでいた。

こうした住環境の悪さが、市内への移住に踏み切ろうとした若者の定着を妨げた一方で、古い住宅を工夫して改修し、シェアしながら生活するある種のカルチャーを生み出したことも事実である。

「被災地」において「よそ者」に支援は不要か？

二〇一四年に第二次安倍内閣が「地方創生」を掲げると、被災した三陸沿岸の都市も、内閣府より地方創生推進交付金を受けて、移住や創業支援に力を入れるようになっている。

石巻市でも、震災から六年が経過し、この交付金を受けて移住促進に取り組んでいる。

二〇一一年当初にあった、被災した地域の役に立ちたいという「人口移動」のインパクトは、よそ者・若者を受容しやすい空気を作ったと言える。

また、震災後、必ずしも恵まれた住環境と言えない中で、ルームシェアや住宅のリノベーションなど、それまで同地域ではあまり見られなかった暮らしを創造する動きも見られるようになった。

震災から七年が経過した現在の街において、移住者の活躍ぶりをみると、今後、災害が起こる地域において地域外から支援にあたるボランティアの生活環境とその後の待遇に関しては考慮に値する問題である。

（渡邊享子）

▶二〇一一年ごろ、1軒の住宅をシェアして暮らすボランティアの若者たち

▶震災を機に石巻に移住し、起業したボランティア

事業受託型NPOの活動とその課題
――パーソナルサポートセンターの経験から

意図せず事業受託型NPOに

一般社団法人パーソナルサポートセンター（PSC）は震災の八日前、二〇一一年三月三日、菅政権の目玉施策として打ち出されたパーソナルサポート（社会保障制度が活用できない制度の狭間にいる人の支援をする）事業を実施したいと考えるNPO等が集り設立した団体である。

主にホームレス、障害者、こども支援、NPOや福祉団体の中間支援組織、生活協同組合などで構成している。しかし、事業受託型NPOとして活動することは、設立当時まったく想定していなかった。東日本大震災の被災者支援をすすめるなか、結果的に事業受託型NPOになっていたというのが正しい表現だろう。だが、なぜ事業受託型NPOになったのかといえば、〝被災者の生活再建をするための支援〟を実施したからである。

行政連携が不可欠な被災者生活再建支援

〝被災者の生活再建をするための支援〟とは何か？ 被災者のための総合支援であり、より具体的に言えば、被災者一人ひとりにあわせたサポートだといえる。そのメニューとして、見守り支援、就労支援、傾聴等の心のケア支援、社会保障制度を活用する支援、仮設住宅からの転居支援等がある。

これをすべて実施しようとすると、被災者の個人情報に直結するため、行政と連携、協働などの形態をとらない限り〝被災者一人ひとりに寄り添ったサポート〟が十分にできない。そこで常に被災者ニーズを把握し、必要な支援がはじまる約一年前から行政に提案、交渉を続け、連携、協働するかたちで生活再建に取り組んできた。ゆえに結果的に事業受託型NPOになったと思う。

だが、最初から想定していたわけではなく、純粋に被災者のニーズにあわせた支援を追求した結果だと認識している。また東日本大震災クラスの大災害になると、行政もどれだけ民間団体、NPOセクター等と連携するかという考えになっていた。行政、民間双方のそれぞれの強みを活かした被災者支援事業を実施することが、復興を加速させ、復興への最短距離と認識していたことは大きいと思う。

安心見守り協働事業

PSCが最初に着手した行政との協働事業は、避難所から仮設住宅に転居した被災者の孤独死や自死等による二次被害を防止したいという代表理事の新里宏二の強い思いがあった。それが『安心見守り協働事業』につながる。

本事業は、二〇一一年四月二日、仙台市市民局市民協働推進部の並河紋子部長、同部市民協働推進課の武山広美課長に提案をしたところからスタートした。

本事業は初年度、仙台市から一億六千万円、PSCから四千万円程度拠出する約二億円の市民協働事業というかたちでスタートしている。設立間もないPSCが四千万円もの資金を工面できたのは、大型の被災者支援のファンドから助成いただいたからで、それをそのまま投入した。契約書上は委託契約（緊急雇用創出事業）だが、協働の協定書を結び、対等の立場で被災者支援事業を実施している。この事業は東日本大震災における災害救助法以外の被災者支援事業として、最初に取り組まれた事業だった。

仙台市が迅速に取り組めた理由

なぜ、このように仙台市が本事業をいち早く進めることができたのだろうか。

まず歴史的に遡る。一九九四年、宮城県内ではゼネコンによる汚職事件が発生し、宮城県知事と仙台市長が相次いで逮捕された。その後、就任した藤井黎（はじむ）仙台市長が、この事件をふまえ、市民の目、市民の力を強化しようと、一九九九年、市民公益活動促進条例を制定して「市民協働元年」を宣言し、全国ではじめて公設民営のかたちで仙台市市民活動サポートセンターをスタートさせる。

このセンターによって育てられたNPO等が一二年後、東日本大震災の被災者支援のNPOとして活躍したのだ。PSCの構成団体もこのセンターに育てられ、筆者も育てられた。また藤井市政を継承し、震災当時の市長である奥山恵美子市長がさらにNPO等との「協働」を促進させ、目玉施策として市民協働推進部を設置した。平時から行政とNPO等が連携や協働の関係性を構築する体制がつくられ、それを基礎に本事業をいち早く取り組むことができたのだ。

もう一つの要素として、被災者支援に取り組むNGOやNPO等が集まる情報集約会議で、当法人の役員が会議を牽引し、中心的な役割を担ったこともある。三月下旬から当法人の構成団体であるNPO法人「せんだい・みやぎNPOセンター」の会議室において、午後四時から毎日、情報集約会議を開催した。各省庁の担当者、企業関係者も参加するなか、PSCは、各省庁の担当者と自治体の担当者を積極的に引き合わせるというハブ的な役割を果たしている。「安心見守り協働事業」を実施するにあたっても、財源確保のため、仙台市に積まれていた緊急雇用対策予算を被災者のために活用するスキームが確認されたことで、本事業が大きく前進した。

今にして思えば、結果的に平時から行政との関係性が良かったことが、このような取り組みの推進に寄与したように思う。事業受託型NPOとして必要なことは、平時における行政との良好な関係性を構築していくこと。そして、常にニーズを把握し、先を読み、根気強く提案と交渉を続け、さらに〝冷静に熱い〟という姿勢が必要な気がしている。

（立岡　学）

▶写真は本事業「安心見守り協働事業」が、自治体総合フェア二〇一四第六回協働まちづくり表彰で仙台市と当法人が準グランプリーを受賞。代表理事の新里宏二が表彰を受ける様子。

8 ボランティアとNPO

東日本大震災における NPOの被災者支援

5－8－4

東日本大震災における NPOの活躍

　一九九五年の阪神・淡路大震災が特定非営利活動促進法（NPO法）の制定に大きく影響したと言われている。同法の施行された一九九八年から一〇年以上が経ち、また、公益法人制度改革（二〇〇六年に関連三法成立）によって、非営利の法人格取得がさらに容易になり、自律的な民間の非営利・共益団体から構成されるサードセクターが、一定の規模で育っていた状況で起こったのが、二〇一一年の東日本大震災であった。

　そのため、NPOなどのサードセクターの組織（以下、一般にNPOと呼ぶ）による支援が注目を浴びた。阪神・淡路大震災と比較してもサードセクターによる支援の台頭は東日本大震災における復興の特徴といってよいと考えられる。サードセクターの代表的法人格である特定非営利活動法人の被災三県内における認証数について、震災以前・以後の状況をみると、二〇一一年三月一〇日以前の認証数は一、四二五法人、震災後の二〇一四年五月までの新規の認証数は六一七法人で、三年程度で約43％増加している。

　特に津波被害を受けた沿岸自治体での増加は顕著で、岩手県大船渡市、陸前高田市、宮城県気仙沼市は、震災当時それぞれ、七法人、二法人、一六法人であったが、二〇一四年五月時点で一七法人、一二法人、二五法人となっている（二〇一四年五月時点の数値は、各県および仙台市のホームページより解散・認証取消・認証撤回法人を除いて集計）。復興にかかわる支援者の集団のための「器」としてNPOが機能していることがわかる。

被災者支援を行った NPOの実態

　では、被災者支援を行ったNPOの実態はどのようなものであったかをアンケートから見てみたい。図1により法人格の種別をみると、七割のNPOがなんらかの法人格を取得しており、なかでも特定非営利活動法人は認定特定非営利活動法人を合わせて46％に及んでいた。また公益法人制度改革も影響し、社団・財団関係の法人も13％ほどある。

　次に設立年を見ると、震災以前が62・9％、震災以後が73・1％で、震災以前のなかでも特にNPO法が成立した一九九八年を境に団体数が増えている。

　二〇一〇～一二年度の決算および二〇一三年度の予算における収入規模の分布をみると、二〇一〇年度においては、最大のカテゴリーは一〇〇万円未満であるが、二〇一一年度以降は一〇〇〇万円以上一億円未満に移る。収入規模が一億円以上の大規模な団体も一定数存在し、いずれの年度でも約15～20％である（図2）。

ここまで見てきたとおり、被災者支援を実施したNPOは、七割程度は特定非営利活動法人に代表される法人格をもち、NPO法施行後の一九九八年以降に設立されたものを中心とした震災以前に設立されたNPOと、その半数程度ではあるが震災以後に設立されたNPOが双方に支援を展開し、それなりの予算を持ち、個人的なボランティアでは実施しづらい活動を展開していたと考えられる。

法人格	割合
特定非営利活動法人	46%
任意団体	29%
一般社団法人・一般財団法人	8%
公益社団法人・公益財団法人等	5%
その他	5%
社会福祉法人	3%
株式会社	2%
消費生活協同組合	2%

図1 被災者支援を実施したＮＰＯの法人格

年度	100万円未満	100万円以上1000万円未満	1000万円以上1億円未満	1億円以上
2010年度(N=238)	37.4%	17.2%	26.9%	18.5%
2011年度(N=289)	22.5%	24.6%	32.5%	20.4%
2012年度(N=321)	16.8%	28.7%	35.8%	18.7%
2013年度(予算,N=278)	18.0%	27.3%	39.6%	15.1%

図2 被災者支援を実施したＮＰＯの収入規模

被災者支援の内容

NPOは被災者や地域に寄り添った様々な活動を柔軟に行った（図3）。自宅に住めなくなった被災者が避難所で生活を続け、また仮設住宅に移っていく期間である発災から二〇一一年九月までの約半年の間は、「物資配布」「避難所に対する支援」などを行い、被災者の多くが仮設住宅に住む二〇一一年一〇月から二〇一三年九月までの二年間は「被災者の生活行為を助ける支援」や「被災者の孤立防止」など、より一層、被災者の生活に寄り添う活動へと移り変わった。

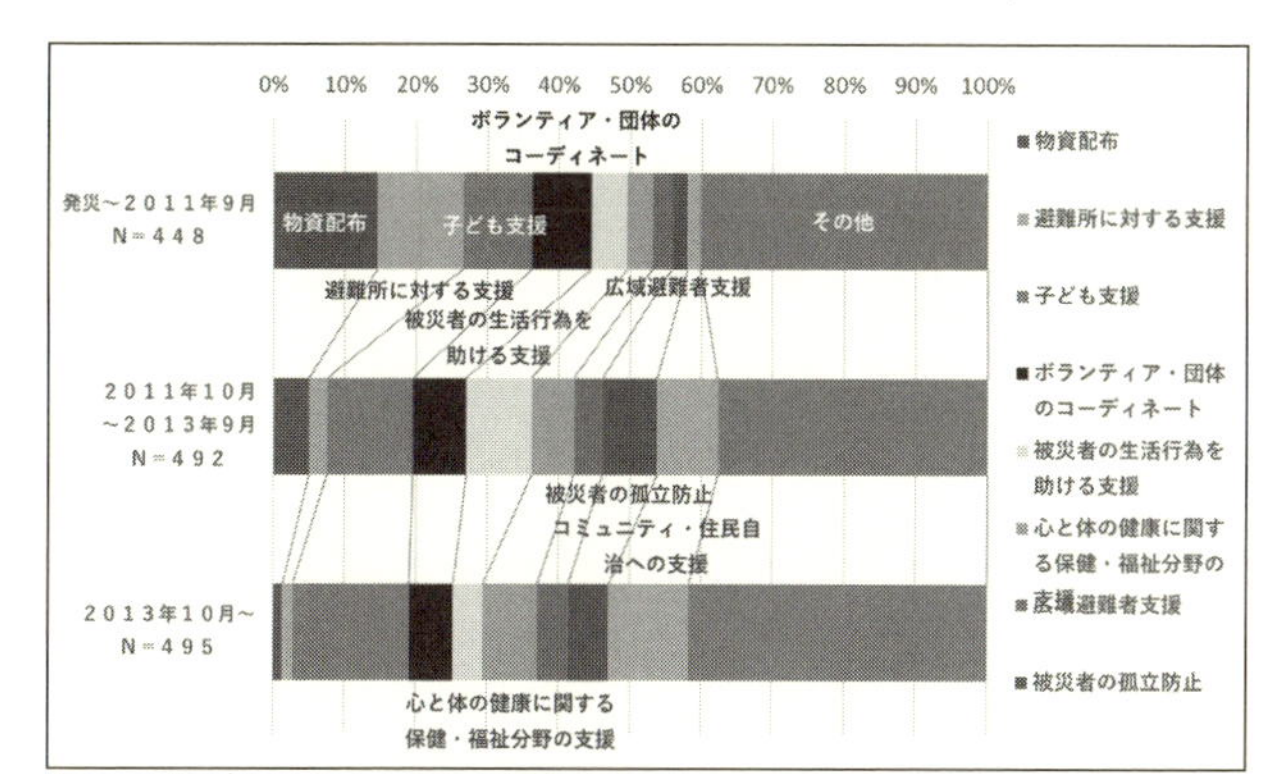

図3 時期ごとにみたNPOの活動内容

このアンケートは一般社団法人パーソナルサポートセンターが実施主体、NPO法人いわて連携復興センター、みやぎ連携復興センター、一般社団法人ふくしま連携復興センター、東日本大震災支援全国ネットワーク（JCN）、公益財団法人共生地域創造財団、一般財団法人地域創造基金みやぎ、NPO法人ジャパン・プラットフォームを協力団体とした8団体で2013年11月に実施されたものである。1,420の支援団体に配布し、有効回答はWeb回答を含み543団体、回収率35.4％であった。菅野拓（2015）「社会問題への対応からみるサードセクターの形態と地域的展開―東日本大震災の復興支援を事例として―」『人文地理』67巻5号，pp.1-24

二〇一三年一〇月以降は「コミュニティ・住民自治への支援」「心と体の健康に関する保健・福祉分野の支援」といった、被災者支援と単純には言い切れない、まちづくりや地域福祉にかかわる活動へと変化した。セクターとして被災者や地域のニーズに柔軟に対応したことがわかる。

（菅野　拓）

Column

イタリアのボランティア

イタリアの災害救助や被災者支援ではボランティア組織の活躍が大きな要素になっている。イタリアでは全国に一二〇万人ともいわれる人々がボランティア団体に所属している。災害救助や支援活動で行動する実働部隊はそれらの団体に属する人々で、なんらかの専門性をもっており、全くの素人集団ではない。

(1)ボランティア団体の発展

市民安全省のボランティア担当者によると、イタリアではもともとキリスト教の力が強く、中世から様々な団体が存在してきた。ボランティア団体のうち一二〇〇～一八〇〇団体は宗教的な団体であるという。近年ではフィレンツェの洪水（一九六六）、フィオリ州の災害（一九七六）、南イタリア地震（一九八〇）に際して、全国および外国から被災地支援の希望が多数よせられ、それらを調整するシステムが必要になった。

一九七〇年代末ごろからは、自治体がそれらを受けいれて、救助・レスキューや避難者支援を行った。当時のボランティアは専門的ではなかった。

一九八〇年代になると、多数のボランティアを調整し、訓練することが必要とされ、まず訓練するグループを作り、各支援グループに法的な立場が与えられた。

一九九〇年代には、ボランティア団体の認証がおこなわれ、支援者は個人で動くのではなく、認証された団体に属するグループとして活動する形態が確立した。

こうして、ボランティア団体は実働ユニットとして認証されることとなり、現在では、警察、消防、軍隊などの国家機関と同等の立場を持つと規定されている。

市民安全省は全国的ボランティア団体（四六団体）と多数の地方ボランティア団体のリストを把握しており、非常事態宣言の時、市民安全省とボランティア団体が出動し、被災者支援活動を行う。ボランティアは無給であるが、災害時のボランティア活動に対して、市民安全省（または自治体）が有給休暇を保障し、交通費などの実費を後日支給する。

(2)ミゼリコーディー

最大級のボランティア団体と思われるミゼリコーディ（Miseri Cordie）は一三世紀のフィレンツェで生まれた慈善団体で、日本を含めて世界中に組織を持つが、イタリアでは七〇〇団体に六七万人が所属し、そのうち一〇万人は常時慈善活動に従事しているという。

ミゼリコーディは新約聖書と旧約聖書外典に起源をもち、①飢えている者に食事を与え、②喉が渇いている者に水を与え、③旅をしている者に宿を貸し、④裸でいる者に衣服を与え、⑤病人を見舞い世話をし、⑥囚人を訪問すること、⑦死者を埋葬することの七つが慈悲の活動とされる（＊）。これらが災害時の被災者に対する支援活動の原点にある。

ラクイラのミゼリコーディも事務所や機材の拠点倉庫をもち、若いメンバーも参加している。被災地を案内してくれたラクイラ大学のロボット工学専攻の大学院生も、ミゼリコーディのメンバーで、普段から研修・訓練などを受けていると話す。

様々な機器を扱うボランティア

(3)民間ボランティア団体ヴァルトリーニョ

アブルッツォ州に本拠地を持つ民間のボランティア団体ヴァルトリーニョは二五年の活動歴を持つ。その拠点は、清涼飲料水の会社の倉庫を買い取ったもので、巨大な建物である。

会長のサベリオ氏は元警察署長で、退職後、夫婦で小さな救急車一台で活動を始めたが、今では州内に二つの支店があり、様々な機材を自前で備え、六〇〇人のボランティアが参加するまでに発展している。ボランティアは大部分が職能者（スペシャリスト）で、山岳救助の専門家などもいる。ボランティアに対しては、毎年、健康診断を実施している。

団体の保有する機材は全部で一〇〇台の自動車、二人乗りヘリ一台があり、機材の修理工場も自前で作っているという。

ボランティア団体ヴァルトリーニョの拠点、キッチンカー

(4)巨大なキッチンカーで食事提供

一〇年前に三〇数万ユーロで購入した巨大なキッチンカーは、アブルッツォ州でも最大のもので、一時間に一、〇〇〇食を提供する能力を持つ。団体の所有物なので、使用に制約がなく、平時に様々な活動を行い収益を上げることができる。実際にビーチでの結婚式に食事を提供したこともあるという。

調理は本職のコックのほか訓練を受けた主婦などが行い、衛生許可証を三年ごとに更新している。

メニューは地域性や年齢などにも配慮し、毎食二種類用意する。パスタ、トマト缶詰、オリーブオイルなどは一、五〇〇～二、〇〇〇人の三食分を備蓄している。賞味期限切れの前にイベントなどで使うようにしている。野菜などの生鮮食品はそのつど購入する（国費が支給される）。テントで100～400㎡の食堂を設置し、八人掛けのテーブルを一二〇台常備している。

(5)様々な機材を自前で保有

救急車は合計二五台保有しており、車内で診断をおこなう装置でデータを病院に転送し、ヘリ搬送などの判断を仰ぐ。このボランティア団体には医師はおらず、看護師のみで対応、AEDの訓練・講習などを常にやっている。平時には、透析患者搬送車が週三回稼働し、自宅と病院の間を患者搬送する活動もおこなっている。

医療用テントは、平時には市民の血圧測定などに使っている。

(6)災害対策のほか日常活動も

山火事消火用の貯水装置（カップ）を一五台保有し、森林火災予防の活動で馬に乗れるメンバーが四五人いる。

ヴァルトリーニョはこれまでにラクイラ地震や二〇一二年のエミリア地震でも活動し、一九九九年にはアルバニアでの支援活動、コソボでの一、二〇〇人の避難所運営なども行っている。また、災害のボランティアだけでなく、建国記念日や国葬などの大イベントでも出動し、一八～二〇歳の若者の教育やスペインの学生の講習・研修なども行っている。

（塩崎賢明）

＊米田潔弘「キリスト教の慈善の源流――フィレンツェのミゼリコルディアと『神の慈悲の寓意』」『桐朋学園大学紀要』40号、二〇一四年

1 地域資源の活用と循環型社会・経済システム

食の連携による復興

6－1－1

被災地をめぐり歩いて

東日本大震災から八年がたとうとしている。かつてない巨大津波に襲われた東北太平洋沿岸の市町村に住む人々は、一瞬にしてすべてを失った。その被害のすさまじさ。二万人近い死者と行方不明者。命だけではない。住宅、商店、学校、病院、車輌、漁港、漁船、加工施設……。カタチあるものはすべて破壊され、約二万ヘクタールの膨大な農地が海水とヘドロに覆われ、その上にガレキが押し寄せた。

加えて、あってはならない原発事故と風評被害……。果たしてこの世の地獄ともいうべき惨状から人々はどう脱け出し、立ち上がっていけるのか。それが気になり私はこの七年間、岩手、宮城、福島三県の海沿いの被災集落を定点観測的に何度もたずね歩き、それぞれの現場の再生復興への変化を私なりに見てきた。

メディア等が伝える情報だけでわかった気になってはいけないぞ！　経済や産業中心の復興論や公的支援まかせで大丈夫か？　実際に現地に足を運び、わが眼で確かめ人に会い、悩みや迷い、希望や願いに耳を傾け受けとめなければ復興支援できないのではあるまいか。

しかし、現地を訪れるたびに圧倒的迫力で迫ってくる光景は、巨大防潮堤工事の連続。そして浸水した市街地を一〇〜二〇メートルの高さにかさ上げしようという土盛工事や高台移転地造成のための山崩し工事等々。行き交うものはおびただしい数のダンプと重機ばかりで、さながら「土木復興劇場」である。そうした土木復興の風景をかき分けて現地の人々の声に耳を傾けてみたい。なぜなら復興とはこの地を生きてきて被災した人々の復興のことなのだから。

もう一度、海と生きる

周知のとおり、東日本大震災の死者の92％は水死者と言われている。すなわち海辺で働き暮らしてきた人々の被災である。多くの犠牲者を出し、深い悲しみと苦しみの中にあった当初は、誰もが「海は見たくない。もう二度とここには住みたくない」と浜辺を拒絶していた。しかし時の流れか、たずねるたびに人々の心と行動は少しずつ変化し、ある者は漁船や漁具を修理し、ある者は仲間と養殖イカダをつくり、少しずつではあるが再び海で生きる道を模索していた。

そうした浜辺の変化を代弁するように、一人の老漁師がつぶやいた。「家も船も失い、家族も亡くした。これからどう生きていったらよいか、ずっと迷っていたが、ようやく揺れがおさまった。津波でこんな情けない姿になってしまったが、ここは本当はよいところ。そして海という自然は地獄のような苦しみも与えるが、豊かな恵みもたっぷり与えてくれる。だから私はもう一度、海とともに、仲間とともに生きていく」と。静かで控え目ではあるが、強い決意を秘めた顔だった。

命の食料の作り手を守る

私にとって漁業者とは農業者同様、大切な命の食料を私たちに代わって作ってくれる人々、との思いが強い。しかし食は、リスクの多い自然を相手にしなければ手に入らない。消費者意識しかない人にはわかるまいが、どんなに豊かな海があろうと、そこに向けて船を出し、網を入れて引き上げる漁師がいなければ私たちの食卓に魚はないのである。華やかな都会とは対照的に、三陸の浜で倦まず弛まずコツコツと食料生産にいそしむ人々に私は、人間として最も尊い姿を見るように思い、農家同様、その営みを応援していきたいと思う。そしてそのあきらめない姿が、厳しい時代を生きる若者や次世代の人々の希望につながってくれればと思う。

農漁業再生へ連携交流が求められている

だが、しかし。命の食料を支える農漁業の生産現場の現実は極めて厳しい。図のグラフの通り、日本人一億二六六〇万人の国民の食料を支える農業者の人口は二〇一七年現在、一八一万人で、1・5%にすぎない。しかもその78%は六〇歳以上の高齢者である。震災前の二〇一〇年に二六〇万人いた農業者がこの七年で毎年一〇万人以上がやめ、30%も減少した。漁業就業人口も一五万人余と震災前から一〇万人以上がやめ、現在操業している漁師の半分は六〇歳以上である。

いつまでこんな状態が続くのか。そして次世代日本人の食を支えていくのは誰なのか。ちなみに現在四九歳以下の若き農業者は二〇万人しかいなく、その数は八〇歳以上の超高齢農業者よりもはるかに少ない。

――なぜ人に注目するのか。それは田畑があっても、そこを耕し種をまき育てる人間がいなければ、私たちの食はないのである。それゆえ震災復興とは、生産現場だけの問題ではなく、私たちの命の食料再生と深く係わる。食べる人間の安心とつくる人間の安定のために、しっかりとした相互理解と積極的な連携交流が問われていると思う。

（結城登美雄）

漁業者人口の推移

年	人数（単位：人）
1970年	575,690
1975年	503,430
1980年	483,100
1985年	431,890
1990年	370,530
1995年	301,430
2000年	260,200
2005年	222,107
2010年	202,880
2015年	166,610
2016年	160,020
2017年	153490

農林水産省「漁業就業動向調査」及び長期累年統計の各データをもとに作成

農業者人口の推移

凡例：男性15～59／男性60歳以上／女性15～59／女性60歳以上　単位（万人）

年	合計
1970	1025
1980	697
1990	565
2000	389
2010	260
2013	239
2014	227
2015	209
2016	192
2017	181

農林水産省　「農業構造動態調査結果」の各種統計表をもとに作成

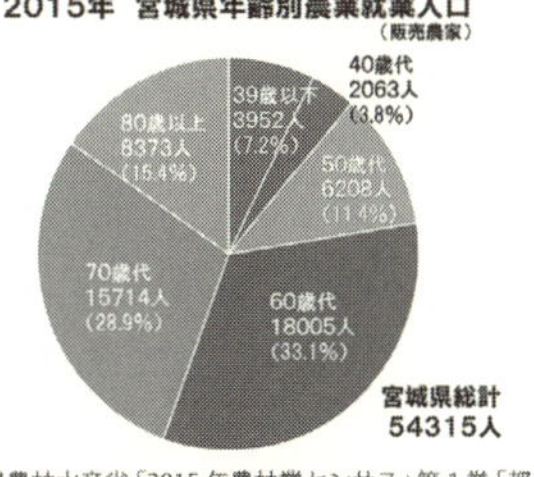

農農林水産省「2015年農林業センサス」第1巻「都道府県別統計書」の宮城県データをもとに作成

再生可能エネルギーと地域活性化
——気仙沼地域エネルギー開発の挑戦

気仙沼地域エネルギー開発と熱電併給事業

気仙沼市は震災復興計画の検討において、柱の一つに「環境・エネルギー」を取り上げ、重点事業として「エコタウン・環境未来都市（スマートシティ）構想策定」を掲げた。その実施主体に祭り上げられたのが、市内にガソリンスタンドチェーン（気仙沼商会）を展開する高橋正樹さんだった。化石燃料の販売では市内大手、再生可能エネルギー（以下「再エネ」）分野とは一見、水と油の彼が、手探りで取り組み始めたバイオ事業（気仙沼地域エネルギー開発㈱）は、木質バイオ燃料による熱電併給プラント（二〇一四年三月竣工）として実を結んだ。

燃料チップ安定確保の壁

筆者は、愛知県で中小企業の仲間と立ち上げたNPOでドイツのチップボイラーのライセンスを取得し、バイオエネルギーの普及活動に取り組んでいる。固定価格買取制度と再エネブーム、そして高効率で優秀なチップボイラーのライセンスという好条件に恵まれながら、その普及は容易ではない。最大の壁は、高品質でリーズナブルな価格の燃料チップの安定確保だ。大資本が手がけるバイオ発電のように輸入チップを使うようではエコとは名ばかり。何をしているのかわからない。

いつも仲間と議論するのは、林業や製材・木材加工の活性化を図る地域ぐるみの運動を励まし、地域おこしとして展開したいということだ。いろいろ仕掛けるが他力本願がつきまとい、実現にはほど遠い。ところが、それを気仙沼地域エネルギー開発は、ほぼ自力で実現しつつあるのだから賞賛ものだ。

自前のチップ工場

私が注目する「発熱電事業」の肝は、燃料をチップで調達するのではなく、関連会社の気仙沼商会が燃料材（間伐材）を丸太で買って自前のチップ工場でチップ化し、実質的に自家消費するということ。

その結果、比較的安価で、安定して燃料チップを確保できている。木材のストックヤードとチップ工場を自前で作るというのは、燃料販売を手がけてきた高橋さんならではの発想だ。それが、「地域連携」の可能性を広げている。

自伐林業養成講座

燃料材の安定確保には林業振興が欠かせない。なんと、林業家の育成と組織化、山主とのマッチングまで手がけている。二〇一三年から「自伐林業養成講座」を開講、二〇一七年までに計四八回、延べ六〇〇名が受講した。林道整備技術まで学び、林業後継者が育っている。

地域通貨「リネリア」

燃料材の供給者には、市場価格に同額のプレミアを上乗せして高く買う（個人林業家のみ）。ただし、プレミア分は、気仙沼商会が発行する地域通貨「リネリア」で支払う。加盟している市内一五一店舗（二〇一七年末）で、商品の購入ができる。使い切りではなく、複数回流通して最後は、気仙沼商会が現金と交換する。それでは気仙沼商会の持ち出しにはならないのか？

燃料材の購入に際して手形または小切手で支払った分を清算したのと同じことだから大丈夫。プレミア付き燃料材価格にチップ化費用を載せても、チップで買うのとトントンなら損はない。それで林業家が潤い、地域経済が循環するなら素晴らしい。

理想の地域内循環

さらに感銘を受けるのは、地域内需要の拡大に薪の製造販売を手がけ、社会福祉施設と連携して、加工労働に障害のある人たちを雇用している。障害者の自立と社会参加にも貢献しているのだ。

最後に、気仙沼地域エネルギー開発が理想とする地域内循環のイメージ図を掲げたい。ビジネス環境は刻々変わり、また、再エネ分野は未成熟で公正な市場は確立していない。政治の影響も大きいから、将来が約束されているわけではない。しかし、楽天的で前向きな高橋さんなら困難を乗り越え、理想の地域循環を実現してくれるだろうと、期待が膨らむ。

（遠州尋美）

熱電併給プラント（リアスの森 BPP）

竣工年月日	2014 年 3 月
燃料種別	木質ガス化
発電能力	800 kW
熱利用能力	1200 kW
目標稼働時間	310 日・24 時間
消費燃料材	8000 t/ 年

稼働実績（平均）

年	プラント稼働率	発電率（対 800 kW）	発電量
2014	36.8 %	24.9 %	143.3 MWh/ 月
2015	62.7 %	52.4 %	301.9 MWh/ 月
2016	81.7 %	75.3 %	459.8 MWh/ 月

発熱電事業のフロー
燃料材買取
チップ製造
プラント搬入乾燥
チップ投入
ガス化炉
ガス洗浄
CHP（エンジン）
系統連携
ホテル送熱

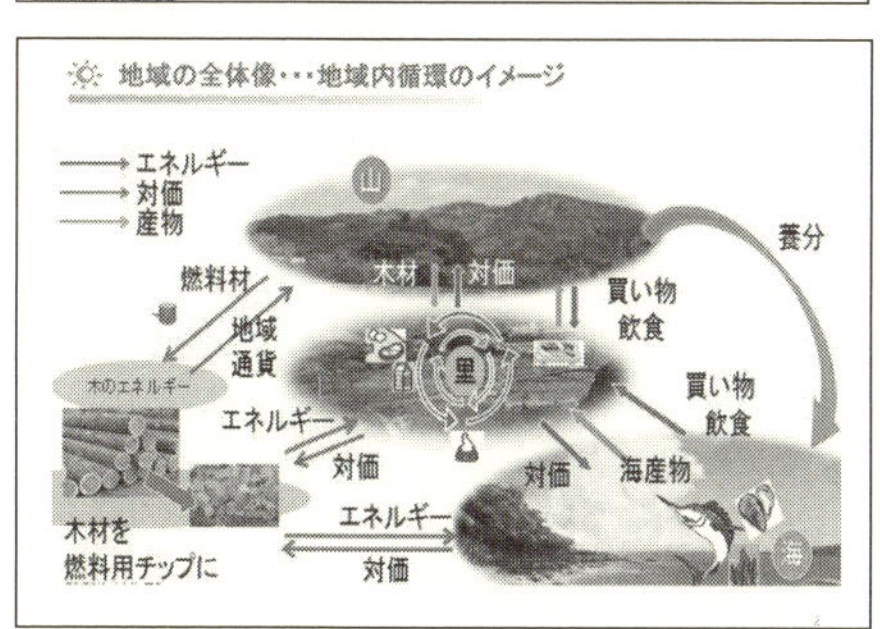

出所：写真と図版はいずれも気仙沼地域エネルギー開発株式会社提供

甦れ、生命の宝庫、蒲生干潟

——地域の自然や歴史と共存する真の復興を求めて

生命の宝庫、蒲生干潟

仙台市郊外、七北田川河口に広がる蒲生干潟。国指定鳥獣保護区特別保護地区、水鳥の楽園であるこの地は、豊かな自然とふれあえる憩いの場として、多くの市民に親しまれてきた。

大震災の大津波によって蒲生干潟は壊滅的な打撃を受けたが、その後、多くの生き物が戻り、干潟生態系は再生しつつある。これまでの干潟の回復過程を報告すると共に、自然の再生を阻む復興工事の問題点をあげ、復興本来のあるべき姿を提示したい。

沈黙の干潟の復活

震災後、私が蒲生を訪れたのは三月二七日。かつての見慣れた風景は、そこにはなかった。当地のシンボル日和山、周囲に広がる松林やアシ原は、消失していた。干潟は、生命の気配がまるで感じられない沈黙の干潟だった。瓦礫が散乱し、海岸地形も大きく変化していた。

しかし、ずっと当地の自然保護活動を続けてきた私たち、蒲生を守る会は決して諦めず、干潟の復活を信じて月一回の調査を再開し、生態系の変遷過程を記録し続けた。その結果は、驚くべきものだった。

一ヶ月も経たないうちに、カニの姿が観察され、五月には干潟表面に無数の生物の巣穴ができていた。そして、その一部から水が噴き出していた。沈黙の干潟は、呼吸を始めていたのである。

その後も私たちは、月一回の調査を続け、マスコミの取材や会報、自然観察会などを通じて、干潟の復活を社会にアピールし続けた。テレビ番組制作に協力し、放映された番組（KHB東日本放送「豊かな未来を信じて」）は大きな話題となった。

当初、復元不能と新聞記事に記された蒲生干潟に次々に生物が戻り、生態系は奇跡的に復活したのである。

表は、震災から三年間の私たちの調査結果の概要である。震災後、第二、第三のかく乱を受けながらも、生物は徐々に増加した。生態系を支える底生動物の回復に支えられて、それらを食物とするシギ、チドリ等の水鳥や魚類も増加し、生態系は再生の歩みを速めた。しかし、サーファーや貝採り業者等による人為的圧力は、スムーズな再生を阻む要因となった。

さらに、この後、強大な人為的圧力が干潟を脅かす。宮城県による巨大防潮堤工事と仙台市の蒲生北部土地区画整理事業である。

大規模自然破壊を伴う復興工事

蒲生干潟でも河川堤防工事が着工された。干潟の一部を埋め立てる当初の計画は、私たちの強い要望を受けて、数十メートルセットバックする形に変更されたが、変更案でも干潟生態系への悪影響は計り知れないものだった。

河川堤防といっても仙台湾沿岸に築かれている高さ7・2ｍの巨大防潮堤と全く同じ形状である。周辺の自然環境に支えられ、豊かな生物多様性を保ってきた干潟にとって、巨大建造物で後背地と分断されることは、致命的なダメージとなる。

再三再四、さまざまな場で反対意見を述べ、県に計画変更の要望書を提出し、国会請願などの活動を行ったが、工事は着工され、現在、進行中である。

また、仙台市は復興計画に従い、蒲生地区を災害危険区域に指定し、多くの住民を移転させ、空白になった土地を工業用地に変更し、企業を誘致する土地区画整理事業を着々と進めた。

干潟のすぐ脇を縦断する巨大河川堤防の内陸側を、火力発電所や港湾、運輸関連施設が立ち並ぶ工業地域とする計画である。

貞山運河で運んだ米の集荷所として、藩政時代に大いに栄えた歴史を有する町、蒲生。ずっと干潟を支えてきた豊かな自然をもつ蒲生の町は、消えようとしている。この町を愛する地元住民と共に、仙台市に計画変更の要望書を提出し、陳情を続けたが、計画は強行され、歴史と自然が共存する町の姿は消えつつある。

巨大河川堤防や広範囲の工業地帯は、本当に必要なのだろうか。復興という美名の下で、地域の自然と歴史を踏みにじり破壊する大規模公共事業が着々と進行中である。

自然・歴史と共存する町づくりの実現に向けて

都会の片隅の小さな干潟。そこは水鳥の楽園、小さな生き物が息づく生命の宝庫。水平線が見渡せる自然海岸。そして、多くの遺跡が眠る町、蒲生。ずっとこのまま未来へと残し、伝えていきたい大切なふるさと。

干潟の保全策を完成させ、実行直前まで進んでいた蒲生干潟自然再生協議会は、行政の都合で未だ休止している。一刻も早く再開し、保全策を協議し、実行すべきである。

地域の自然、歴史と共存する町づくりこそ、復興本来の姿と考える。その実現のためには、私たち市民が声をあげ、主体となって行動することが必要だと強く感じている。未来の子どもたちにふるさとの自然を残し、地域の歴史と文化をきちんと伝える真の復興を求める活動を今後も続けていきたい。

（熊谷佳二）

震災後３年間の干潟の回復過程

地形・干潟底生動物と植物	2011年4～5月	大津波で大きなかく乱を受けたが、5月には砂浜が復元し、干潟に生物の巣穴を多数発見。沈黙の干潟が呼吸を開始。
	同6～12月	海より多様な海岸動物の幼生が加入。絶滅危惧種フトヘナタリ（巻貝）とハママツナ（塩生植物）を確認。カニ類の活動活発化。8月に河口閉塞。潟内は淡水化。第2のかく乱が干潟を襲う。10月台風到来。大雨の影響で北側に新河口開く。塩分濃度急上昇。第3のかく乱。奥の干潟にハママツナ群落広がる。
	2012年1～12月	土木工事で河口地形を整備。干潟の水交換悪化し、塩分濃度上昇。サーファーの増加で人為的圧力急増。夏季、カニ類の種類増加（7種）。フトヘナタリ2個体確認。水交換悪化と猛暑少雨の影響で塩分濃度急上昇。8月、アカテガニ1個体が幼生放出。生殖行動の成功は、未来につながる希望の光。
	2013年1～12月	貝採り業者が増え、人為的圧力急増。4月下旬、ゴカイの生殖群泳を観察。干潟生態系を支える主役の回復を確認。
鳥類	2011年4～2013年12月	＜種類数＞直後は震災前の半分程度に激減したが、次第に増加。2012年11月以降は震災前と同程度に回復した。 ＜個体数＞直後はやはり1/3以下に激減したが、2012年以降、春秋は同程度、夏はやや少なく、冬は多くなった。 ＜水鳥＞シギ・チドリ類、ガンカモ類は種類数・個体数ともほぼ回復し、むしろ震災前より多い種類もあった。 ＜陸鳥＞種類数、個体数共に減少したままで、回復していない。

「RE：プロジェクト」被災地の記憶をつなぐ

6－1－4

失われたものの可視化

「RE：プロジェクト」（主催：仙台市、公益財団法人仙台市市民文化事業団）は、二〇一一年六月から、約五年にわたって行われた事業である。大津波による壊滅的な被害を受けた仙台市沿岸部の住民を訪ね、その言葉を直接聞き取り、通信にまとめて発行した。

目的は、①被災した地域の記憶をつないでいくこと、②どんな地域だったのか想いを巡らし、失われてしまった「目に見えないもの」の可視化を図ること、③今一度、地域資源の尊さについて、再発見／再認識／再考する場所をつくること、だった。

いわば、大津波にさらわれてしまった数百年の暮らしの営み、地域のありようを、人々の記憶の中から立ち上げようとした試みである。再生への思いが「RE」という事業名に込められている。

暮らしの記憶をつなぐ

事業は大きく3つの柱からなる。

①通信の発行
—地域ごとの暮らしを伝える

仙台市市民文化事業団職員、ライター、詩人がチームをつくり沿岸部を訪ね、一集落ごと三〜四名からうかがった話をもとにエッセイと詩を書き起こし、集落の歴史紹介と合わせてA3版の通信にし、年に三、四回のペースで合計一三号を発刊した。また五年目には、一度訪ねた住民を再訪して、さらに七号の通信を出した。

話を聞いたのは、一二の集落、約六〇名に及ぶ。住民にたずねたのは、あの日どのように避難したか、何を失ったかという災害の被害そのものではなく、農業や漁業をベースにした自然とともにあった暮らしがどのようなものだったか、である。避難所で、仮設住宅で、復旧最中の住まいで、人々は農作業のよろこびや苦労、祭りのにぎわい、地域内外の人々とのつながりを、実に生きいきと語ってくれた。暮らしの細部が明らかになることで失われたものの大きさが読者に伝わり、一方で「沿岸部」とひとくくりで捉えられる被災地には、集落ごとに異なった暮らしがあることが浮き彫りにされていった。

②記録展
—生の言葉と風景を伝える

活動を紹介し、被災者と被災地の今を伝えるために、年次ごとに記録展を開催した。通信が、聞き取った言葉を取材者が受け止め再構成して発信したのに対し、記録展ではうかがった話の中から住民の生の言葉を拾い、写真とあわせて展示した。

かつての暮らし、変わり果てた風景、やるせなさ、とまどい、動き始めた新しい生活など、断片的ではあっても直接語られる言葉は、大災害の断面を切り取り、被災後の変化を伝えるものになった。

③「オモイデゴハン」の開催
—みんなが集う場をつくる

二〇一三年春から、取材で知り合った若林区三本塚の住民と協力し、集会所で地元の野菜を使い料理をつくって集い、参加者を募って、ともに食べる会を開催した。

三本塚は現地再建が認められた地区だが、当初はまだ避難したまま離れて暮らす住民が多く、この会が住民再会のきっかけとなった。また、参加者にとっても、実際の現場を見て被災地や住民と知り合いともに過ごす時間を持ったことは、被災地に思いを寄せる契機になったものと思われる。「オモイデゴハン」は定期的に開催され住民の結束にも功を奏し、地元には新たな会も生まれている。

見えてくる地域特性

「RE：プロジェクト」は、被災者の調査ではない。被災地の多くが人の住めない災害危険区域となり、暮らしが忘れられていくことへの危機感に動かされ、被災者の声に耳を傾けてきた。

住民の話から見えてきたのは、地域特性である。兼業農家が大多数となり開発が進んでも、仙台市沿岸部には市内中心部とは異なる第一次産業を基盤にした生活が続いてきた。土に根ざして暮らして来た人たちが、土地への離れがたい思いを抱くのは自然だろう。

本来は、こうした聞き取りを重ね、また歴史的背景も生業も共同体も微細に異なる集落ごとの特性も可視化して、俯瞰的に見るのではない地域に即した復興策が必要であるだろう。

話すことで確かめる

あまりに変わり果てた暮らしと風景を前に、被災者は自分自身を捉えきれないでいる。しかし、かつての暮らしについて話す間は、笑顔が戻る様子が見られた。話をする行為を通し、暮らしの記憶を確かめることは、自分のこれまでを再認識し、これからの生活を展望する力にもなると思われる。

災害の体験のみならず地域の記憶をつなぎ、精神的にも痛手を負う人々と歩みをともにしながら復興を考えたい。

（西大立目祥子）

取材風景。直接会って話に耳をかたむける。

発行した通信は2018年３月に冊子にまとめられた。

写真と生の言葉を伝えた記録展。

集会所に集い、いっしょに食べる「オモイデゴハン」。

1 地域資源の活用と循環型社会・経済システム

鳴子の米プロジェクト
——つながりの中で守り育てる中山間地の米づくり

6—1—5

米づくりを続けるために

「鳴子の米プロジェクト」は、宮城県大崎市鳴子温泉地区の山間地農業を守るため、作り手（生産者）と支え手（消費者）が直接手を結び、米づくりが持続できる価格で米の販売を行っている事業である。事業スタートの二〇〇六年当時は、米の価格が年を追うごとに下落し、二〇〇七年からは国の新たな政策「品目横断的経営安定対策」によって、小規模農家が切り捨てられようとしていた。

危機感を抱いた旧鳴子町の農家、旅館・ホテル経営者、ものづくり工人等の地域住民が、当該プロジェクトを立ち上げ、地域の農を支えるための新たな仕組みづくりを構想、実践に着手した。その陰には、奔走した役場職員と総合プロデューサーとして助言を続けた民俗研究家の結城登美雄の存在がある。

手始めに行ったのは、宮城大崎農業改良普及センター、宮城県古川農業試験場の協力を得て、まだ誰も栽培したことのない米「東北181号」を事業のシンボル米として、旧鳴子町では米づくりに最も不利な標高の高い鬼首地区で試験栽培したことだった。

農家が驚くほどに力強い実りをもたらした「東北181号」は、その後「ゆきむすび」の名で宮城県の登録品種となった。一俵（六〇キロ）を二四、〇〇〇円（五キロ二、〇〇〇円）で販売し、主旨に賛同した参加農家に一八、〇〇〇円を支払い、その差額を事務局経費にする仕組みを動かし、その後、NPO法人を立ち上げて現在も運営を続けている（価格はスタート時）。

直接消費者とつながる

今、県を代表するブランド米として、さまざまな県が新たな品種を売り出しているが、鳴子の米プロジェクトは、こうした動きとは一線を画している。

マーケットや食味によって左右されやすい米の販売の現状を脱し、農家が自ら価格を決め、主食としての米を理解してくれる消費者とつながって、地域農業の柱の米づくりを立て直そうとするものだ。鳴子の米プロジェクトでは、米を購入してくれる人たちを消費者ではなく「支え手」と呼ぶ。自分たちの事業を理解し、ともに推進していく存在と捉えているからである。

被災地に米を届ける

鳴子温泉は、宮城県の山間地に位置しているため、東日本大震災の被害は甚大ではなかったものの、二〇〇九年に開店した直営のおむすび店「むすびや」の設備が被害を受け、閉店を余儀なくされた。

震災後は、多くの支え手からお見舞いの言葉とともに、沿岸部の被災地に救援米を届けたいという声が寄せられるようになった。そこで「鳴子の米・分かち合いプロジェクト」を立ち上げたところ全国から四〇名近い方々の賛同を得ることができ、作り手も協力して約二六俵の米を用意。「むすびや」に海苔や塩などの材料提供をしていただいていたつながりを通し、宮城県七ヶ浜町松ヶ丘地区、岩手県野田村に米とおむすびを届けて地元住民と交流を深めた。

また、「むすびや」は、クラウドファンディングで再開を呼びかけたところ、支え手を中心に賛同者が現れ、集まった資金で二〇一七年四月に再開を果たした。

CSA農業の実践を

鳴子の米プロジェクトが行ってきた事業はCSA（地域支援型農業、Community Supported Agriculture）という考えに基づいている。CSAは、近年アメリカで活発に行われており、大型農業、大量遠隔輸送といった動きに抗するために、都市近郊農家が都市住民と取引し、直接、農作物を販売している。

鮮度の良さ、低農薬や無農薬栽培による安心感、安さなどもあって都市部からの賛同者はますます増えているという。そのつながりは、単に野菜の提供、購買という関係にとどまるものではなく、都市住民が収穫の手伝いに畑に集まったり、収穫後に話し合ったりと、互いを認め合い支え合う農と食のコミュニティと呼べるものに育っている。

鳴子の米プロジェクトでは、こうしたあり方をめざし、米だけでなく野菜の販売も行い、CSA活動の充実の中で新たな若い層を地域に呼び込めないかと実験を始めた。二ヶ年をかけて足がかりをつかみたいと考えている。

東日本大震災の被害が復興途中にある中で、二〇一八年七月には、西日本が集中豪雨に見舞われ大きな被害を受けた。物流がストップし、スーパーやコンビニの棚が空っぽになるという既視感のある報道映像は、私たちの生活がいかにもろい流通網のうえに成り立っているかを教える。

災害が頻発し、誰もがいつ被災者になるかわからない。地域と地域、人と人が小さな単位でつながり、互いが支え手となる食と農の仕組みを整えることは、どんな地域にとっても今後の生活の基盤になると思われる。

（西大立目祥子）

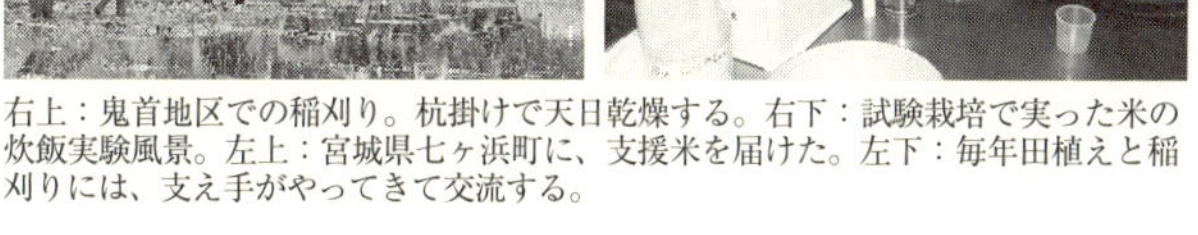

右上：鬼首地区での稲刈り。杭掛けで天日乾燥する。右下：試験栽培で実った米の炊飯実験風景。左上：宮城県七ヶ浜町に、支援米を届けた。左下：毎年田植えと稲刈りには、支え手がやってきて交流する。

1 地域資源の活用と循環型社会・経済システム

復興プロジェクト 雄勝花物語

6－1－6

復興教育の結実に寄与するソーシャルビジネス

「雄勝花物語」とは、三・一一で壊滅した石巻市雄勝町中心部の復興のために、筆者が夫婦で立ち上げた復興プロジェクトである。本プロジェクトは、私が震災当時、石巻市立雄勝小学校の教員だったときに、二〇一一年に正規の教育課程として立ち上げた全国初の《復興教育》の延長線上に位置づけられる。

雄勝小学校の《復興教育》（注1）とは、地域復興の主体を育てることを目的とする教育である。グローバル人材教育が目指す「村を捨てる学力」ではなくて、《被災地を育てる社会参加の学力》を育てるための「グローカル」な教育であった。

ところで、子どもが成人後に地域復興に社会参加するためには、地域に受け皿となる会社が必要になる。しかもその会社とは企業の社会的責任（CSR）を自覚し、ソーシャルビジネスのような活動を行う会社を意味するが、そんな夢物語の会社は地域には存在しない。なければ自分でつくるしかないと思い立ったわけである。

私が定年退職した二〇一四年三月に、一般社団法人「雄勝花物語」を設立した（注2）。活動拠点は「雄勝ローズファクトリーガーデン」である。代表理事は筆者の妻に担ってもらうことにした。支援を受ける立場から主体的に復興する立場に転換したときに、設立者二人の「人間性の復興」（岡田知弘）が始まったと確信した。

経営方針

経営方針は、「地域復興に貢献する会社経営と復興の後継者の育成」である。事業内容は次の三部門である。【支援部門：被災地緑化支援・ローズガーデンの無料開放】【教育部門：防災教育・震災学習・ESD（持続可能な発展のための教育）、ボランティアの受け入れ】【事業部門：ハーブとエディブルフラワーの販売】。現在はまだ助成金頼みの運営であるが、将来的には後述する「北限のオリーブ」の六次産業化によって若者の雇用創出を目指している。

人とつながり希望を紡ぐ

本団体の復興事業には強力な支援者が二人いる。「花と緑の力で三・一一プロジェクトみやぎ委員会」代表の鎌田秀夫氏と千葉大学園芸学部准教授の秋田典子氏である。お二人の支援の下、二〇一一年から妻が実家の跡地に造った花畑は、二〇一二年に「メドウガーデン」に姿を変え、二〇一三年はガーデニング誌『BISES』から助成を受けて、「雄勝ローズファクトリーガーデン」に生まれ変わった。ガーデンの造成にあたっては一年間で一、〇〇〇人のボランティアの協力をいただいた。

こうして「雄勝花物語」は、代表理事が自分の母の供養のために植えた一輪の花に被災者がつながり、〝花と緑の力で〟を合言葉に支援者がつながり、全国からやってくる年間一、〇〇〇人のボランティアがつながって、物語が進行中である。私はこの復興事業の原動力を《人とつながり希望を紡ぐ》人間復興思想と名づけている。

官民連携事業への発展

続いて「北限のオリーブ」についても述べたい。石巻観光協会から苗木の支援を受けて、小豆島のオリーブ会社の指導の下、二〇一四年から本団体ではオリーブを試験栽培してきた。三回の冬越しと花芽の開花を確認できたので、石巻市でもオリーブの栽培が可能と判断した。この取り組みに石巻市が着目し、二〇一七年一月、官民産学共同の「石巻市北限オリーブ研究会」を立ち上げた。私が研究会の副会長を担っている。

事業目標は「石巻市の北限オリーブの六次産業化および観光産業を目指す」である。二〇一八年四月現在、「雄勝花物語」を含めて市内の農業法人など四団体で栽培している。最終的には石巻市全体で二、〇〇〇本以上を植栽し、オリーブオイルを生産販売する。「雄勝花物語」が管理する農地では最終的に六〇〇本以上を植栽する計画である。

このように石巻市役所までつながる官民連携事業に発展するとは、当初は全く想像できないことであった。

さらにもう一つ、官民連携事業が始まっている。石巻市役所雄勝総合支所は、災害危険区域に指定した中心部の低平地の利活用として、当初企業誘致を計画していたが、その企業が雄勝町に進出する前に倒産してしまった。そこで、それまでの企業誘致型の復興策を見直し、住民参加によるボトムアップ型の復興策に転換した。それが『雄勝ガーデンパーク構想』である。

雄勝町の玄関口を花と緑で彩る観光事業を目指している。その中心施設として、私たちの「雄勝ローズファクトリーガーデン」が認定されたのである。

雄勝ローズファクトリーガーデン

こうして私たちの団体と石巻市との連携が実現した。結局のところ復興の主体とは被災者であり、被災者が起こし、被災者の生きがいとなる復興事業しか成功しないのではないだろうか。

このように「雄勝花物語」は行政ともつながって、《人とつながり希望を紡ぐ》復興事業を遂行中である。震災復興は一つの団体だけでは実現できない。行政や他の団体と連携しながら進めていくしかない。道のりは険しいが、被災地や過疎地の再生モデルを目指して、新たな地域資源による持続可能なまちづくりを進めている。（徳水博志）

《注》

1 雄勝小学校の「復興教育」について詳細は、拙著『震災と向き合う子どもたち』（新日本出版二〇一八年）をご参照していただきたい。

2 http://ogatsu-flowerstory.com

２ 原発事故と再稼働問題

東日本大震災と女川原発

6－２－1

「紙一重の無事」は幸運によるもの

東北電力女川原子力発電所は東日本大震災で被災したが、重大事故は免れた。『毎日新聞』は「『紙一重』の無事」（二〇一一年五月一九日）と報じた。

国会が設置した東京電力福島原子力発電所事故調査委員会（国会事故調）は、原発の安全対策がないがしろにされた経過を詳細に検証し、「日本の原発は、いわば無防備のまま、３・11の日を迎えることとなった」と結論づけた。

女川原発については、外部電源五系統のうち一系統が残ったこと、引き潮のほぼピーク時であったため津波が敷地高を０・８ｍ下回ったことなどを挙げて、いずれも「幸運によるもの」（報告書一七七頁）にすぎなかったと指摘した。

東北電力は、「東北エネルギー懇談会」発行の月刊誌『ひろば』（第４３１号、二〇一三年一二月二五日発行）などで女川原発を「東日本大震災に耐えた原発」とアピールし、その要因を「積み重ねた『備え』」によると主張しているが、公的な調査報告書に反論したことはない。

敷地高が決定した経過

女川原発の敷地高が14・８ｍになった経緯について、政府事故調の中間報告書は「敷地造成に係る土量配分の観点から」（四〇六頁）提案されたもので、「各種研究に基づいた津波評価試算がいずれもこれを上回るものではなかったこと等を踏まえ、このような敷地高での設置が妥当ではないかとの結論に至った」としている。

一部に、東北電力副社長を務めた平井弥之助氏の卓見で敷地高が決まったとする報道があるが、東北電力は平井氏が参画した「海岸施設研究委員会」の記録などの裏づけとなる資料は残っていないとしており、検証が必要と思われる。

住民運動が湾底を４ｍ浚渫させた

２号機、３号機を増設する際の公開ヒアリングで、住民が津波の引き波対策がないことを厳しく追及した。

東北電力は、冷却水を確保する対策として、最低水位をＯＰ（女川原発の工事用基準海面）マイナス７・４ｍとし、３号機の取水口をマイナス６ｍからマイナス10・５ｍに下げると申請書に書き込まざるを得なかった。女川原発前の港湾の浚渫が幅約２００ｍ、沖合に向かって約１５０ｍで実施された。浚渫

女川原発の津波評価の経緯

時　期	項　　目	津波の高さ	評価の概要
1970年5月	1号機設置許可申請	3m程度	• 文献調査聞き込み調査による評価 • 専門家による委員会で津波対策等を議論
1987年2月	2号機設置許可申請	O.P. + 9.1m	• 869年貞観津波の痕跡調査 • 数値シミュレーションによる津波評価
1994年5月	3号機設置許可申請	O.P. + 9.1m	• 数値シミュレーションによる津波評価
2002年2月	土木学会より「原子力発電所の津波評価技術」刊行	O.P. + 13.6m	• 土木学会による評価技術にもとづいて津波評
2006年9月	「発電用原子炉施設に関する耐震設計審査指針」の改訂	（検討中）	• 新耐震指針に照らした既設発電用原子炉施設の耐震安全性評価の指示（2006年9月20日）に基づき、津波評価を実施中

女川原発においても、東京電力と同様に地震・津波対策が先送りされて3.11を迎えた。

（注）O.P.は女川原発の工事用基準面、O.P.±0.0mは東京湾平均海面から－0.74mの高さ。

した土砂は約１２万㎥で、女川町は要した経費を約三億五千万円と試算した。

東日本大震災の一年後、東北電力の担当者は、浚渫したことが３・11の押し波の遡上を阻んだ可能性があると、女川町議会議員に述べた。

重大事故回避に繋がったかどうかについては検証が必要だが、浚渫の事実、原発の安全を問い続けた住民運動とともに記録されるべきであろう。

再稼働に道を開く 適合性審査

原子力規制委員会は、原発の輸出再稼働を推進している政府のもとで環境省の外局とされ、推進機関から独立した中立の規制機関とはいえない。

新規制基準は、深層防護の第五層「住民避難」が欠落しており、世界の水準にはほど遠い。第四層の「重大事故対策」についても国際標準になっているコアキャッチャーを要求しておらず、既存原発の再稼働に道を開くものになっている。

「対策」が 水蒸気爆発の誘因に

女川原発をはじめとする沸騰水型原発は、平均して格納容器の体積が加圧水型の七分の一で、放射能を閉じ込める力が劣り、適合性審査は後回しにされた。

重大事故時に格納容器を損傷させないために、内部のガスを放出するベント管に放射能を除去するフィルターをつけて設置することが「切り札」のように報道された。しかし、希ガスはフィルターでは取り除けず、東北電力は元からあったフィルターのないベント管も温存する方針で、「切り札」にはならなくなっている。

炉心損傷時に、格納容器の底部に３・４ｍの深さで水を張るという「対策」は水蒸気爆発を招くと指摘され、論争が続いている。

地震・津波対策は有効か

東北電力は、女川原発の基準地震動を一千ガルに、基準津波を23ｍに引き上げた。地震の専門家である島崎邦彦氏（元原子力規制委員）は、いつ、どこで、どんな規模の地震・津波が発生するかは「自然が決める」と、地球科学の到達点を踏まえれば予測的手法には限界があると指摘した。

アメリカ原子力学会に二〇一一年、マサチューセッツ工科大学の研究者が、世界一地震・津波の影響を受けやすい原発は女川であると報告した。

以上は、女川原発再稼働の是非の争点になると思われる。

（中嶋　廉）

2 原発事故と再稼働問題

UPZ避難計画

6－2－2

「画に描いた餅」の避難計画

日本政府が国際原子力機関の提案を無視して、避難範囲を原発から10km圏までしか想定してこなかったために、福島原発事故の避難に際しては多くの混乱が生じ、多数の住民がいたずらに被曝を強いられた。

その反省をもとに、原子力安全委員会・原子力保安院に替わって新しく設置された原子力規制委員会は、二〇一二年一〇月に「原子力災害対策指針」を策定、おおむね30km圏内の自治体を「緊急時防護措置を準備する区域」（ＵＰＺ urgent protective action planning zone）として、原子力災害に対する地域防災計画・避難計画の策定を義務づけることにした。

しかし、ＵＰＺ避難計画には多くの問題がある。①そもそも原子力規制委員会は、計画の妥当性については所轄外として審査しないことになっており、ＵＰＺ避難計画は、どこからも審査を受けない。②避難にあたって基本情報として必要な緊急モニタリングを誰がどうやって実施し、住民にどう知らせるのかという点も定かではない。③緊急時にはまず5km圏（ＰＡＺと呼ばれる）の住民を先に避難させ、ＵＰＺの住民は居住地域が高濃度に汚染されてから避難を開始するという方式になっており、ＵＰＺの住民の無用の被曝を増大させる危険性がある。④そもそもＵＰＺが30km圏でいいのか、という根本的な問題がある。福島原発事故の際には、飯館村のように、40km圏にありながらホットスポットとなり、強制避難を強いられた地区もある。⑤30km圏内の避難計画の実効性も大きな疑問点である。

日本の原発のほとんどは半島の先端や背後に山を控えた場所にある。避難の際には、海・山・川などが交通の障壁となる。柏崎刈羽原発や泊原発、志賀原発は豪雪地帯にある。どの原発でも、30km圏内の多数の住民を短時間に安全に避難させることは画に描いた餅である。

女川原発の場合
――大渋滞と大混乱は必定

宮城県の女川原発の場合はどうだろうか。女川原発のＵＰＺには、女川町・石巻市・登米市・東松島市・涌谷町・美里町・南三陸町の三市四町が含まれる。宮城県はＰＡＺの5km圏を含む避難計画のガイドラインを作成、これにもとづいてこれらの市・町は、二〇一六年度までに避難計画を策定した。

県のガイドラインは、⑴これ

らの市・町ごとに県が避難先の県内の市町を指定し、⑵市・町はあらかじめ30㎞圏外への基本的な避難経路を設定し、住民に知らせておく、⑶避難先自治体に設置する「避難所受付ステーション」で避難先の指示を受け、避難元の市町の行政区画ごとに、指定された避難所に避難することを想定している（図上）。同一行政区の住民の避難先は、基本的に同一市町村内に確保することとしている。

30㎞圏内の市民約一四万七、〇〇〇人をどう避難させるのか、石巻市は、二〇一六年度末までに避難計画を策定した。県内二七自治体の計三〇四の避難所（体育館など）への避難を想定している（図下）。約四割（六万人）はマイカーで避難するという想定で、九万人を大型バスで避難させる予定だが、おそらく約二万台のマイカーが一斉に避難を開始することになる。

また、車で避難した場合、避難先に到着するまで長時間を要するという問題がある。とくに石巻市の東側から西側に避難する場合には、北上川を渡らねばならないが、西側への橋は四箇所しかない。この橋が大渋滞のネックとなることは必定だ。

放射性物質が環境に放出された後は、避難時に「退域検査ポイント」を通る必要がある。一台ずつ検査すればかなりの時間がかかり、ここでも大渋滞が発生する。病院や福祉施設の受け入れ先施設の決定もまだ調整段階という。石巻市の担当者も「より詳細なシミュレーションが必要で、実効性はまだ三割程度」と計画の限界を認めている（二〇一五年五月一九日付『毎日新聞』みやぎ版）。

宮城県内の大型バスはそもそも一、〇〇〇台しかなく、県全体でも四万人を移動させるのが限度と指摘されている（二〇一四年一一月一四日付『朝日新聞』みやぎ版）。県全体で一、〇〇〇台しかない大型バスを緊急時にまずどこに配備するのか、という計画はない。大渋滞と大混乱が予想される。

寝たきり老人や入院患者、障害者など、災害弱者の避難も大きな課題である。（長谷川公一）

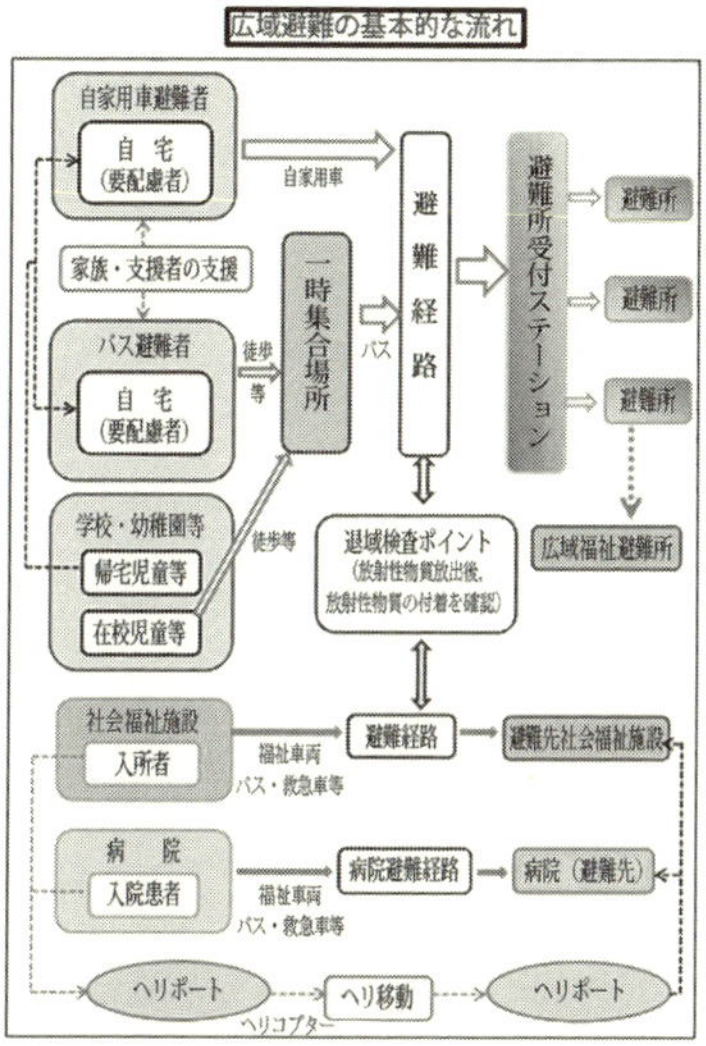

2　広域避難先市町村及び受入人数

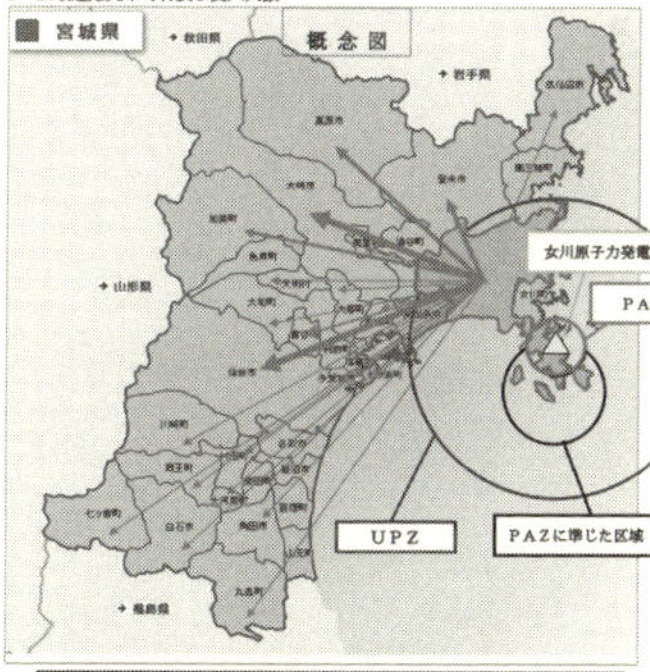

No.	避難先	受入人数	No.	避難先	受入人数	No.	避難先	受入人数
1	仙台市	40,605	10	富谷市	2,620	19	大河原町	1,300
2	大崎市	39,000	11	白石市	2,340	20	大郷町	1,200
3	登米市	11,003	12	大衡村	2,324	21	塩竈市	1,103
4	栗原市	10,300	13	色麻町	2,200	22	七ヶ浜町	911
5	多賀城市	6,480	14	角田市	2,000	23	村田町	850
6	気仙沼市	4,410	15	柴田町	1,930	24	涌谷町	800
7	大和町	4,065	16	丸森町	1,800	25	川崎町	800
8	加美町	3,980	17	蔵王町	1,730	26	七ヶ宿町	450
9	美里町	3,495	18	利府町	1,548	27	松島町	433
							合計	149,677

（注）受入人数は、受入可能人数を表する

図上：広域避難の基本的な流れ
図下：石巻市広域避難計画
出所：いずれも「原子力災害時における石巻市広域避難計画」（http://www.city.ishinomaki.lg.jp/cont/10106000/0007/hinankeikaku.pdf）。図上は、判読できるように文字を筆者が置換した。

宮城県の放射能汚染廃棄物処理問題と住民の課題

6－2－3

宮城の放射能汚染廃問題

日本政府は二〇一一年一一月に放射性物質汚染対処特措法に基づく処分の基本方針を定めた。宮城県内のフクイチ（福島第一原発）由来の処理対象汚染廃棄物の量は、国が処理する「指定廃棄物」3404トン及び、市町村に処分を求める汚染廃棄物36、623トンである（二〇一六年一二月、宮城県環境生活部循環型社会推進課調べ）。

廃棄物処理には「汚染者責任」の国際的原則がある。運営責任者の東京電力および監督責任者の日本政府がその責めを果たすべきだ。しかし、各市町村に処分を求めたので混乱状態だ。

汚染濃度8000Bq／kg以上の指定廃棄物を県内に新設する最終処分場で処理する政府方針は、住民や自治体の反対運動が二〇一六年に棚上げにした。そこで、国・県は政策の重点を、それ以下の放射能汚染廃棄物を各市町村が一般ゴミと混焼するよう修正した。二〇一六年一一月の県知事提案は「一斉焼却」。だが、二〇一七年夏の県の調べでは、県内三五市町村の意向は焼却回避が主流だ。一一自治体が焼却と答えたが実際は六だ。土中鋤き込みや堆肥化など「その他」が一二。汚染廃ゼロの自治体が八だ。焼却方針に対し、各自治体は総じて慎重である。

復興政策と焼却主義

放射性物質は燃やしても・埋めても・水に流しても消えない。形と場所を変えるだけだ。国は「燃やして埋める」に誘導するが、その本質は希釈拡散で、住民被ばくの危険性が増す。放射性物質の管理・保管の常道は「隔離保管」だ。多くの自治体は知っていながらも権力におもねる面従腹背。曖昧な解決を探っている。

政府は放射能汚染の現実に合わせて予防・管理原則を骨抜き

宮城県の放射能汚染廃棄物問題の主な経過

2011/8	放射性物質汚染対処特措法公布　2011/11 同法に基づく基本方針決定
2012/3	環境省・5県に指定廃棄物最終処分場建設方針
2014/7	宮城県市町村長会議で最終処分場候補地の意見集約 → 3候補地は拒否
2016/5	環境省・新提案：①最終処分場先送り ②濃度測定 ③農業系廃棄物処理
2016/11	宮城県「一斉焼却」提案 →全県的な処分反対運動 → 2017/1 半年間棚上げ
2017/4	放射能汚染廃棄物の「一斉焼却」に反対する宮城県民連絡会発足
2017/7	宮城県市町村長会議に県の処分計画「2017 年夏頃・本格的な処理」の提示
2017/12	宮城県・4広域事務組合 (石巻・大崎・黒川・仙南) に焼却を要請
2018/4	仙南広域「試験焼却」開始 /5 黒川広域「試験焼却」開始 /6 大崎市補正予算可決

にした。続いて「不都合な真実」の「見えない化」を図る。放射能汚染廃棄物を低いレベルから順次焼却する計画だ。高度化・大規模化された広域焼却施設がその拠点だ。広域事務組合には住民の目は届きにくい。震災復興公付金による仙南や黒川の新鋭焼却場が、汚染廃焼却の現場だ。だが、焼却灰の処分先で早晩行き詰まるだろう。

環境省はかつて、資源再利用でごみゼロが目標と主張した。それには消費者の「までいな」(ていねいな)取り組みが不可欠だ。だが最近の日本のリサイクル率は20%と低迷。震災ガレキ処理は大手ゼネコン丸投げで燃やされた。粗雑な震災復興政策が焼却主義を蔓延させている。

その結果、住民の安全が軽視され、問題解決への社会的合意づくりの気運は萎縮した。住民福祉の増進という基本課題の達成には、方針の転換が不可欠だ。

地方自治の力が問われる

放射能汚染廃棄物処理に関する宮城県内の経過を要約する。

◇指定廃棄物最終処分場計画

住民の反対運動は、一二年春に五県に指定廃棄物最終処分場の建設方針の提示後広がった。大震災復旧・復興支援みやぎ県民センターが中軸となり、各種学習会や現地調査、環境省・県に対する抗議行動が展開された。候補地とされた三自治体は受入を拒否。加美町では区長会等が環境省調査団への説得行動を提起。全県的な支援を受け、連日、現地調査を阻んだ。そして、全県的な連絡組織を準備した。

◇汚染廃「一斉焼却」反対運動

環境省は最終処分場建設の棚上げと差し替えに各市町村が保管する農系汚染廃の処理を提案した。反発が広がる中、宮城県は市町村長会議で「一斉焼却」を提案。県知事は同意を渋る首長らを足並みを揃えるようにと促した。だが、焼却受け入れは少数派となった。各地の住民運動を結集して一七年春に「一斉焼却」反対宮城県民連絡会が発足した。国・県に対する批判に留まらず、代案検討や自治体行政との対話も進展中だ。

◇四広域組合の「試験焼却」

一七年末、県は四広域事務組合に限定して汚染廃焼却を要請した。「一斉」は諦め、焼却の実績づくりを優先した。四月仙南、五月黒川、一〇月石巻・大崎で、汚染廃と一般ごみの混焼が始まった。灰は一般処分場に埋める。混焼で汚染ゴミが増嵩し、処分場から放射線拡散の危険が伴う愚策である。

汚染廃問題解決の方途

二〇一一年特措法の欠陥が住民の安全を脅かしている。日本弁護士連合会は二〇一五年に速やかな廃止を求めた。少なくとも8000Bq/kgの基準を引き下げ、安全配慮の処理基準や適正な運用制度を速やかに設定すべきだ。また、放射能汚染列島化状況の打開には、公害問題を公害防止法制で克服した教訓に学び、全ての環境法規に放射能基準の制定・監視・規制の明記が不可欠である。

制度改革と共に、現実の政治状況を変える運動も重要である。首長の傲慢な政治運営を正すため、選挙で対立候補を立てる、地方議会の構成を変えるなど、住民の政治参加を高めることが重要だ。それは現代の地方自治制度が予定するところだ。

なお、行政の無法や不正義に対し、大崎市民らが焼却費用支払差止めを訴え、一八年一二月から審理が始まった。日本国憲法第一二条は「この憲法が国民に保障する自由及び権利は、国民の不断の努力によって、これを保持しなければならない」と記す。闘う時だ。

(中嶋　信)

3 復興予算

復興予算は何に使われたのか

6－3－1

一般国民には理解しがたい予算の使途

震災から七年を経ても、被災者はなお深刻な状況にある。復興資金はすでに、二五兆円が投じられており、さらに六・五兆円が予定されている。

莫大な資金はいったい何に使われてきたのか。二〇一五年五月に復興庁が出した「集中復興期間の総括と二八年度以降の復興事業のあり方（ポイント）」という報告書の参考資料「集中復興期間における復興事業の主な実績」には二五・四兆円の使い道が大づかみに示されている。この資料では細目の金額が記載されていないので、実際に何に使われたのかはよくわからない。

二五・四兆円の最も大きな使途は「住宅再建・復興まちづくり」の一〇兆円で、全体の40％を占める。しかし、その中には災害公営住宅や高台移転といった被災者の生活再建に直結するものもあれば、インフラ整備・道路事業なども含まれる。復興庁が五年間の実績を強調するために作成した資料なので、これだけを眺めるともっともな印象を受ける。

三兆円に上る被災地外の予算流用

見過ごすことができないのは、全国防災対策費等三兆円（11・8％）である。この資料では表の欄外に全国防災対策費等（三・〇兆円）と明記されているが、会計検査院の報告（二〇一六年四月）では、二〇一一～一四年度の支出済み額を一兆六一二億円としているし、財務省の「復興関係について」という資料（二〇一六年四月四日）における二〇一一～一四年度の支出済額を合計すると一兆四四三〇億円となる。また、宮入興一氏は二〇一一～一五年の全国防災対策費を一兆五、三三七億円としている。全国防災対策費は今後の災害に対して建物の耐震化などの防災対策を行う費用であり、被災地以外の全国で使われたものである。しかし、実際のところ何にいくら使用されたかについては判然としない。

三兆円はいわば「被災地外流用費」とでも呼ぶべきもので、全国防災対策費と後述の「全国向け事業に係る基金」が含まれるとみられる。後者は二〇一三年五月までに一兆一四二億円が執行済みとなっている。

東北の復興予算が全国で使われるようになった背景には、東日本大震災復興基本法がある。その第一条では「東日本大震災の速やかな復興」と同時に、「活力ある日本の再生」が目的とされ、復興予算を全国で使うことも合法とされたのである。

　復興予算の流用は、全国防災だけにとどまらず、企業立地補助金や林業の育成や道路工事など、広範な分野に広がっていた。そうした流用への批判が盛り上がる中で、「復興予算の厳格化」が強調されるようになった。復興庁の国会に対する報告「東日本大震災からの復興の状況に関する報告」（二〇一六年一一月）では「復興関連予算については、流用等の批判を招くことがないよう使途の厳格化を図っている」とするが、平成二七年度までの国庫返還額はわずか二四八一億円である。

　全国向けの事業にながれた資金は、筆者らの調査では、二〇一一年度の第三次補正予算（九・二兆円）の中だけでも約二一・四兆円にのぼる。

集中復興期間における復興事業の主な実績

項　　目		(兆円)	(%)
住宅再建・復興まちづくり		10.0	39.4
	災害廃棄物処理	1.3	
	災害復旧（河川堤防 2113 カ所、道路 1159km）	4.2	
	インフラ整備（復興道路 223km 供用）	2.2	
	復興まちづくり（復興交付金、災害公営住宅、高台移転）	1.7	
被災者支援（健康・生活支援）		2.1	8.3
	救助活動等		
	応急仮設住宅		
	被災者生活再建支援金		
	地域医療の再生（病院の復旧）		
	就学支援（学用品支給）		
産業・生業（なりわい）の再生		4.1	16.1
	中小企業支援（資金貸付約 5.8 兆円、グループ補助金など）		
	企業立地（約 900 件採択）		
	農林水産業支援（漁船、水産加工施設、被災農地）		
	雇用確保（のべ約 26 万人の雇用創出）		
原子力災害からの復興・再生		1.6	6.3
	除染	2.7	
	中間貯蔵施設交付金 1500 億円、福島復興交付金 1000 億円	0.3	
	ふるさとの復活（福島再生加速化交付金 2655 億円）	0.2	
	風評被害対策	0.2	
震災復興特別交付税等		4.6	18.1
全国防災対策費		3.0	11.8
計		25.4	100.0

出所：復興庁「集中復興期間の総括と 28 年度以降の復興事業のあり方（ポイント）」(2015.5.)

生活や住宅に直結する使途は全体の一割程度

　一方、被災者の生活や住宅の再建には、どの程度の資金が投じられたのか。会計検査院によれば、二〇一五年六月末までに建設型の応急仮設住宅には三一一二億円、借上げ仮設住宅には一五二六億円が使われた。また、二〇一一～一五年の復興交付金は災害公営住宅に六〇二三億円、高台移転等に関連する防災集団移転事業に四、九六四億円、都市再生区画整理、事業に二二三六億円、漁業集落防災機能強化事業に四八六億円が交付されている。被災者生活再建支援金の支給額は三、二二二億円である。

　これらを合計すると、被災者の再建に直接関係する資金の合計は、二兆一五六九億円となり、二五・四兆円の８％程度である。

　莫大な復興資金は被災者に届いておらず、被災地外での全国防災対策費等が上回っていることは異常というほかない。


（塩崎賢明）

住宅再建等に投じられた経費

	億円
仮設住宅	4,638
災害公営住宅	6,023
高台移転等	7,686
被災者生活再建支援金	3,222
計	21,569

出所：会計検査院 2016.4、内閣府 2016.5

《参考文献》
。塩崎賢明「東北の復興　六年の現実と今後」（『建築とまちづくり』Ｎｏ・４６２、二〇一七年四月。）

低迷する建設業と過大復興計画

6－4－1

復興計画の性格

二〇一七年三月一二日の朝日新聞に次のような記事がある。「被災地の沿岸部では、つぎの津波に備えて大量の土砂を盛って土地をかさ上げしたり、陸地に近い山を切り開いて高台を宅地にしたりした。総延長四〇〇キロの防潮堤も必要で、常に人手と資材が不足していた。…（中略）…もともと東北の太平洋沿岸地域は、財政力も経済力も都市部と比べると弱かった。インフラ整備のために巨額な国費が投じられてきたが、将来の膨大な維持費は、地元の市町村にのしかかる。」

復興事業の中でも土木事業を中心とした過大性に関しては、多くのところで指摘されている。ここでは、そもそも建設業にとっても復興計画が過大であり、その結果が予算の未消化を生じさせている状況を考える。

大震災以前の建設業

図にあるように、建設投資総額は、戦後増加の一途をたどり、一九九二（平成四）年には約八三・九兆円に達した。けれども、その後はほぼ一貫して減少し、大震災発生前年にはピーク時の半分以下になっていた。この減少は政府部門で顕著で、それは非自民党政権の誕生が大きな契機であったが、その前後の自民党政権でも減少している。なお、復興事業で建設投資額は増加に転じているが、二〇一五年には頭打ちになり、ピーク時の六割弱にとどまっている。

この動向は建設業界に様々な変化をもたらした。許可業者数はバブル経済期に五〇万超であり、一九九九年まで増加したが、その後漸減し、二〇一〇年には五〇万を下回った。大震災後は復興・復旧工事が急増したにもかかわらず、減少が続き、二〇一四年でも五〇万を回復していない。

就業者数最多は一九九七年の六八五万人で、その後減少が続き、二〇一〇年には約五〇〇万人となり、震災復興の中でもほぼ横ばいで推移している。このことは年齢構成にも影響を及ぼしている。一九九七年には五五歳以上の就業者が全体の24・1％で、三五歳未満が30・2％であった。これが、二〇一三年には五五歳以上が34・3％で、三五歳未満は19・2％となっている。特に若年層が大きく減少しているが、建設労働では、職人であれ、重機のオペレーターであれ、一定の期間の訓練が必要であるため、このことは早急な人員確保が困難なことを意味する。

この長期低迷状態からサービ

ス部門や発電、レジャーなどの新たな領域へ進出する企業も見られる。このことは各企業の収益と雇用の確保のために必要とはいえ、若年就業者の減少と相まって、企業内での技能継承の不安を高めている。

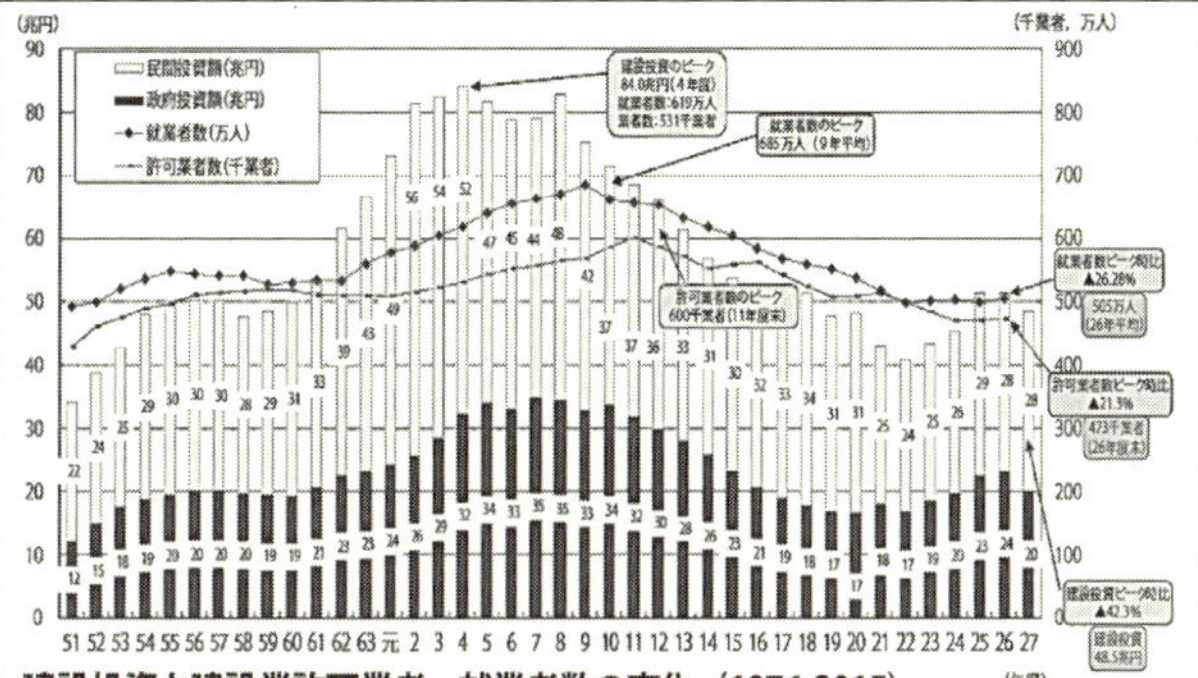

建設投資と建設業許可業者・就業者数の変化（1976-2015）

出所：国土交通省「建設投資見通し」・「許可業者数調べ」、総務省「労働力調査」

注1　投資額については平成24年度まで実績、25年度・26年度は見込み、27年度は見通し

注2　許可業者数は各年度末（翌年3月末）の値

注3　就業者数は年平均。平成23年は、被災3県（岩手県・宮城県・福島県）を補完推計した値について平成22年国勢調査結果を基準とする推計人口で遡及推計した値

（出典：国土交通省）

また、資材供給能力の低下や重機自己所有数の減少も指摘される。例えば、コンクリート供給能力低下に伴う価格高騰は報道で多く見られるし、『平成二一年度建設機械動向調査』によると、主要建設機械の推定自己保有数は一九九九年の約一二〇万台をピークに、二〇〇九年には八〇万台超程度になっている。

建設業界は一九九〇年代以降、このような長期停滞にあり、業界全体の縮小と構造転換の中で震災復興事業の急激な需要拡大に直面した。

復興事業の帰結

建設業界の需要増加への対応困難性は復興事業の入札不調となって現れた。二〇一一年から二〇一五年にかけて、岩手県での入札不成立は14～19%、福島県では14～25%、宮城県では20～37%となっている。つまり、復興事業の一割～四割弱で担い手がいなかった。ただ、このことは分野で相違がみられる。

復興庁によると復興事業の進捗状況（二〇一六年三月末）は、河川対策や下水道などは100%完了し、道路や鉄道なども完成率90%以上にある。また、産業関係は農地や漁港などで順調であるが、まちづくり関係は芳しくない。特に居住関係は低く、災害公営住宅が計画の58%、民間住宅等用宅地の復興まちづくりは43%（戸数ベース）にとどまり、分野別での差を確認することができる。

このことが復興予算の執行状況に反映している。会計検査院によると、「集中復興期間」（二〇一一年～二〇一五年度末）の復興予算総額三三兆五千億円のうち、全体の約73%が執行されたが、残りの約九兆円が未執行にある。このうち約四・五兆円は次年度以降の事業の財源になっているが、残りは事業内容が未定のまま各自治体の基金として積み立てられている。

また、復興庁の復興予算未執行率は二〇一一年度39・6%、二〇一二年度35・2%、二〇一三年度35・3%、二〇一四年度39・4%、二〇一五年度34・1%で、二〇一六年度も36・1%であり、毎年三割以上の予算が未執行にある。

東日本大震災復興計画は災害便乗型モデルとも言われ、その事業は被災実態に対して過大であると言われている。しかし、事業の担い手である建設業にとっても過大であり、復興予算は莫大な未執行となっている。

（千葉昭彦）

水産業復興特区がもたらしたもの

6－4－2

知事のゴリ押しと世論操作

水産特区制度は、村井嘉浩宮城県知事が復興構想会議の中で提言し、法制化に向かわせたものである。実施例は宮城県の一件のみで、県当局は現時点で制度導入の総括を見送っている。

知事がこれを公表した当時、宮城県漁協が猛反対。そのことで様々なメディアが頻繁に取り上げた。概ね漁協が悪玉扱いされ、漁業とは縁のない様々な識者が特区制度を礼賛し、大手マスコミもこれを機に衰退産業を改革すべきだという意図で歓迎していた。しかし、そこには漁村や漁場利用の不理解とステレオタイプな都市目線の押しつけがあった。復興構想会議は、コミュニティの重要性を謳いながらも、特区がそれを壊す制度になることをも気にせず「復興への提言」に特区制度を記載した。

特区推進の論理

この特区制度は、手っ取り早く言えば、養殖を営む地元漁民らが、販売ノウハウを持ち、養殖業に投資したい事業者と組んで漁民会社を設立すれば、知事が養殖業を営むに必要な区画漁業権をその漁民会社に免許するというものである。

養殖を営む漁民らは、一定区画の漁場を共有し、所属する漁協に免許申請させて、特定区画漁業権の下で漁場を集団管理している。マスコミは「漁協が漁業権を独占」というが、漁業権の本質は全く違う。ただ、この方式では、漁場利用や販売面などで組合員間の縛りがあるのはたしかである。特区はそこにメスを入れようとした発想である。養殖は後継者が育たない漁家に任せるよりも、会社にする方が新規就業者を雇い入れやすいし、販売力のある事業者と合同すれば、収益性が上るとの目算があった。

他方、後継者のいない高齢漁民は再投資する動機がわかない状況で外の力を借りて就業の場ができれば助かる。宮城県石巻市桃浦地区で誕生した特区認定会社＝桃浦かき生産者合同会社（以下、LLC）に参加し、漁協と対立していた漁民にとっては決して悪くない内容であった。

特区制度の致命傷

だが、様々な復興作業が押し寄せる中で、たった一つの特区制度実現のために関係者らが消耗したエネルギーは半端ではなく、これに関わった漁協関係者や地元周辺の漁民はもちろんのこと、行政関係者も（口にしないが）、二度とこうした事態に関わりたくないと考えている。この制度には、一定区画の漁場を共同利用する漁民の入会集団（コミュニティ）を特区に参加するものと、しないものに分断し、海難事故や防災のために必要な漁民の相互扶助の関係をも破壊するという致命傷があるからだ。

経営に苦しむＬＬＣ

特区を推進しなければならない行政は、漁村社会にある地縁血縁関係を毀損するような振る舞いをしなくてはならない。これにより、現場で仕切る行政の精神衛生を悪くするだけでなく、行政の中立性も失われる。

こうした内実を、今なお宮城県庁は隠すしかないが、特区に参加しなかった漁民や周囲の漁民に聞いて回ればすぐにわかる。しかも、ＬＬＣの経営は芳しくない。

その証左として、県下のカキ出荷の解禁日を破ったり、漁協の共同販売事業で販売されていた他地区の剥き身のカキを購入して、自社商品の原料として流用したりした。注文に対して生産が間に合わなかったのであろう。それはカキ剥きの作業者を増員できるほど賃金を厚遇できなかったということでもある。

特区は不要だった

現行漁業制度は、企業参入や企業と組んで漁民会社を設立することを全く否定していないし、地元漁民や漁協と折り合いさえつけば、組合員にならなくても、直接免許を受けることも可能である。

ちなみに、参入企業が漁協の組合員になるか、直接免許を受けて養殖を営むかの問題ではない。当該漁場を管理し、地元漁民の代表団体である地元漁協と、どう手を結ぶかが問われるだけだ。時間、労力が必要だが、漁場はそのような苦労を費やして、安全に利用されるものである。

したがって、水産特区がなくても地元漁民や参入企業にやる気さえあれば、ＬＬＣのような漁民会社の設立は可能である。多少の行政支援があれば良い。実際に県内外には、そのような例がある。つまり、できることをできないと決めつけて、知事は強引に「復興への提言」に記載させ、法制化に向かわせた。その手前、国（復興庁、水産庁）も、宮城県も、活用事例がないというわけにはいかず、宮城県は、どんな手を使ってでも、桃浦地区にＬＬＣを設立させ、「社会実験」を続けなければならなくなった。そしてＬＬＣへの多額の財政投入（県費等）が続いた。

漁村や漁場利用の社会関係を踏まえてこそ

養殖業の企業化や漁村への企業誘致は悪くない。しかし、地元漁民や漁協と対立させては元も子もない。どうやって、それぞれの利害を調整するかが、大事であって、そのためには、起業化や企業参入が地域にバラ色をもらすという幻想を抱かず、しっかりと漁村や漁場利用の社会関係を踏まえる必要がある。その配慮を欠いたまま、漁協悪玉説を謳い、それを根拠に政治主導で特区導入がゴリ押しされたため、ボタンが掛け違えられ、後戻りできなくなった。この社会災害の根源はここにある。

さて、今、牡鹿半島にある三つの近隣漁協支所が牡蠣養殖でエコマークを取得するためにＬＬＣにも声をかけて、また漁協青年部はＬＬＣに入った若い就業者との交流をもつようにしている。批判の矢面に立たされた漁協は自らが働きかけて周辺漁民とＬＬＣとの関係修復を図っている。後は海に憧れ、ＬＬＣに入社した若い就業者が地元に根づくことを願うだけである。

（濱田武士）

仙台空港民営化と広域防災拠点

6－4－3

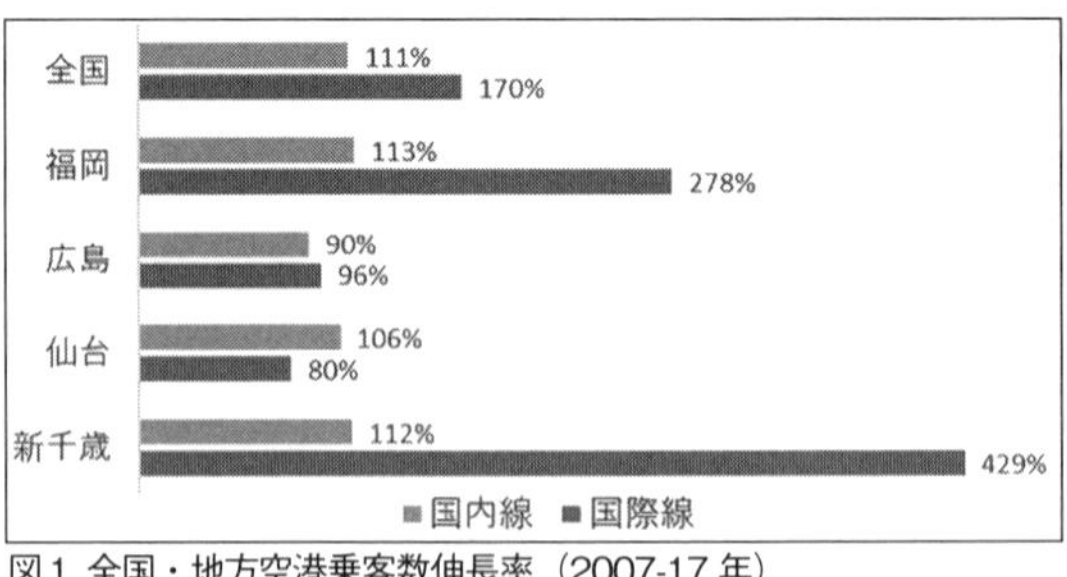

図1 全国・地方空港乗客数伸長率（2007-17 年）
出所：国交省航空局データから筆者作成

仙台空港民営化

東北地方唯一の国管理空港である仙台空港は、二〇一六年七月に仙台国際空港㈱に運営が移管され、「民営化」された。この仙台空港民営化は宮城県の観光の未来を語ることであっても、被災者の生活にはなんら関係しないことである。

民営化の目的は、民営化によって空港内の物販・飲食収入を増やして、それを原資にして着陸料を引き下げ、就航便数を増加させ「東北地域」への来訪者を現在の二倍に増やす、というものである。具体的数値目標は、当初「三〇年後に六〇〇万人の搭乗者・五万トン貨物取扱」であったが、現在は五五〇万人、二・五万トン」に目標数値は引き下げられている。

この計画の現状到達点を見てみよう。二〇一七年度の乗客者は国際線二八万人、国内線三一六万人、合計三四四万人で、国内線はピーチ札幌便、スカイマーク神戸便の就航で過去最高客数となったものの、国際線乗客数は最高時四七万人（二〇〇〇年度）の60%に満たない。図

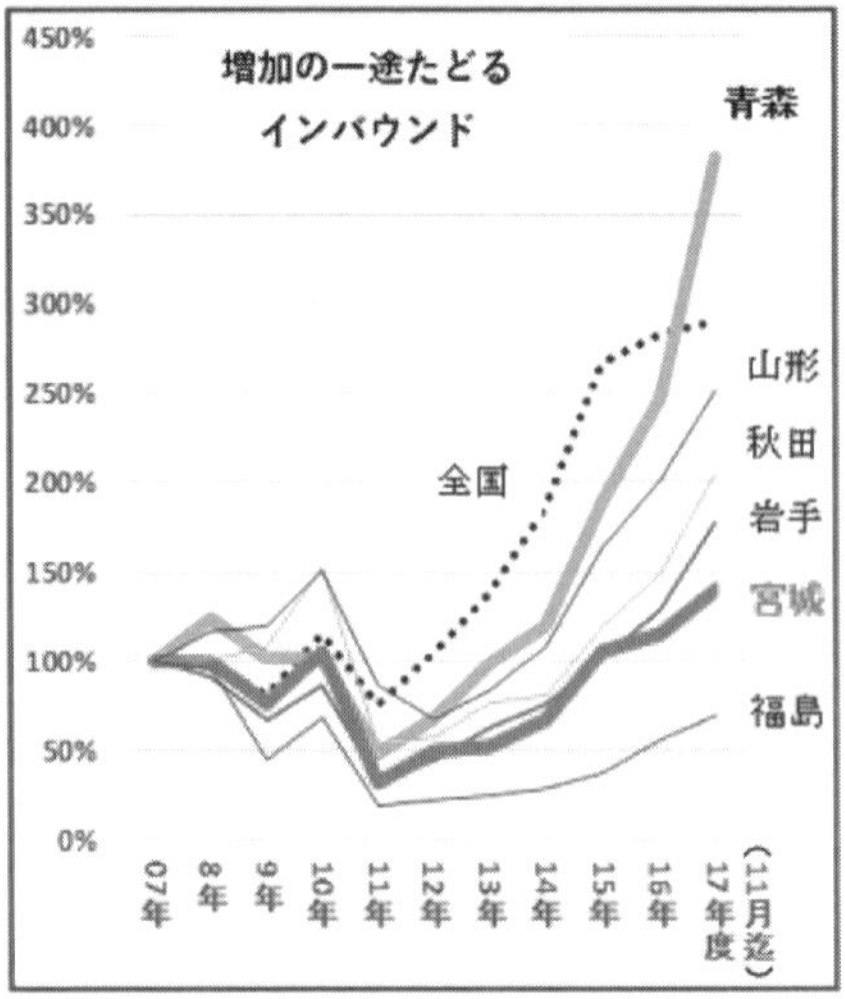

図2 東北6県外国人宿泊者数の推移
出所：観光庁「宿泊旅行統計調査」から筆者作成

1は、二〇〇七年度と一七年度の一〇年間で、国内線、国際線の乗客数の伸長率を全国の各地方空港と比較したものだが、仙台空港の国際線の伸長率の低さ、国内線も全国平均の伸長率に及んでいないことがわかる。

　その結果、宮城県の外国人宿泊者の〇七年比伸長率は、図2のように全国平均や福島を除く東北各県と比較すると低い状態にあり、インバウンドの波に乗り切れていないことが読み取れる。外国人宿泊者数が増えているのも、単に全国的なインバウンドの増加に影響されているというだけで、民営化によって「『東北地域』」への来訪者を現在の二倍に増やす」という目的に照らして、なにか特別な変化が生まれている、とは言い難い。

　そもそも着陸料を引き下げて就航便数が増えるわけではない。「エアラインの採算にとって、着陸料の占める割合は小さく、着陸料を引き下げたからといって需要が増えるなど、事態が大きく打開できるわけではない」。「後背地の魅力があって人の移動のニーズがあれば、黙っていても客は来てしまうし、なければ何をやっても来ないのが空港の本質」（轟木二〇一六）である。

　仙台空港民営化は民間企業に空港民営化の「実験場」を提供しただけで、民営化の顕著な成果が現れているわけでもなく、二〇三〇年度の北海道新幹線札幌延伸に伴って、現在乗降客の25%（二〇一七年度）を占める新千歳便乗客の大幅減少という大問題を内包したままである。これではいずれ「民営化してもしなくても、変わりはなかった」という事態になりかねない。

広域防災拠点整備計画

　宮城県震災復興計画の下位計画として、土木・建築行政分野における部門別計画をまとめたものとして「宮城県社会資本再生・復興計画」がある。その中の「被災経験を踏まえた防災態勢の再構築」事業のなかで、「総合運動公園の広域防災拠点化を推進」するとして、利府町にある総合運動公園の広域防災拠点化事業が計画されていた。

　しかし、その事業は突如二〇一二年夏に仙台市宮城野区宮城野原地区にあるJR貨物宮城野駅敷地に変更された。反対の世論が高まるなかで約三〇〇億円を投入する事業が県議会で承認され、二〇二〇年の開設完了目指して事業が始まっている。しかし、この計画は、表に示した欠陥を持つ。

　長町—利府線断層帯由来の地震については、二〇一一年に東大地震研究所の研究チームによって、「地震発生確率が五七倍に高まった」という調査結果を発表している。このように防災拠点を整備するには極めて不適切な場所に、約三〇〇億円も投じることは壮大な無駄遣いである。

（小川静治）

広域防災計画の問題点

①計画地は防災拠点として不適地である。
　1) 仙台市中心部にあり発災時、交通混乱を引き起こす。
　2) 長町－利府線断層帯に近接し、断層帯由来の災害が発生した場合、防災拠点として機能しえない。
②計画地は国が考える広域防災拠点の整備要件を満たさない。
　内閣府「広域防災拠点配置三条件」、消防庁「広域防災拠点三要件」・「望まれる14条件」いずれの要件も満たさない。
③計画地選定評価が「初めに宮城野原ありき」で、恣意的な評価が行われた。
④計画予算が約300億円と巨額
　従前の利府町総合運動公園に整備すれば数億円で済む。
⑤計画地及びJR貨物駅移転先周辺の住民に対する説明が全く不十分である。

《参考文献》
◦轟木一博『空港は誰が動かしているのか』日本経済新聞出版社、二〇一六年

4 創造的復興論批判

〝祝祭資本主義〟にからめ取られる復興

——惨事に便乗する復興オリンピック

6－4－4

6 復興

二〇二〇年東京五輪は「復興五輪」といわれている。しかし、この「復興五輪」という言葉は過去「二」回の東京五輪でも掲げられたものでもある。

最初は一九四〇年（昭和一五年）の東京大会（昭和一三年に返上）。「紀元二千六百年」を記念すると同時に、一九二三年におきた関東大震災からの復興を示そうというねらいがあったとされる。

次は一九六〇年大会。こちらは「戦後復興」が掲げられ、そして二〇二〇年大会は「（東日本大震災からの）復興五輪」が掲げられた。

また、宮城県の東京二〇二〇大会に向けた「基本方針」（注1）では「『復興五輪』の機会を『創造的復興』の達成に向けて最大限生かす」とされている。

「復興五輪」被災地での受けとめ

では、被災地ではこの「復興五輪」について、どのような思いで受け止められているだろうか？　河北新報の「被災3県被災地首長アンケート」（一八年三月一日）結果は図1のようなものだった。

東京五輪の理念の明確さについて被災3県首長の64％が「どちらともいえない」とし、理念の不明確さを感じている。一方で東京五輪が復興に「役立つ」と答えた割合は、理念への問いと比較すると肯定的に受け止めている割合が高くなっている。首長としては「役立たない」と言い切るには躊躇するということであろう。

この調査で、宮城県女川町の須田善明町長は次のように自由記入で答えている。

「二一〇年東京大会が『復興』五輪という位置づけに『も』なったのは、大震災による世界中からの支援に対しての感謝として被災地の復興後の姿を示していきたい、ということだと思うが、あくまで『東京』五輪であって、決して『被災三県』五輪ではなく、それは一側面である」。

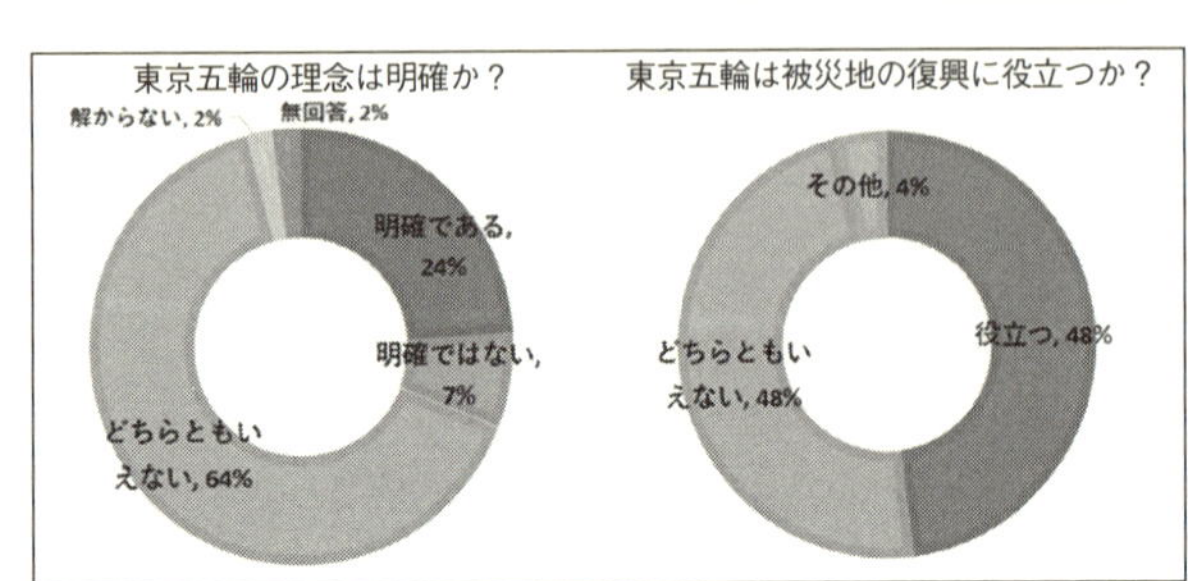

図1 東京五輪を被災地の首長はどのように見ているのか
出所：被災3県首長アンケート（『河北新報』2018年3月1日）

復興五輪というけれど、多くの人々を亡くし、生活の再建の途上にある被災地を、東京が代表できるわけではない。須田町長の指摘は「本当に被災地の復興を真ん中においた五輪なのか？」と言っているとも読める。

一方、被災者たちはどうこの二〇二〇年大会を受け止めているだろうか？　ＮＨＫが被災３県被災者一、九三二人を対象にした調査（注２）で、「東京五輪は被災地の復興の後押しになると思いますか？」と聞いた結果は図２のようなものだった。

実に82％の被災者たちは二〇二〇年大会が復興の後押しになるとは思っていない（「そう思う」６・４％、「どちらかと言えばそう思う」12・１％）。

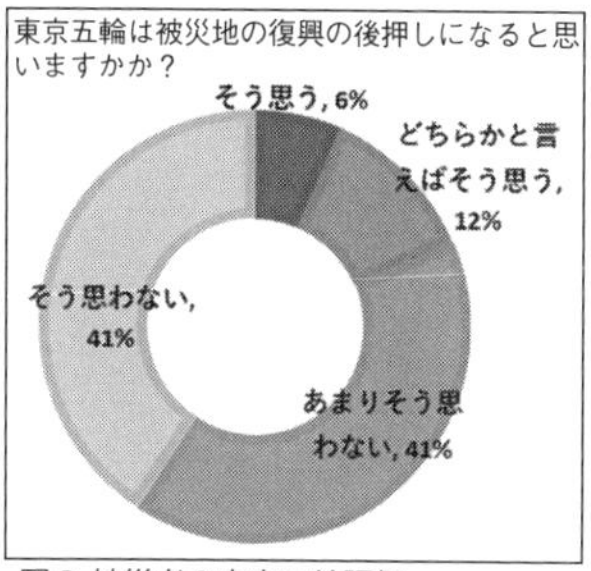

東京五輪は被災地の復興の後押しになると思いますかか？
そう思う, 6%
どちらかと言えばそう思う, 12%
あまりそう思わない, 41%
そう思わない, 41%

図２　被災者の東京五輪評価
出所：NHK『東日本大震災７年被災者アンケート』

また河北新報の、被災者に限らない東北六県と首都圏居住者調査（三月一一日報道）（注３）によれば、二〇二〇年大会が復興の「役に立たないと思う」が52％、「どちらともいえない」が30％だった。「役立つと思う」は12％にとどまる。

これらの調査からみれば、現状の「復興五輪」に対する一般的な受けとめ方は、役立つと考えている人は10～20％程度しかおらず、80％以上は復興に役立つとは言えないととらえていると考えてよいだろう。

祝祭資本主義の罠

五輪という〝祝祭〟に便乗して、祝祭そのものを駆動力として、「復興五輪の成功！」という言葉で、「楽しさの祝賀」と「被災地復興」が演出されようとしている。五輪のスポーツの外側の様々なテーマを巧みに包摂しながら、被災地で起こっている様々な問題を覆い隠し、華やかに展開されようとしているのが〝復興五輪〟の実態ではないか。それは〝祝祭資本主義〟とも呼ばれるものであろう。

国と東京都と宮城県が、被災地の復興を、「復興五輪」を利用して「創造的復興」に結び付けようとする乏しい想像力でしか描き出せないとすれば、それは不毛を通り越して、極めて危険なことと言わねばならない。それは〝祝祭資本主義〟に復興がからめ取られ、復興が五輪成功に都合よく利用されることを意味するからである。

東京大会二〇二〇の誘致の際のスローガンは「今、ニッポンには夢の力が必要だ」だった。しかし、今、被災地にとって必要なのは、ムードとしての「夢の力」ではなく、一日も早い今までの日常生活の回復という「現実」なのである。「人の不幸をキャッチフレーズにしないでほしい」（東北学院大学名誉教授岩本由輝）（注４）。

（小川静治）

〈注〉

(1)「２０２０年東京オリンピック・パラリンピック競技大会に向けた宮城県の取組に関する基本方針」宮城県、二〇一六年三月二二日
(2)「東日本大震災７年被災者アンケート」ＮＨＫ
(3)「２０１８年東日本大震災アンケート」河北新報
(4)二〇一八年三月一四日、朝日新聞

《参考文献》

・石坂友司『現代オリンピックの発展と危機』人文書院、二〇一八年。
・小笠原博毅他『反東京オリンピック宣言』航思社、二〇一六年。

4 創造的復興論批判

東北メディカル・メガバンク

6－4－5

東北メディカル・メガバンク事業とは、宮城・岩手の被災地住民を対象に新生児とその家族も含む一五万人規模のゲノムコホート（一定の集団を長期に追跡し、遺伝子や生活環境と疾患の関連を調査する）を実施し、大規模なバイオバンク（蓄積された検体や情報を研究機関に貸し出す）を構築し、将来の創薬や予防医学、個別化医療に役立てるというものである。東北大が中心となり岩手医大も参加して実行組織、東北メディカル・メガバンク機構（略称ＴＯＭＭＯ）が作られ、事業期間一〇年で四九三億円を予算要求した。

導入の経過

宮城県の震災復興計画は元東大総長で三菱総合研究所理事長の小宮山宏氏を議長として進められた。二〇一一年七月に県民に公表された計画案にはなかったが、八月の最終案に、メディカル・メガバンク構想が突然挿入された。

その出所は、六月三日の第二回宮城県復興会議における小宮山議長の発言にある。以下一部を引用する。「…やはりお医者さんが来たくなるような…医工連携とか、あるいは、東北は非常に三世代が一緒に住んでいたり、四世代が住んでいたりで、そうするとゲノムの調査なんか非常にしやすくて、垂直水平のコホート調査というんですが、そんなものができると。逆に言うとそんなものができればお医者さんが行くそうです。…」この発言に初めてゲノムとコホートが登場する。

さらに、官公庁の記録をさかのぼると、震災前から、新成長戦略会議や医療イノベーション会議で、大規模バイオバンク・ゲノムコホート分野で日本の遅れを指摘し、それを促進するワーキンググループが作られ、そこでは、バイオバンク・ゲノムコホートのロードマップまで作成されていた。このワーキンググループのシンクタンクが三菱総研でその理事長が小宮山宏氏である。震災前から遺伝子研究の国家戦略があり、震災復興を口実にそれを被災地で展開したという流れが見て取れる。

六月一六日の第二回医療イノベーション会議で、ＴＯＭＭＯ機構長となる山本東北大学医学部長が、本事業のプレゼンテーションを行っている。その時のスライドの一枚を示した。ここでは、被災地を選んだ理由として「沿岸部で三世代同居が多く人口移動が少ない」と研究者側の一方的都合が述べられている。

問題点（ヘルシンキ宣言）

このような被災地対象のゲノ

ムコホート・バイオバンク構築の決定プロセスおよび震災復興を口実にした巨額の復興予算投下が、あまりに露骨であったため、全国的各地から、批判の声があがった。

しかし、宮城県においては、巨額の予算と「創造的復興」という言葉で押し切られ、表立った批判は出ていない。筆者の所属する東日本大震災復旧・復興支援みやぎ県民センターが批判の声をあげ、TOMMOと協定を結んだ県に対して三度に渡って公開質問状を提出した。

最大の問題は、医療者・研究者としての倫理的問題である。

ヘルシンキ宣言抜粋

> 第19条：不当な扱いや危害を受けやすい特別な弱者集団及び個人が存在する。このような弱者集団及び個人は全て、特別に配慮された保護を受けなければならない。
>
> 第20条：弱者集団を対象とする医学研究は、研究が当該集団の医療ニーズや優先事項に応えるものであり、且つ非弱者集団では実施できない場合にのみ正当化される。さらに、対象となる弱者集団は、この研究の結果として得られる知識、診療、医療介入等の恩恵を受ける立場にあらねばならない。

TOMMOの事業が世界医師会の医学研究の倫理規定「ヘルシンキ宣言」に違反すると私たちは主張した。医学研究者が守るべき人体実験に関する倫理規範「ヒトを対象とする医学研究の倫理的原則」に規定された、弱者集団および個人に関する二つ条項を表にしめした。

東日本大震災の被災地住民が規定された弱者集団および個人に相当することに議論の余地はない。被災者は生活再建に追われる最中で遺伝子研究を知らされてもいなかったし、そのニーズもない。TOMMOの目指す遺伝子研究と未来型医療の成果は未確定であり、被災者が特に恩恵を受ける保証もない。またこの遺伝子研究が被災地以外でできない理由もないのである。

その後の経過

TOMMOの事業は計画通り実行され、二〇一八年四月には、一五万人のデータ収集は終了し、研究機関へのバンキングも開始された。

文科省管轄であったTOMMOは、二〇一七年から日本版NIH（米国立衛生研究所）と言われるAMED（日本医療研究開発機構）の中に統合され国家戦略の一翼を担うことになった。被災者一五万人の検体と病歴や遺伝子情報はTOMMOの超低温冷凍庫とスーパーコンピュータの中に保管されている。

（水戸部秀利）

TOMMO 誘致に至る経過

年月	メディカル・メガバンク関連の出来事
2010年9月	9/9　第1回新成長戦略実現会議 大規模バイオバンク・ゲノムコホートの国際的遅れと構築促進
2010年11月	11/30　第1回医療イノベーション会議
2011年2月	2/18　第1回個別化医療 WG（イノベーション推進室） 大規模バイオバンク・ゲノムコホートの具体化・ロードマップ
2011年3月	3.11　東日本大震災 3/30　第2回個別化医療 WG（イノベーション推進室）
2011年6月	6/3　第2回宮城県復興会議（小宮山議長発言） 6/18　第2回医療イノベーション会議（山本医学部長プレゼン）
2011年7月	宮城県復興計画案（パブコメ）　メディカルメガバンク記載なし
2011年8月	宮城県復興計画　メディカルメガバンク記載
2011年9月	9/30　東北メディカルメガバンクに493億円計上
2012年2月	2/1　TOMMO 立ち上げ
2012年4月	東北メディカルメガバンク計画検討会（1～3回）
2012年5月	東北メディカルメガバンク計画検討会（4～5回）
2012年9月	9/18　宮城県と TOMMO の協定
2013年4月	4/20　TOMMO キックオフシンポジウム
2013年5月	地域住民コホート開始

出所：各資料より筆者作成

なぜ被災地がねらわれたのか

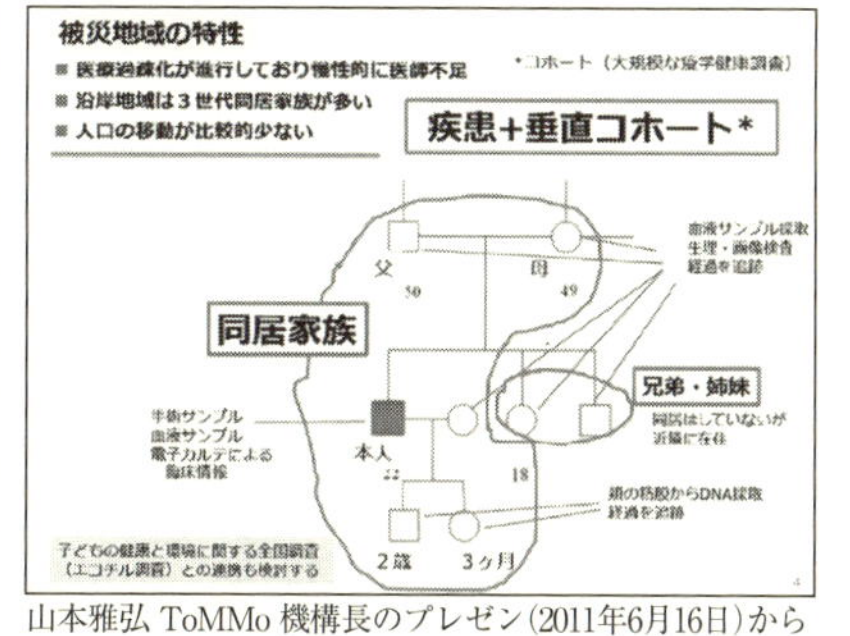

山本雅弘 ToMMo 機構長のプレゼン（2011年6月16日）から

4 創造的復興論批判

住民合意抜きの復興まちづくりの行方
――名取市閖上地区と山元町の場合

6－4－6

東日本大震災の復興ほどトップダウンとか、住民合意というキーワードが飛び交った災害はなかったのではないか。その典型とも言える二つの事例を紹介する。

トップダウンは復興の混乱・遅延に直結／名取市閖上地区

地区人口約五、六〇〇人の内、七五三名（二〇一四年三月末現在）が犠牲になった閖上地区の復興は大幅に遅れた。それは当時の市長が、当該地区は都市の顔という理由で、多くの地区外への移転希望者がいるにも関わらず、現地再建に固執したからだ。

震災直後の五月に復興方針を定めるため、市民、行政、専門家による「名取市新たな未来会議」を設立した。ところが現地再建ありきの結論を急ぎ、現地再建と移転とに意見が分かれているのにもかかわらず採決を強行。結果は現地再建五人、集団移転三人。さらに市議会も現地再建を決議するに到った。

その直後に公表された意向調査の結果は、地区外移転希望が半数近くを占め、現地再建希望は四分の一程度と一連の決定とは全く逆。ここから復興の混乱、遅延が始る。

集団移転や災害公営住宅建設の基盤となる土地区画整理事業地区の計画人口は、当初の五、五〇〇人から三、〇〇〇人、事業認可時（盛土高5mのかさ上げ）には二、四〇〇人（その後の市推計では二、〇七六人）。規模も70haから30haに縮小され、ようやく二〇一四年一〇月に着工した（しかし、多くが土地売却を希望）。

その後、新市長から災害公営住宅の整備方針が示されたが、復興遅延の懸念から市議会では否決。結局、移転希望者の声は届かず「閖上地区での現地再建に基軸」（新市長、『河北新報』二〇一七年三月一一日）を置か

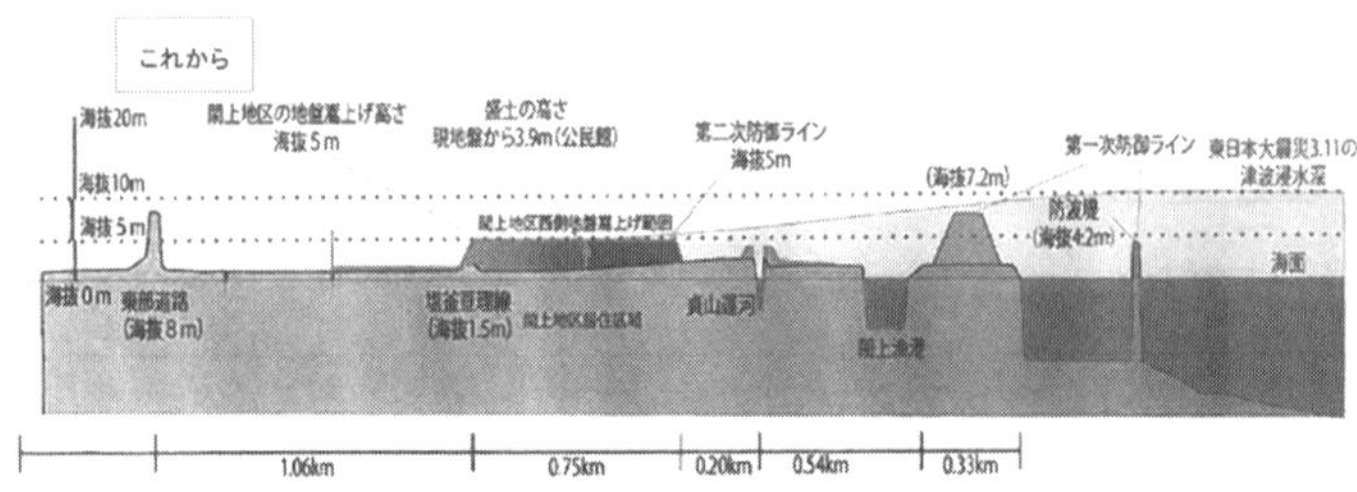

図1 閖上地区 津波防災計画
出所：名取市『閖上地区 まちなか再生計画』（2018年1月）図表－10

ざるを得なくなる。

「コンパクトシティ」による地域の歴史文化・生活の破壊／山元町

　山元町は、当時の人口（一六、六九五人）の４％に当たる六三七人が津波等の犠牲になった。復興計画では「コンパクトなまちづくり」を目指し、流失したJR常磐線を約１㎞内陸部に移設し、その新駅周辺地区三ヶ所への集団移転・新市街地形成を打ち出した。

　しかし、多くの被災住民から、JR線の移設に対する異論を始め、いち早く指定した災害危険区域（津波防災区域）の見直しや集落単位の移転要望等が相次いだ。その不満が二〇一三年一二月の議会での「町長は、①町民との合意形成を図ろうとしない。②職員との意思疎通の欠如。③議会軽視」という問責決議（全会一致）に示された。

「コンパクトなまちづくり」により、これまで築いてきた地域社会、農・漁村集落、その歴史文化が今消えつつある。震災前の二〇一一年二月末の人口は一六、六九六人であったが、二〇一七年一二月末には一二、四一五人と約25％も減少した。それは今も続く。

　止まらない人口流出は、集団移転計画の目標設定を困難にした。集団移転後の宅地や災害公営住宅への申し込みは伸び悩み、直後は大量の空宅地、空室の発生となった。

　一方、広大な津波浸水エリアは、災害危険区域と津波防災区域（二区分）に線引き（異なる支援）された。このエリアには、集団移転に不参加の現地再建者が多数居住している（災害危険区域の町独自支援制度申請者二七〇戸，『河北新報』二〇一七年一月一一日）。

　理由は、移転費用捻出が不可能、農業継続意向、自営業者等で職住一体（または職住分離が不可能。例：自動車整備業）の維持などである。

　沿岸部の各行政区の人口、世帯数の減少率は90％前後（宮城大学地域連携センター調査研究員菅原心也氏報告二〇一七年三月三〇日）と、まさにコミュニティ消失だ。

図2 山元町「コンパクトなまちづくりを目指して」
出所：山元町『山元町震災復興記録誌　復興の歩み』2018年３月

住民合意形成とは何か

　国は、『東日本大震災における復興まちづくりの進め方（合意形成ガイダンス）』（二〇一七年六月）を作成し、トップダウンによる混乱を回避しようとした。しかし、このようなマニュアルで事態収拾を図るという認識自体が問題だ。住民合意形成とは優れて地域性を有する課題で、まさに地域自治、被災者の主体形成そのものなのである。

（阿部重憲）

〈付記〉

「宮城県山元町におけるコンパクトシティを目指した復興計画策定―札幌市における対口支援の効果的活用」で山元町、札幌市等が都市計画学会賞計画設計奨励賞を受賞。コンパクトシティの機能のみの評価で〝学会のスケールダウン〟を指摘せざるを得ない。

4 創造的復興論批判

広域合併の間で
——旧雄勝町の復興問題

6－4－7

住民が戻らない

石巻市の旧雄勝町は、二〇〇五年に一市六町の広域合併によって石巻市に編入された地域である。この地域は震災後、人口が約三分の一になり（住民基本台帳人口は二〇一一年二月末四、三〇〇人が一八年六月末一、五二八人）、津波被災地のなかでも人口減少率が高くなっている。では、なぜ多くの住民が元の地域に戻らないのか／戻れないのか。

過疎化と広域合併の影響

まず、震災前からの問題として、主要産業（漁業と硯産業）の衰退による過疎化の進行が挙げられる。震災前の高齢化率は41・7％であり、住民は年金生活をおくる高齢者が中心になってきた。

広域合併による行政運営の変化も生じていた。雄勝町には漁業集落「浜」と、役場や病院、商店などの集積する集落「中心部」があり、契約講に由来する自治組織「地区会」が、各「浜」に一つ、「中心部」に六つ存在する。そして旧雄勝町役場は、地区会と地区会の連合組織「地区会長会」による自治を尊重してきた。

しかし合併後は、雄勝町役場が石巻市雄勝総合支所になり、職員数は合併前の約三割に減少（二〇〇五年四月一三三名が一〇年八月四一名）、決定権限の大部分も石巻市本庁へ移行された。雄勝町選出の議員も、合併前の一四名から二名に減少していた。

すなわち雄勝町単位の決定権が弱体化しており、「地区会」や「地区会長会」の意思決定に基づく行政運営の継続が困難になりつつあったといえる。

住民流出を加速した被災

東日本大震災は、以上のような問題を抱える雄勝町に甚大な被害をもたらした。死者・行方不明者は住民の5・5％（二三六／四、三〇〇名）にのぼり、79・6％の家屋が全壊する（一、三〇四／一、六三七世帯）。とくに「中心部」の被害が大きく、集会所や雄勝総合支所、病院、商店等も被災する。

そこで被災が相対的に小さい一部の「浜」をのぞき、住民は町外各地へ避難を迫られた。さらに仮設住宅の入居段階になると、石巻市本庁は、石巻市内陸部を中心とした供給・抽選入居の原則を提示する。ここから仮設住宅への入居段階で、三分の二以上の住民は町外各地に離れて暮らす事態となっていた。

議論の場としての復興まち協

雄勝町では、このような住民の離散状況のなかで、復興まちづくりの議論の場が創設される。石巻市本庁は二〇一一年四月、復興まちづくりにあたって旧石巻市以外の地域では高台移転を行なう方針を示し、方針の具体化と意見集約・合意形成を各総合支所に委ねた。

一方の雄勝総合支所は、仮設住宅の供給・入居過程等を通じて、広域合併による変化を突きつけられ、市の方針を早急に具体化しないと雄勝町の事業が後回しにされるという危機感を募らせていた。そこで雄勝総合支所は、町内で避難生活を続ける「浜」のリーダーに呼びかけ、「地区会長会」を母体とする「雄勝地区震災復興まちづくり協議会」（以下、復興まち協）を設立する（二〇一一年五月）。

〝町に戻る〟から乖離していく復興まちづくり

復興まち協では、委員間で意見集約・合意形成を行い、「雄勝町の復興方針」を採択、石巻市長に要望書を提出する（二〇一一年七月）。そして、雄勝総合支所は「雄勝町の復興方針」への合意をもって防災集団移転促進事業（以下、防集事業）に対する雄勝町全体の合意を得たとみなし、住民説明会、高台移転への参加を問うアンケート等を次々と進めていく。

このようにスピード感のある手続きは、被災者がより早く町に戻るために行われてきたものであった。しかし様々な問題から、被災者がより多く町に戻る事業との乖離が生じていった。

(1) まず防集事業は「元の土地に住まないこと」（災害危険区域指定）への合意を実施要件にもつ。しかし、元の土地近くに高台がない雄勝町「中心部」では、この要件に反発し、現地再建を望む被災者が一定数いた。

(2) 住宅再建に関する選択肢の問題もあった。「中心部」では被災者が多く戻る事業とするため、防集事業と土地区画整理事業を併用し、高台移転以外の選択肢も求める住民活動が展開する。しかし雄勝総合支所は、防集事業の手続きを早く進めるため、事業併用の選択肢を実質的に排除した。

(3) 「雄勝町に戻らない」選択肢が用意された問題もあった。多くの被災者は、離散状況から他の被災者の意向がわからず、基盤整備の時期・内容の不確定さもあって、町内に戻るかどうか決定できない状況に置かれていた。そのなかで石巻市本庁は、従前居住地の一定価格買い取り、隣接する河北町への移転など、「雄勝町に戻らない」被災者にも防集事業への賛成が有利になる条件を容認していく。ここから町内に戻るかどうか決めかねた被災者の多くが、雄勝町に「戻らない」選択をとる結果となった。

揺らぐ復興方針

防集事業の事業化後は、復興方針のさらなる揺らぎが生じている。「雄勝町の復興方針」では、防潮堤の高さを抑え、「海の見える道路」にする方針を取りまとめた。その意向に反し宮城県は、雄勝町「中心部」の防潮堤を9・7ｍにする案を提示し、雄勝総合支所と復興まち協委員は「防潮堤を受容しなければ他の事業が遅れる」ために案を容認せざるを得なかった。

雄勝町では、町内に戻る被災者が減少したうえに復興方針も実現できない状況にあり、住民主体の復興まちづくりは困難だ。その中で持続可能な地域社会へのプロセスを用意できるかが問われている。

（松原　久）

災害と女性
——被災女性と向き合い続けた経験から

6－5－1

根深い性役割の刷り込み

私たちは、DV（家庭内暴力）や性暴力の被害者支援を三〇年活動している。被災後は一年間、被災地支援に取り組んだ。

地方に行けば行くほど、男女の性役割の刷り込みが強烈だと感じた（悩んでいる女性の相談から思ったことであり、被災地すべての人々のことではない）。女性たちは自分である前に一家の嫁であり、決して自分の意見を話せない。「農業権、漁業権、それを女性は引き継げないの」と聞くと「婿さんが引き継ぐのがここの常識なの」と。税納も一家の戸主がまとめて支払う。嫁は収入を把握されるのでいやだった。嫁の生命保険も戸主がかける、それが家族になった証。すると嫁が病気をして受けとる保険金は戸主のもの。娘しかいないので結婚した夫は妻の姓に。当然のように彼は妻の親と養子縁組する。するとDVで離婚しても、養子縁組した婿に相続権が残る。どれほど嫁が介護をしても、逆のケースはない。男女平等の意識における仙台と地方の差は大きい。

避難所で実感したこと

女性だけの空間を

避難女性には仕切り・着替え室が欲しい。女性だけの部屋が理想だが、せめて希望者には女性だけの区画を。しばらく実現されなかった避難所があった。避難所のマニュアルとして印刷物で明記され、掲示されることが必要だ。避難所に通達が出た後は、実現されているかチェックする。地元行政は疲弊しているので、チェックは第三者が行うのが良い。避難者は遠慮するので日常の生活支援を担当しない人がチェックをする。セクシュアルマイノリティの方、障害のある方もいる。男女別以外に個別のシャワー・着替えスペース、多目的トイレが必須だ。

女性に直接届ける

私たちは、避難所のリーダーにも、戸主にも渡さず、支援物資を女性に直接届ける活動を行った。支援物資を女性が集め女性に直接に手渡したことで、女性の自尊感情が高まった。

意見表明の自由を保証

避難所には民主的に意見を出せるシステムが不可欠だ。威圧的な男性がリーダーになると、女性は意見を話せない。携帯メールの投稿窓口を作る。携帯を失っている人を忘れずに匿名で意見が出せる投書箱も良い。

女性用無料ホットライン

女性用の無料のホットライン設置をすぐに行うこと。電話相談の広報が大事。女性だけの支援物資（女性用下着の配布）にお知らせカードを同封するなど、情報の配り方に工夫をする。

女性が女性の声を聞く

被災地では、女性による女性対象の面接が必要。相談員は直接に生活支援に関わる人とは別の人にする。日々支援してくれる人には遠慮して本音は言えない。面接相談は避難所から離れた場所で。見える場所だと周囲の視線を意識し相談しにくい。

集う場の開設

集う場の開設も必要。自然に悩みが出てくる。子どもたちのためのスペースも必要だ。

衰えない面接需要

行政との連携で実施している被災地の女性の面接は、七年を経てますます需要が伸びている。地元の人には相談しにくい様々の事情を持っている。よその人だから話せることもある。

災害リーダーの育成

日常から男女混合で、災害時のリーダー養成を行う必要がある。防災リーダーに女性の割合を増やしてゆくことが重要だ。この事業は、仙台から地方都市、さらに他県にも広がっている。

これらの実現には、日常的に男女平等の啓発が重要だ。普段から男女平等意識を根付かせないと、災害時は家父長制の意識がより強く人々を支配する。

本音を引き出す フォトボイス

女性の本音を引き出すには、さまざまの工夫が必要だ。フォトボイス活動が、宮城（仙台、石巻、女川）福島、岩手（宮古）、さらに福島から自主避難した東京においても実施された。

カメラを提供して撮影してきてもらい、スクリーンに映し出して、ゆっくり当事者が語り合う。その語らいから、写真に声（文章）を添えて行く。パネル展示会を全国で、海外でも開催し、写真集も作成された。

①まず、撮影時に必要な被写体のプライバシーを尊重する教育を実施。これは被災地の女性の人権の教育でもあった。②グリーフワークとしての効果があった。我慢していた人が涙を流して語り、安心できる仲間に聞いてもらった。五年目にして出せた写真もあった。フラッシュバックで断念した人が六年たって再参加し話すことができた。継続して実施していることの意味を感じた。③女性ならでの視点の作品が生まれ、それがインターネットにアップされた。メッセージは、英語、フランス語に翻訳され、世界に伝えることができた。④地元では言いにくい思いを語ることができた。

「海が見えないほどの高さがあっても、果たして津波は防げるのか。海は駆け登って来るのではないか」「堤防があるからと過信して逃げない人々がいた」「海が遠くなった。海を見たい老人はこの高い堤防を登れるのだろうか。」「堤防より、波の力をサラリと受けて流す防災センター—は安価で安全が計れる。これをあちこちに作れば良かったのでは」（海の近くに立つ。1・2階は吹き抜けに、災害物資は3・4階にあるシンプルな防災避難所）。

写真は語る。

「人工的に作ったものは見事に壊れた。自然は破壊力もあるが回復力もある。戻っているのは自然の部分だけ」

原発事故の関連の写真により、「地元では語ることはできない」と言っていた女性達が雄弁に語り始めた。フォトボイスは東京やアメリカの人々の支援で続けられている。

震災は悲劇の出来事だったが、それを機会に私たちは、県と市町村と連携ができた。県の委託で、地方に赴き、年間を通して各種の講演、面談、ワークなどを継続実施している。ピンチではあったが、人権について情報を広めるチャンスにできたとも思っている。

（やはたえつこ）

震災関連死——揺らぐ命の重み

弔慰金と連動する関連死

宮城県の東日本大震災における関連死者数は、二〇一八年三月一日現在で九二七人。そのうち九〇三人は災害弔慰金支給審査会（以下「審査会」）で因果関係が認定された。残りの二四人は、因果関係が明白ゆえ審査会を経ずに関連死とされ、弔慰金の対象となった。

しかし、実際の「関連死」は認定数を上回る。認定は災害弔意金支給と連動するため、審査会に申請しなかったり、審査会が申請を認めなければ、災害と関連した死者でも、カウントされない。当事者に遺族（配偶者、子、父母、祖父母、同居または生計を同じくしていた兄弟姉妹※）がいなければ、あるいは遺族が制度の存在を知らなければ申請ができない。また、宮城県では三四四人が審査会において「因果関係がない」として認定されなかった。

関連死が弔意金支給と連動するのは国の定義による。災害関連死の公的認知は、一九九五年阪神・淡路大震災の際、厚生省（当時）が「関連死」を「震災と相当な因果関係があると災害弔慰金判定委員会等において認定された死者」と示したことから、東日本大震災発生後、二〇一二年に復興庁が「震災による負傷の悪化などにより死亡し、災害弔慰金の支給等に関する法律に基づき、当該災害弔慰金の支給対象となった者」と再定義した。

災害弔慰金は、「災害弔慰金の支給等に関する法律」施行令で「生計を主として維持していた」場合は五〇〇万円、「その他の場合」は二五〇万円が遺族に支払われる。

関連死認定の問題点

(1)遺族がいなくても認定を

災害弔慰金とリンクしないでも、遺族がいなくても「関連死」として認定できる仕組みが必要である。そうでないと、実際の人的被害を正確に把握できない。被害の実態がわからなければ、それを防ぐ有効な手だてを講じることは難しい。

(2)独り歩きする「長岡基準」

新潟県中越地震（二〇〇四年）では、長岡市が「地震から一週間以内の死亡は関連死で、一ヶ月以内ならその可能性が高い。それ以降の場合は可能性が低く、六ヶ月以降であれば関連死ではない」という基準、内規を阪神・淡路大震災の時の神戸市を参考に作成、運用した。

厚生労働省は、この内規を東日本大震災発生時、該当自治体に「参考例」として紹介した。これが東日本大震災の関連死の認定審査に大きく影響を与えたとされている。

だが、中越地震時に長岡市が限定して使った「基準」を国が勝手に長岡市も知らない間に全国に通知したことに、当時の担当者は異議を唱えている。

揺らぐ命の重み
―被災三県の認定の違い

復興庁が行った最新の調査結果（二〇一八年三月末）では、合計一〇都県三、六七六人の関連死のうち震災発生後一ヶ月以内に亡くなった方が一、二一二人、一ヶ月以上六カ月以内が一、一五一人、六ヶ月以上は一、三一三人となっている。これを被災三県で見ると県別の違いが激しい（表）。

福島県では、六ケ月以上経た関連死が一、一八九人、53・4%と半数以上を占める。これは福島第一原発事故被災者が多く「長岡基準」を重視しなかったからと言われている。

他方、岩手県では六八人、14・6%、宮城県では五四人、5・8%が、六ヶ月以上経た関連死である。宮城県は岩手県に比べ三分の一と極端に少ない。

また、宮城県の一三市町が設置した審査会では、申請数一、一五六件のうち八六六件が認定され、74・9%の認定率だったのに対して、県の審査会に委託した一二市町では九一件中三七件しか認定されず40・6%と半数に満たない。宮城県の審査会のあり方が問われている。

東日本大震災における震災関連死の死者数（被災３県・時期別・人）
（2018 年 3 月 31 日現在）

都道府県	合計	亡くなられた時期（発災からの経過）			
		1 週間以内	1 週間〜1 ヶ月	1 ヶ月〜6 ヶ月	6 ヶ月以降
岩手県	466	97	122	179	68
宮城県	927	234	338	301	54
福島県	2,227	115	263	660	1,189
被災３県	3,620	446	723	1,140	1,311

注１　平成30年3月31日までに把握できた数。
注２　各都道府県を通じて市区町村に照会し、回答を得たもの。
注３　「震災関連死の死者」とは、災害弔慰金の支給対象となった方（実際には支給されていない方も含む）。
出所：復興庁発表をもとに，被災３県のみを抽出・加工。

日本弁護士連合会は二〇一四年五月に、こうした認定率の違いに注目し「自治体の事務とはいえ、認定されるべき死が、ある地域によっては認定されないということは、公平の観点からもあってはならないこと」であり、「極めて限定的ないわゆる長岡基準の影響」を指摘した。

同基準の影響を払拭するため、国に対して「震災関連死及び災害弔慰金の制度について改めて周知を図るとともに、これまでに集積された事例の公表や認定基準の策定を検討すべき」とする宣言を発表している。

関連死の実態解明を

関連死の多くは、救うことができた命である。

東日本大震災における「関連死」の実態を今からでも明らかにすることが、今後、想定されている南海トラフや首都圏直下型大地震などの災害において、関連死で亡くなる人を一人でも減らすための教訓になると考える。

（福島かずえ）

※東日本大震災の場合には、当事者の長男の配偶者、いわゆる「嫁」が申請者に該当せず、申請できないという苦情が多くだされた。震災前まで面倒を見てきて、その後も「墓や家を守る」立場なのに弔慰金が他の親族に行き、トラブルになったケースが少なくない。申請者の範囲や優先順位の見直しを求める声も多い。

震災被災者の孤独死／自死

宮城県での「孤独死」は二二四人

大震災から五年目を迎えようとする二〇一六年二月、宮城県はようやく「孤独死」の定義を変えた。それまでは「ひとり暮らしや高齢者のみ世帯の高齢者が地域から孤立し、意思や状況が周囲に理解されないまま、結果として死に至った状況で発見されること」を仮設住宅における「孤立死」と呼び、そういう人はいないと報告していた。

県警本部が行った県内の仮設住宅での検視数は一七五体で、そのうちひとり暮らしは八〇人という事実があったにも関わらず強弁していた。

「孤独死」のリスクは「高齢者」に限定されているわけではない。兵庫県の復興住宅での「孤独死」は、失業、無就業や未婚、アルコール依存といった孤立のリスクを抱えた五十代以下の若年層が中心を占めている。宮城県でも仮設住宅で亡くなったひとり暮らし、八〇人のうち五十代以下は二三人もいた。

災害孤独死に対する宮城県の消極的な姿勢を県議会やマスコミが取り上げるなかで、県は「警察本部から情報提供を受けた仮設住宅や災害公営住宅における一人暮らしの死体取扱数」を震災孤独死として公表することに改めた。

表1 宮城県における震災孤独死

時期	仮設住宅	公営住宅
2011年	8人	—
2012年	16人	—
2013年	23人	—
2014年	15人	3人
2015年	22人	11人
2016年	11人	15人
2017年	11人	41人
2018年1月～10月	3人	35人
計	109人	105人

出所：宮城県保健福祉部社会福祉課

二〇一七年末で、仮設住宅は一〇六人、災害公営住宅では七〇人と報告され、その後一〇ヶ月間で仮設では三人、災害公営で三五人増えた。阪神・淡路大震災を超える割合でおきている孤独死を防ぐ施策が急がれる。

可視化が求められるみなし仮設住宅の暮らしかた

また、県が調査・公表しているのは、プレハブ仮設住宅だけで、民間や公営の借上賃貸住宅（みなし仮設住宅）は調査・公表対象になっていない。

ピーク時（二〇一二年四月）、プレハブ仮設住宅二〇、六一〇戸に対して民間借上賃貸住宅は二五、一三七戸、公営借上住宅は一一一四戸あった。すなわち仮設住宅の半分しか調査をしておらず、埋もれたままの震災孤独死はまだまだ闇の中である。

民間借上賃貸住宅は、一世帯

一世帯がバラバラにまちなかに散らばり、誰が被災者で、どこが被災世帯なのかわからない。行政の情報や支援も届きにくく、民間の支援はほとんど受けることができず、大きな問題となった。ここでの被災者の暮らし方を可視化することは大きな意味がある。

県警本部にある遺体検視情報と県震災援護室が持っているみなし仮設住宅の情報をつき合わせれば、実態把握が今からでも十分可能である。

しかし、県警本部の持っている個人情報は「外部には出せない」、震災援護室が管理する二六、〇〇〇戸余りの借上住宅情報を県警本部に持ち込まれても、「データを突き合わせる人手がない、予算がない」との理由で未調査、未公表である。

東日本大震災で本格的に制度化されたみなし仮設住宅制度を検証し、改善していくためにも、この実態把握は欠かせない。

急増する被災者の自死・自殺相談

宮城県では、二〇一七年までに五三人の被災者が自死している（表3参照）。「東日本大震災に関連する自死」とは、表2にまとめた五要件とされている。

宮城県内の市町村および保健所における自死に関する相談件数が、震災以前は内陸部が沿岸部を上回っていたが、震災以降は逆転し、二〇一六年度は、内陸部の約三倍の相談が寄せられている（図参照）。また、仮設住宅からの転居に比例するように相談件数が急増している。

宮城県は震災に関連して自死した被災者五三人が、震災関連死の認定を受けているのか否か、また自死した理由は何だったのか、などの基本的な情報を持ち合わせていない。

二〇〇七年六月に策定された自殺総合対策大綱の下、国は総合的な自死対策に取り組み、自死・自殺者の原因や動機を調査分析し公表している。しかし、被災者の自死の原因・動機は公表されていない。

世界保健機構（WHO）は「自殺は、その多くが防ぐことができる社会的な問題」だと明言している。自死は社会の努力で避けることができる死である。その認識にたち、日本政府も自治体も被災者支援に取り組むべきである。

（福島かずえ）

表2 東日本大震災に関連する自死の定義
（二〇一二年六月一五日付け内閣府自殺対策推進室、内閣府経済社会総合研究所自殺分析班、警察庁、厚生労働省通知）

以下の五つの要件のいずれかに該当するもの
① 遺体の発見地が、避難所、仮設住宅又は遺体安置所であるもの。
② 自殺者が避難所又は仮設住宅に居住していた者であることが遺族等の供述その他により判明したもの。
③ 自殺者が被災地（東京電力福島第一原子力発電所事故の避難区域、計画的避難区域又は緊急時避難準備区域を含む。）から避難してきた者であることが遺族等の供述その他により判明したもの。
④ 自殺者の住居（居住地域）、職場等が地震又は津波により甚大な被害を受けたことが遺族等の供述その他 により判明したもの。
⑤ その他、自殺の「原因・動機」が、東日本大震災の直接の影響によることが遺族等の供述その他により判明したもの。

自死に関する相談件数（市町村／保健所）

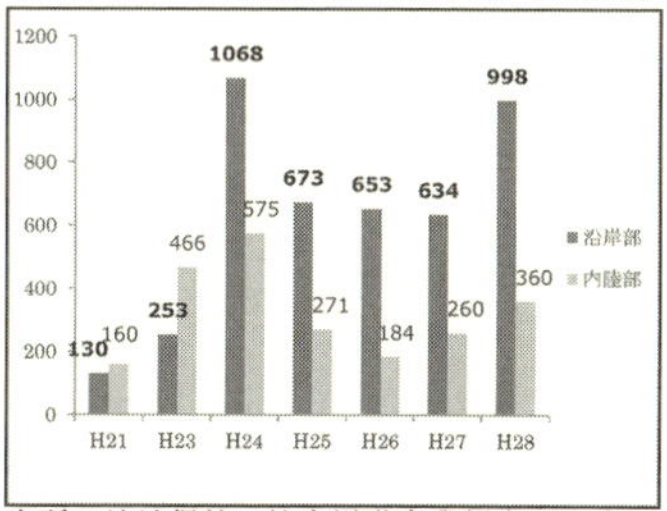

	H21	H23	H24	H25	H26	H27	H28
沿岸部	130	253	1068	673	653	634	998
内陸部	160	466	575	271	184	260	360

出所：地域保健・健康増進事業報告から宮城県作成

表3 東日本大震災に関連する自殺者数の推移

	全国	宮城	岩手	福島	その他
H23(2011)*	55	22	17	10	6
H24(2012)	24	3	8	13	0
H25(2013)	38	10	4	23	1
H26(2014)	22	4	3	15	0
H27(2015)	23	1	3	19	0
H28(2016)	22	8	6	7	1
H29(2017)	26	5	7	12	2
合計	210	53	48	99	10

出所：厚生労働省「地域における自殺の基礎資料」
＊ H23（2011）は6月から12月までの集計

防潮堤をめぐる問題構図

7－1－1

巨大防潮堤建設計画

巨大防潮堤建設計画は、東日本大震災の被災地（特に岩手県、宮城県、福島県）において、主に震災復旧事業における防災対策の一環として、総延長４００km、総工費一・四兆円（二〇一七年二月当時の見込）にものぼる巨大事業である。

中央防災会議専門委員会では、人命や住民財産の保護、地域の経済活動の安定化等の観点から、比較的頻度の高い津波に対して、海岸保全施設等の整備を進めていくものとした。そして、数十年から百数年に一定程度で発生してきた津波（Ｌ１津波）の集合を対象津波群として選定し、そのなかで最も高い津波高から防潮堤の高さを導出するとした。岩手県沿岸を例にとると表のとおりである。

なお、今回発生したような千年に一度といわれる最大クラスの津波（Ｌ２津波）に対しては、多重防御といったハードと避難等のソフトの組合せによる総合対策で対応するとされている。（Ｌ１・Ｌ２津波は、コラム22頁参照）

防潮堤によって今後、津波被害から確実に守られるといった意見がある一方、海が見えなくなることによる景観の変化や防災意識の希薄化、今後の防潮堤補修費用の自治体負担等の懸念も指摘されている。

防潮堤の人質にとられてしまったまちづくり

まちの再生を考えるとき、住民の立場に立つと、まちづくりの将来像やビジョンを考えたうえで、道路をどうするか、産業をどこに集積させるか、そのために防潮堤をどこに設置し、高さをどうするか、という思考過程をたどるはずである。

特に、今回の被災地域は、地域のもつ景観が、地元の人々の暮らしと密接に関係し、まさにアイデンティティの拠り所となっているため、景観を一変させる可能性のある防潮堤の建設は、まちの再生のあり方と密接不可分の関係にある。

しかし、今般の防潮堤建設をめぐって、行政からは防潮堤整備計画を認めないと災害危険区域も確定できず、そのため土地区画整理事業や高台集団移転といった他の災害復興事業に進めない、といった説明がされた。しかも、国庫補助金の支出年限があることから、計画の遂行も急がなければならないとされたのである。

難しい住民合意

上記のように、防潮堤のあり

方というのはどのようなまちづくりを行うか、という文脈のなかで検討されるべき課題である。また、少なくとも複数の選択肢から、住民が判断していく姿が望ましい。

しかし、今回進められた合意形成のプロセスは、すでに防潮堤計画に予算が付いた段階で住民説明会が実施され、計画に賛成か反対かといった二者択一の判断を住民に強いるもので、計画を具体化する前の段階での住民参画は行われなかった。

そして、住民説明会の場で、質問や反対意見がでなければ「住民合意」と扱われてきた。しかも、このような合意形成の在り方が、被災地に住む住民に賛成派と反対派という深刻な対立を生じさせている例もある。

岩手県沿岸の海岸堤防高の設定（2011 年 10 月 20 日公開）　単位 m（T. P.）

地域海岸名	今次津波痕跡高	設計津波		地域海岸内堤防高	被災前計画堤防高
		対象津波	設計津波の水位		
洋野・久慈北海岸	12.0	昭和三陸地震	5.4	12.0	12.0
久慈湾	13.7	昭和三陸地震（東日本大震災）	5.4	8.0	7.3～8.0
久慈南海岸	14.5	昭和三陸地震	10.9	12.0	12.0
野田湾	21.4	昭和三陸地震	13.0	14.0	12.0
普代海岸	18.4	昭和三陸地震	13.3	15.5	15.5
田野畑海岸	23.0	昭和三陸地震	12.8	14.3	14.3
岩泉海岸	20.2	昭和三陸地震	13.7	14.7	13.3～14.3
田老海岸	16.3	昭和三陸地震	13.7	14.7	10.0～13.7
宮古湾	11.6	明治三陸地震	9.4	10.4	8.0～8.5
重茂海岸	21.8	明治三陸津波	13.1	14.1	10.0
山田湾	10.9	明治三陸地震	8.7	9.7	6.6
船越湾	19.0	明治三陸津波	11.8	12.8	8.35～8.5
大槌湾	15.1	明治三陸地震	13.5	14.5	6.4
両石湾	22.6	昭和三陸地震	9.7	12.0	6.4～12.0
釜石湾	10.1	明治三陸地震	4.8	6.1	4.0～6.1
唐丹湾	21.0	昭和三陸地震	13.5	14.5	11.8
吉浜湾	17.2	想定宮城県沖	6.8	14.3	14.3
越喜来湾	16.9	昭和三陸地震	10.5	11.5	7.9
綾里湾	23.8	想定宮城県沖	6.3	7.9	7.9
大船渡湾外洋	17.4	昭和三陸地震	13.1	14.1	7.9～9.0
大船渡湾	10.4	明治三陸地震	6.2	7.2	3.0～3.5
大野湾	16.6	昭和三陸地震	11.8	12.8	4.8～85
広田湾外洋	15.2	明治三陸地震	11.8	12.8	6.3
広田湾	18.3	想定宮城県沖	11.5	12.5	4.95～6.5

出所：岩手県のホームページ掲載の表から必要項目を抜粋して作成。

主体的な住民の動きと合意への努力

一方で、住民が主体的に防潮堤を検討する動きもみられた。宮城県気仙沼市の住民が中心となって進めた「防潮堤を勉強する会」はその一例である。

同会は、専門家や行政担当者等をゲストに学習会を開き、その議論の様子をwebで公開するなど、オープンな形で実施された。

同市の大谷海岸における防潮堤計画が、当初予定から国道との兼用堤として内陸へセットバックする計画へ変更されたのは、上記のような主体的な住民の取り組みによるところが大きい。

環境への影響が未知数

三陸沖は、優良な漁場であり、三陸沿岸も豊富な藻場を有し、有数の渡り鳥の飛来地であるなど、生物多様性が豊かな地域である。今、三陸沿岸を眺めると高いコンクリートに覆われている箇所が多数見受けられ、陸域との分断が懸念される。

現行法では、防潮堤建設は、環境アセスメントの対象とはなっていないため、防潮堤の建設による自然環境への影響は未知数である。宮城県では環境アドバイザーという独自制度のもとでセットバックされた例が報告されてはいるが、実効的な運用がなされるか今後、注視する必要がある。防潮堤建設の動きが全国に広がっていくことも予想されるなか、防潮堤建設に対する環境影響評価を法的に位置付けることが求められている。

（鶴見聡志）

1 防潮堤

砂浜と共存する防潮堤
——気仙沼市・大谷海岸

7—1—2

防潮堤計画と大谷地区

戦後最大となる甚大な被害を及ぼした東日本大震災。震災後、東北の被災地では巨大防潮堤の建設が進んでいる。最大高さTP（東京湾平均海面）14・7m、高いコンクリート構造物が東北の浜辺を覆いつつある。二〇一二年夏、浜ごとに住民説明会が開始されると、環境や景観、防災などをめぐり、行政と住民、または住民同士の間で激しい対立が起こり、やがて防潮堤の問題は社会問題化した。

しかし、気仙沼市大谷地区では、住民同士の間に対立構造をつくらないことに重きを置き、共通する想いや信頼関係を積み上げることによって住民合意を構築し、地域が一つとなって行政に働きかけ、やがて行政との協働を生み、大きく計画を変更することに成功した。

大谷地区の人口は三、七〇〇人、一三の振興会（自治組織・現在一四）がある。大谷海岸という1㎞に及ぶ砂浜を有し、多くの海水浴客が訪れる地域のアイデンティティたる場所であった。しかし、震災により砂浜の大部分は消失。わずかに残された砂浜も防潮堤の建設により消えてしまう計画にあった。大谷海岸の防潮堤の高さはTP9・8m。大谷地区で行われた活動は主に振興会が行った活動と若い世代が行った活動に分かれる。

合意形成を越えて

二〇一二年、大谷地区振興会連絡協議会による「計画の進行の一時停止」「住民意見の反映」を求める住民参加の署名活動。大谷地区を中心に一、三二四名が署名し、気仙沼市長へ提出された。そして同時期に行われた本吉町震災復興計画の作成。こちらも振興会がとりまとめ、大谷海岸は砂浜を残し、防潮堤をセットバックして海岸のすぐ背後にある国道を嵩上げする案が盛り込まれた。

大谷海岸の防潮堤に関する活動はこの二つの取り組みにより、対立構造を免れ、防潮堤の是非から大谷のアイデンティである大谷海岸の砂浜を守る運動へと変化した。最終的には海岸のすぐそばを走る国道を嵩上げし、防潮堤と兼用化を求めることとなる。しかし当時、被災地では特殊な事業の入っていない地域での国道の嵩上げは前例がなく、行政との交渉は平行線をたどっていた。

一方、二〇一二年一〇月、署名活動と震災復興計画の作成に携わった大谷地区の若者が中心となり、任意のまちづくり団体を結成。震災復興計画をもとに勉強会を開始。その結果をもとに各振興会へ提言活動を行ったり、お祭りなどへの参画を通し、地域との信頼関係を構築していった。やがて「大谷里海(まち)づくり検討委員会」を結成。振興会から承認を得て大谷海岸の防潮堤計画含む具体案の作成を担うこととなった。振興会とのすり合わせをしながら一年かけ、地域案となるイラストを作成。要望書とともに気仙沼市長へ提出。震災後に動き出し、地域との信頼関係を構築した若い世代と震災前から地域の信頼を持っていた世代が合わさることで、地域の意思決定の一部を担う形となった。また、大谷地区の花火祭りなどを通し結束を深め、地域が最後まで一つとなることで、行政側についに変化が現れる。

二〇一五年一二月、各行政機関が集まり、住民要望を満たすべく関係者会議が開催される。地域側も個別に各行政機関との意見交換を重ね、二〇一六年七月の住民説明会の場の合意をもって、国道および背後地のかさあげ、防潮堤と国道の兼用化、震災前の広さの砂浜の復旧が決定した。住民が活動を始めて四年、地域が自分たちの故郷を守りきった瞬間であった。

防潮堤問題の行方

大谷地区は大きな計画変更に成功した。しかし、多くの浜辺では十分な議論がなされないまま計画が進んでしまった。地域に感情的な対立を残してしまった地区も少なくはない。

今、全国の海岸では、護岸や防潮堤の更新時期に差し掛かっている。そして、次の津波対策も始まりつつある。防潮堤問題は明らかに全国に広がる。その時、大谷海岸の事例が、後の問題解決の一助となれればと、私は切に願う。

（三浦 友幸）

大谷海岸の経過

2012年
6月中旬 危険区域の説明会
7月中旬 署名活動開始
7月中旬 防潮堤の説明会
7月末 復興計画作成開始
8月中旬 署名回収
9月末 復興計画本吉支所へ提出
10月末 大谷まちづくり勉強会結成
11月初旬 復興計画・署名を気仙沼市長へ提出
11月～12月 第1回・2回まちづくり勉強会開催

2013年
1月～2月 第3回・4回まちづくり勉強会勉強会開催
6月初旬 大谷まちづくり勉強会から各振興会へ提言
6月中旬 行政側から振興会へ代替え案の提示（署名と復興計画に対する返答）
→ 振興会はこれを合意せず

2014年
9月 大谷里海づくり検討委員会 結成
12月 振興会と検討委員会のみを対象とした行政説明会

2015年
4月後半 イラストを使ったアンケート実施
8月末 イラストと要望書を気仙沼市長へ提出
10月中旬 要望書に対する気仙沼市から回答
→ 各行政機関との意見交換開始
12月 各行政機関の関係者会議開始

2016年
6月 各行政機関と検討委員会の意見交換
→ 国道かさ上げの可能性が示される
7月 住民説明会開催
→ 防潮堤の高さ、背後地のかさ上げ、国道のかさ上げ、砂浜の広さに合意
9月 第1回景観検討会議

2017年
2月 第2回景観検討会議
7月 住民説明会開催
→ 防潮堤の形状（勾配・法面形状・スロープ・会談の位置等）の合意形成が行われる。

2018年
1月 大谷海岸着工式

1 防潮堤

地域主体による防潮堤計画の合意形成プロセス

——気仙沼市内湾地区を事例として

7－1－3

東日本大震災の津波により、多くの建物が流失した市街地では、地域住民が復興の目標像を十分に検討する間もなく、行政による防潮堤の計画が示された。そのため、一部の地区では、巨大な防潮堤の整備により、海とのつながりを大切にした暮らしを継続できなくなり、多くの地域住民が地区外に移転し、地域コミュニティの離散が進行した。

図1 模型を使ってWS

ここでは、地域住民の反対を経て、まちづくり協議会において地域住民と行政との合意が図られ、海とまちを分断しない防潮堤計画に変更された宮城県気仙沼市内湾地区（以下、内湾地区）のプロセスを紹介する。

提示された防潮堤の計画

宮城県から、津波シミュレーションの結果をもとに、L1津波（数十年から百数十年に一度程度の到達が想定される津波）を防ぐ防潮堤の計画が示された。内湾地区の防潮堤の高さはTP（東京湾平均海面）6・2mであり、計画嵩上げ地盤面（TP1・8m）から4・4mの高さとなるため、防潮堤によって、まちから海への眺望は遮られてしまう。多くの住民は、美しい港町の景観が失われてしまうことを恐れ、防潮堤の計画に反対した。

特殊計画堤防高さの採用

協議会のメンバーは県庁に足を運び、津波シミュレーションについて勉強した。そして専門家の協力を得て実施したワークショップや景観シミュレーション（図1）をもとに防潮堤計画の変更案を宮城県に提案した。

例えば、①観光施設から海への眺望を確保するために、防潮堤の位置を建物の後ろ側にセットバックさせること、②湾口防波堤や内湾の地形を考慮した特殊計画堤防高さの採用などである。宮城県は、これらの要望を受け入れ、防潮堤の高さをTP5・1mに変更した。

災害危険区域を最小規模にする可動式防潮堤

次に、災害危険区域について協議がなされた。気仙沼市はL2津波来襲時に、防潮堤を越えて海水が流入し、浸水が想定されるエリアを、建物再建を制限する災害危険区域に指定する予定であった。防潮堤を低くすると浸水エリアが拡大するので、見た目を低くしつつ災害危険区域の範囲を最小規模におさえることが課題となった。そこで協議会は、魚町側の防潮堤の天端から余裕高さ1m分は、津波来襲時に鉄板が水圧と浮力で起き上がるフラップゲートによる可動式防潮堤で防ぐ方法を要望した。可動式防潮堤は、他地区の防潮堤と比べて費用がかかるが、内湾地区は気仙沼市の中心市街地であり、経済的な被害を想定した場合に、その費用をかけることの妥当性があると判断され、宮城県もこの案を認めた。

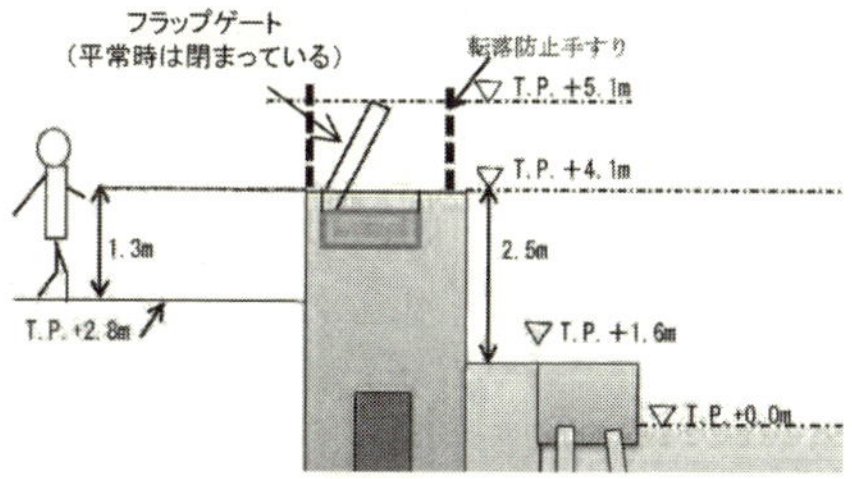

海への眺望の確保

ただし、可動式防潮堤を採用した場合でも、元々の計画地盤高さＴＰ１・８ｍのままではＴＰ４・１ｍの堤防の見た目の高さは２・３ｍとなり、人の目線の高さでは海は見えない。そこで協議会は、防潮堤の背後の地盤の高さをＴＰ２・８ｍまで嵩上げし、地面からの高さを１・３ｍにすることを気仙沼市に提案した。以上の内容が盛込まれた提言書を協議会が宮城県と気仙沼市に提出し、これが受け入れられたことで、二〇一四年の三月に魚町側の防潮堤の計画が確定し、その後、地盤隆起分を考慮の上、詳細設計が進められた（図２）（注）。

図２　協議会と県・市で合意された魚町側防潮堤計画
出所：県・市宛協議会提言 ver2,2014 年３月

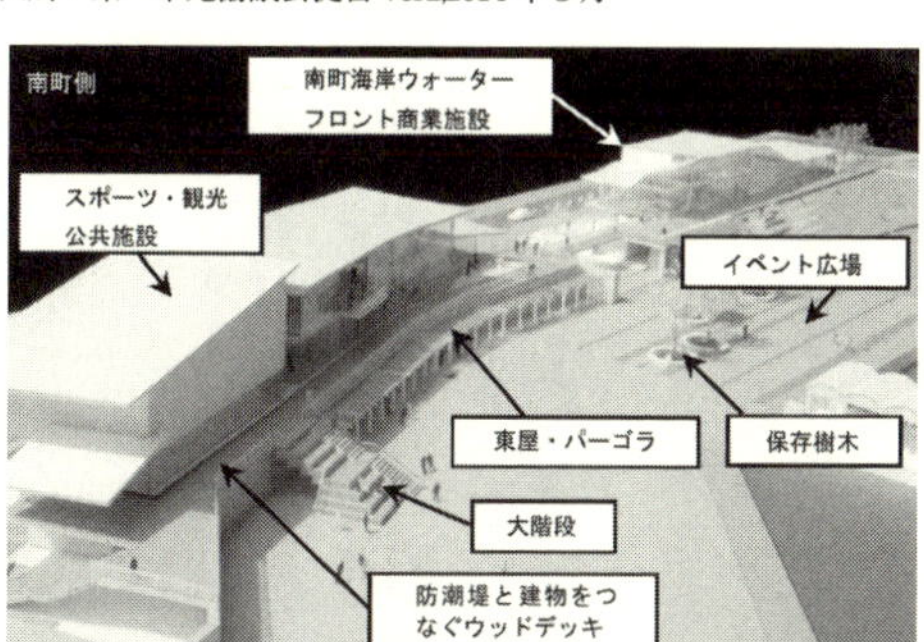

図３　南町側の海とまちが連続したデザインの提案模型

海とまちの連続性の確保

一方、南町側は、フラップゲートを要望せず、防潮堤の海側の岸壁とまち側の連続性を確保するために、①南町の防潮堤の海側に、景観に配慮した斜面緑地や階段を避難施設として整備すること、②海側とまち側を行き来できる動線を確保するための陸閘（りっこう）（防潮扉）の設置、③防潮堤に隣接する公有地を観光・商業施設の用地として活用できるようにすることを宮城県と気仙沼市に要望した（図３）。

地域主体の合意形成プロセス

以上のような地域住民が主体となったプロセスにより、防潮堤の計画の合意形成が図られた。大震災と津波被害に備えて、全国各地で津波対策が検討される中で、防潮堤の計画が、地域住民の大切にしてきた景観・生業・コミュニティの阻害要因とならないように、①地域の文脈に基づいた計画、②丁寧な合意形成プロセスとその専門家によるマネジメント、③防潮堤以外の津波対策の多様なオルタナティブを用意することの三点が重要である。

（阿部俊彦）

（注）二〇一八年四月に、宮城県による魚町側の防潮堤の工事において、地盤隆起分を考慮し忘れていたことが発覚し、協議会にて、その対応について議論されている。

東日本大震災復旧・復興支援みやぎ県民センターの活動と求められるもの

7－2－1

東日本大震災発災から二ヶ月後の二〇一一年五月二九日に、東日本大震災復旧・復興支援みやぎ県民センター（略称県民センター）が発足した。それは、避難所にまだ九万人（岩手・宮城・福島の被災三県合計）以上の被災者が避難し、不自由な暮らしを強いられていた時期であった。

宮城県は発災からわずか一ヶ月後、「宮城県震災復興基本方針（素案）」を発表し、たて続けに「農地の大規模化と企業の参入」「漁港の集約化」「水産復興特区を導入し、企業を参入させる」などの方針を打ち出し、宮城県の中心的産業である漁業関係者等から猛反発を招いていた。それらの方針が「単なる復興ではなく、創造的復興を」というスローガンのもと、宮城県の社会経済機構全体の構造改革を、震災をきっかけに進めるという姿を鮮明にさせていた時期であった。

そのような時期に、県内の学者・弁護士・医師・市民団体が中心となり県民センターが発足したのだった。その活動目的は「復旧・復興は上からの恩恵ではありません。日本国憲法一三条、二五条にもとづく住民の権利です。私たちは、〝上からの復興構想〟ではなく、被災者・被災地が主体の復旧・復興を目指します。各被災地から起こっている住民による復旧・復興のうごきをサポート」（注1）するというもので、それに基づき七年間活動を積み重ねてきた。

二つの活動分野

今までの県民センターの活動を大きく分類すると、①被災者が直面する問題解決分野、②政策提言分野に分けられよう。また、その二つを有機的に結びつけながら取り組まれた。

(1) 被災者が直面する問題解決分野

被災者の抱える問題解決を直接行う活動である。たとえば仮設住宅入居者や災害公営住宅入居者が抱える諸問題の解決にあたるもので、これまで医療・介護の医療費等負担の免除措置打ち切り問題、災害公営住宅建設戸数の増設をめぐる問題や家賃問題、復興諸課題に対する対市交渉（石巻・住まい連＝214p参照）などが取り組まれた。

また、当面している問題として、災害援護資金貸付の返済をめぐる問題や災害公営住宅の収入超過者問題等があり、それらの課題へも取り組みが進められている。県民センターは参加諸団体と連携しながら、これらの取り組みの事務局的機能を果たしてきた。

(2) 政策提言分野

前述の被災者の生活に密着し

た分野の外縁に位置づく課題への取り組みも進められた。復興特区法に基づき設定された「水産復興特区」導入問題や「原発事故による指定廃棄物処分場建設」問題、「広域防災拠点整備」問題等に対する公開質問や見解・提言等の発表、シンポジウムの開催などが行われた。

さらに全国的取り組みとして、「被災者生活再建支援法」の拡充を求める県内諸団体と連携した取り組みなど広範な分野に及んだ。また、一五年三月に開催された「第三回国連防災世界会議」のパブリックフォーラムにおいて、「みつけよう！ つなげよう！ 地域から 私たちの復興と防災」というタイトルで参加し、復旧・復興の問題点を整理し、問題提起した。

県民センターの運営

センターは任意団体であるが、その運営の基本的考え方は以下ようなのものである。

（1）『センター』は、参加を希望する、すべての団体や地域の代表と個人で構成し、参加者の合意に基づき運営します。『被災者・被災地が主役の復旧・復興』という一致点で各地域の運動、諸団体と連携・共同します。

（2）参加する団体や地域代表と個人で構成する『世話人会』を置き、「最高意思決定機関」とします。

（3）世話人会の互選により、数名の『代表世話人』を置き、対外的に『センターを代表する』ものとします。

（4）世話人会を中心に『東北地方と宮城をどのように復旧・復興するのか』を研究し、実現への運動化を図ると共に、問題別や地域別の様々なテーマを担当するグループを構成し、関係する方々の広範な協力を得て、テーマごとの研究・提言・運動を企画し推進するものとします。

（5）これら全体の企画・運営に当たる事務局を置き、実務の推進に当たると共に、ニュースの発行などの広報活動等を推進します。

（6）運営に必要な一切の経費は、参加団体・個人の分担と寄付により賄うものとします。

（7）その他必要なことは、『世話人会』での協議・確認に基づき実施するものとします。

二〇一八年六月現在、代表世話人九人、世話人四一人、事務局一二人の体制である。特に県民センター事務所長（一人）は専従であり、実務体制が確保されている。毎月二回程度の事務局会議、二か月に一度の世話人会が継続されている。

これから県民センターに求められるもの

七年間のセンターの取り組みは、様々な限界や弱点を持ちつつも、「被災者・被災地が主体の復旧・復興」を求め、願う人々の活動の受け皿として一定の役割を果たしてきたといえよう。

しかし、被災地では、様々な課題が今も発生、拡大し続け、さらに深く潜行しながら問題は深刻の度を深めている。被災者支援活動で特徴的なことは、「一つの問題を辿っていけば、様々な深い根」が浮き彫りになることである。たとえば災害公営住宅をめぐる問題の根には「貧困」「高齢化と一人暮らし」「住宅政策」「家族」などの諸問題が横たわっている。いずれもすぐには解決できない問題ばかりである。

今後、そうした難易度が高まる諸課題を、「被災地の様々な問題を一つひとつ解決していくことを通じ、（被災者）一人ひとりが尊重される社会づくりに繋げていく」という視点から努力することが一層求められることになるであろう。

（小川静治）

（注1）東日本大震災復旧・復興支援みやぎ県民センター設立のつどいアピール

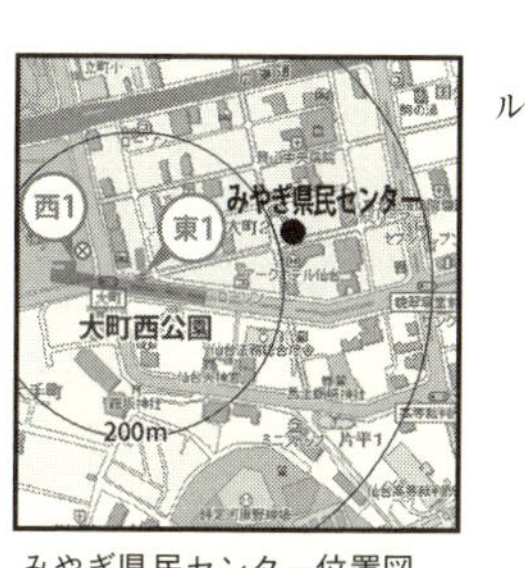

みやぎ県民センター位置図
地下鉄東西線・大町西公園駅・東１番出口徒歩５分

被災者の声を復興の力に
——被災者がつくった「石巻・住まい連」の手さぐりの活動

なぜ、こんなに多くの犠牲者を

津波災害の常襲地帯である三陸沿岸部であるが、東日本大震災の被害規模は信じられないことであった。石巻市だけで死者・行方不明者三、六〇一人、住宅の76・6％が被災した。

今にして思えば、備えていれば避けられた多大な犠牲を払ってしまったと思う。あれほどの揺れがあったにもかかわらず津波が来ることすら予想せず、自宅にとどまったり、海岸部の避難所に向かって避難したり、車で移動中に渋滞で身動きできない中で津波に巻き込まれて命を落とした人などなど。

海から離れた山沿いの我が家にも津波が押し寄せてくるのを二階で眺めていた時には、すでに命を落としていた友人・知人がいたとは想像もつかなかった。「紙一重で助かった」という言葉が被災者の間でどれだけ交わされたことか。

未曽有の天災に建物や設備の破壊は避けられないにしても「命あっての物種」こそが本当に活かすべき教訓かもしれない。

「近く高い確率で予想される宮城県沖地震」対策に真剣に取り組まなかった行政や住民自身の備えの不足が悔やまれる。大川小学校訴訟での二審判決の指摘はこの点では当を得ている。

原発の再稼働の動きはこの痛切な教訓を生かしていない。被災者の一人として痛切に思うのはこのことである。

被災者の組織、「住まい連」の結成

不安のどん底にいた私たちを何よりも励ましたのは三日目あたりから目にした他県ナンバーの救急車であった。全国的支援が大きく広がる中で、とりあえずの避難所から仮設住宅へ、人間らしい居住環境の整備も遅れ、仮設に移ってから被災者自身も復興と生活再建の模索が始まった。そのなかで「復興の道筋の情報が届かない」「役所も議員も顔を出さない」「住まいの復興に不安」「元住んでいたところに帰ることができるか」など大きな不安となってきた。

被災者自身も市役所へ足を運んで情報を得ようと努力した人も多かったが、納得のいく見通しがつかめなかった。個人の努力だけではだめだ、被災者自身の組織を作ろうという動きが始まり、仮設住宅での懇談会を重ねる中で被災の翌年一〇月に仮設でのグループを束ねて「住まいと復興を考える会連絡協議会」（石巻・住まい連）が結成された。

「被災者の声を復興の力に」

私たち被災者には、阪神・淡路大震災の教訓や行政の過去の復興政策の蓄積にも無知で暗中模索であったが、被災者の要求にこそ復興の方向があるはずだと、仮設住宅や地域での懇談会で出された要求を統一要求として毎年出すとともに、個別の要求も市長に陳情行動を繰り返した。

市も「住まい連との話し合いは被災者の気持ちがよくわかる」と前向きに対応してくれた。「白地地区」と呼ばれる復興事業のない地区住民が、置き去りにされた問題でも住民の意見交換会を行政の責任で開催させた。

復興住宅の十分な整備を訴える「住まい連ニュース」（2016.1.20）

復興住宅整備の段階で国の制度を盾に復興住宅をできるだけ作らない方針が出されたときには「住まい難民を作るな」と情報公開制度も使って粘り強く交渉し、行政の方針を転換させることができたが、県営住宅を作らないとする宮城県の方針は撤回させることができなかった。

一方、私たちの運動が仮設住宅中心になり、「在宅被災者」と呼ばれる、被災した自宅に修繕もままならないまま、住まいの再建制度から取り残された被災者が相当数いたが、この声を生かすことができなかった。これは支援団体や弁護士会などの努力で一定の改善ができ、百万円までの修繕費を最大七六万円まで助成する制度が実現したが、時期が遅すぎたことが悔やまれる。

復興はまだ見えない

復興期間は一〇年と定められ「ハードからソフトへ」の段階という行政の姿勢もみられるが、しかし、これは被災者の実感ではない。

震災で受けた打撃は大きく、八年経っても病院や商店などが消えたままの地域もある。人口減少はじめ地方の暮らしの先行きの不安は強まる一方である。

地域の基幹産業である水産業や農業の復興、大量の高層復興住宅、地域格差、家賃問題、高齢化対策などなど、復興事業が一段落したとしても被災者の要求は見えにくくなる一方で深刻化している。国の政策による「地方の衰退」は、これに追い打ちをかけている。

「被災者の声を復興の力に」という私たちのスローガンは、これからますます大事になっているように思う。（佐立　昭）

「石巻住まいと復興を考える会」は石巻市長に石巻の住まいの復興に関する陳情を行った。TVや新聞でも報道された。
写真：右側陳情団、左側副市長と市当局（2012.8.10）

市の進め方に不満が噴出した雄勝住民の会合（2013.3.23）

震災遺構の保全と活用

震災遺構―保存か解体か

　被災した市町村を二分する論争的な問題の一つに、被災した建物を震災遺構として保存するのか解体か、という問題がある。被災を風化させないために惨禍を語り継ぎ、自然災害への危機意識や防災意識を醸成する意義があると、国は二〇一三年一一月、一市町村一ヶ所を原則として震災遺構として保存支援のための復興交付金支給を決めた（維持管理費は地元負担）。

保存が決定された震災遺構
（2018年9月現在）

- 宮城県山元町・中浜小学校
- 仙台市・荒浜小学校※
- 東松島市・野蒜駅※
- 女川町・女川交番
- 石巻市・門脇小学校、大川小学校
- 気仙沼市・気仙沼向洋高校
- 陸前高田市・「奇跡の一本松」※
- 宮古市・たろう観光ホテル、田老防潮堤

※ 整備・公開済み

南三陸町防災対策庁舎

　保存か解体か論争的だったのが、南三陸町の防災対策庁舎である。一九六〇年のチリ地震津波の折の浸水深2・4mを基準に、一九九五年建築の三階建て、高さ12mの建物だが、ここに15・5mの津波が押し寄せた。町の防災マニュアルに従い、二階建ての隣の本庁舎から町長や職員はこの建物に避難した。ここから防災無線で約三〇分間「高台避難」の呼びかけを続けたが、避難した五三名中四三名が犠牲になり、助かったのは佐藤仁町長ら一〇名のみだった。

　佐藤町長は二〇一三年九月、「復興事業への支障と財政負担が問題」として解体する方針を公式に表明、同年一一月二日には解体を前提に、庁舎前で慰霊祭が行われた。しかし、村井嘉浩宮城県知事が震災遺構をめぐる有識者会議の設置を被災一五市町長に提案し、この有識者会議の提案をもとに、震災発生から丸二〇年となる二〇三一年三月一〇日まで、同庁舎は県有化して保存され、その間の保存費用も県が負担することになった。住民の意見が二分されている現状を考慮、二〇年間の猶予期間を設けて、その間、保存の是非を再検討しようという趣旨だ。世界遺産の広島の原爆ドームの保存が決まるまで、二〇年かかったことを踏まえたものである。

聖地としての防災対策庁舎

　発災直後から同庁舎は、町外から多くの人々が訪れる人気スポットとなった。陸前高田の「奇跡の一本松」とともに、3・11の津波被災の二大シンボル的存在となったのである。

　自己犠牲的な防災無線での避難の呼びかけ、町長らの奇跡的

な生還、町職員ら四三名の犠牲という三つのストーリーが同庁舎を「聖地化」し、高い知名度と集客力を持つことになった。

保存論のホンネには庁舎の集客力が見え隠れするという批判がある。解体して代わりがあるのか。記念碑などではリアリティーがない。赤茶けた鉄骨剥き出しの庁舎だからこそ、人が呼べるのだという意見がある。

遺族感情・住民感情

他方、遺族の中の解体を希望する人々の心情としては、①肉親が犠牲となった場を見続けるのは苦痛だ。②震災遺構として価値が高いというが、本来、防災対策庁舎は高台に設置すべきだったのではないか。③実質的に「見せもの」「観光資源化」していないか。肉親の死の現場が見せものになり続けるのは遺族として耐えがたい、十数分程度の一過的で表面的な観察と同情で震災をわかった気になってほしくない、という心情がある。④南三陸町では八七六人が亡くなっている。それぞれの死は平等に扱われるべきだという住民感情がある。防災対策庁舎以外で亡くなった方の遺族からは、同庁舎での死だけが、英雄的に特別扱いされているのではないか、という反発もある。

もう一つの震災遺構——高野会館

南三陸町には、もう一つの震災遺構、民間施設で冠婚葬祭の式場だった高野会館がある（保存か解体か未定）。発災時、老人クラブの芸能発表会が開かれていた。高齢者や従業員約三三〇人がいたが、社会福祉協議会や職員の的確な判断で、平均八〇歳の高齢者を最上階の四階に誘導し、一人も建物の外に出さず、一人の犠牲者も出さなかった。計四回、津波に襲われ、四方を水に囲まれた中で、建物も耐え、誘導も成功した。しかし、悲劇性のない同会館は聖地化せず、さほど注目されていない。

ジレンマ

地域住民や遺族の心情は保存論対解体論に単純に二分されるわけではない。それぞれの心の中に、保存論的な心情と解体論的な心情がないまぜになっている。簡単に一つに選べる問題ではない。見せものにしたくはないが、人が来なくなるのは困る。思い出すのはつらいが、簡単に忘れてほしくはない。金儲けのネタは嫌でも、このままではじり貧ではないか。南三陸町の住民は誰もが、こういうジレンマ状態、葛藤、生煮えの心理を抱えているという意見がある。

南三陸町防災対策庁舎（2012年11月15日筆者撮影）

震災遺構の活用

震災遺構を防災教育や震災体験の継承などにどう活用していくか、という課題もある。阪神・淡路大震災や中越地震の被災地のように、周辺をメモリアルパーク化する、あるいはメモリアルパーク的な場所に移築するなどの活用法が考えられる。震災語り部の活動の場、震災記録・復興記録の収集・保存の場などとしての活用など、さまざまの機能が考えられる。阪神・淡路大震災、中越地震などの震災遺構の活用例から、活用法や課題を学ぶべきである。（長谷川公一）

3 災害経験の伝承

震災経験を語り継ぐ

7－3－2

震災語り部

沖縄戦の語り部、広島・長崎の被爆体験を語り伝える語り部、水俣病患者による語り部など、重要な体験を直接の当事者として、市民が同世代や次の世代に語りつなぐ活動がある。

震災体験の場合には、どのような状況で被災したのか（**被災体験**）、親族や友人・住宅や財産などをどのように奪われたのか（**喪失体験**）、どうやって救助されたのか（**救援体験**）、避難所や仮設住宅での避難生活はどういうものだったのか（**避難体験**）、復興の過程でどういう課題に直面しているのか（**復興体験**）などを、当事者が聞き手に直接向き合い、語ることで伝承していくことが大きな意義を持っている。

メディアや研究者・行政などの第三者による震災体験の記録は多々あり、それらは客観性が高く、よく整理されており、記録性・一覧性などに優れている。しかし文字化された記憶は一般化を志向することになりやすく、否応なく平板化され、静的である。

語ることの一回起性

震災語り部の持ちうる語り部ならではの強みと語りの迫力は、震災体験のそれぞれの固有性、臨場感を生々しく伝えうる点にある。震災体験は、個々の状況に焦点をあてればあてるほど、被災者一人ひとりによって異なってくる。

毎回ほぼ同内容の語りをするにせよ、語りは、生身の人間である語り手と聞き手との相互作用の産物だから、演劇や演奏の一回生の舞台がそうであるように、本来一回起的である。語りの場（被災の現場に近いか、学校への出前の語り部なのかなど）・語り手の人数・時間、聞き手の人数・年齢・関心の度合いなどによって、細部は微妙に異なってくる。

聞き手の反応や質問によっても、語り手の対応は異なってきうる。その意味で語り部による語りは極めてダイナミックである。語り手にとっては、出来事の追体験・再確認、その意味の再発見という意義があり、聞き手の共感などを通して、自分の体験をその場で聞き手と共有できるという意義も大きい。

聞き手の側は、目の前の話し手の語り、声の大きさ・抑揚・トーン・表情・息づかいなどを通して、より具体的に、生々しく追体験することが可能である。他人事としてでなく「自分にも起こりえたかもしれない出来事」として受け止めることが可能である。

語り部活動は、防災・減災教育にとっても大きな意義を持っている。

ツアーガイドと出前講座

大別すると語り部には、現地を訪れた聞き手を案内する、被災地ツアーのガイド役も兼ねるツアーガイド的なやり方と、語り部が、学校など、聞き手の居場所に訪問する出前講座的なやり方がある。

神戸市の「人と防災未来センター」には、現在もなお阪神・淡路大震災の語り部ボランティアによるプログラムがある。

宮城県のタクシー会社三一社は、NPO法人宮城復興支援センターの講習を受けたタクシードライバーが被災地を案内し、被災について解説する「語り部タクシー」というサービスを二〇一二年一〇月から提供している（https://taxi-miyagi.com/storyteller/）。

南三陸町のホテル観洋は、バスで朝約一時間、防災庁舎などの震災遺構をめぐり、ガイドが語り部として被災経験などを説明する語り部バスを二〇一二年二月から継続している。参加者は二〇一五年三月までの三年間で六万人を超えている（二〇一七年の第三回ジャパン・ツーリズム・アワード大賞を受賞している）。

二〇一四年度から、全国各地に出かけて行く出張語り部に力を入れているのは、名取市閖上である（https://tsunami-memorial.org/program/trips/）。

語り部活動には、東日本大震災で被災したそれぞれの自治体の住民有志が熱心に取り組んでいる。阪神・淡路大震災の語り部と東日本大震災の各地の語り部との交流会も開催されている（写真参照）。

高校生が、他の高校生に向かって震災体験を語るなど、同世代向けの若者による語り部活動もある。

震災からの時間の経過とともに、語り部自身にとっても震災の臨場感は薄れがちになる。マンネリ化しないように気をつけながら、新鮮に語り継ぐことが求められている。（長谷川公一）

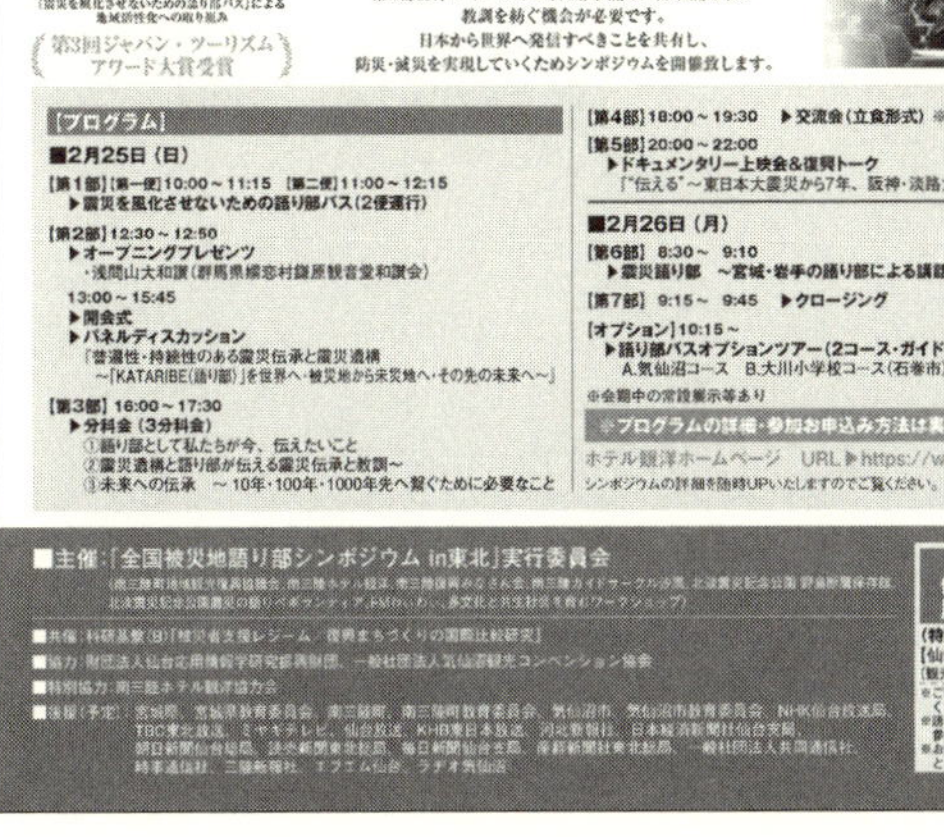

教訓を法律に活かす
——リーガルニーズに基づく法制度の改善

7－4－1

リーガルニーズの実態

各地で行われた無料法律相談でリーガルニーズ（法的課題）が浮き彫りになった。約一年間に寄せられた四万件超の相談結果をまとめたのが図1である。

まず目につくのは地域差である。過疎高齢化の進む沿岸部が被災した岩手県では、被災者支援制度や相続に関する相談が多かった。被災地に都市部（仙台市や石巻市等）を含む宮城県では不動産賃貸借に関する相談が目立ち、福島県では圧倒的に原発事故関連の相談が多かった。地域ごとに法制度の課題が異なることを示している。

時間の経過によるニーズの変遷も興味深い。相隣関係や賃貸借の相談は次第に減少していったが、債務に関する相談は新たに制度（自然災害債務整理ガイドライン、通称「被災ローン減免制度」等）の創設が刺激となって相談が増え、原発事故関係は時を追って増加・深刻化するという傾向が見て取れた。

リーガルニーズに基づいて政策改善を求める動きが活発になると共に、それを体系化する学問分野（岡本正著『災害復興法学』）も提唱されている。

改善された法制度

震災直後の一年に多くの法制度の改善が行われた。被災者にとって役に立ったと思われるものを三つ挙げる。

第一は、二重ローン対策のために、破産せずに債務減免等を無償で手続できる「被災ローン減免制度」である。第二は、義援金等への差押えを禁じる特別法である。第三は、兄弟姉妹も遺族として扱って災害弔慰金の支給を認めたことである。これらは阪神・淡路大震災から訴えられており、積年の宿題を果たしたものと言えるだろう。

東日本大震災の特有のニーズに基づくものもある。行方不明者が大勢出たことを受けて、三ヶ月しかない相続熟慮期間を延長する特別法ができたことはその一例である。そして、原発事故の被害者たちの選択を保障した「子ども被災者支援法」（東京電力原子力事故により被災した子どもをはじめとする住民等の生活を守り支えるための被災者の生活支援等に関する施策の推進に関する法律）が成立したことも特筆されるべきである。

山積する残された課題

顕著なリーガルニーズがあるにもかかわらず、いまだに改善されずに放置されている課題がある。被災者の生活目線に立って三点指摘しておく。

まず、被災者生活再建支援法であるが、半壊以下には何らの支援もなく、適用要件となる住家被害認定をめぐって不満が尽きない（表1）。本当は二〇一二年度中に改正予定だったが、震災後の事務渋滞を口実にいまだに放置されている。

次に、災害救助法の運用等の抜本改善である。災害救助法は一九四七年に憲法施行と相次いで成立した人権保障の理念に基づく救済の制度であった。ところが、長年の通知通達の蓄積のため、現実に合わない運用が多々ある。たとえば、近くにコンビニが開店しているにもかかわらず現金を渡さず、おにぎりや菓子パン等の現物支給に固執する。応急修理や障害物除去を受けた人には、応急仮設住宅に入居させない。仮設住宅間の転居を認めない等々。このように被災者を無意味に苦しめる原因は、現在の運用原則に依るところが大きく、この原則は被災者を中心とする内容に直ちに改めるべきである（図2）。

第三に、災害弔慰金法について、災害関連死をなくすため大きく舵を切らなければならない。まず実態不明な関連死の事例を収集・分析する機関を作り、事実と向き合って教訓を抽出することが急務である。

（津久井進）

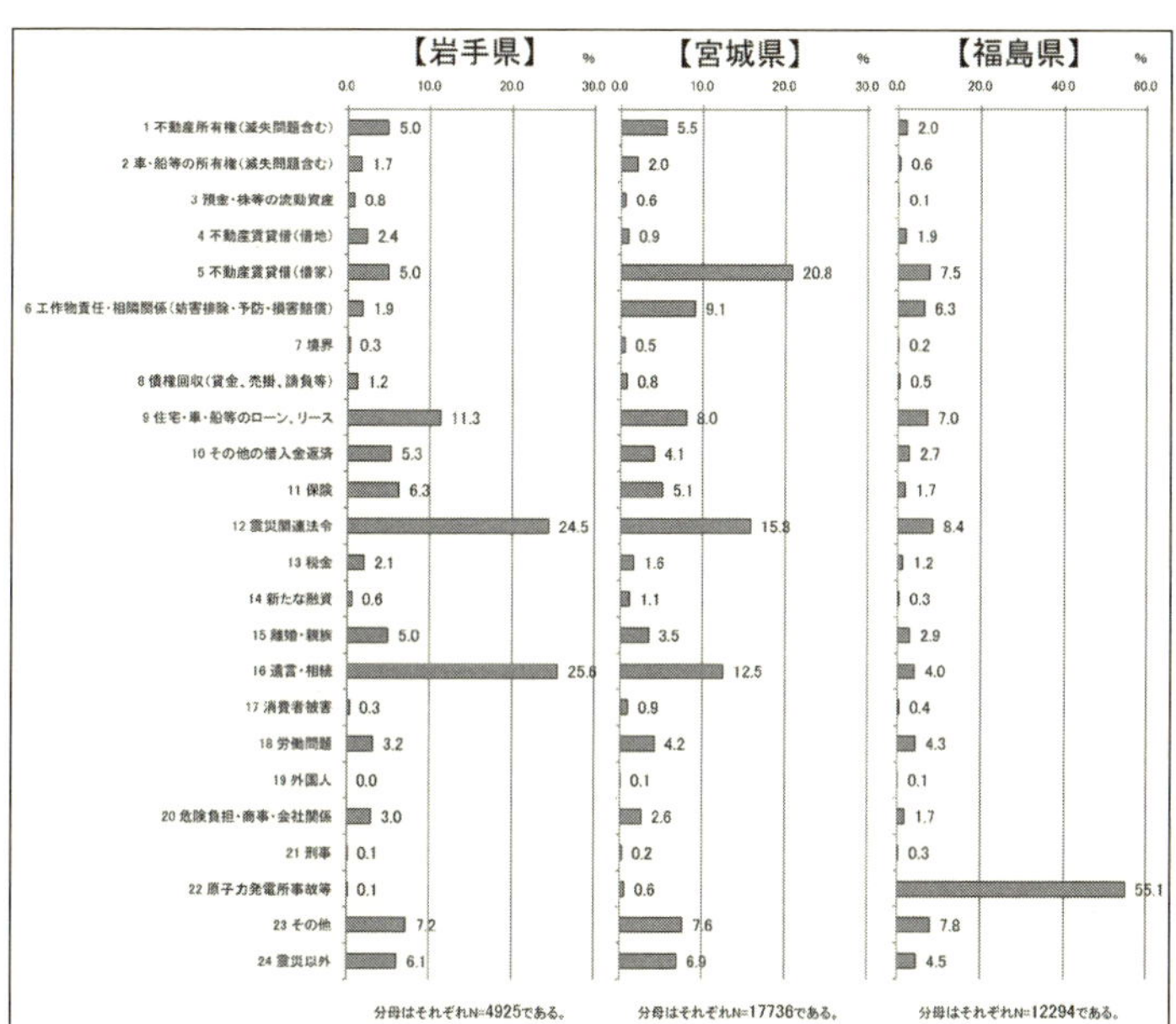

図1 被災3県の法律相談内容
出所：日本弁護士連合会「東日本大震災無料法律相談情報分析結果・第5次分析」2012年10月より抜粋

表1 被災者生活再建支援法の問題点

- 災害対象の拡大（災害規模要件の緩和，事故災害への適用拡大）
- 店舗，工場，賃貸人（大家）への支援
- 半壊世帯，地盤被害世帯への支給
- 上限額の引き上げ
- より細かい被害認定段階に応じた支給
- 国庫負担率の引き上げ　　等

出所：内閣府「被災者に対する国の支援のあり方に関する検討会」の資料『被災者生活再建支援制度に関する論点』より筆者抜粋・編集

新・災害救助の6原則

① 人命最優先の原則
② 柔軟性の原則
③ 生活再建継承の原則
④ 救助費国庫負担の原則
⑤ 自治体基本責務の原則
⑥ 被災者中心の原則

新・災害救助の6原則

①人命最優先の原則
②柔軟性の原則
③生活再建継承の原則
⑥被災者中心の原則
④救助費国庫負担の原則
⑤自治体基本責務の原則

図2 災害救助法の運用原則
出所：『「災害救助法」徹底活用』（クリエイツかもがわ）より抜粋

被災者が自ら決める権利
——災害復興基本法をめざして

被災者こそが復興の主体

この国の災害法制の最大の問題点は、復興のあり方を指し示す基本法が存在していないことである。いわば終着港のない航海、レールのない路上を走行するようなものだ。この問題がクローズアップされたのは阪神・淡路大震災一〇年目の検証の場であり、そこから復興基本法の策定がスタートした。

関西学院大学災害復興制度研究所は二〇一〇年一月に「災害復興基本法案」（別表）を公表した。日本弁護士連合会もこれを支持する意見を出している（二〇一二年四月二〇日「防災対策推進検討会議中間報告に対する意見書」）。

ポイントは、復興の主体が被災者であること、復興のあり方を決めるのは被災者であること、復興の目的は基本的人権が尊重される協働社会を創造すること、としたことである。

東日本大震災の教訓

東日本大震災の直後に「東日本大震災復興基本法」が急ぎ取りまとめられた。しかし、同法は復興予算の流用の口実に堕した。なぜか。それは「被災者」を軽視する構造だったからである。同法の目的は、「活力ある日本の再生を図ること」とされ（第一条）、被災者は「被災者を含む国民」と国民に包括される客体に過ぎず（第二条3号）、したがって、被災地と関係のない使途であっても「日本の再生」の名目さえ立てば、堂々と復興税を投入することができた。まさに火事場泥棒である。

やはり被災者を中心とする仕組みを冷静な頭で平時から打ち立てておかなければならない。

二〇一三年に大改正された災害対策基本法には、新たに基本理念（第二条の二）が新設され、「人の生命及び身体」を最優先すること、「被災者による主体的な取組」への配慮、「被災者を援護する」重要性などが書き込まれた。従来の災害法制と比較すると画期的といえる改正であった。この基本理念が、被災現場に生かされるようにすることが、目下の課題である。

被災者の選択権・決定権

しかし、現実に復興のあり方を被災者が選択しているとは言い難い。宮城県石巻市の雄勝地区の高台移転、宮城県名取市閖上地区の嵩上げ、岩手県陸前高田市の大規模な土地区画整理事業等に代表される復興の例は、行政が一方的に計画を押し付けた結果、迷走プロセスをたどり、あるいは、用途の定まらない空地を生み出すなど課題を次世代に先送りするものだ。

気仙沼市の只越地区、陸前高田市の長洞地区、釜石市の花露辺地区など、住民が決定権をもって復興した地区の明るい雰囲気とは対照的である。

原発事故により被害を受けた避難者の置かれた状況はさらに過酷だ。子ども被災者支援法は、避難、滞在、帰還のいずれの選択をしても等しく保護される理念を示し、健康、居住、生活すべての面で、自己決定できる環境を整えることを定めた。ところが、政府はその政策実現をサボタージュした。今や同法は骨抜きとなっている。

福島県の関連死者数は二、二二〇人を超え、母子避難者の自殺者も出ている。避難解除された故郷には人が戻らず生活の維持さえままならない。いま、最適解は存在しない。しかし、被災者の自己決定を尊重すべきことは、憲法が求める最重要の要請である。自己決定を尊重するスタンスに徹することで活路が見出される違いない。

災害復興基本法案の理念の共有を急がなければならない。

（津久井進）

災害復興基本法案

2010年1月　関西学院大学災害復興制度研究所

我々は、幾多の自然災害に遭い、多大な犠牲を代償に数々の教訓を得てきたが、地球規模で大災害が続発する中、災害列島たる日本国土で暮らす我々に突き付けられた課題は尽きない。たとえ我々が防災・減災に力の限りを尽くしても現実の被害は避け難く、災害後の復興の取り組みこそが求められる。

自然災害によって、かけがえのないものを失ったとき、我々の復興への道のりが始まる。我々は、成熟した現代社会が災害の前では極めて脆弱であることを強く認識し、コミュニティと福祉、情報の充実を図りながら、被災地に生きる人々と地域が再び息づき、日本国憲法が保障する基本的人権が尊重される協働の社会を新たにかたち創るため、復興の理念を明らかにするとともに、必要な諸制度を整備するため、この法律を制定する。

第１条　復興の目的

復興の目的は、自然災害によって失ったものを再生するにとどまらず、人間の尊厳と生存基盤を確保し、被災地の社会機能を再生、活性化させるところにある。

第２条　復興の対象

復興の対象は、公共の構造物等に限定されるものではなく、被災した人間はもとより、生活、文化、社会経済システム等、被災地域で喪失・損傷した有形無形の全てのものに及ぶ。

第３条　復興の主体

復興の主体は、被災者であり、被災者の自立とその基本的人権を保障するため、国及び地方公共団体はこれを支援し必要な施策を行う責務がある。

第４条　被災者の決定権

被災者は、自らの尊厳と生活の再生によって自律的人格の回復を図るところに復興の基本があり、復興のあり方を自ら決定する権利を有する。

第５条　地方の自治

被災地の地方公共団体は、地方自治の本旨に従い、復興の公的施策について主たる責任を負い、その責務を果たすために必要な諸施策を市民と協働して策定するものとし、国は被災公共団体の自治を尊重し、これを支援・補完する責務を負う。

第６条　ボランティア等の自律性

復興におけるボランティア及び民間団体による被災者支援活動は尊重されなければならない。行政は、ボランティア等の自律性を損なうことなくその活動に対する支援に努めなければならない。

第７条　コミュニティの重要性

復興において、市民及び行政は、被災地における地域コミュニティの価値を再確認し、これを回復・再生・活性化するよう努めなければならない。

第８条　住まいの多様性の確保

被災者には、生活と自立の基盤である住まいを自律的に選択する権利があり、これを保障するため、住まいの多様性が確保されなければならない。

第９条　医療、福祉等の充実

医療及び福祉に関する施策は、その継続性を確保しつつ、災害時の施策制定及び適用等には被災状況に応じた特段の配慮をしなければならない。

第１０条　経済産業活動の継続性と労働の確保

特別な経済措置、産業対策及び労働機会の確保は、被災者の生活の基盤と地域再生に不可欠であることを考慮し、もっぱら復興に資することを目的にして策定、実行されなければならない。

第１１条　復興の手続

復興には、被災地の民意の反映と、少数者へ配慮が必要であり、復興の手続きは、この調和を損なうことなく、簡素で透明性のあるものでなければならない。

第１２条　復興の情報

復興には、被災者及び被災地の自律的な意思決定の基礎となる情報が迅速かつ適切に提供されなければならない。

第１３条　地域性等への配慮

復興のあり方を策定するにあたっては、被災地の地理的条件、地域性、文化、習俗等の尊重を基本としつつ、社会状況等にも配慮しなければならない。

第１４条　施策の一体性、連続性、多様性

復興は、我が国の防災施策、減災施策、災害直後の応急措置、復旧措置と一体となって図られるべきであり、平時の社会・経済の再生・活性化の施策との連続性を考慮しなければならない。復興の具体的施策は目的・対象に応じて、速やかに行うべきものと段階的に行うべきものを混同することなく多様性が確保されなければならない。

第１５条　環境の整備

復興にあたっては、被災者と被災地の再生に寄与し防災・減災に効果的な社会環境の整備に努めなければならない。

第１６条　復興の財源

復興に必要な費用は、復興の目的に資するものか否かを基軸とし、国及び地方公共団体は、常に必要な財源の確保に努めなければならない。

第１７条　復興理念の共有と継承

復興は、被災者と被災地に限定された課題ではなく、我が国の全ての市民と地域が共有すべき問題であることを強く認識し、復興の指標を充実させ、得られた教訓は我が国の復興文化として根付かせ、これらを教育に反映し、常に広く復興への思いを深め、意識を高めていかなければならない。

あとがき

本書の出版のきっかけを作ったのは、編著者の一人である塩崎賢明さんの「震災から七年を過ぎて、阪神・淡路の後に僕らが作った『大震災100の教訓』（クリエイツかもがわ、二〇〇二年一〇月）のような本を、東北でもそろそろ作らなあかんやろ」という一言だった。二〇一八年三月、その提起を受け止め、同書をモデルとして、被災者の方々や復旧・復興に取り組んできた団体・個人の貴重な経験を記録し、将来に伝えることを目的として『東日本大震災100の教訓』出版プロジェクトがスタートすることになったのである。

関連死を含め死者・行方不明者が二万人を超え、阪神・淡路大震災の犠牲者数の三倍を超える未曾有の大災害となった東日本大震災は、大都市直下型の阪神・淡路大震災とは対照的に、東北地方の太平洋沿岸200㎞沖合の日本海溝沿いに連なる複数の震源域が連動したプレート境界型巨大地震によるものであり、本書冒頭にて編著者の一人である長谷川公一東北大学教授が指摘した通り、地震の激しい揺れに加え、巨大津波と原発過酷事故を伴う広域複合型災害であり、被災地の大半が、震災以前から過疎化の進行していた中小規模の沿岸自治体だったという特徴を持つ（「阪神・淡路大震災との比較による東日本大震災の特徴」12～13p参照）。

この特徴は犠牲者の地域分布にくっきり現れている。犠牲者は、死者一五、八九七人、行方不明二、五三四人（二〇一八年一二月一〇日現在。警察庁。関連死を含まない）に及び、三、六七六人とされる関連死（二〇一八年三月三一日現在。復興庁）を含めれば死者・行方不明者は二万人をはるかに超えた。その分布は、いわゆる被災三県（岩手、宮城、福島）の沿岸自治体に集中したものの、直接死を出した道都県は、北は北海道から、南は神奈川まで一二道都県に及んだのである。ただし、直接死と関連死に分けて地域分布を比較すると、直接死は被災三県の中で九、五二四人（行方不明者を加えると一〇、七六二人）と宮城県が群を抜いているが、他方、関連死においては、直接死が最も少ない福島県（一、六一四人。行方不明者を加えて、一、八一〇人）が二、二二七人で、被災三県全体の61・6％を占めている。関連死が福島県に集中したのは、東京電力福島第一原子力発電所の事故によって、ピーク時には一六四、八六五人（二〇一二年五月）にも及ぶ膨大な数の人々が県外を含めて広域の避難を余儀なくされ、しかも、仮設住宅に落ち着くまでの数ヶ月間に、転々と避難場所を変えることを余儀なくされたからである。被害は一様ではなく、被災の内容や復旧・復興の課題には地域的な違い、偏りが厳然として生じたのである。これこそが広域複合型災害を理解する上でもっとも重要な点に他ならない。

この震災の特徴は本書の編集方針にも大きな制約を加えるとともに、震災の経験をあますところなく記録しその教訓を将来に向けて伝えるという本書の目的にも限界をもたらすことになった。被災や復旧・復興過程の問題もあまりに広範囲で多様なので、その全てを一〇〇項目程度に整理してコンパクトに一冊の本に盛り込むなど、とてもできない相談である。被災三県に限定したとしても、各県毎に地理的な構成は全く違う。宮城県は仙台市への集中が圧倒的で、地域別の特徴が見えにくいが、岩手県や福島県は、沿岸部と内陸部とでは文化的にも顕著な違いがあって、岩手県や福島県をそれぞれ一括りにすることは適切ではない。他方、災害救助法が救助の権限を知事に委ねていることから、復興方針や資源配分には県毎の違いが厳然としてある。それらの制約を乗り越えて本来の目的を達成する明確な編集方針を打ち立てることができるのか。出発点から大きな課題に直面することになったのである。

結局、私たちは断腸の思いで、次のように割切らざるを得なかった。

まず、放射性物質の拡散によって、なりわいの再生や汚染廃棄物の処理に直面した問題などを除き、原発災害とそれからの復旧・復興問題は、本書では取り上げず、本書に続く「原発災害編」に委ねることにした。原発災害は、極めて重要で、その経験を記録し伝えることは欠かせない。しかし、原発被災地の行く末は未だ全く見えていない。それを見定め「原発災害編」の編集作業を開始できるまでには、もうしばらくの猶予を求めざるをえない。

さらに、震災の原因となった東北地方太平洋沖地震は、過去に類を見ない規模の大規模な地殻変動によって引き起こされたものだから、波状的で持続時間の長い揺れや巨大津波を伴い、津波火災、史上最大規模の液状化、長周期地震動、多様な地盤災害など、過去には認識されなかった新たな現象や被害も発生した。同時に、地震や津波の巨大化のメカニズムを究明する地球物理学にも新たな発見や重要な前進があった。そうした地震・津波がもたらした直接的な被害の諸相や地球物理学の新たな知見は、南海トラフ巨大地震における防災のあり方を考える上では重要ではあるが、止むを得ず割愛することにした。依然として復興途上にある多くの被災者の現状を踏まえれば、人為的要素が大きなウェートを占める復旧・復興の問題により多くのスペースを割くべきであると判断したからである。

そして、熱心な読者の方はお気づきのように、取り上げた項目の多くは宮城県に関連する記述で占められている。広域的な被災地全体をカバーするだけの研究者、専門家、支援組織のネットワークを築くことが未だかなわず、執筆者の偏りを克服することができなかった。これからの我々の課題でもある。しかし、こうした制約はありながらも、震災復興をめぐる重要課題が浮き彫りになったと編者等は確信する。

第一に、阪神・淡路大震災でも問題になった、惨事便乗の横行である。巨大防潮堤や常軌を逸した防災集団移転事業に見る利権あさりはもとより、過去の都市計画の失敗を清算するために復興事業が使われ、里や浜に築かれた社会関係の破壊を厭わずに農漁業分野の「規制緩和」「構造改革」が強行された。

第二に、復興事業によって被災者やコミュニティが分断され、「最後の一人まで救済する」という復興の目標が東日本大震災でも踏みにじられた。事業区域の設定や救助対象・救援内容の認定のために設けられる「基準」が被災者を振り分け、対立を生み、復興事業の挫折や遅延をもたらしたのである。

第三に、復興のための資金を国が丸抱えする一方で、「地方分権」の名のもとに主体となるべき地方自治体は、国が定めた事業メニューに拘泥して被災者の要求を汲み取ることが困難だった。地方分権は、財政的な制約の克服が重要であることは当然として、それを担う自治体側に意欲と能力が伴わなければ機能しえない。しかし、自治体側に意欲と能力があれば、自治体の裁量で復興の実をあげる可能性が広がっていることも事実であり、それを励ます市民の自治力の強化が試されることになる。

第四は、第三に関連するのだが、県知事および県職員の姿勢が復興のあり方を決定的に左右する。基礎自治体の首長や職員の認識や行動は、県の姿勢に規定されざるをえないからである。県知事らが地域住民・被災者の視点に立って災害復興に取り組んだのか、国に取り入り惨事に便乗して利権をあさった企業等の思惑を許さない意思を持ち、その手段を行使できたのか、どのような地方自治観と価値観・世界観をもって、この未曾有の震災と向き合ったのかが、問われている。

第五に、今述べたような様々な問題が生じた中で、それを克服するための被災者、そして市民、専門家、非営利組織やボランティア、市民団体、医療や福祉施設、復興支援機関や行政機関等で直接被災者に向き合った人々らの創意に満ちた、粘り強い取り組みが前進し、新たな経験を生んだ。行政レベルでも阪神・淡路の経験からさらにレベルアップした自治体間協力が展開されたことは特筆に値する。

しかしながら、やはり全てを語り尽くしたわけではない。国が定めた当初の復興期間はあと二年。新たな立法がされなければ復興庁も解体される。自治体レベル、県レベルで、復興の一〇年を被災者の生活実態に即して検証し、「最後の一人まで救済する」ための新たな復興の枠組みを再構築することが不可欠である。本書がその取り組みの礎の一部を担うことを願ってやまない。

本書の出版企画には、編著者として表記したメンバー以外にも企画委員として多くの方に参画いただいた。都市プランナーの阿部重憲さん、東日本大震災復旧・復興支援みやぎ県民センター事務所長の金田基さん、同事務局長の小川静治さん、東北学院大学教授千葉昭彦さん、宮城県議会議員福島かずえさんらに担っていただいた大きな役割に敬意を表したい。

また、執筆者の選定や依頼においては東日本大震災復旧・復興支援みやぎ県民センターが築いてきたネットワークに多くを依存した。十数度に及んだ出版企画会議で事務所の使用を許していただいたことを始め、多大の便宜を図っていただいた。改めて感謝したいと思う。ただし、出版企画や編集方針においては同センターの意向は一切働いていないことを申し述べておく。

最後に、厳しい出版事情のもとで、本書の出版をお引き受けくださり、限られたスケジュールに沿って丁寧なお仕事をしていただいた、クリエイツかもがわの田島英二さんに心からの謝意を表したい。同社が築いてきた震災関連図書出版の実績があればこそ、このプロジェクトが存在し得たものと思う。

二〇一九年一月一一日

『東日本大震災一〇〇の教訓（地震・津波編）』出版企画委員会

事務局　遠州　尋美

執筆者一覧（50音順）

阿部　重憲　新建築家技術者集団宮城支部／都市プランナー
阿部　俊彦　早稲田大学都市・地域研究所 招聘研究員／住まい・まちづくりデザインワークス代表
荒波　辰也　東日本大震災事業者再生支援機構代表取締役専務
石垣　政裕　NPO法人劇団仙台小劇場理事長
岩動志乃夫　東北学院大学教養学部教授・「経済地理学」担当
大内　斉之　元新潟テレビ21報道部長／新潟大学非常勤講師／明星大学非常勤講師
遠州　尋美　みやぎ震災復興研究センター事務局長／元大阪経済大学教授
小川　静治　東日本大震災復旧・復興支援みやぎ県民センター事務局長／元みやぎ生協総務部長
小野ともみ　高齢者福祉施設「宮城野の里」元施設長
金田　　基　東日本大震災復旧・復興支援みやぎ県民センター事務所長／宮城県民主医療機関連合会理事
苅谷　智大　（株）街づくりまんぼう
熊谷　佳二　蒲生を守る会
桒田　但馬　岩手県立大学総合政策学部准教授・「地域経済論」担当
嵯峨サダ子　仙台市議会議員
佐立　　昭　住まいと復興を考える会連絡協議会（石巻・住まい連）代表
三部　佳英　（一財）宮城県建築住宅センター顧問（前理事長）
塩崎　賢明　神戸大学名誉教授／兵庫県震災復興研究センター代表理事
清水　貞夫　障害児教育学者／宮城教育大学名誉教授
庄司　慈明　税理士／前・石巻市議会議員／石巻市立湊小学校避難所現地対策本部長（当時）
菅野　　拓　阪神・淡路大震災記念　人と防災未来センター　主任研究員／（一社）パーソナルサポートセンター理事
鈴木　弥弘　宮城農民連事務局長
瀬成　田実　元宮城県教職員組合執行委員長
高橋　文雄　元仙台市消防局長
立岡　　学　（一社）パーソナルサポートセンター常務理事
千葉　昭彦　日本地域経済学会理事／東北学院大学経済学部教授・「地域経済論」担当
津久井　進　弁護士／日弁連災害復興支援委員会委員長
綱島不二雄　東日本大震災復旧・復興支援みやぎ県民センター代表世話人／元山形大学教授
鶴見　聡志　弁護士／仙台弁護士会公害対策・環境保全委員会委員
手島　浩之　日本建築家協会（JIA）東北支部宮城地域会副地域会長／建築家
徳水　博志　（一社）雄勝花物語共同代表／元雄勝小学校教諭
中嶋　　信　放射能汚染廃棄物「一斉焼却」に反対する県民連絡会共同代表／徳島大学名誉教授
中嶋　　廉　原発問題住民運動宮城県連絡センター世話人／宮城県議会議員
西大立目祥子　（特非）鳴子の米プロジェクト理事／青空編集室主宰／フリーライター
西堀喜久夫　愛知大学名誉教授／元九州国際大学副学長
野田　明宏　住まい・まちづくりデザインワークス代表
布木　　綾　弁護士・ひまわり法律事務所
長谷川公一　東北大学大学院教授（環境社会学）／国際社会学会理事
濱田　武士　北海学園大学教授（地域経済論）／元水産政策審議会特別委員
原口　弥生　茨城大学教授（環境社会学）
福島かずえ　宮城県議会議員
本間　照雄　東北学院大学地域共生推進機構特任教授（福祉社会学）
増田　　聡　東北大学大学院経済学研究科教授・震災復興研究センター長，同災害科学国際研究所兼務
松原　　久　東北大学大学院文学研究科博士課程後期（災害社会学、地域社会学）
三浦　史郎　（特非）都市住宅とまちづくり研究会（としまち研）理事
三浦　友幸　大谷里海づくり検討委員会事務局／（一社）プロジェクトアリス代表理事／気仙沼市議会議員
水戸部秀利　医師／若林クリニック所長／元（公財）宮城厚生協会理事長
宮野　賢一　全日本年金者組合宮城県本部委員長／緑ヶ丘四丁目被災者会副会長兼事務局長
村口　　至　医師／坂総合病院名誉院長
米野　史健　国立研究開発法人建築研究所上席研究員
森　　裕之　立命館大学教授／大阪自治体問題研究所副理事長
やはたえつこ　（特非）ハーティ仙台代表理事
山田　文雄　（株）都市デザイン顧問／元仙台市復興事業局長
山谷　澄雄　弁護士（仙台弁護士会）
結城登美雄　民俗研究家／地域づくりプロデューサー
吉野　英岐　岩手県立大学教授・総合政策学部長（地域社会学）
渡邉　享子　合同会社巻組代表／東北芸術工科大学講師

編者紹介

綱島不二雄（つなしま・ふじお）

1939年神奈川県横須賀市生まれ。東北大学大学院農学研究科修士課程修了。農学博士。元山形大学教授。現在、東日本大震災復旧・復興支援みやぎ県民センター代表世話人、専門は農業経済学。主な著書に『戦後化学肥料産業の展開と日本農業』（農文協）、『東日本大震災復興の検証：どのようにして「惨事便乗型復興」を乗り越えるか』（共編著、合同出版）。

塩崎賢明（しおざき・よしみつ）

1947年神奈川県川崎市生まれ。京都大学大学院工学研究科修了（建築学専攻）、工学博士。神戸大学名誉教授。現在、兵庫県震災復興研究センター代表理事、専門は都市計画・住宅政策。主な著書に『復興〈災害〉—阪神・淡路大震災と東日本大震災』（岩波新書）。

長谷川公一（はせがわ・こういち）

1954年山形県上山市生まれ。東京大学大学院社会学研究科単位取得退学（社会学専攻）、社会学博士。現在、東北大学大学院文学研究科教授、公益財団法人みやぎ・環境とくらし・ネットワーク理事長、専門は環境社会学・市民社会論。主な著書に『岐路に立つ震災復興』（共編著、東京大学出版会）、『原発避難と震災』（共編著、有斐閣）。

遠州尋美（えんしゅう・ひろみ）

1949年宮城県仙台市生まれ。東北大学大学院工学研究科修了（建築学専攻）、工学博士。元大阪経済大学教授。現在、みやぎ震災復興研究センター事務局長、専門は地域政策・地域開発。主な著書に『グローバル時代をどう生きるか』（法律文化社）、『低炭素社会への道程』（共編著、法律文化社）。

みやぎ震災復興研究センター

東日本大震災の復興の検証を、被災者の視点に立って進めるとともに、得られた研究成果を被災者の救済と被災地の復興に役立てることを目的として、2018年3月以来9ヶ月間の準備期間を経て、同年12月に発足した。本書は、センターの取り組み（準備期間を含む）の最初の成果物である。代表は綱島不二雄元山形大学教授、事務局長を遠州尋美元大阪経済大学教授が務める。「みやぎ」の名を冠しているが、地域を限定せずに研究者、専門家、復旧・復興支援に取り組む人々の幅広い参加を求めている。

同センターについての問い合わせは，下記宛，メールにてお寄せください。
みやぎ震災復興研究センター・事務局長　遠州尋美
e-mail：jb1h-ensy@asahi-net.or.jp

東日本大震災100の教訓——地震・津波編

2019年２月11日　初版発行

編著者Ⓒ　みやぎ震災復興研究センター
綱島不二雄・塩崎賢明
長谷川公一・遠州尋美

発行者　田 島 英 二　taji@creates-k.co.jp
発行所　株式会社クリエイツかもがわ
〒601-8382　京都市南区吉祥院石原上川原町21
電話 075(661)5741　FAX 075(692)3031
郵便振替　0090-7-150584
ホームページ　http://www.creates-k.co.jp

印刷所——モリモト印刷株式会社

ISBN4-86342-251-3 C0036　Printed in Japan